应用型院校整体教改

——现代项目教学理论与实践

戴士弘　著

清华大学出版社
北京

内 容 简 介

本书从理论与实践两方面论述了“应用型院校整体教改”与“现代项目教学”两大主题。

第一，本书对近30年来应用型院校各层次教改的丰富经验进行了较深入的总结和理论探讨，归纳出课程结构的若干模式、教师有效引导的若干方法、专业课程体系改造的方向和步骤、学校新育人模式改造的方向，提出院校整体教改的有效路线图和许多创新的见解。第二，本书介绍了现代项目教学的基本理念、方法、模式和特点，并分析了它为什么成为应用型院校课程教学的首选，为什么成为所有类型教学的重要借鉴。

本书适合关心我国各类教育（特别是应用型教育）教学改革、学校建设和个人提高的广大教师、院校管理者、领导者以及教育理论研究者参考。

图书在版编目(CIP)数据

应用型院校整体教改：现代项目教学理论与实践/戴士弘著. —北京：清华大学出版社，2019(2024.8重印)
ISBN 978-7-302-52811-1

Ⅰ. ①应… Ⅱ. ①戴… Ⅲ. ①高等职业教育—教学改革—研究—中国 Ⅳ. ①G719.2

中国版本图书馆CIP数据核字(2019)第081746号

责任编辑：张龙卿
封面设计：徐日强
责任校对：刘 静
责任印制：宋 林

出版发行：清华大学出版社
网 址：https://www.tup.com.cn，https://www.wqxuetang.com
地 址：北京清华大学学研大厦A座 **邮 编**：100084
社 总 机：010-83470000 **邮 购**：010-62786544
投稿与读者服务：010-62776969，c-service@tup.tsinghua.edu.cn
质量反馈：010-62772015，zhiliang@tup.tsinghua.edu.cn
印 装 者：三河市龙大印装有限公司
经 销：全国新华书店
开 本：185mm×260mm **印 张**：24.5 **字 数**：559千字
版 次：2019年11月第1版 **印 次**：2024年8月第5次印刷
定 价：98.00元

产品编号：079290-01

作者简介

戴士弘

1942年生，1961年毕业于北京四中。

1966年毕业于(北京)中国科学技术大学无线电电子学系。

曾任教于吉林大学计算机科学系。

1992年参加深圳职业技术学院筹建工作。

1994年筹建深圳职业技术学院电子与计算机系，任系主任。主编、参编、主审了多部高职教材。获2000年广东省普通高校教学成果一等奖。多次荣获校、市、省级优秀教师称号；三次获得省级教学成果奖。

2000年任深圳职业技术学院院长顾问。

2004年7月被原国家劳动与社会保障部聘为国家职业技能鉴定专家，并为核心技能专业委员会委员。

2005年被聘为宁波职业技术学院教授、教务处处长，并担任学院教学改革指导委员会副主任等职，主持学院整体教学改革工作。2008年1月，受聘为院长顾问、教育部现代教育技术师资培训基地主任。

2007年6月以来陆续在清华大学出版社出版了《职业教育课程教学改革》《高职教改课程教学设计案例集》(合编)，以及专著《职教院校整体教改》(2012年5月)。几本书受到应用型院校广大师生的热烈欢迎，多次重印。

2011年3月被全国高职高专教育教师培训联盟授予“2010年度全国高职高专教育教师培训工作‘优秀培训师’”称号。

2002年退休至今，持续进行应用型院校教改和现代项目教学的实践与理论研究。特别是2007年以来，应邀进行教改讲座、课程点评、骨干队伍培训、教师培训测评和整体教改工作的院校遍及全国，被多所高职院校聘为教学改革顾问。

前言

本书论述了“应用型院校整体教改”与“现代项目教学”两大主题的四个方面的内容。

第一，应用型院校（应用型本科、高等职业院校、中等职业学校），其各类课程应如何按照现代教育教学理念进行改革？如何开出坚持德育为先、能力为重的课程？改革的具体方法和步骤有哪些？

第二，什么是现代项目教学？它是怎样发展起来的？其基本理念、方法有哪些？主要特点是什么？为什么会成为应用型院校课程教学的首选？

第三，系统地介绍了任何一所普通本科院校，从原来的研究型转变为应用型，应当怎样进行整体教学改革；任何一所高职、中职院校如何在现有基础上提升教学层次、进行整体教学改革的规划和具体操作；院校在应用型建设的道路上，怎样从合格到良好，到优秀，到先进，再到示范；在整体教改中，教师、系部领导、院校领导分别应当承担哪些工作，院校教改和内涵建设应当达到什么目标。

第四，本书对多年来以高等职业教育为代表的应用型院校各层次教改的丰富经验进行了较深入的理论总结和探讨，归纳出课程结构的若干模式、教师有效引导的若干方法、专业课程体系改造的方向和步骤、学校新育人模式改造的方向，提出应用型院校进行整体教改的有效路线图，提出许多创新的见解，指出其他类型教育改革可以借鉴的内容。

本书介绍的所有教改操作都有多所院校的成功经验支撑；这些经验不但生动具体，可以直接应用，而且有现代先进教育教学理论的支撑，可以进一步深入研究和发展。

本书的大部分观点曾多次在全国各地介绍，实际操作效果显著，受到普遍关注和热烈欢迎。本书论题范围广泛，内容生动具体，可操作性和创新性很强，无论是新建院校还是资深院校，无论是从事教学工作还是学校各级管理工作教育教学实践工作成是理论研究工作的人，都能从中找到自己感兴趣的主题。

本书适合关心我国各类教育（特别是应用型教育）教学改革、课程改革、学校建设和个人提高的广大教师、院校管理者、领导者和教育研究者参考。

著　者

2019 年 5 月

目录

第3篇 应用型课程中的项目与任务

第4篇　专业课程体系的改造

第5篇　教师教学能力的提升

第6篇　应用型院校的整体教改

第7篇　高职教改经验的普遍意义

导 读

1. 什么是现代项目教学

以项目课程为主要手段的教学就是项目教学，以项目为主要载体的课程称为项目课程。传统的知识理论教学，其主要载体是语言文字：以教师讲、学生听记为主要特点。项目教学是针对传统的知识教学提出的新教学方式。它以高效的“职业活动导向、工作过程导向、边做项目边学、真做真学；突出德育和能力目标、突出解决实际问题能力、突出知识的应用方面、学生动手动脑结合、理论实践结合”为主要特点。

早年大家对项目教学的理解主要指课外活动，相对于课内的知识学习而言，仅是锦上添花，并非必需。直到约 30 年前，我国以高职及中职为主的应用型（职业）教育蓬勃发展之后，大家才看到，项目教学在“能力训练”方面是必需的、无法取代的，于是项目教学成为与知识传授并列的重要教学方式。

然而近年来，国内外教育改革和探索的丰富经验表明，如今的“现代项目教学”已经从与多种“教学法”并列的一种具体方法，成长为把传统知识教学包容在内的一种更重要的教学方式，成为当前应用型院校全面育人的主要手段。关于现代项目教学的目标、内容、方法和特点等详细叙述，请参见本书第 8 章的第 8.10 节。

2. 什么是应用型教育和应用型院校

应用型教育是相对于研究型教育、基础教育而言的一种教育类型。

教育面向社会全体公民，其目的是育人。教育要为社会培养合格的公民；使受教育者主动学习成长，充分发挥自己的个性潜力，成为全面发展的人。教育坚持以人为本、坚持德育为先、坚持能力为重、坚持全面发展。作为学校，一切工作（教学、科研、管理、德育、教辅、后勤等）的出发点和落脚点都是学生。学校工作以学生为中心，就是以人为本的体现。学校的所有工作都要从学生当前需要和未来发展需要出发，所有不符合这一目标的观念、思想、政策、做法都要改革。

基础教育（幼儿、小学、初中、高中）面向儿童和少年，目标是人在这一阶段的成长需求和人类基础文化知识的传承。研究型教育（普通高校）面向科研人员，目标是各学科知识理论（特别是基础理论的国际前沿）的继承、发展和创新。应用型教育（应用型本科、专科、中职）则面向社会广大基层职业岗位的就业者，目标是把人类现有的知识理论经验应用于社会各领域，解决职业岗位上亟须解决的实际问题，更好地创造商品和服务、推进当前社会技术经济的发展和进步。对应的三类院校（基础教育学校、研究型院校、应用型院校）的人才培养目标不同，教学的内容、方法和模式也存在巨大差异。

3. 应用型教育的主要特点

近百年来，中国的学校一直以基础教育和研究型（高等）教育为主体，应用型教育（职业教育）作为正式教育的补充，从来没有进入主流。近 30 年来，随着我国科学技术和市场经济的蓬勃发展，特别是生物科技、材料科技、能源科技、计算机和信息技术、通信技术、互联网（物联网）、人工智能等高新技术的迅猛发展，社会企事业单位对人才的类型、质量提出了新的更高的要求：只有知识、只会答题、只有文凭、只会写论文，而缺乏解决实际问题能力的人，无法满足广大基层岗位的需求。社会各领域对应用型人才、高技能人才的需求越来越旺盛。20 世纪 90 年代以来，我国的高等职业教育迅速发展起来。作为应用型高等院校的重要分支，高职院校从建校一开始，就一改传统学校强调知识灌输、强调考试分数、强调理论研究、强调论文产出的做法，坚持开门办学、校政企行（学校、行政、企业、行业）结合，坚持工学紧密结合、边做边学、真做真学，坚持能力为重、重视项目教学、开发项目课程。除了关心学生就业急需的专业技能之外，更关注学生未来职业生涯发展所需的“职业核心能力”（解决问题能力、自我学习能力、创造革新能力、与人交流能力、与人合作能力、信息处理能力、数字应用能力、外语应用能力。参见本书附录 E）。高（中）职院校反复强调办学目标的特点：瞄准职业岗位需求，培养社会和企业急需的、高技能的基层岗位就业人员。为实现这些目标，高职院校全面更新了教学理念、改革了教学模式、教学内容和教学方法，创造出一整套具有应用型教育鲜明特色的观念、理论、方法、模式和教学内容。这些改革的成效十分显著，形成社会、行业、企业、学生、家长、教师、专业、学校多赢的局面。就业市场的正面积极反应受到领导和社会各界的高度重视。在高中以后的教育中，应用型院校不但质量和效益明显提升，而且在规模和人数上正稳步地向全国高等教育领域“半壁江山”方向发展。以后会有越来越多的普通（研究型）高校转型，成为应用型院校，即应用型本科。在中华民族伟大复兴的过程中，应用型教育和院校的异军突起，不仅推动了社会经济和文化的发展，而且对教育实践、教育理念、教育理论本身的改革也起到很大的推动作用。例如，应用型教育所倡导的现代项目教学、坚持德育和能力为重的项目课程、开门办校、校企结合、工学结合、边做边学、真做真学、采用现代信息技术等新的理念，取得了重大成果。这对所有类型的教育教学都具有重要的启发和借鉴意义。

“职业教育”这一称谓虽已被公认，但它缺乏科学上的严谨性。为什么只有上了高职、中职院校就业目录的，才算“职业”？科学家难道不是“职业”吗？研究型院校毕业的学生从事的研究工作、高级管理工作，都不算“职业”吗？还有，流行说法中“本科院校”就指研究型院校，而“专科院校”就指“应用型（职业）院校”，这个分类也不严谨。应用型院校是一个“类型”，不是一个“层次”。应用型教育不但有专科层次，现在正在建设越来越多的应用型本科专业、应用型本科院校。将来还会有应用型的硕士与博士。专科与本科并不是区别研究型与应用型的分界线。因此，本书在许多场合使用“应用型教育（或应用型院校）”这个称谓，以与“研究型教育”和“基础教育”相区别。

应用型教育的这些特点，使它在教学目标、教学内容、教学方式方法上与研究型教育与基础教育都有明显区别。但是，我国应用型院校的管理者和教师大多是从非应用型院校毕业的，缺乏这方面的经验和理论准备。高等职业院校近 30 年来艰苦而卓有成效的教学改革，其实就是一个理念和实践的转型过程；所创造的丰富经验、所进行的理论探索已成为中国各类型教育进行进一步改革的共同财富。

应用型课程教学，要求学生首先要具备良好的职业道德与做事的能力，必须学习、思考、创新并举，必须手脑并用、工学紧密结合、边做边学，成为高素质、高技能人才。这样的课程改革，要求教师必须在熟悉专业知识理论之外，还要熟悉行业、企业的职业岗位工作，要有很强的动手能力和尽可能丰富的专业及岗位实践经验。这样的课程改革，要求学校必须打开校门并拓展国际视野，必须与政府、行业、企业、开发区、工业园区联合行动起来；推行“现代学徒制”将教学与生产、研发、社会服务、技术应用密切结合起来；随时注意现代信息技术的发展并在自己的教学中尽可能使用。这些就构成了现代先进应用型院校的主要特征。

4. 应用型院校教学改革包括的内容及“整体教改”的概念

应用型教育的教学改革可以分为宏观和微观两个层面。宏观是指国家、省市对应用型教育的总体发展战略、工作政策方针和整体布局。微观是指具体到一所学校、一个专业、一门课程、一次课、一位教师，以及学院、专业、教研组，直到教师队伍建设、课程体系建设、实训条件建设层面的教学改革和管理改革。近年来，应用型院校从数量到质量都有了长足的发展，校园环境、教学设备、教学场地、师资力量等条件都明显改善。在硬件改善的同时，更重要的是领导和教师观念的转变和能力的提升。经验证明，应用型院校的教改，绝不仅是“教师把课上好”这么简单。不但全体教师、全部课程无一例外地要参与教改，学院的领导和全体管理人员也要积极参与教改。学校的中心工作是教学。没有领导观念的转变，没有管理改革的配合，没有系列政策的配合，没有院校环境的改善，没有教师队伍的改造，没有实训条件的根本改善，所有的教学改革工作都不可能深入、巩固和发展，这就引出当前非常紧迫的“整体教改”的问题。整体教改当前的核心工作，就是在全院所有的教学环节落实现代项目教学。

本书所说的“应用型院校整体教改”，指的就是应用型院校微观教改的全部主要内容。显然，这些内容是当前我国职业教育界，特别是应用型院校和正在转型中的原研究型院校领导和每位教师最关心的重大问题。

5. 本书介绍的理念和经验及实践效果

实践效果是检验理论正确性的最终标准。本书重点讨论的内容就是，现代应用型教育教学改革的先进理念如何落实、如何操作的实战问题。课程教学改革的核心理念是“德育为先、能力为重”原则。实现该理念的主要手段就是“现代项目课程”，教学方式主要是工学紧密结合的边做边学、真做真学。在突出课程能力目标的同时，必须强调德育（素质）目标的落实，同时也绝不能忽视知识理论目标。实践证明，不仅学生、学校和社会从教改中受益，教改的受益者首先是学校和教师自己。这样的教改把教师从过去机械、枯燥的“课本传声筒”角色中解放出来，成为新课程的建设者和创造者。近 30 年来，许多应用型院校（高职、中职）按照本书介绍的方式进行教改，取得了显著效果：广大教师和管理干部掌握了现代先进教育教学理念，提升了教育教学能力，学校取得了各级各类教学成果，教师在各级各类教学比赛中屡屡获奖，建设起一支强有力的本校骨干教师团队、建设起一批精品课程，把现代先进教育教学理念落实到课堂，极大地改变了学校的教学面貌，受到教师、学生、家长、社会、企业的热烈欢迎，有力地推进了这些院校的整体教学改革。本书中介绍的许多经验和创造，都是他们的实践成果。

对一所学校而言，整体教改是一件复杂、综合的系统工程，书中介绍的这些经验和工作步骤、参考模板等，可供初步开始教改的院校直接应用，避免了刚启动此项工作时的盲目摸索。所以，本书所述内容不仅有现代先进教育理论的支撑，更有大量院校实践成果的支撑。

6. 关于本书的说明

本书可以看作拙著《职教院校整体教改》(清华大学出版社，2012 年 5 月)一书的全面增订、改写版。根据本文前面所述的原因，新书在许多场合下将“职业教育”改称“应用型教育”；将“职业院校”改称“应用型院校”；突出现代项目教学这个主题。书名改了，称谓更准确了，阅读对象也比以前有所扩充。《职教院校整体教改》一书出版后，我以它为蓝本，在全国许多院校介绍了其中的主要内容，对教师的应用型教学能力进行了培训和测评，协助学校建设了自己的骨干教师队伍，许多学校在内涵建设上取得长足进展。近六七年来，接触了大量不同类型的学校、课程和教师。在教师培训、课程设计演示和点评过程中，在与学校领导和管理人员研讨的过程中，积累了许多新的经验或操作心得，这些扩充和重写的内容都反映在这本新书中。

本书的主要内容首先立足于实战，立足于近年来许多院校教改的成功经验。这些具体的工作经验和操作细节，对于正在进行应用型转型的数百所原研究型高校、1000 多所现有的高职院校，以及上万所中职学校都具有极强的实用参考价值。以本书内容为依据的讲座、课程点评、骨干教师队伍培训和教改研讨在国内应用型(职业)教育界广受关注和欢迎。本书涉及的改革主题的范围很宽，无论是正在进行转型探索的原研究型高校，还是刚刚组建的应用型院校，或者实力雄厚的资深院校，都能从本书中找到自己感兴趣的内容。

本书最后对教学改革中所涉及的一部分理论基础(现代项目教学的主要特点、中国应用型教育的社会定位、应用型课程改革的方向与原则、教改中的认识论、高级能力的生成过程、国外项目教学的应用与发展、层次系统理论等)问题进行了介绍和探讨。因此，本书也可供对中国教育改革感兴趣的理论研究人员、基础教育和高等教育的研究人员参考。

第1篇

现代应用型教育的基本观念

第 1 章 应用型教育的培养目标与教学特点

1.1 培养目标

按照“以人为本、德育为先、能力为重、全面发展”的国家教育发展的战略主题，按照“以服务为宗旨，以就业为导向”的国家职业教育(应用型教育)发展目标，应用型院校培养出来的学生应当具有正确的理想和坚定的信念，具有良好的职业道德和职业素质，具有熟练的职业技能和扎实系统的专业应用知识，具有一定的定量计算能力和必要的专业理论基础，具备必要的文化、人文、专业历史、哲学等通识教育基础，走上职业岗位后应当具有较强的自学能力、创新(创业)能力和持续发展能力，学生应当在道德、能力、知识、身心、利益、情感、美育方面全面发展(参见第 17.2 节)，充分发挥自己的个性潜质，成为社会需要而且自己希望成为的人，为今后职业生涯发展、服务社会和幸福人生奠定良好的基础。

具有正确的理想和坚定的信念，这是“育人为本”和“德育为先”的具体要求。要着力提高学生服务社会的责任感，立德树人，就要引导学生形成正确的世界观、人生观、价值观。要加强理想信念教育和道德教育，加强学生的公民意识教育，努力加强人文、文化、专业历史和哲学方面的通识教育，开阔国际视野，加强中华民族优秀传统教育和世界各民族优秀文化教育。

具备良好的公民道德、职业道德和职业素质，具备熟练的职业技能，这是所有先进国家对职业人的首要要求，也是育人为本的首要要求。教育的根本是育人，育人以德育为先。无论哪个专业的教师都要承担德育工作，不能只是专注于专业能力的培训和专业知识的传授(只教书不育人)。如果学生的能力很强、知识丰富但是品德有严重缺陷(参见第 8.9 节的第 9 项原则)，今后将给社会造成祸害，能力越强、知识越多，祸害越大。那将是教育的根本性失败。

应把德育渗透于整个教育教学和学生生活的各领域和全过程，特别是专业教学的各个环节。要加强学生的思想品德教育工作，构建学生在校期间有效衔接的德育体系，创新德育形式，丰富德育内容，不断提高德育工作的吸引力和感染力，增强德育工作的针对性和实效性。全体教师(特别是德育教师)都应当在授课的同时，关心爱护学生，成为学生的知心朋友和导师，使德育工作真正成为学生随时可以感知的滋润心田的细雨，成为学生喜闻乐见的活动，从而使德育达到入耳、入脑、入心的效果。

应用型院校的学生还要具有“系统的应用知识、必要的理论基础和定量计算能力”。这些知识和理论首先要“能应用”，其次要“相对完整和系统”。应用型院校学生还应当具备今后一生发展必需的理论基础和必要的定量计算能力(尤其是工科)。应用型教育在层次上有高等与中等之分。目前，高等职业教育以大学专科为主，中等职业教育以中专中职为主，有越来越多的普通研究型高校正在进行“应用型”转型，也有越来越多的专科高职院校正在以多种方式开设本科专业。也就是说，应用型教育正在积极提升自己的教育教学层次，从专科逐步升为本科。这是社会发展的需求，也是应用型教育自身发展的迫切需求。对于高职毕业生来说，如果没有系统的知识，没有必要的理论，没有定量的计算能力，所接受的就不是高等教育，这是“高职”区别于“中职”的重要内容。

在今天的信息社会里，随着科学技术（特别是信息技术、互联网和人工智能等）的高速发展，“终身学习、持续发展”的理念已经取代了“在校学习、上岗劳动”的落后理念。所以，学生未来一生中可持续发展的动力和能力被提到很重要的位置。

应用型院校的学生应当具有良好的综合素质，应当具有较强的就业竞争力，能够从职业岗位的第一线顺利起步。毕业生从第一线起步时，不会在思想认识上或职业技能上遇到阻力。所谓起步，就是在第一线工作时不但能够愉快胜任，而且能够迅速脱颖而出，晋升到自己应当达到的岗位并在今后的职业生涯中不断学习、持续发展。应用型高等教育培养的毕业生，应当是“应用型的技术技能人才”，不应满足于仅在第一线单纯从事重复性操作，充当一个简单劳动力。应用型院校的学生要能解决职业岗位上与自己所受教育层次对应的实际问题，具有自我学习的能力，以保证未来的持续发展和不断提高。所有的学生都应当具有一定的创新意识和创新能力，还有一部分学生应当具备创业能力。

应用型本科与应用型专科的异同在哪里呢？首先，它们都是应用型教育，大的类型是一样的，都以知识理论的应用、解决岗位实际问题为教学目标。两者的区别在于层次。应用型本科的毕业生在基本素质要求上、在通识和专业知识理论的系统性和深度上应当显著高于专科生，在岗位操作能力上应与专科生基本一样。但在自学能力、创新能力、设计能力、研发能力、理论的应用与创新上，在未来的持续发展能力上应当显著高于专科生。未来的应用型硕士与博士则更要强调这些培养目标，在各专业领域的综合应用研究，产品的设计、创新上要能引领当前社会行业企业，有力推进企业的发展。

“全面发展”要求应用型教育不能仅把学生作为机器的附属品进行训练，必须坚持学生“德育、能力、知识、身心、利益、情感、美育”各个方面的全面协调发展，使学生的个性潜能得到充分发挥。“可持续发展”的要求使应用型教育不能仅仅着眼于书面考试合格或一次就业完成，以此区别于应试教育，区别于社会上的培训班。应用型教育更强调学生的道德、能力和基本素养，所以不但看他们的一次就业率，更强调就业质量、上岗后的持续发展和晋升能力、创新创业能力以及在整个职业生涯中的持续发展能力。

从工作领域看，应用型院校毕业生主要从企业事业单位基层的技术、营销、建设、生产、工艺、管理、辅助管理（如翻译、秘书）、服务等类的岗位起步。也就是说，多数毕业生（特别是就业上岗之初）主要不是从事基础理论科学研究和专业技术领域的综合开发工作或大型项目的设计工作起步，也不是从大型企业事业单位的高层管理工作起步。

从人才类型看，高职以培养技术应用型人才为主，还有一部分技术技能型或操作型的高技能人才；中职以培养操作型、技能型人才为主，还有一部分技术应用型人才。应用型院校主要不是培养科学研究型人才、大型工程设计型人才或高层管理人才。高职与中职都培养技术应用领域人才，其差异主要是人才层次上的区别，高职毕业生能从事的工作应比中职具有更高的技术含量。

由此看出,对“应用型高等教育”(高等职业教育)的目标应当进行全面理解。首先它是“教育”,教育以“育人为本”,必须关注学生的德育和全面发展、终生发展,这与培训班的“技能训练为主”的目标不同。其次是“职业(应用型)教育”,是以技术应用为主的工作,这与普通高校的“科学研究”“工程设计”培养目标不同。最后是“高等职业(应用型)教育”,它与中等职业教育培养的人才层次不同,人才要求的重点也不同。

对于高职教育的上述培养目标,不仅学院的领导需要熟悉,而且每个教师都要了解,不但能对高职教育的目标进行“正面”描述,还要能从不同类型教育的“比较”中对上述教育目标进行界定。也就是能够说清楚,自己的课程与普通高校相同或相近课程的区别,自己的课程与“中职”相同或相近课程的区别,自己的课程与培训班相同或相近课程的区别。只有这样,才算是真正理解了应用型教育的培养目标、找准了自己的定位,从而把这些目标体现在自己的学院管理和课程教学实践中。

以上正面阐述的是应用型院校要培养什么人。但是,受传统观念和传统教学习惯的强烈影响,应用型院校的教育教学许多情况下仍然沿着陈旧轨道运行,所以,我们还需从“反面”看,明确我们应用型院校不应当培养什么人。

(1) 与研究型院校不同,应用型院校不直接培养高智商的基础研究、理论研究、学科体系研究和大型工程设计人才,而培养高情商、能做事、能成事、能解决基层岗位实际问题的人。当然不排除个别有条件、有兴趣的人将来从事理论研究工作。

(2) 区别于社会上许多企业高管培训班,应用型院校不直接培养企业高级管理人才、企业领导者,而重点培养一线的实际工作者。当然,我们希望将来他们能够不断发展进步,逐步提升到更高的岗位。

(3) 区别于强调考分的应试教育,应用型院校不培养只会答题的知识背诵者,而培养能解决问题(首先是岗位急需的实际问题)的高技能人才。但是应用型院校同样重视知识理论内容的教学,只不过强调知识和理论的应用型内容,强调工学结合、边做边学、真做真学的学习方法。

(4) 区别于强调知识为重的学校,应用型院校不培养面向考场的、博学的读书人(以范进为代表),而培养面向市场、面向社会的高技能的职业人。

(5) 区别于“只教书,不育人”的传统教育教学习惯,应用型院校不培养有知识和能力,但没有灵魂的“专业工具”,而培养关心他人、关心社会、有通识基础和人文素养的、能把社会改造得更美好的人。

(6) 区别于社会上大量的“岗前培训班”,应用型院校不培养只能对付上岗,但上岗后没有后劲,没有掌握相应的知识和理论,素质差,不能持续发展的人。

这里还必须说明,应用型教育的目标是培养从基层岗位起步的学员,不是从基础研究、综合开发、高层管理起步的学员。这是就总体而言,并不妨碍个别有条件、有能力的学生未来从事基础研究、理论研究、高级管理等工作。从个人角度看,从基层岗位逐步升上去、了解基层情况的高级管理者和理论研究者,才更具发展潜力。从学校角度看,在强调学生脚踏实地、不要好高骛远的同时,更要强调应用型院校的学生不要自卑和盲目攀比,要抓紧当前条件努力学习提升自己,力争就业后不断进步,成为更高水平、更高层次的人,为社会做出更大的贡献。毕竟,“从基层起步”并不代表此生永远在基层岗位工作。有条件、有能力的人通常不会受到毕业院校的限制。例如,爱因斯坦并不是毕业于知名的研究型院校,却成为20世纪最伟大的理论物理学家。人的未来发展,更多地取决于自己的努力和能力。学校的领导和教师也应当注意,在明确应用型院校培养目标的同时,不要让自己的眼光受到“基层岗位”的局限,应当发现和鼓励有条件的个别学生发挥自己的特长,向特长方向发展,为社会发现和保护人才。学校和教师要让学生不受暂时利益和底层眼光的局限,而培养出真正的专业兴趣,这是很重要的一件事。

1.2 教学特点与知能关系

基于应用型院校培养目标的上述特点,应用型院校在教学上必须突出并坚持自己的鲜明特色。

为满足社会(企业)对人才的要求,应用型院校的教学目标必须强调“德育为先、能力为重”的原则。在应用型课程的三类目标(德育目标、能力目标和知识目标)中,在德育(素质)达标的前提下,特别强调要突出能力目标。

原来的院校教学实际上都突出知识目标,多年的基础教育和传统的高等教育使当前所有师生头脑中“知识本位”教学的观念和习惯根深蒂固。师生都认为,有了知识就什么都有了。“有了知识,不仅能应付考试,而且学生也知道该怎么做了,不就有能力了吗?”其实这个常识性推理是不对的。知识与能力之间的关系,并不像初看起来那么简单。

第一,有知识不等于有能力。“高分低能”的事实和“纸上谈兵”的成语都说明,自古以来大家就知道,知识和能力虽然有关系,但却是不同的两件事。知识不能遗传,但可以传授。传授知识的载体是语言、文字、图形、公式等。所以在传统的传授知识的课堂上,教师一本课本、一支粉笔、一张嘴就可以上课了。但能力却不能传授,所有的能力都不能用语言类载体进行传授。能力不是听出来、看出来、讲出来的。

第二,有能力也不等于有知识。对于动物而言,这是显然的。鸟有飞翔能力,不能说它有关于飞翔的知识。人都有调节自己体温的能力(青蛙就没有),但不等于人人都有“我是怎样调节体温”的知识。只有少数专家才能说清,人在生理上是如何把自己的体温维持在36.5℃的。后天习得的能力更是如此。许多人经多年磨炼,具有独特的操作技能,但让他讲一讲,这是怎样做到的?他却无法讲清楚。

那么,能力从哪里来呢?

人和动物的能力来自两个方面。一是先天遗传来的能力(如鸟的飞翔能力、人维持自己体温的能力、人和动物趋利避害的选择能力等,这是“本能”);二是后天习得的能力。人在生存竞争中需要的很大部分能力都是后天习得的。这里只讨论关于第二种能力的问题。

后天能力只有一个来源,就是学生必须动手、动脑去“练”去“做”。想要有什么能力,就必须从事这件具体的工作!想要有“游泳能力”,就必须下水实际去游;想要有“骑自行车能力”,就必须上车实际去骑;想要有磨具的设计制作能力,就必须参与磨具的实际设计和制作工作。无论学习多少相关的知识理论,都不会拥有这些能力!其他专业技术能力(产品设计能力、生产能力、检验能力、操作能力、营销能力等，请教师列出自己课程中需要的“能力”)当然也是如此。应用型院校中，学生的专业技能、职业核心能力等都是这样。应用型院校高度重视实训基地建设，就是这个原因。只在传统教室中讲知识理论，无论讲得多么精彩、案例多么丰富、分析得多么深入、讨论得多么热烈，学生具备知识，并不具备能力！

进一步问：动手动脑去做什么事，才能练出能力呢？训练能力的载体是什么呢？刚才说到，要具备什么能力，就必须在教师的引导下，动手动脑去做那件具体的、实际的、综合的、完整的事情，要在具体的多种情境中去实施具体的操作，通过异同、成败、优劣的对比，积累许多经验，才能获得真正的做事能力(参见第7章的7.7节和第8章)。想要获得“外贸能力”，就要完成几个具体的、完整的外贸实务。例如，在尽可能接近实际的多种情境中，完成一笔完整的进口业务和一笔完整的出口业务，在这个过程中，教师让学生经历许多出错、意外、紧急、违规等情境，学会处理这些情境中的问题。这样，学生就具有了初步的“外贸能力”。这个“具体的实际事情”就叫“课程项目”或“课程任务”(简称“项目”或“任务”，参见第8章)。从课程教学的角度来看，项目或任务就是训练能力的载体。

那么，有知识对于获得能力是否有帮助呢？这要看具体情况。正确的知识可以促进能力的训练过程，有助于能力的获得。而错误的知识、偏见甚至成见，则会阻碍能力的获得。

有人说：“知识就是力量，上学不就是为了学知识吗？”我们说，“知识就是力量”只是一个感性的粗糙比喻，就像李白所说的：“飞流直下三千尺”，我们不可将其当作真正的科学数据引用一样——更何况还没有人说“知识就是能力”吧？所谓的“知识就是力量”，是就“有知”和“无知”的区别来讲的。实际上，从“知识”到“能力”之间，从“知道怎么做”，到“能做什么”之间，有个巨大的鸿沟，这个鸿沟要用实践、实训、实操、体验、反思、感悟来填平。“高分低能”现象就是上述错误观念在教育实践中的产物。

我们高度重视操作实践，还因为人们口头表达的观念(概念、知识、定义)，与行动中实际贯彻和体现出来的观念往往是不同的。例如在教师培训的实践中，我们基本上只重视“行为”所体现的，在实践中真正起作用的观念。教师可以不知道各种教育理论的名称，可以不知道理论的作者，甚至可以不知道概念的定义，但必须按照正确理论的要求进行课程设计。因此，重要的不是“宣传、灌输”新观念，而是用纠正和改变错误行为来改变旧观念，学会运用行动导向教学法，带领学员边做边学、先做后学、在做中学。这项原则不仅对学生适用，对教师和其他任何人都一样适用。在教师教学能力培训与测评工作中，正是在操作过程中的思想交锋，才改变了教师内心深处的真正观念，改变了教师的教学行动，从而使教改产生了实际效果。

知识与能力之间的正确关系如此重要，然而这样一个关乎教育教学基本理念(认识论)的重要观点，过去却一直没有得到应有的重视。多年来在各种类型的教育工作中，许多人仍然认为“教育教学就是传授知识、培训就是传授知识”是天经地义的事情；认为教师的工作“传道、授业、解惑”，归根结底就是传授知识。若干年前某市的领导为建设创新型城市，对全市干部进行“创新培训”，方法是组织事业单位全体成员(包括教师)认真阅读指定的几本关于创新思维、创新方法的书(课本)，然后组织讨论。为了检查培训的效果，最后组织参训干部参加“测评”，测评结果必须量化并上报。测评的方法是答题，例如“什么是创新？怎样进行创新？创新方法有哪几种类型？”等。最要紧的一点：所有的测评题目都以培训课本为依据，并附有标准答案！也就是说，如果答题者对某个问题有自己独特的见解、真正有了创新，就不及格了！“创新培训不考核创新、创新培训不允许创新”，这在当时被传为笑柄。

综上所述，对于所有的课程来说，应用型院校教学的最主要特点，可以归结如下。

(1) 教学目标：总共有三类(德、能、知)目标。在保证实现德育(素质)目标的前提下，课程必须突出能力目标。

(2) 课程内容的载体：课程以项目或任务为主要载体，即教师必须开出“坚持德育为先、能力为重的项目课程”。教学观念上，从“坚持知识理论为重”变成“坚持能力为重”；课程载体上，从“语言文字”为主要载体变成“项目任务”为主要载体。

有些教师把“项目教学法”看作与“问题教学法”“合作教学法”“反馈教学法”“反转课堂教学法”等并列的一种(可用可不用，可用这种，也可用那种)具体方法，这不符合实际情况。课程中有项目还是没有项目，是区别“是不是应用型课程、学生有没有能力”的基本依据。一旦取消了课程中的“项目”，学生也就没有了能力的来源，教学必定回到单纯知识传授的老路上。还有些教师以为，项目教学法已经提倡十多年了，“已经陈旧落后了，现在应该提倡新的教学法了”，这也不符合实际情况。完成项目任务是形成学生能力(这里主要指的是做事和成事的综合能力，参阅第 8 章)的最根本的手段，此外别无他法。只要课程的能力目标不取消，项目课程永远都不会过时，只会不断丰富和发展，只会不断提高和改变形态。这不是某些个人的主张，而是由人类的认知规律决定的。

在应用型院校中，单纯讲解的知识理论课程应当被安排成“讲座”。讲座基本上是信息单向传递的过程。然而，好的讲座并非好的“应用型课程”。因为，教师讲得再好，并不能保证学生具有相应的能力。

(3) 教学方式：校企合作、工学结合，职业活动导向、工作过程导向，边做项目任务边学知识理论，启发式的真做真学。

通常的课程教学都是“先学后做”“先讲后练”“先知后行”的。例如，一个专题，先学知识理论课，后上实验操作课；人的一生，先在学校学习，后到社会工作。这个学习方式其实并不符合现代社会的要求，也不符合初学者的认知规律。有了明确的工作目标之后，在操作实践中边做边学，通过启发式的对比和感悟学习，才最接近真实生活和工作场景，才是最有效的学习方式。

在知能关系上，“有知识，就有能力”“会答题，就会干活”“能力也能传授”之类的观点，是常见的认知误区。

总体来说，课程目标就是从突出知识目标变为突出德育和能力目标；课程内容载体就是从“以语言文字为主”变成“以项目任务为主”；教学方式就是从“闭门读书”“先学后做、先理论后实践”变成“校企合作、工学结合、边做边学”。与传统的基础教育、研究型教育相比，这些转变是应用型教育最根本的变化。值得注意的是，这些新的教学原则体现的是人类认知学习的普遍规律，对所有的人都有效。例如在对教师进行培训的过程中，同样必须贯彻这些基本原则(参见第 15.5 节)。

从这个根本特点出发，可以推论出许多别的、不同于传统课程的新要求。由此形成应用型课程教学的许多新的原则、方法和模式(参阅第 4 章的 4.2 节和第 7 章)。

1.3 传统教学法的优点及其局限

教学法包括“教法”与“学法”两部分。教法与学法相互影响、相互制约、相互配合。教法主要是教师对课程教学进行设计和引导的方法。学生是学习过程的主体，所以学法在教学法中占有基础地位；教师是教学过程的主导，所以教法在教学法中占有支配地位。在基础教育和研究型高等教育的多年教学实践中，创造和积累了许多优秀的教学法。例如，案例教学法、引探教学法、反馈教学法、游戏教学法、合作（互动讨论）教学法、讲授分析法等。近年来，心理学和信息技术特别是计算机、人工智能、网络（物联网）和移动通信、云计算、大数据技术的飞速发展，为教育教学提供了前所未有的崭新手段和方法（教学过程的手机管理、微课、教学资源库、海量音视频资料、立体教材、物联网云计算大数据下的企业运行数据与仿真等），极大地充实了我们的课程教学与教学管理手段，值得我们深入研究和运用。

一般而论，方法是为目标服务的。在传统的知识本位课程中采用的针对知识（理论）目标的教学法，往往并不适用于学生做事能力的训练。应用型教育强调德育和能力目标、强调“做事与成事的能力、完成岗位工作的能力”，必然要开发出自己特有的、与知识本位课程不同的新教学法。当然无论是知识目标还是能力目标，都是统一的认知过程的一部分，所以还有许多同时适用于两种目标的教学方法。在具体的教学过程中，教师一定要注意区分以下几种情况，针对自己的教学目标，灵活地搭配选用正确的教学法。

(1) 适用于知识学习、思想内省（道德研修、怎样做人）和思维能力训练（逻辑思维、情感思维、系统思维、批判思维、研究思维、创新思维等）的教学法。传统课堂中，教师积累了大量关于知识教学、思想内省和思维能力训练的教学经验，以及由此总结出来的教学方法。例如，案例法、讲述法、分析法、观察法、比喻法、想象法、启发法、感悟法、讨论法、问答法、辩论法、头脑风暴法、思想实验法、图形（例如“思维导图”）展示法等，这些都是针对知识理论学习（理解、记忆、答卷、创新、深思、感悟）和改造主观世界（入耳、入脑、入心，建立正确的世界观、人生观、价值观）为主的非常有效的教学法。应用型教育的项目课程中同样有知识目标、有思维能力训练的目标，尤其是应用型高等教育，同样必须采用这些有效方法。

鉴于知识理论学习的重要性，现在和今后，该领域新的更加有效的教学法还将不断涌现。例如，近年来引起大家重视的“对分课堂”（张学新教授创造）。对分课堂把课上时间一分为二，一半由教师讲授（Presentation），另一半由学生“讨论”（Discussion），在这两个环节中间插入一个关键的“内化”（Assimilation）环节，简称 PDA 课堂。课堂教学分为五步：讲授、自学、自己完成作业、小组讨论、全班交流。把五个常见的教学步骤进行重新组合，形成一个新的结构，从而产生了新的功能和新的力量。这种对分课堂模式迅速进入基础教育和高等教育课堂，产生了明显的效果。在对分课堂上，教师与学生形成共同的主体，师生的压力和焦虑大大降低。通过教师的讲授引导，学生自学，然后独立完成作业，自我学习的能力得到提升。通过讨论和辩论，学生受到逻辑思维、批判思维和创新思维的训练，学会了理解和尊重别人，交流与合作的能力得到提升。所学的知识不是简单“记忆储存”，而是在运用中“内化”于心。这种课堂模式把几百年传统的讲授法与讨论法有机地结合起来，特别注意知识的内化过程，克服了彼此的缺点，很好地达到了知识学习与思维能力训练的目的。

知识学习与思维能力训练的教学法虽然很重要，但也有其局限性。最根本的问题是，若将上述各种方法用于做事的能力训练，是无法达到目的的，因为做事能力无法传授，单凭思维能力也解决不了做事中遇到的实际问题。做事能力是讲不出来、看不出来、听不出来也讨论不出来的。

(2) 适用于做事能力训练的教学法。应用型课程总结出的工学结合、校企合作、产学研结合、项目教学法、产品设计教学法(CDIO)、体验教学法、行动导向教学法、边做边学法、多重循环法等，对于学生做事能力的培养具有决定性的作用。做事(改造客观世界为主)能力的来源只有一个，就是在明确目标的指引下，学生动手、动脑直接去做这件具体的事情(项目)。事实上，除了项目、任务之外，还没有找到训练做事综合能力的其他有效方法(参见第8章)。

"项目教学法"在现有各种教学法中具有重要而独特的地位，即它是获得做事综合能力的唯一途径，此外别无他法。所以，如果缺了项目，学生就无法获得做事能力，课程就变成知识传授型而不是应用型课程。对于应用型课程而言，项目教学法不是可选项，而是必选项(参见第1.2节)。因此，无论将来技术如何进步、观念如何更新，项目教学法永远都不会过时。这不是因为个人的好恶，而是由人类的认知规律决定的。近年来，关于项目教学和专业超常能力获得的研究取得很大进展，具体情况请参阅第18.12节和第18.13节。

(3) 适用于所有课程的教学法。例如，问题驱动(知识理论问题、操作实施问题)法、对比学习法(知识正误对比、操作优劣对比、工作成败对比)、创新学习(理论创新、产品创新)法、微课、慕课、网络教学、微信管理、线上线下结合、交互学习、合作学习、建立并使用教学资源库、跨界课堂、对分课堂、翻转课堂、模块教学、自主学习等。

教师的任务就是，在自己的课程中充分运用和发扬传统教学法的效能，更好地达到课程的知识理论目标、能力目标和德育目标；同时创造有效的训练学生做事能力的新教学法，开发新的课程教学模式(如工学结合、边做边学、多重循环等)；最后将两类教学法有机结合起来，发展出符合当代社会需要的、在改造客观世界的同时改造主观世界的、知行合一的有效教学方法，使学生在学会如何做事的同时学会如何做人，达到道德(素质)教育的目的。

教师在自己的课程中选用教学法时，必须注意区分该教学法的不同性质和适用范围，注意它主要解决的问题，防止误用。例如，让应用型课程的教师在"反转课堂、项目法、合作法、问题法"四种方法中任选两种，用来设计自己的课程。这样把四种教学法并列起来的做法有很大问题，如果教师按照这里的规则，选用问题法和合作法设计自己的课程，"问题"是知识概念问题(是什么、为什么)、"合作"是知识学习中的合作(讲解、问答、讨论)，而课程内容中没有项目，就会出现"(做事)能力目标无法落实"的严重问题。再如，校领导提出"宽基础、活模块"为全校教改的指导方针。在传统语境中，"基础"是指知识的基础，"模块"是指知识的模块，里面并不包含"项目"，这同样可能使课程的(做事)能力目标落空。

还有一种常见的认识误区就是把所有的教学内容全部归结为"知识"。认为"知识有许多种"，其中"陈述性知识"或"显性知识"就是关于事物"是什么、为什么"的知识；而"程序性知识""方法性知识""社会性知识""隐性知识"则是关于操作(做事)的知识，认为这就是"做事能力"。所以，只要在传统课堂上增加程序性知识和方法性知识的内容，学生就会有能力了。其实，关于“操作”和“做事”的知识，还是“知识”，并不是能力。正如关于游泳的知识，并不是游泳的能力一样，关于做事的知识也不是做事的能力。任何能力都不能归结为知识，也不能像知识那样传授。

所以，传统的课程教学经验和教学方法，还有我们对课程目标的认识都存在一定的局限性，在进行课程教学改革时，组织、指导和实施学校教改的领导和教师们必须注意到这些重要问题。

第 2 章 课程的评价标准

在进行课程教学改革之前,必须先明确什么样的课是好课,什么是我们对课程进行评价的正确标准,什么是我们课程改革的方向。这件事情的重要性,就像足球场上的运动员在上场之前,必须先弄清“球门的位置在哪里”一样。

2.1 课程评价的传统标准

目前我国应用型(高职、中职)院校的课程评价标准,大多是从普通学校继承下来的。那些传统的、大家熟悉而且习以为常的课程评价的传统标准,到底有哪些内容?这些内容对我们今天的教学是否适用?

我们暂不研究有关的理论,而是先看看目前应用型院校中,课程评价工作实际上是怎样实施的。今天的高职院校对课程教学进行评价的办法,通常是靠督导或同行听课打分。所以,听课者手中内容是打分表上的那些条目,就是在实践中起作用的、实际的“课程评价标准”。以下从“听课打分表”上摘录下来的部分条目。

- 备课充分、选材适当、概念准确、讲授透彻
- 语言简练、知识系统、重点突出、难点分散
- 操作规范、理实结合、教学互动、精讲多练
- 因材施教、启发引导、精神饱满、指导耐心
- 鼓励创新、手段先进、方法多样、管理得力
- 为人师表、敬业投入、教书育人、德智统一

这些评价标准正确吗?可以用这些标准来评价今天的应用型院校的课程教学质量水平吗?

应当说,这些标准中的每一条单独抽出来看都没有错,但是整体来看,这套评价标准就存在严重的缺陷。具体可以从以下几个方面来分析。

一是,“评价对象”不合理。上述评价内容,所有的评价项目考查的对象都是教师,没有一条评价是学生学习效果的,上课质量似乎只与教师“讲”得好不好有关。如果在过去的大学中用“教师讲得好不好”来评价一堂课的好坏还可以,那么现在应用型院校的情况就完全不同了。现在的实际情况是,如果用传统标准衡量,许多课程教师讲得没有问题,但课程的实际效果极差。因为学生对课程没有兴趣,并没有积极投入教学过程中,学生在课堂上睡倒一片,甚至根本不来教室上课。如果认为这样的课程是“好”课,就会与实际情况相差甚远。所以,今天评价课程的好坏,首先不是看教师,不是先看教师“讲”得好不好,而是要看

学生，看学生“学”得好不好。学生有兴趣、有动力，积极参与教学过程，积极动手、动脑，课后在能力、知识水平上得到实质性提高，这才是好课。教师讲得好，只是“好课”的必要条件，不是充分条件。可见，仅以教师“讲课”的水平来评价课程的质量和效果是有严重缺陷的。

二是，对课程教学目标的错误理解。课程教学历来的目标就是传授知识，传授系统的专业知识。几乎所有的传统“教学法”都是研究怎样有效地表达知识、理解知识、记忆知识，以及怎样有效地(在试卷上)重现知识。这就是“知识本位”的课程及其教学法。但是现在的问题是，即使是知识学得最好的学生，考分最高的学生，到了实际工作岗位，仍然有许多人不能胜任职业岗位工作。学生学到的那些“知识”并没有成为职业活动所必需的技能或能力，这就是常见的“高分低能”现象。更何况，今天许多应用型院校学生连“高分”也得不到，差不多是“低分低能”。传统的课程评价标准通常都忽视“能力目标”，如果再读一遍刚才的评价标准，就会发现，这里面连“能力”两个字都没有出现。

事实上，所有经过传授而获得的知识都是“间接知识”，不是学生通过实践获得的“直接经验”。间接知识的直接作用并不是“做事”，也不是解决实际问题，而是回答试卷上的问题。我们看到，并不是“有了知识，就一定有能力”，也不是“上课讲知识，下课做作业”就能训练出岗位工作能力的。传统的课程评价标准只考虑知识的多寡，不评价能力的高低；只评价解答书本习题的水平高低，不评价解决实际问题的能力高低。这与当前社会、企业和人才市场的实际要求有明显差距。

三是，课程评价传统标准不了解“能力的来源”，因而只评价间接知识的学习过程，而不评价能力的训练过程。

知识从哪里来？我们知道，知识可以传授。表达和传授知识的载体是语言、文字、图形、公式。但“能力”却不能传授。一个看似简单的能力，例如“怎样骑自行车”(生活能力)，这和“怎样使用示波器”(专业能力)一样，都无法用语言、文字、图形和公式说清楚，教师即使把示波器的结构、操作程序和注意事项等知识都讲清楚了，学生实际操作时还是不会做。应用型教育课程中有大量类似这样的“能力”，未来的职业岗位上也需要大量这样的能力。能力要靠“动手动脑做事来训练”，而不是单纯“听讲和记忆”。

训练能力的载体是什么呢？不是语言文字，而是项目和任务。“做事的能力”只能在教师引导下，通过学生操作训练的方式得到。学生只有在自己动手、动脑，解决尽可能真实、复杂、综合的实际问题的过程中，才能练出能力。用传授知识的课程模式，用纸上谈兵的课程模式，用简单的练习、习题、作业、问答、读书和课堂活动等方式，是训练不出大部分职业能力的。这就是我们在应用型院校，用传统的知识传授模式上课必然失败的根本原因。

这套传统的课程评价标准不了解“直接经验”的重要性，因而只强调教师和书本传授的间接知识；不强调对学生来说最重要的，从实践操作中体验、体会和感悟得到的直接经验(直接知识)；不知道以此为基础，如何把间接知识融合进来，获得能应用的、能拓展的、能创新的系统知识。

课程评价的传统标准只评价“间接知识传授”的质量和效率，不评价能力训练的质量和效率，不评价通过实践获得的直接经验、直接知识的质量和效率。

更何况传统的课程评价方式也很不合理。用随机抽样听课的效果来概括整个一门课的质量，本身就有问题。工业产品的质量检查，例如100个灯泡，采用随机抽样的方式选取5个，以样本的质量推算出全部产品的质量，这是可以的。可以随机抽样的前提，是产品的每个个体的结构、功能是一样的。可是一门课中的每节课内容、教法各不相同，不能用一节课的质量推断另一节课，也不能用几节课的质量推断整门课。课程教学评价应当采用另外的、更加合理的方式。例如，在教师培训中，我们采用"整体设计点评"和"单元设计点评"同步进行的方式，可以在很大程度上解决"采样评价"的问题。

针对传统标准存在的上述三个严重问题，我们提出符合当前应用型教育实际情况的课程评价新标准，它们同时也是当前我们进行课程改革的几个基本原则。

2.2 课程评价新标准

第2.1节所述"传统标准"所代表的，实际上就是我们对待课程教学的传统观念，这些传统观念已经明显不适合当前的实际情况了。从当前应用型院校的实际需要出发，我们必须为应用型课程的评价设立新的标准。

(1) 课程评价新标准的第一条是，在知识与能力相比时，课程是否突出了"能力目标"。

这个标准大家可能不太熟悉，因为历来学校课程教学都是以"传授知识"(特别是"间接知识")为目标的，例如应当"知道、了解、理解和掌握什么"。那么什么是课程的能力目标呢?

这件事很重要，涉及应用型教育的根本方向问题。应用型院校有一条重要的教学原则，就是"就业导向"。学生到这里来，不是来泛泛地接受知识、盲目地积累知识、巩固知识、记忆知识，而是来训练就业岗位需要的、实用的就业能力的，他必须在未来的职业岗位上能够解决实际问题。

正如第1.2节所述，当前应用型院校教师在观念上存在一个最大的误区，就是"有了知识，就有能力"。说它是误区，因为当前的教育存在一个严重问题：学生考试分数很高，做事能力很低。这一现象凸显了我国基础教育和高等教育的缺陷，即学校的考核与实践的需求严重脱节，学生仅仅有了间接知识，只会上考场答题。如果学生没有职业岗位所需的能力，没有可应用的、有效的系统知识，他就无法胜任职业岗位工作、无法在职业生涯中持续发展，学校就无法培养出社会认可的毕业生。事实上，"知识"并不是"能力"，知识与能力之间不但不等同，而且有一道"深沟"。知识与能力之间的这道深沟只能用实践(实训、操作)来填平。在应用型高等院校中，知识和理论当然是必要的，但应用型教育首先注重的是"知识的应用"，而不仅是知识本身。我们注重的首先不是知识的理论体系，而是它的应用体系。间接知识本身还不是力量，学会知识之后用来解决实际问题，成功了，才是力量。而运用知识解决实际问题的本领，就是能力。

目前的应用型课程的教师大多从普通高校毕业，受的都是"知识目标"教育，所以一般想象不出课程的"能力目标"是什么样。教师平时上课、备课的注意力都放在如何传授知识、如何积累知识、如何考核知识、如何再现知识上。有的教师以为，课堂上的互动、练习、问答、讨论还有课后的作业，就是在训练"能力"了，其实多半不是的！绝大多数的课堂问答、课堂活动和课外作业都是为理解知识、掌握知识、消化知识、记忆知识、巩固知识而设计的教学活动，并没有考虑过“能力训练”（特别是专业能力训练）的问题。那么普通高校课程中的“实验”是不是在训练能力呢？也不是。实验的目的多半都是“验证理论的正确性”，几乎没有为培训“能力”（例如训练如何熟练地操作示波器）而设的实验课。

课程改革工作中所说的“能力”指的是“做事的本领”（参见附录E），首先是做好未来职业岗位工作的本领，能做事、能成事的本领。通常“能力”包括“单项能力”和“综合能力”两类。单项能力也叫“能力点”。例如，电子专业的焊接能力、装配能力、仪器的使用能力等。另外一类是“综合能力”，是指完成一件综合的完整工作的本领。例如，电子专业人员综合运用上述“焊接、装配”等单项能力，实际完成一个电子设备从需求分析、设计、焊接、安装、调试、使用到维修的全过程，这个能力就是综合能力。再例如，建筑专业人员完成一个建筑从构思、设计、施工、验收到维修的全过程，所需的能力就是综合能力。比较起来，综合能力是未来职业岗位和学生未来职业生涯都特别需要的、更重要的能力。应用型课程必须着重培养学生的综合能力。综合能力的培养过程，就是完成大型综合课程项目和任务的过程，就是能力养成、知识理论学习和职业素质养成的过程。综合能力的欠缺，正是当前应用型院校教学中亟待解决的最重要的问题之一。

所以，突出课程的能力目标问题，是应用型教学改革的核心问题之一，本书将用大量篇幅对这个内容逐步展开探讨。

（2）课程评价新标准的第二条是，该课程的内容是否以项目、任务为主要载体。

从数量上看，学生在校学习的知识绝大部分是“间接知识”。间接知识是别人通过实践获得的知识。间接知识可以传授，但能力只能训练。那么能力用什么训练呢？用“做事”来训练，用完成项目、任务的过程来训练。那么要做什么事呢？首先是做学生未来职业岗位上的事，最好直接解决未来职业岗位上可能遇到的种种问题。所以，能力训练的载体不是语言文字、图形公式，而是项目和任务。

那么，用恰当的项目和任务进行能力训练，在动手操作训练能力的同时，将间接知识有效融入课程教学，使学生学到的知识不但是系统的，而且是可以应用、可以拓展、可以创新的；在动手操作、完成项目任务的同时，引导学生提升职业道德和职业素质的水准，这些基本上决定了应用型课程教学的成败。

这就要求教师要熟悉学生的未来职业岗位，知道该岗位上典型的工作过程，知道社会对该岗位人员的道德素质要求，知道岗位工作中的常见问题。应用型院校的教师在课上的主要工作，是带领学生去完成专业的项目和任务，而不是仅仅讲授一本书、讲授书中的知识和理论。一门好的应用型课程必定有明确的项目和任务，学生发自内心地喜欢这些项目、任务和工作，兴高采烈地跟随教师去完成这些任务，在这个过程中练出办事和解决问题的能力，同时学到相关知识，练出自学的能力，练出竞争和协作的能力，练出创新、创造的能力，练出知识应用的能力，在完成项目的过程中获得实际成果，产生由衷的成就感和自信心。同时在动手动脑操作的同时，提升自己的道德水准，学会与人交流、与人合作。就是要会做事、会做人。事实上，这些是可以办到的，具体参见第8章和第18章的13节。

应用型课程内容的主要载体是“项目和任务”，这是课程能力目标的直接推论。传统高校课程是“知识本位”课程，课程突出知识目标。但应用型课程要突出能力目标；即使是知识的学习，也强调其应用性和创新性。按照这个标准，只要看看教师在以什么载体为主上课，就可以大致知道这节课是否合格。

(3) 课程评价新标准的第三条是，该课程的教学过程是否以学生为主体、以教师为主导。

"以学生为主体"的第一个含义是，课程效果的评价要以学生的学习效果为主，不是以教师的讲授情况为主。好的课程应当首先是学生学习的效果好，学生对课程内容有很大兴趣，有强烈的学习动机，课后学生的有关能力得到明显提高，这才是好课；第二个含义是，学生必须充分行动起来，积极、主动地参与到教学过程中，自己动手动脑操练，而不是冷眼旁观教师和同学的"表演"。这些含义的详细内容将在下面逐步展开。

没有"学生主体"的课堂是讲座，没有"教师主导"的课堂是自习，两者都不是合格的应用型课程。

所以，新标准下的"好课"首先是"学生学得好"的课。评价课程的好坏不能只评教师，不能只看表面。

什么是学生"学得好"呢？

① 学生有兴趣：有内在动力，主动动手、动脑去做、去学，成为"教学主体"。沿着发展个人潜能的道路，自主学习、自然成长。教师的本领再大，如果学生不想学，你永远也教不会！

② 学生有能力：能做事、能成事。

③ 学生有道德：能以正确的方式做事。做人首先是"方向正"，其次是"动力足"，最后才是"能力强"和"方法好"。

④ 学生有知识：能表述、能答题。

那么，教师如何帮助学生"学好"呢？

① 要熟悉学生的兴趣，从他感兴趣的项目出发。

② 要通过做事练能力：能做事、能成事。

③ 要在做事中引导学生养成良好的习惯，即以正确的方式做事。

④ 要在做事中引导学生形成正确的价值观。

⑤ 要边做边学知识：引导学生能表述、能计算、能研讨。

在判断课程质量时，当前有两类情况值得特别注意。

① 课上没有项目任务，但教师讲解精彩、分析透彻、案例丰富，下课时学生热烈鼓掌。这样的课通常被督导认为是好课。但按照新的标准，仍然不合格。原因很简单：能力呢？精彩的讲授，就能讲出学生的能力吗？能力不达标是好课吗？

② 课上没有项目任务，但增加了丰富的"问答、讨论、游戏、自学"等围绕知识学习的环节和活动，课堂看上去十分活跃，学生的主体性看上去似乎很强。这样的课通常也被督导认为是好课。但按照新标准，仍然不合格。原因还是：能力呢？围绕知识传授、理解和记忆的许多活动，能练出专业工作的能力吗？

这两类情况凸显了新标准的重要性，以及教师学习新观念、转变传统观念的重要性。

2.3 应用型课程改造的三项重要原则

新的课程评价标准也就是应用型院校当前课程教学改革的几项重要原则。归纳起来如下。

(1) 课程必须突出德育和能力目标。

任何一门课、一次课都可以有多重目标：知识目标、能力目标、德育(素质)目标等，应用型教育必须突出其中的德育和能力目标。突出德育目标，是因为教育的根本任务就是育人。不遵守社会公德、为利益不择手段的人在未来社会中没有立足之地。突出能力目标，这是社会、企业和所有工作岗位的基本要求。另一方面，只有知识、只能答卷，不能解决岗位实际问题的人，在未来社会中也不受欢迎。所以，课程要有准确的德育和能力目标表述，课程的实施过程应紧紧围绕这些德育和能力目标，以育人和能力的训练养成过程为课程的主要线索。在做事的同时学会知识，在做事的同时学会做人。

(2) 以项目任务为道德教育和专业能力训练的主要载体，以项目任务推进知识理论的学习。

职业道德不能仅靠知识理论的讲解和记忆，要将一言一行的纠正与知识理论的学习结合起来；专业能力也不是"听"出来的，不是"讲"出来的，更不是"看"出来的。能力只能是自己动手、动脑"练"出来的，学生在"做项目任务"的过程中学，边做边练能力，边做边学知识，将直接经验与间接知识有效融合起来。随着课程的逐步展开，学生在提高专业能力的同时，以解决项目中的问题为动力，学到系统的应用知识。别人的间接知识即使是正确的，也只能提供"练"时的借鉴，可以使自己的训练过程少走弯路，避免无谓的损失，提高训练的效率，但"知识的获得和巩固过程"绝对不能代替"能力的训练过程"。

(3) 学生是课程教学的主体、教师是课程教学的主导，二者缺一不可。

学生在教师的引导下，应当动手、动脑做事，兴趣盎然、积极、主动地投入教学过程中。对课程的评价应当以"学生学得好不好"为主要依据。若单纯"听"和"看"，则学生就不是主体。必须要有明确的工作目标，然后动手动脑去完成项目和任务，这样的学生才是主体。教师的"教"归根结底是为了促进学生的"学"。教师采用多种"教学法"(对比学习、合作学习、建构学习、发现学习)，都是为了启发引导学生积极主动、高质高效地去学。单纯的知识灌输，并不是真正的"教学过程"。

但是回过头看看，在如今的许多高职和中职院校的课堂上，实际体现出来的往往是相反的原则。

① 课程突出知识目标。教师不管学生的道德表现，认为自己是专业教师，学生的道德表现与自己的课程无关。教师讲解许多面向考场答卷的"死"知识，到了工作岗位现场不能用，不会用，更谈不上创新。

② 课程内容以语言、文字、公式、图形为主要载体。缺少有效的能力训练，同时也缺乏有效的间接知识学习。

③ 教师是课程教学的主体。教师紧张忙碌，学生冷眼旁观。学生没有内在的学习兴

趣和动力。课程质量的评价以“教师讲得好不好、全不全”为准。

这样的课程怎么能达到我们的教学目标呢？

没有“学生主体”的“课”（教师一直在讲解和灌输知识理论）不是应用型教学，那是知识理论的“讲座”；没有教师主导的“课”（样样让学生“自己思考、自己动手”，耗费大量课时，教师没有有效引导）不是应用型教学，那是“自习”。

可见，这是三个非常重要的基本原则，是新旧课程教学的重要分水岭。这三个原则是指导“一次课”（单元）教学设计的基本原则。随着本书论述的展开，对于一门课的整体和专业课程体系，以后还要继续补充介绍另外的重要原则。但是，前面这三个原则始终都是应用型课程改革的基本方向和基本要求。

不管教师上课讲得多么好，多么符合课程评价的传统标准，如果不符合这些新的原则，这样的课程就是新时代应用型教育的不合格课程；这样的教师就是不合格教师，这与教师的职称、职务、学历、年龄都没有关系。在一所学校里，校领导（教学管理者）的评价标准（考核指标），就是全校教师实际的努力方向。所以组织全体干部、教师对新教学观念、方法进行学习、研究和培训，制定新的符合先进理念的考核标准，就显得特别重要。在推进课程教学改革时，大家发现，传统的教学管理方式也必须改革，旧的督导评价标准必须改革，甚至旧的用人政策都要改革。所以，院校的教学改革深入之后，必定引发全面的管理改革。

上述应用型课程的评价标准和改革原则，首先是从实践中总结出来的，但同时，它们也可以从应用型教育的培养目标直接推论出来。

第 3 章　应用型教育的社会定位

3.1　三个转化与三类高校

当前我国高职和中职院校在课程教学中遇到了各式各样的问题。表面上看，这些问题形形色色，其实它们中的大多数都有着基本相同的、深层次的内在原因，这就是“没有找准应用型(职业)教育的社会定位”。

1992 年开始筹建的深圳职业技术学院(简称“深职院”)从一开始就遇到了严重的教学问题，即学生的学习效果很差。问题出在哪里呢？1995 年深职院举行了一次全院教师大讨论，题目就是“高等职业教育的培养目标是什么”。通过查阅资料和参观访问，我搞清了一个重要问题，这就是高等职业教育的社会背景和社会定位。在社会的科学、技术、经济运行的链条中，存在以下三个重要的转化。

- 将自然规律和社会规律转化为学科体系。
- 将学科体系转化为图纸方案。
- 将图纸方案转化为产品、服务、商品和财富。

对应社会上的这三个转化，就有三大类工作，即科学研究工作、工程设计工作和技术应用工作。这三大类工作需要以下三种类型的人才。

(1) 科学研究人才。他们研究自然和社会规律，基础理论研究从事世界级理论难题的攻关和新学科体系的创立工作，代表人物有牛顿、爱因斯坦等。他们的工作成果直接影响了人类对世界的根本认识，在人类思想文化和学术领域做出开创性的巨大贡献，但并不直接产生经济成果。这类工作更多依赖研究者个人的想象力、顿悟和创造力，工作的个体性很强，难以用现代工业中传统的分工协作方式攻克难关。这类人的数量是极少的。

(2) 工程设计人才。他们从事大型工程(如鸟巢、水立方)、电力系统(如核电站)、电子工程、航天工程(如神舟飞船、嫦娥探月)等的开发和设计工作；从事世界级新技术、新产品、新领域的开发设计工作。代表人物是爱迪生等。

(3) 技术应用人才。他们没有创建新的学科体系、没有创造新的理论知识、没有发现新的技术原理，但他们将现有的知识技术进行组合，抓住市场方向，创造出优秀的产品、商品，创造了大量财富。代表人物有比尔·盖茨、乔布斯等，他们没有建立新的计算机学科体系或通信理论体系，没有获得诺贝尔奖，也没有获得计算机科学的图灵奖，但他们运用现有的技术和知识，组织开发生产出 MS DOS、Windows 和苹果系列手机、苹果计算机这样优秀的计算机操作系统和个人消费电子产品，成为深受世界欢迎的商品，积聚了巨额财富，成为技术应用型顶级人才的杰出代表。

这是在三个不同领域中工作的三种不同类型的人才，其顶尖人物都是世界级的精英，不能直接比较谁更重要，谁比谁高。正如天文学与核物理不能比较“哪个学科更重要”一样。

培养这三类人才，就需要三类不同的学校。每种类型中的高级人才，都需要由高等院校来培养。于是就需要有以下三种类型的高校。

1. 科学研究型(理科)高校

理科高校培养科研人才，这些人的任务是完成第一个转化。他们以解决世界级的基础理论难题、发现自然规律和社会规律、创建新的学科体系为己任。这类院校承担着在基础科学领域里攀登世界高峰的光荣任务。理科院校要求自己的学生具备科研能力(规律的认知能力、实验设计实施能力和学科体系的建构能力)，为此必须具有高度的抽象思维能力、逻辑推理能力、想象力和数字计算能力。社会对这类人才质量的要求很高，但需求数量很少，尤其在社会主义市场经济的初级阶段。在我国，理科院校的代表是北京大学。还有一类以“科学”与“技术”两者为目标的综合型大学，其代表是中国科学技术大学。

2. 工程设计型(工科)高校

工科高校培养的是工程设计型人才。他们以某个工程领域的设计工作为己任，要根据现有学科体系和理论体系设计出符合当前社会需要的大型重要工程项目，开发出新的设计规范和模式。这类院校承担着在工程设计领域里攀登世界高峰的光荣任务。在经济建设大发展时期，社会对这类人才要求的数量比科研型人才要多得多。工科高校培养大型工程(水利、电力、电子、建筑、机械等方面)设计人才，这些人的任务是完成第二个转化，要求学生具有很强的工程设计能力，所以学生必须具有很强的数学逻辑智能。在我国，其代表院校是清华大学。

3. 技术应用型(职业技术)高校

在市场经济迅猛发展的今天，中国迫切需要大量的技术应用型高技能人才。这些人主要不是从事基础理论研究，也不是从事大型工程领域设计，而是从事基层起步的生产、工艺、建设、营销、管理、维修、服务类的工作。例如，生产工艺设计、在生产线上从事制造工作，特别是技能型操作、制图，小型产品开发、设计、生产，各类产品营销、基层的生产管理，设备运行(如网络运行管理)、设备维修；经济管理事务的操作、运行(如报关、跟单)、事务管理、辅助管理(如秘书、翻译)等工作。他们在整个科研、设计、生产链条的后端，占有不可或缺的重要位置。他们的岗位最需要的是“做事”的能力、“运用知识解决问题”的能力，需要具备熟练地处理人际关系的能力以及在本专业中的高级技术能力和营销管理能力。当前以至于今后很长一段时期，社会对这类技术技能型人才的需求数量越来越大。在我国，这类人才的高层部分就由应用型本科和应用型专科(高等职业技术院校)负责培养，中层部分则由中等职业学校培养。

技术型、技能型、操作型人才的社会功能就是完成上述的第三个转化——将图纸、方案转化为产品、商品、服务和财富。

社会对应用型院校毕业生的能力要求包括：专业技术能力、营销能力、策划能力、宣传组织能力、市场敏感力、解决问题能力、与人交流和协作能力、持续发展能力、创业创新能力等。对这些人的要求首先不是学科体系的建构能力，也不是大型工程的设计能力。普通(研究型)高校强调的高级数学计算能力、逻辑推理能力、抽象思维能力、学科体系构建能力等，对科研工作极为重要，但在应用型(高职)院校许多专业中，对这些能力的要求往往退居第二位。

毕业生的工作领域不同，工作类型不同，要求的能力类型(例如以智商还是以情商为主)也不同。这里讲的是三个领域、三种类型，而不是三个层次。将高职院校仅仅定位在专科层次，显然是不适当的。事实上，上述三个领域(科研、设计、技术应用)中，都有高、中、低的不同层次的区分。

1995 年年末，深圳职业技术学院在全院大讨论之后，大家对于应用型(职业)教育的社会定位有了更深入的理解，我将上述认识写成文章《谈谈高等职业教育的培养目标》，发表在《教育研究》杂志 1996 年第 5 期上。在此基础上，在本书中又进一步提出了“职业链”的概念(参见第 17.1 节)。

3.2　应用型课程教学中的根本问题

既然人才培养的目标各异，那么三类院校课程教学的内容、方法、模式就应当不同。站在这个高度上看，今天的应用型院校存在的一个普遍问题就是：由于教师和管理者都来自传统研究型高校，我们正在用自己所熟悉的前两种类型(科学研究和工程设计类)高校的教材、内容、模式、方法，试图培养第三类(技术应用类)人才，这是必然要失败的。所以，我们的课程教学改革一定要抓住这个根本问题。

传统的理科和工科大学的课程教学，以学科中的系统知识和理论原理的研究传承创新发展为导向、以知识为目标、以教师为主体、以应试为基础、以语言文字为载体，经常开出理论和实践分离的课程。但应用型教育不同，应用型教育必须以学生未来就业岗位的职业活动要求为导向、突出课程的能力目标、以学生为主体、以德育(素质)为基础、以项目任务为主要载体，开出知识、理论和实践一体化，边做边学、真做真学的课程。

我们今天的应用型院校课堂上，到处都可以看到不适当的教学模式、不适当的教学内容和不适当的教学方法。这些做法无视应用型教育的职责和定位，把传统理工科高校的一套做法直接搬到应用型课程中。然后迫于生源水平，不得不将教材中的理论内容、计算内容删减，形成普通高校课程的“压缩饼干”。

采用错误教学模式的后果，首先是学生对课程反感。由于“生源”质量与普通高校不同，许多高职学生尚不具备进入前两类高校所需的数学计算能力、抽象思维能力、精密表达能力和逻辑推理能力。如果按照普通高校要求，学生就会认为教师总是讲一些自己不擅长的东西，讲一些“没用”的东西，讲一些听不懂的东西、没趣的东西。为了得到毕业证书，学生不得不勉强应付。新生到校后，原本主观上愿意学好，但第一堂课听不懂，第一周听不懂，第一月仍然听不懂，他就会觉得学习没意思，“这个学校的教学内容还是我的弱项”，于是上课走神、睡觉、发呆。学生的消极态度又会引起教师的反感，教师觉得自己的工作没有得到应有的尊重和回报，觉得高职"生源"的质量太差，许多高职学生根本不具备上大学的基础，没法教。于是师生之间形成恶性互动，彼此不买账，这样的现象会严重影响课程的教学效果。

目前的应用型院校教师受传统的"一次性教育"的观念影响很深。总是希望在学校里把"尽可能完整的知识系统"灌输给学生，没有建立"主动学习、自我学习、终身学习、合作学习"的现代学习观。在课程教学中只重视间接知识的传授和积累，而忽视学生直接经验的获得和能力的培养，忽视"学习能力"的培养和训练。学习能力（自学能力）并不等同于读书能力。读书仅仅是获得间接知识的一种渠道，虽然是很重要的渠道。而直接经验的获得，直接知识与间接知识的有效融合，才是真正的、全面的学习能力。结果是，应用型院校学生毕业后，上手快，上岗竞争时还有优势，但是专业基本功（数学、外语、专业知识理论）不扎实，知识面窄，极度缺乏跨课程、跨学科、跨专业的通识教育，发展潜力受限（学习动力、自学能力、创新能力不足，眼界狭窄，目光短浅）。随着形势的变化、技术的更新，需要在工作岗位上自我学习、创造革新时，应用型院校毕业生就可能会落在别人后面。社会上把这种现象叫作"好用，但不经用"，也就是可持续发展能力不足。因此，在应用型课程的能力目标中，强调"自学能力、创新能力"，在所有的课程教学中，强调真正的学创能力的培养，这是形势的迫切需要。

应用型院校的专业教师、教学管理人员和领导者的任务是：在了解学生短处（不懂学科体系、不善于抽象思维、不善于逻辑推理，不善于数字运算、不善于理解表达，外语基础差，不断的失败严重打击了自信心等）的同时，更要找出学生的长处（喜欢做事，喜欢动手，喜欢直观表达，喜欢成果展示、竞赛，喜欢集体活动、游戏，部分学生有专项特长等），要了解学生的兴奋点，从学生当前的兴趣出发进行引导，使学生在学习中不断成功，建立真正的自信心，逐步发挥自己的潜能。为此，我们必须重视研究和宣传应用型教育（和现代教育）的新观念：以人为本、德育为先、文理融合、多元智能观、多元人才观、多元成功观、建构主义学习观、行动导向教学法、工程思维方式、采用现代项目教学、通过"刻意练习"形成高端职业能力（参见第18章12节）等。按照应用型教育的特点和初学者的认识规律来设计课程、安排教学，以实现师生之间的良性互动。

3.3 应用型课程的教学目标

明确了应用型院校的培养目标，我们还要为下面一层的应用型课程确立恰当的教学目标。应用型课程是以项目为主要载体的课程，即项目课程。课程教学目标是教师上课要达到的具体目标，也是本书下面要重点研究的内容。一般而言，应用型课程主要应达到以下三类目标。

1. 知识目标

掌握知识（首先是间接知识），这是大家最熟悉的、公认的目标。对于应用型教育来说，掌握知识这个目标是当然的、毫无疑问的，但实际上还存在以下问题。

(1) 学科体系知识的盲目传授、盲目积累和盲目灌输。对于一些远超出工作需要，也远超出未来岗位发展需要的知识理论，让学生死记硬背下来，将来却不从事相关工作，除了眼前的答卷以外，学生对此没有任何内在的学习动力。学生对这些东西没有兴趣，不会实际应用，更谈不上创新。有一种说法认为"这些知识本身也许以后用不到，但这是锻炼思维的体操，必须学"（有的数学教师特别强调这一点）。其实，采用应用型的专业材料来训练思维同样有效，不但锻炼了思维，而且解决了实际问题，学生又有兴趣，何乐而不为呢？

(2) 今天的应用型课程中，教师往往把本来应当用"项目和任务"进行训练的许多"能力"，习惯性地转化为"知识"内容，在课上用语言文字等"知识的载体"进行讲解和传授。例如"示波器的构造"，这是知识内容，可以用讲解的方式传授。但是，"示波器的使用"呢？许多教师也把它作为"知识"来传授，用大量课时讲解"怎样使用示波器"的各种操作规则和注意事项。这些知识都学会了，就会使用示波器了吗？当然不会，因为示波器的使用能力是需要训练的。这种把课程的所有内容，包括能力都转化成间接知识来传授的知识本位课，学生即使学会了、学好了，又能干什么呢？只能做一件事：上考场答题。

(3) 忽视了获取"直接经验"的训练。为了获得能够灵活应用、能够创新的、有用的知识，学生必须学会在实践中如何有效获取直接经验，并学会将书本上的、别人的间接知识与自己在实践中获得的直接经验有效地融合起来（参见第 18.1～18.3 节）。对于这件极其重要的事情，如今的课程教学还没有引起充分重视。所以，应用型课程的教学目标绝不能仅停留在间接知识的传授和灌输上。

(4) 近年来发现，相当多的应用型高等（高职）院校的课程中，严重忽视了学生应当学习的系统的理论。课程中以简单操作为主，缺乏与工作配合的系统的专业知识，更缺乏系统的理论支撑，这样培养出来的学生即使能上岗，将来在职业生涯中也走不远。缺乏系统知识、系统理论和通识教育的内容，就不是高等教育。相当多的授课教师在选择课程知识目标时，说不清相关的理论内容，这是很严重的问题。究其原因，是教师自己在上学时只是学理论，现在"改革"又只强调操作，从来没有认真地将理论与实践联系起来。现在到了必须改变这种情况的时候。

(5) 应用型课程的知识目标中没有重视标准和规范的内容。传统的课程中，做事的依据是技术原理。但是今天的应用型教育是面向市场、面向企业、面向岗位的。企业工作的依据除了技术原理之外，更要重视各级（国际、国家、行业、企业）标准和规范。这些内容必须进入应用型课程教学。

应用型课程中有一类特殊的知识，即"案例"，特别值得重视。案例是过去发生过的事件，是一个以"故事"形态出现的即成事实。教师通过展示、讲解、分析案例，可以让学生直观地了解别人直接实践的过程和结果。学生可以对案例进行模仿和分析，直接指导自己的能力训练实践。所以在应用型课程中，案例内容应当占有十分重要的位置。但案例和项目并不相同，案例教学可以补充，但不能代替项目教学（参见第 8.1 节）。

为此，在现代项目课程中，逐步规范了各类课程目标的内容和表述方式。课程的知识目标与传统教学目标的表述方式类似，就是：

通过学习"学生能知道、了解、理解、掌握什么。"

"知道"是最低要求，其表现就是能正确地完成打钩选择题。

"了解"就是不但知道，而且自己能初步表述、解释该问题的答案。

“理解”就是不但了解“是什么”，而且能回答“为什么”。

“掌握”就是不但理解，而且能回答相关更深入的问题。

显然这些要求是逐渐提高的。教师应当对自己课程中的知识点和理论内容进行区分，准确描述对学生的实际要求，绝非越高越好。

应用型课程在知识目标之外，必须首先确定清晰的能力目标。

2. 能力目标

能力分为“单项能力”(能力点)与“综合能力”两类。

如“单项技能”是训练学生把焊点焊美观(电子)，把铁块锉平(钳工)，把线条画平行(艺术设计)等。用于单项技能训练的载体，是单项、片断的(小)任务或工作环节。这些小任务或环节接近过去的课程练习或作业，它们从工作的质和量两方面都构不成本书强调的“项目”。今天的应用型课程开始重视单项技能训练，但训练出单项能力，离解决职业岗位实际问题还有很大距离。解决实际问题更需要的是综合能力，而综合能力(综合技能)并不等于所有单项能力的总和。传统的“单项实训”课大多是用几个简单任务，训练某个单项技能。学生把单项技能练好了，只能去参加“焊接技能大赛”“钳工技能大赛”等单项技能比赛，可见，应用型课程的能力目标不能仅仅停留在单项能力训练上。需要说明的是，现在的技能大赛赛题，已经越来越倾向于完成相对完整的项目和任务，而不仅是单项技能了。

为了解决未来职业岗位上的实际问题，学生一定要掌握综合技能。解决任何稍微复杂一些的实际问题，一定需要多个单项能力和多科专业知识的配合，这就是综合能力。要训练综合能力，必须参与大型、实用、复杂、综合(往往是跨学科、跨专业的)的项目和任务。在条件不足的情况下，也可以在仿真的环境中完成大型项目来训练学生的综合技能。项目和任务主要是综合能力训练的载体。课程中是否有恰当的项目和任务，是应用型课程教学成败的关键。

下面再用军事训练的例子来说明单项能力与综合能力的关系。军事训练的目标：一是关于枪械武器和作战的知识。二是作战所需的单项能力，这些单项能力除了射击之外，还有行军、游泳、爬山、野外生存等。射击虽然很重要，但也仅是单项能力中的一种。三是用综合军事演习训练出的综合实战能力。为了训练战士的综合能力，必须采用“海空协同夺岛”这样的综合性的(模拟)实战演习项目。而且很明显，综合能力不是各单项能力的简单总和。把每一项单项能力分别进行训练，是达不到训练综合能力的目的的；四是在面对真正敌人进行真实作战过程中训练出来的实战能力。如果战士只训练了单项能力(比如打靶很准)，那么只能参加单项(例如射击)能力比赛，缺乏综合能力是不能上战场的。

当前的应用型课程中，最薄弱的环节就是综合能力训练。下面是训练学生综合能力的“综合项目”的例子：让电子专业学生完成一个实用电子设备的创意、设计、制作、调试、写说明书、演示(以及跨课程的营销、售后服务)的全过程；让建筑专业学生完成一栋实际建筑从立项、设计、采购、施工、验收到交钥匙(跨课程)的全过程；让化工学生完成一个实际化工产品从需求调研、性能分析、实验室实验、小试、中试、工艺设计、设备安装、试生产、产品检验、营销到售后服务(跨课程)的全过程，等等。可以看出，本书中所说的“综合项目”都是以职业岗位(或整个行业)完整工作过程为背景的大型综合(跨专业、跨学科甚至跨领域的)工作，这与传统课程教学中的作业、练习等从规模、内容和效果上完全不可同日而语。

综合技能必须用大型、实际、综合的项目和任务进行综合(仿真实战性)演练。综合实训是目前应用型院校当前课程教学的弱项。以前以为,这些综合能力要到毕业设计或顶岗实习中才训练,现在知道,必须从每门课的教学中就开始进行不同层次的训练和准备。如果学校有条件与企业紧密结合,实施真刀真枪的“产学研”相结合的真实研发项目,当然效果会很好。

但无论是战士的训练还是应用型院校中学生的训练,始终要记住,我们最终的目标是具备解决实际问题的能力。正像真正的战士最终必须实际上战场实战一样,对于应用型院校中的学生,就是要进行认真的综合能力训练、顶岗实习或完成产学研项目。目前在应用型院校积极参与的技能大赛中,开始出现越来越多的运用综合技能、解决大型综合问题的竞赛项目,这是十分正确而且重要的导向。

课程中的“能力目标”指的是学生学完之后,实际上能够达到的结果,不是教师的愿望,更不是为应付检查而罗列的许多能力名称的抽象列表。所以,教师在设计和表述课程目标时,必须实事求是,绝不是越高越好。应用型课程的能力目标与传统知识传授型课程的教学目标有很大差异,其表述方式如下。

(通过学习)“学生能根据什么,做什么。”

其中的“根据”,一方面是工作的专业技术依据,更重要的是该项工作的各项(国际、国家、行业、企业)标准和法律、规定。传统课程中完全没有这方面的内容。所以,这是现代项目课程中的新东西,是需要教师尽快熟悉并掌握的。目标中的“能做什么”,指的是从能做一件具体的事情开始,到能做同类事情和新事情。也就是要求学生从完成具体工作积累直接经验入手,到掌握程序和方法,能逐渐熟练地解决一类问题,直到能自己创造出方法和手段,解决别人不能解决的新问题。课程目标必须考虑到学生职业生涯的全过程,而不只是就业这一步。

这里还有一个实际问题,即能力目标怎样确定呢?无论是一门课还是一次课,书上都没有写明这个“能力目标”,教师从哪里找到能力目标呢?根据项目课程改革过程中教师们的经验,能力目标可以用下面的方法确定。教师不要问:“这门课(或这次课)的知识是什么?”而要问:“学生如果学会所有的知识之后,他应当能做什么?”重点是这个“做”字。能做的事情应当是(专业)项目任务工作。例如,(学完本门“电子技术”课之后)学生能独立完成一台小型电子设备的识图与制图。这就是本门课(整体设计)的能力目标中的一条。再例如,(学完本次课后)学生能用示波器测量放大器的输入和输出信号。这就是本次课(单元设计)的能力目标中的一条。

对于一门课或一次课,教师都要仔细权衡课程内容,准确描述其能力目标,然后创设条件,通过课程教学努力达到这个目标。

3. 德育目标

教育以育人为本,育人以德育为先。德育不仅是“关于道德知识的学习”,首先要在实践中改造学生的行为。在正确三观(世界观、人生观、价值观)的指导下,在现实生活中,让学生表现出正确的言行。使这种正确的言行形成习惯,逐渐成为稳定的心理和性格,成为平时言行的自然主宰。怎样在学生学习、生活的全过程中,对学生实施有效的道德(素质)教育,是一个重要的课题。建立新的育人观念,抓住新的育人载体,实施全方位育人,创造崭新的育人环境和模式，这是应用型院校当前很紧迫的教改任务。

具体到一次课、一门课中的德育目标，是指学生在完成项目和任务时，能够按照职业道德和职业素质的要求行事，而不能为了私利或方便而损害别人（集体、国家）的利益。所有的课程都应当设立德育目标，这一点与传统教学要求也有很大差异。为此，在现代项目课程中，逐步规范了课程德育目标的内容和表述方式，那就是：在做一件或一类事时，根据职业道德和职业素质的要求，学生"应当能这样做，而不应当那样做"。

在传统的知识传授课程中，没有能力目标和德育目标两项。现在的教师对此也很生疏，通常不知道如何找到德育（素质）目标，更不知道如何表述和操作。所以在这里对课程（整体或单元）的德育目标稍加解释。先看以下四个关于德育目标的案例。

【例 1】 汽车销售员在接待客户时，不但要热情，更要说真话，要处理好客户利益与商店利益的关系，首先要保护客户利益，绝不能欺骗顾客或隐瞒实情。

【例 2】 酒店前台接待员，无论自己或家里发生了什么事情，在岗位上接待顾客时都必须保持微笑，不能态度冷漠，更不能顶撞顾客。

【例 3】 绘图员在绘制图纸时，必须严格依据国家标准操作，不清楚时必须主动查阅，不能偷懒，更不能擅自更改发挥。绘图员要能看出别人绘制的图纸中有哪些不符合国家标准的地方，并加以改正。

【例 4】 绘图员在与别人合作完成一张大图时，必须反复协商，认真确定工作的分界和各人的职责，避免因交流不畅引起误解和遗漏。

首先，德育目标都应当针对具体工作，不能仅仅抽象表述。例如，"要尊重顾客、爱护顾客，保护顾客利益"之类的就是空话。必须表达出，在这项具体工作中具体怎样做才是真正保护了顾客利益。

其次，德育目标的表述与能力目标表述的要求一样，要尽可能"可操作，可检验"。就是说，通过该目标的表述，可以检验学生的操作是否已达标。如果在上述例三中只说"操作要规范"，就不知道该如何检验其是否达标。但例三的表述中给出了达标检验的两个内容：第一，绘制的图纸必须符合国家标准，这是可以检验的。第二，能找到别人图纸中不符合国家标准的地方，这也是可以操作和检验的。于是，这个规范（职业素质）要求的表述就是可以操作，可以检验的。

如果教师感到表述自己课程的德育（素质）目标很难，那首先是因为教师对岗位工作本身不熟悉，对教师岗位的育人要求不熟悉。对工作的这类德育（素质）要求，在通常的教科书上是根本没有的，也无法通过凭空想象得到。教师必须主动去企业工作，熟悉企业工作和（许多）岗位的具体要求，还要有强烈的育人意识。从中我们看到，应用型课程改革直接有效地促进了双师型教师的成长。

关于课程德育目标，还请参考第 8 章第 9 节中项目设计的第 9 项原则（从做事到做人）。

课程教学目标的这些变化带有根本的性质，需要教师转变观念、提升能力，还需要学生的理解和配合。所以，对于教师和学生来说，都必须经历从理论思维到应用思维，从逻辑思维到专业思维，从学校思维到企业思维，从知识思维到职业思维，从通识思维到岗位思维的一系列重大变化。

第 2 篇

应用型课程的改造

第 4 章　课程的整体教学设计

任何一门课程的改造，都是从整体设计开始，而不是从课程的单元设计开始。设想如果从单元开始，把一门课程中的每一次课，都按照应用型课程理念（参见第 2.2 节和第 2.3 节）的要求进行了改造，这个课就达标了吗？不一定。从一门课整体来看，各单元之间有着复杂的相互联系，各单元通过相互作用，形成一门课的整体结构。课程按照新理念达标，首先是其整体结构、内容和教学模式达标。然而过去教师备课和上课，从来都是按照课本的章节顺序进行讲解的，最多对课本中的案例、公式、内容做些增删。教师把课程整体设计的任务交给了课本的作者，自己从来没有对课程教学进行过整体设计。所以课程改革之前首先要弄清楚什么叫课程的整体教学设计。

课程教学的整体设计是我们按照应用型教学的先进理念提出的一个教学改革新概念。按照系统理论，一个系统的每个单元都好，整体不一定好。一加一可以小于二，可以等于二，也可以大于二。对于一门课的教学，尤其如此。一门课必须有自己的整体目标，有自己的整体结构和对课程教学进程的整体设计和安排。课程"单元"、课程整体、课程体系和育人模式构成一个四层嵌套系统（参见第 18.14 节）。我们必须在这个新的、比单元更高的层次上，对一门课的教学进行整体优化。

如第 2.3 节所述，按照现代先进教学理念对现有课程单元进行改造，必须遵循三项基本原则：①课程必须突出能力目标；②课程必须以项目和任务为主要载体；③课程的实施过程必须以学生为主体、以教师为主导。这些原则对课程的整体教学设计都适用。但是，站在改造一门课的高度上看，还要增加另外几项重要的新原则。后面，我们将逐步展开所有这些原则。

下面先来看一门课程整体设计的实例。

4.1　整体课程改造案例

【案例 4.1】　电工技术

1. "电工技术"课原设计案例①

授课对象：电工、电子、计算机、机电、建筑等专业一年级新生。

课程内容：直流、单相交流、三相交流、磁路、低压电器与拖动、一阶暂态电路分析等。全课内容抽象、复杂，对数学和抽象思维能力要求很高。

① 本案例取自深圳职业技术学院的课程整体设计，此处进行了修改和补充。

课程教学设计：本课程传统的讲法从来都是按照课本章节内容，先按顺序讲解知识，然后做实验或操作实训。

第一堂课：按照课本绪论讲解电工技术概论和发展历史。然后按顺序学习以下内容。

- 直流电路的原理、测量和应用。
- 单相正弦交流电路的原理、测量和应用。
- 三相交流电路的原理、测量和应用。
- 磁路、变压器、电机的原理、测量与应用。
- 低压电器、电力拖动的原理、测量与应用。
- 一阶暂态电路的原理与应用。

课程教学原设计点评：

按照传统的"知识传授+实验"形式上课，在应用型院校教学效果很差。学生基本上什么也没有学会。不但没有专业能力，连相关知识理论也不懂，更谈不上会应用了。核心问题就是先学后用的课程教学模式，使学生在学习抽象的概念和知识时，脱离了具体应用的导向。而抽象知识的学习一直是应用型院校学生的弱项，他们在这方面一直不是成功者。这样上课的结果是，学生什么也没有学会。

按照现代先进的应用型教学观念，这个课程教学的内容、方法和模式必须改造。下面是改造的结果。

2. "电工技术"课新设计案例

电工技术课是工科专业中一类十分重要的专业基础课。课中概念、理论内容、数字计算内容的分量很重，内容抽象难懂。从专业课程体系的角度看，学生刚入学，接受始业教育，需要开出一门"行业概貌"类型的课，学生不但要对自己未来将从事的岗位和专业有一个概括的了解，更重要的是对自己未来的行业有生动的体验。本课程就是起到"始业教育"作用的课程。对这类课程来说，以掌握电工原理知识理论为目标，单凭间接知识的讲解和语言文字的传授是远远不够的。

课程整体设计的改造从"确定能力目标"入手。一门课的能力目标的出发点不是掌握学科体系知识理论，而是学员未来职业岗位的能力需求。

许多教师在观念上有误区，认为该专业的能力都在高年级课程中，低年级的课程刚刚入门，什么都不会做，不能有能力目标，一年级的课就是学知识。这是不对的！事实上，任何能力(包括职业能力)都可以分类、分层、分级表述。有简单/复杂的能力，有初级/高级的能力。高年级固然有比较复杂的能力要求，但一年级也有一年级的初级能力要求。初级能力要求并不是次要的，更不是可有可无的。就以这门课为例，仔细考查后可以发现，通过这门课的教学，学生应当"能进行简单低压配电、拖动电工设备/电子设备(包括简单仪器)的制作、安装、测量、调试、运行、维修。对简单的电气、电子图纸，能够识图、制图、进行简单计算、初步分析和设计。能够熟练使用常用电工电子仪器设备和工具，初步使用专业软件和专业外语"，这就是本门课的能力目标。这些能力目标绝不是通过课本知识的传授就能达到的。先确定课程的能力目标，然后设计若干项目和任务，涵盖该课程原来要传授的所有知识理论。可见，为各种课程设计恰当的能力目标有多么重要。

课程内容设计如下。

- 电工基础：电力系统全貌(发电—变电—输电—用电)、安全操作技能和知识、仪器测量。实训项目：用仪器测量确定一台设备的工作状态。在安全的前提下，体验电击的感觉，模拟操作对被电击人的救助。
- 直流电路：最简单的直流电路分析、元件、参量、状态、测量、定律。简单电路设计计算。课程项目：简易指针式万能表制作。通过项目的制作，完成能力的训练和知识的学习。
- 单相交流：电抗元件、参量、状态、测量、定律、符号法、实用电路设计与计算。课程项目：电感电容调光电路的设计、实施和波形观察；日光灯的安装、计算。通过项目的制作，完成能力的训练和知识理论的学习。
- 三相交流(可以放在三相电机处讲)：实验室供电电路、三相电源、三相负载、三相功率。
- 磁路与变压器：降压点灯电路。原理、应用、设计、测量，功率传输、信号传输、阻抗变换。课程项目：小型变压器的手工绕制、应用、参数与同名端测量。通过项目的制作，完成能力的训练和知识的学习。
- 电机(电子选学)：机床电机、三相异步、单相异步、直流电机、控制电机、直线电机。课程项目：三相异步电机铭牌认读、参数测量、接线、启动、制动、换向、调速。
- 低压电器与电控(电子选学)：开关、熔断、继电。课程项目：机床电控线路安装、调试。
- 复杂电路分析(电工选学)：三极管基础电路、电路拓扑、受控源、电路分析法(支路电路、节点电位)、叠加原理。课程项目：一个实用模拟电子设备的简单分析计算。
- 一阶暂态分析(电工选学)：延时开关、RC 充放电。RL 电路。课程项目：RC 三极管延时开关制作、测量、计算。

课程教学新设计点评：

这是一门典型的工科专业基础课程，内容丰富繁复。课程设计的特点是，针对两种专业方向(电工、电子)，围绕职业岗位经验的积累和能力的训练，打破传统的专业和课程界限，进行一般通用系统知识理论的学习；根据岗位工作需求、布置企业工作环境，按照企业对职业道德和职业素质的要求，完成项目任务，培养初步的企业意识(安全、成本、环保、管理)。

教师精心选择案例，精心设计项目。完成项目切忌使用“套件”，切忌只让学生按照电路图“做完”一个产品，但什么也没有学会！要以项目为教学内容主线索，先以项目工作的需要来学习相关的知识理论，不进行盲目的知识积累。在大小阶段任务完成后，再对知识理论进行系统归纳总结。操作与学习过程都要课内课外相结合。全课设计了多个项目，以覆盖全部课程的能力和知识理论内容。让学生在难度递进的多个项目的操作中，体验效果、训练能力、学习知识理论、养成良好的职业道德和职业素质。将来可以考虑将上述多个小项目进一步整合成统一的一个或少数几个大的项目，这样，项目的综合程度还可以进一步提高。

【案例 4.2】 基础护理技术[①]

这是一门典型的非工科课程。

基础护理技术课程是护理专业学生必须掌握的一门专业基础课，也是一门专业核心课程。本课程是连接护理专业医学基础课程和专科护理课程的桥梁，在医学基础课程和后续专业课程中起着承前启后的重要作用，其基本理论和基本技能是后续课程学习的基础，它不仅要为今后的学习打下基础，而且课程本身涉及的知识和技能，对于培养学生的工作能力也十分重要。因此，课程的教学质量的好坏，对后续课程的教学将产生重大影响。

1. "基础护理技术"课原设计例

课程的传统教法是按照课本的知识体系进行讲解，教师引进尽可能多的临床案例对课本知识进行补充，帮助学生消化理解复杂、系统的护理知识体系。

教师按照课本顺序讲解的重点内容有：绪论（发展、意义）；环境；入院与出院病人的护理；舒适与安全；医院感染的预防与控制；病人的清洁卫生；休息与活动；生命体征的观察与处理；冷热疗法；饮食与营养；排泄；药物疗法与过敏试验法；静脉输液与输血；标本采集；病情观察及危重病人抢救；临终护理；医疗与护理文件记录。

从课程中可以看出，这就是本课程要传授的知识体系。教师讲授的内容包括以下几点。①知识传授：环境等。②工作环节描述：入院与出院病人的护理等。③过程要素介绍：舒适与安全等。教师在课上讲的，全部都是针对一般情况的知识。其实，即使所有的知识、环节和要素都学会了，学生也只能答题，到工作岗位还是不能胜任工作的要求——因为没有工作经验和能力。

工作经验是什么？对有经验的护理人员而言就是：①能处理各类（病种类、年龄、性别、并发症）具体病人的护理细节。②能按照规范实际完成从头到尾的护理全过程。③能处理护理过程每个环节中可能出现的各种实际问题（紧急、意外、出错等）。这些都是处理实际问题的能力，而这些内容在课本上通常是没有的，许多这样的能力只有在岗位工作多年，才能经历并妥善处理。

课程教学原设计点评：

我们一直在学校进行一般知识的学习。由于缺乏具体的工作对象、缺乏针对性和直观性，这种学习的速度慢、质量差、效率低。我们知道，最有效的学习方式是在做事的同时边做边学，即在完成典型、完整的具体工作，积累个别经验的同时，学习片断知识，然后总结一般的经验并学习系统的知识。

按照通常方式进行的课程教学，学生先听到许多关于医学和护理的间接知识，又做了不少局部片断的操作练习，但真正到了实际护理岗位，还是不能很好地完成岗位要求的工作。原因就是没有经历过实际工作的种种情境，缺乏护理岗位的直接经验，缺乏综合能力的训练，我们的课程改革就应从这里入手。系统的知识并不是经验，系统的知识更不是能力，经验和能力都要在具体工作的过程中才能获得。但我们希望，学生在校学习的过程中，

---

① 本案例取自岳阳职业技术学院的课程整体设计，此处进行了修改和补充。

能尽可能多地接触相关内容，获得（哪怕是一部分）相关经验。

为此必须先确定本课程的能力目标，然后设计具体的训练项目。

2. "基础护理技术"课新设计案例

本专业面向的就业岗位：临床护士。晋升岗位：护士长。

首先确定课程的能力目标。能力目标不是从课本中看来的，而是从学生未来就业的职业岗位能力分析中得到的。作为护理专业的毕业生，本课程的能力目标首先要面向学生的整体（综合）护理能力。按照"可操作、可检验"的要求，本课程具体的能力目标表述如下。

（1）能够按照护理程序的要求，独立、规范地进行 45 项单项护理操作，能和同事合作完成 4 项综合技能操作。（另附：45 项单项技能和能力目标清单以及 4 项综合技能清单。）

（2）能够主动地发现护理对象的健康问题，并运用所学知识提出合理、可行、有效的解决方案，并运用相应的技能实施该方案，解决这些问题。

（3）能够对护理对象进行个性化的健康教育。

（4）能够规范书写体温单、医嘱单、整体护理病历、病室交班报告、特别护理记录单等护理文件。

（5）能够读懂常见的医嘱并正确执行医嘱。

（6）学生能够在工作中保持最佳的身心状态，与护理对象和合作伙伴和睦相处。

当我们在课程中要求学生正确完成具体护理操作的全过程时，所有这些能力必然全部训练到。换句话说，如果学生不具备某项能力，他的项目是不可能完成的。对于基础护理技术课来说，要求学生完成若干具体病人的全程护理，即从入院、治疗到出院（或死亡）的全过程时，学生就可以完成上述全部能力的训练。如果学生不具备上述能力目标中的任何一项，他就不可能完成这个项目，不可能把相应的护理工作正确实施。

最后的问题就是，选择几个什么样的项目（在本课程中，项目就是几个具体的病人）作为载体来进行能力训练和知识学习呢？在课程改革的大量实践中，我们总结出课程项目（任务）必须具备的几项要素：实用性、典型性、综合性、覆盖性、趣味性、挑战性、可行性。

通过比较我们知道，对于基础护理技术课程来说，传统的技术环节训练、单纯的知识传授、单纯教授课本上的一般知识内容等的传统教学方式，全都需要，但都不能满足应用型课程教学的综合能力目标的要求。从这一点来看，与普通高校相比，应用型教学不但有自己的特点，而且对教师和学生的能力要求不是降低了，而是提高了许多。

根据上述能力目标，设计的能力训练项目如下。

项目一：一般病人（40 岁、男、外伤类）从急诊室到住院病房直到出院各环节的全程护理。

教师用这个具体病人的全程护理，引导并体现课本上关于护理的主要能力和知识要求。一边做事，一边学习相关知识理论，用到哪学到哪，不盲目积累知识。工作一个段落之后，对所学的知识理论进行梳理总结。这就是通过"具体"来体验和学习"一般"。

教师在设计项目时，往往就停留在这个程度，而忽视了一个十分重要的方面：项目的覆盖性。对于像护理这样复杂的工作，本项目只覆盖了很少的情境，还有一多半实际情境是无论如何无法覆盖的。因此，必须由熟悉本专业理论与实践的教师再设计几个项目，从性别、年龄、疾病种类等方面，对实际工作情境进行覆盖。

项目二：危重病人(女、70岁、多发重症)从门诊到病房直到死亡各环节的全程护理。

项目三：隔离病人(20岁、男)从门(急)诊到住院病房直到出院各环节的全程护理。

这样三个具体的综合性工作就覆盖了常见护理的对象、工作类型和工作步骤。学生在对具体对象的具体护理工作中，积累了针对各种情境的直接经验，于是，就有了一个学习间接知识的支撑点，由此出发引入的所有系统的书本(间接)知识就都有了直接经验的支撑。教师可以在项目进程中的每个节点都用情境和案例进行扩充，以达到从个别到一般的比较认知目的(参见第7.7节，启发引导)。应用型院校的学生，其学习风格多数属于积极主动型、感觉型和视觉型，喜欢通过一些活动和尝试来学习，倾向于学习事实性内容，善于通过情境记忆来学习。因此教师在进行教学方法和手段的设计时应充分考虑学生的实际特点，精心设计每一个项目情境。

项目的设计要力求覆盖实际情况中的主要内容(性别、年龄、病种)，从而能够覆盖课程所有的主要能力点和知识点。这些项目都是用来"做"的，不是用来"讲"的。教师按照"行动引导"原则，为各项目设计丰富的各类情境(正常、出错、意外、紧急、违规等)。在教师的指导下，学生根据情境确定问题、查阅资料(包括课本)、实际操作、解决问题。学生在校内就可以通过解决项目中的实际问题，体验过去只有在实际岗位上才能接触到的生动情境。学生经历(尽管是模拟经历)几个"具体的"病人，而且全过程实施了所有的护理操作，这样就较好地弥补了原来课堂教学的根本缺陷。

教师采用现代项目教学法时，应当注意学会用具体的项目，引出一般的规律和系统的知识，使学生不停留在项目的个别情况认知的水平。

新的课程目标要求新的课程教学方式。新的教学过程变成了这样：教师通过精心设计的项目，将学生引导到很接近实际工作岗位的精彩情境中。通过解决许多"实际"问题，学到许多原本散见于课本不同位置的知识。工作具体、问题具体，学生每一步学习的方向明确、内在动力充足。工作任务完成之后，师生共同将所有这些知识理论进行归纳总结，使之系统化。在项目的实施过程中，教师注意按照职业道德要求，引导学生的实际操作，养成良好的习惯，训练学生的能力、学习系统的知识和理论，积累必要的"经验"，高效率、高质量地完成教学任务。

课程教学新设计点评：

这是一门典型的非工科课程，但按照现项目教学的原则进行了成功的改造后，教学效果得到明显提高。新的设计体现了应用型课程教学理念：突出了课程的德育和能力目标，设计了符合要求的项目任务，开展了精心设计的项目实训，以学生为主体、以教师为主导，实现了边做边学的一体化课程教学。其中的核心仍然是"德育为先、突出能力目标、以项目任务为载体、边做边学的能力实训过程"这几个重要原则。

该课程整体设计的特点如下。

(1) 课程的专业理念先进。整个课程教学过程融入整体护理理念(以人的健康为中心，按照护理程序的要求进行工作)和3H理念(hospital、home and hotel，即给予患者医院的照顾、家的温馨和宾馆的舒适)，以护理工作过程为导向，以学生的职业能力训练和可持续发展为主要目标，以项目任务为载体，构建模块化项目课程。

(2) 课程内容以具体护理工作过程为导向，不是以护理知识的体系为导向。护理工作过程：以典型护理程序为框架，即按照“评估→诊断→计划→实施→评价”五个循环往复的过程进行工作。学生动手动脑积极参与具体操作，学生是整个课程教学的主体。

特别关注学生的可持续发展。教学内容的选择及顺序的安排既结合目前临床护士基本技能的要求，又考虑学生目前的学习风格及职业发展(表现在职业道德的提升、职业岗位的晋升、职业能力的提升和知识理论的增加)的需要。

模块化项目课程的构建：采用基于临床的真实案例，根据教学的需要和学生能力发展的逻辑顺序精心设计课程模块22个。

(3) 课程的教学方法是：在做项目的过程中学、边做边学，不是单纯的“先学后做”，把直接经验的获得与间接知识的获得有机融合起来。

(4) 对课程教学的所有环节提出“多个渗透”的要求，即课程要渗透“职业道德”“职业素质”“职业规范”“护理专业英语”“职业核心能力”(特别是其中的“与人交流、与人合作、自我学习和解决问题”四项能力)。在课程学习中，以项目为主要载体，就可以将职业素质、职业道德教育落到实处。

(5) 通过典型具体的项目任务，训练通用的一般能力。

在具体任务完成之后，教师应注意列举该项目情境之外的案例和重要的单项能力训练。教师应注意抓住机会，随时扩展学生的视野，不可停留在单一具体项目工作的限制之内。有了多个案例、任务操作效果的对比，就可以对系统的应用知识和工作技能技巧进行归纳总结(参见第7.7节，启发引导)。学生自己做错的事、不会做的事，现在做对了，学会了，于是，这些东西学生能记住、会应用、易迁移。训练的能力是一般能力。

(6) 在项目具体工作的实施过程中，学习“系统知识”和“一般原理”。把“个别”和“一般”紧密结合起来。

书本上的系统知识和一般原理都是间接知识，间接知识可以用语言文字来传授。但所传授的知识都是前人的经验及其总结，如果学生所学的知识全部都是间接知识，那么学习(特别是“应用”)的效果肯定不会很好。主要问题是，这些间接知识未经学生实践检验，没有直观感受、缺乏具体细节，所以学生不会应用，或经常会用错。

所有的知识如果都让学生从自己的实践中逐一摸索，显然是不现实的，因为这样做的效率太低，速度太慢。在校学习的特点，就是能够高效率地学到前人积累的丰富的间接知识。所以，教师必须解决的一个重要问题就是，如何将前人积累的丰富系统的间接知识(理论)，与学生自己亲历的生动活泼的直接经验有机结合起来，以直接经验提高学习的“质”，以间接知识增大学习的“量”。给间接知识以实践基础，给实际操作以理论指导，使二者都生动活泼起来，真正能够应用、创新和发展(参见第18.1～18.4节)。

为此，教师进行课程整体设计时还应当写出系统知识、必要理论和重要计算的要点。应当结合项目的实施过程，设计间接知识的教学过程。这些间接知识渗透到操作的哪个环节呢？具体到护理课程中，可以考虑以下的教学模式。

①情境：规范操作；②效果1：变化操作；③效果2：不同效果对比，学习原理。

这里的“变化”可以实际操作，也可以不实际操作，还可以是假设的，由教师或案例或书本给出“护理操作的效果”。这里的“变化”不是仅一次，变化可以有多次，这些变化应当覆盖实际岗位中所有主要可能的“错误”和“意外”，让学生从中积累“经验”。

(7) 通过不同"效果"的对比,学习相关原理。再将知识归纳成系统。这样的知识是在做事的过程中学到的,是系统的、会应用的、可创新的。

(8) 实现了教学由"实验导向型"向"项目导向型"的转变。

以往在模拟病房进行的教学,大部分是实验导向性的教学,多强调单项技能环节的训练,而忽视了护理的临床工作情境;强调了教师的示范和学生的模仿,而忽视了学生在实际工作中的主观能动性的发挥。以行动导向型教学理论为指导,首先要求师生双方都要转变"教"与"学"的观念,端正自己的位置,明确其任务和目标,在处理实际工作、解决实际问题的过程中提高能力、学习知识和理论、提高职业道德和职业素质。

4.2 课程整体教学设计的基本原则

新的课程教学设计体现了现代应用型教育的先进教学理念。我们把课程整体教学改革的基本原则概括为"6+2"原则,即六项基本原则加两个渗透。

1. 六项基本原则

(1) 课程内容应当是工作过程导向、职业活动导向的。

教育的总目标是育人。完成项目任务与学习知识理论都是育人的手段。传统的以知识为重的课程教学只突出了知识目标,无法达成我们希望的德育与能力目标。现代项目教学探索出一条有效的新途径,那就是,在课程中设计两条线索:工作线索与学习线索。以解决职业活动(未来生活)中出现的问题为课程的主线索,课程进展的推动力是工作(生存)的需求,是职业岗位工作过程的需求,而不是完成一个学科体系的讲解,不是知识模块的灌输,不是知识系统的逻辑推理。课程整体上是按照工作逻辑来推进的,而这个工作逻辑是教师按照认知要求改造过的、为认知服务的项目和任务。与这条工作主线索并列的,是德育、能力、知识的学习线索。当然,这里说的是课程的大的整体结构,课程结构的局部不排除知识系统的讲解、分析和逻辑推理。工作线索与学习线索应当紧密结合,相互支撑。

"职业活动导向"是对"工作过程导向"更进一步的要求。工作过程导向强调的是工作的技术方面。师生在校内实训室中,以师生身份共同完成一个项目,这也是工作过程导向。但"职业活动导向"则要求该项工作要在职业岗位现场或仿职业岗位现场的情境中以岗位身份来实施,也就是说,实施的环境中要有更多的企业要素。所以,单纯实现"工作过程"导向还不够,项目要力争实现职业活动导向。

(2) 课程要突出德育和能力目标(参见第 2.2 节、第 2.3 节和第 3.3 节)

课程通常有三类目标:德、能、知,有的课程还有情感目标或其他目标。过去的课程教学从来都是突出知识目标的。应用型教育要培养的合格公民,首先是面向市场、面向职业岗位的、高技能的职业人,而不是面向考场、面向象牙塔的、博学的读书人,所以必须注意突出德育目标和能力目标。

(3) 课程内容的主要载体是项目和任务(参见第 2.2 节、第 2.3 节和第 3.3 节、第 8 章)。

教师必须充分发掘项目在教育方面的巨大承载能力(参见第 8.3 节),使课程教学项目承担起道德养成、能力训练和知识学习的多项工作，不是仅仅用来训练岗位操作能力。

课程项目一定是一件具体的、尽可能真实的、需要做出成果的工作，不能是若干抽象的工作环节的描述，更不能是知识的模块。教师在课堂上按照工作环节的顺序讲解知识，这并不是在“实施项目”。而这正是当前课程改革过程中，一部分教师的困惑。

(4) 项目任务的实施过程要精心设计。

项目课程中有两条线索：工作线索(项目、任务)和学习线索(能力、知识理论、德育)。如何正确处理这两条线索，使之紧密结合、相互渗透、相互促进，这就需要教师对课程的内容和模式进行精心设计。设计时必须遵循的基本原则和一些实用技巧，请参见第 7.7 节、第 8 章和第 15.9 节。

(5) 课程的实施要以学生为主体，以教师为主导，二者缺一不可。

课程实施过程中，学生的主体作用主要体现在动手动脑参与操作和解决问题。教师的主导作用主要体现在课程设计、备课、上课过程中，教学引导方法的正确选择和灵活运用上(参见第 7.7 节)。随着课程的进展，根据学生能力水平的不断提升，教师应当将课程主导权逐步交给学生，从而保持课程教学的高质量和高效率(参见第 2.2 节和第 2.3 节)。

(6) 知识理论实践一体化，教学做一体化：边做边学，真做真学。

教、学、做尽可能一体化进行。在时间、地点、内容和教师四个方面尽可能不是分离的。所谓“一体化”设计就是，教师必须对课程中的“工作(项目任务)”和“学习(能力、知识理论)”两条线索进行统筹设计。整个课程以项目工作及其问题为实践背景和认知动力；课程内容从项目工作引入，学生边做边学，将训练能力、学习知识理论与养成良好的职业道德和职业素质统一在项目的实施过程中。所有这些目标，都在一体化的教学过程中达成。

不能将课程中的知识理论(学习)与实践操作(工作)内容人为地分开，不要“先学后用”或“先讲后练”，应尽可能使学习的动机和动力来自实际问题，用学习内容解决实际问题，而不是脱离实际问题进行课本讲授，盲目积累知识。应尽可能在“做”的过程中同时解决能力训练、知识学习和品德养成的问题，而不是脱离具体的项目活动，而单靠教师口头讲述技术知识和品德知识。教师要在项目实施的过程中，将能力、知识、态度有机地结合起来，将道德、素质、价值观有机地结合起来，将做事与做人有机地结合起来。

所谓“真做真学”，是指无论是“做”还是“学”，都不要采用“灌输式”，而要采用“启发式”。

灌输式的“做”，就是教师直接布置工作细节，让学生按照工作单或程序亦步亦趋地做完工作，不独立完成，不经历出错，不经历各种情境。灌输式的“做”看上去快速省力，其实是“假做”。启发式的“做”，就是教师通过情境引出任务，让学生思考问题，通过操作和学习解决问题，最终一定要让学生能离开教师和书本而独立完成整个工作，让学生经历各种情境，让学生能独立处理各种出错、紧急、意外问题，在实践中通过成败对比来思考和学习，这才是“真做”。

同样，“灌输式”的“学”就是省略实践背景，按照课本章节顺序学，让学生记住各种正面的定义、结论、公式和技巧，而不进行各种对比、不进行思考、不提出质疑、不辩论问题、不独立运用。灌输式的“学”，看上去快速省力，其实是“假学”。启发式的“学”，就是让学生带着实践背景(项目任务的情境)，通过应用、对比、思考来学知识。特别是通过正反、异同、优劣的对比，通过质疑、反思和辩论，真正搞懂并能应用这些知识，这才是“真学”。关于这个原则，请参见第 7.7 节。

课程中的“工作”和“学习”两条线索必须相互支撑、相互促进。这就是“一体化”课程设计的含义。

除了上述六项原则之外，还有两个渗透。

2. 两个渗透

渗透 1：与课程项目相关的知识、理论、计算、外语，跨课程跨专业的内容，要渗透到项目进程和课程学习中。

从项目工作角度看，知识、理论、计算、外语等都是完成项目工作的手段和工具。从课程学习的角度看，项目任务都是知识理论规律学习的手段和工具。把这两者的关系处理好，就能让“工”与“学”相互依赖、相互支撑、相互促进。

课程中的知识、理论、计算内容应当随时渗透到操作和学习过程中，避免教师单纯地讲知识，或仅仅“先讲后练”。任务完成之后一定要对项目任务涉及的知识、理论、计算内容进行全面的归纳、总结和提升。在课程改革的现阶段，教师一定要注意，使学生最终学到系统的应用知识、学到必要的理论和定量计算。避免让学生只学会具体工作的具体操作，而知识和能力不能迁移。

所有课程均应提供本课程主要外语词汇的对照表（根据教师的实际情况，选择英语或日语等），每次上课教师都要对其中涉及的 3～5 个单词，用外语进行读和写。在应用型院校中，外语首先是专业工作的工具，不是研读的课题。所以，创造正确的外语学习氛围对应用型院校很重要。

所有与本课程内容有关的跨课程、跨专业的东西，都要积极安排渗透到课程进程中，而不要认为“与本课程无关”就跳过。

渗透 2：职业核心能力、通识教育内容和职业道德、职业素质的要求必须渗透到所有课程中。

8 项职业核心能力（参见附录 E）是指无论未来的工作行业或就业岗位是什么，每个职业人为了不断发展，都需要具备的能力。

通识教育是研究型本科院校非常重视的教学内容，也是目前应用型教育的“短板”。为了学生未来的发展，为了应用型教学层次的提升，应用型课程今后必须把通识教育的内容重视起来。重视的方法不仅是另外多开几门课程或讲座，更重要的是把这些内容有机地渗透到所有课程中。

职业道德和职业素质的内容绝不是单靠讲授就能解决问题的。只有在具体的项目任务操作过程中，教师有意识、有计划地进行引导才能见效。因此，在设计课程德育（素质）目标时，教师就必须想好，在具体操作的哪些环节，落实哪些职业道德和职业素质的内容。课程的德育（素质）目标必须落实到项目的操作环节中，这是素质教育落实到课程教学中的具体要求。

比较上述两个渗透内容，我们看到：渗透 1 是与项目直接相关的内容，而渗透 2 则是与学生未来发展关系更密切的内容。所有的课程都要承担这些深层次的育人要求，而不仅仅是进行最浅层的职业岗位能力的训练。

课程设计的基本要求就是这六项原则加上两个渗透，简称“6＋2”原则。总体来说，“6＋2”原则就是“工学结合”“校企合作”等应用型教育原则在课程教学中的具体实现，而现代项目教学则是实现这些原则的最好手段。

“6＋2”原则是一个整体，仅抽取其中的一两项落实是不够的，甚至会产生错误。例如，如果只实施第一项原则，即仅“课程的内容是职业活动导向、工作过程导向的”，结果是什么呢？那就会出现这样的课程设计：将原来课本中按照知识逻辑排列的章节顺序，重新调整为按照工作过程排列的章节顺序。这一次，知识的排列顺序确实是“工作过程导向”的，但它仍然是以“知识传授”为主的课程，并不是以能力训练为主的课程。缺少了“突出德育和能力目标”原则，单纯执行“工作过程导向”原则，就会出现这种结果，而这正是当前课程改革中部分教师一直以来的困惑。

4.3 课程整体设计要点

下面归纳一下课程整体教学设计的工作要点。

1. 确定课程目标

首先要确定一门课的整体目标。课程的整体目标一般包括德育（素质）目标、能力目标、知识目标三类，特别要强调其中的德育和能力目标。德育目标和能力目标的分析与设计是“现代项目课程”设计的基本要求。能力目标不是从书本上得来，而是根据职业岗位需求设立。要用具体、可操作、可检验的语言，准确描述一门课程实际能够达到的能力目标。

能力目标表述的基本格式是：学完本课程之后“学生通过完成××（项目任务），能运用××（知识），根据××（标准或规范），做××（事情）”，或者简化为“能根据××，做××”。

注意，这里所说的“做”，是指“完成专业任务”，不是指“掌握知识”。所以，“能理解××概念，能掌握××定义，能回答××问题”之类，这些仅仅是与知识学习相关的“知识目标”的内容，而不是我们要求的专业工作中的能力目标。这一点对课程的整体设计和单元设计要求是一样的。

所谓“可检验”，是指“达标与不达标”通过这里的表述是可以检验的。例如，“通过本课程的学习，学生能具有安全意识”（抽象表述），或者“学生应当具备安全操作能力”（列表式表述），这样的描述就无法检验。必须为“具有安全操作能力”这样的抽象、无法检验的描述找到具体的、可以操作、可以检验的表述方式。例如，上述目标如果写成“通过本课程的学习，学生在一个陌生的工作环境中能够找出其中的不安全因素”。这样的课程目标描述就变成了“可检验”的。希望我们所有课程目标的描述都能达到类似的标准。

一门课程的整体能力目标应当包括，对项目任务的理解、分析、表达能力，项目任务的实施能力（对课程教学来说，这是最重要的能力），对项目任务结果的展示、分析、评价能力，对工作环境的熟悉能力，按照规范和安全要求操作的能力，主要工具设备的使用能力，事故的处理能力，在复杂环境中做事、与人竞争协作的能力，在完成任务过程中自我学习、创新和持续发展的能力等。但所有这些“能力目标”都应当表述成具体的、可操作、可检验的目标，不是抽象概念的描述，也不是能力名称的列表，或者说，所有的抽象能力都要分别找到它的"具体观察点"，并用这些观察点来进行描述。

这里所说的课程目标是任课教师对学校的一种承诺，是督导和同行用来检查课程是否达标的依据，而不仅是教师对学生的要求（所以不写作"学生应能××"）。课程结束时，学生若不能达到你所写出的能力目标，责任应当主要由教师承担。

根据我国前劳动与社会保障部专家研究的结果，企业人的职业能力具有三层结构。最外层是岗位专用能力，中间层是行业通用能力，最内层是职业核心能力。中国的职业人，无论工作在哪个行业、哪个岗位，都应当具备以下 8 项职业核心能力，即与人交流能力、与人合作能力、解决问题能力、自我学习能力、信息处理能力、革新创造能力、数字应用能力、外语应用能力。所以，所有课程的能力目标，应当尽可能全面而系统地加以梳理和描述。

课程目标可以分层次表述。教师根据全班学生的普遍水平制定的目标是课程的最低目标。最低目标是全班学生都应当达到的。但教师还应当按照班内高水平学生的实际情况，制定更高的目标。在目标书写时，可以注明大约可以达到此目标人数的百分比。也就是说，教师组织教学时，必须注意照顾少量的优秀生，让这些学生不仅能"吃饱"，也要有创新和发挥的余地。优秀生在班上可以起到榜样和带头作用，能有效地帮助教师推进课程教学。

2. 改造课程内容

应用型教育课程的内容必须以职业活动为导向。课程的实例、实训和主要的课堂活动，都要紧紧围绕职业能力目标的实现，尽可能取材于职业岗位活动和实际工作流程，以此改造课程的内容和顺序，从"以知识的逻辑线索为依据"转变成"以职业活动的工作过程为依据"。技术的快速变化、市场的快速变化、各地经济环境的巨大差异决定了应用型教育课程内容的巨大差异，决定了应用型课程教材不可能"全国统一"。同一名称的课程在不同时间、不同地点实施，项目内容的取材和实施顺序都可能不同。因此，所有的课程都必须在课本的基础上进行二次开发，这就是课程教学设计的必要性。在应用型院校中，对非外语专业的学生而言，外语不是研究题目，而是专业工具，所以，所有的课程都必须注意项目实施过程中外语氛围的营造。第一步不是实施传统意义上的"双语教学"，而是降低要求，每次上课必须有 2～5 个专业词汇，用外语说、写，其他都照常用汉语进行，仅此而已。让学生感到，外语和汉语一样，是表达意义的工具而已。这是使应用型院校学生外语水平从根本上提高的重要措施。将来师生水平普遍提高之后，再逐步提出更高要求。

3. 设计课程项目（参见第 8 章）

首先选择、设计一个或几个贯穿整个课程的大型综合项目，作为训练学生职业岗位综合能力的主要载体。这就是以项目为课程能力训练载体的原则。项目的选择要点是：综合性、典型性、覆盖性、实用性、趣味性、挑战性、可行性。课程综合项目的设计，最考验任课教师的功力和水平，项目设计的好坏在很大程度上决定了课程教学的成败。应用型课程的教师在实践经验和能力上的缺陷，在课程项目设计上也表现得最清楚。教师自己如果没有做过实际项目，没有完成任务的实际经验，那么在教师承担的课程中，就找不到合适的项目和任务。教师在观念上还有一个重要误区，就是以为"教师的任务就是传授知识，能力要靠学生自己到就业岗位上去训练"。这是当前应用型课程改革中遇到的重要障碍，必须加以克服。所以，应用型教育对教师的要求不是降低了，而是在实践方面的要求大大提高了。

单项项目设计。尽可能是大型项目的子项目，用于训练学生的单项能力。尽量不限于类似习题的，许多相互无关的并行小练习。

突出课程的实践内容，对学生的能力训练过程进行精心设计(参见本书第 8.9 节)。能力是讲不会的，也是教不会的，而是学生自己练出来的。当然，教师的正确引导，可以大大加速学生的能力获得过程。所以教师一定要注意指导学生进行能力的训练，要设置尽可能接近学生未来岗位的情境来训练。

4. 设计一体化教学过程

不要让知识理论的学习，与能力的训练分离进行。教、学、做尽可能一体化进行。课程教学必须对“项目”和“学习”两条线索进行统筹设计。课程内容的背景是具体的项目工作，课程从项目工作引入，边做边学通用的一般知识，边做边训练能力，边做边养成良好的职业道德和职业素质——课程的德育(素质)目标、能力目标、知识目标，都在一体化的过程中达成。课程中的“做事(项目)”线索与“学习(知识)”线索相互支撑、相互促进。详细内容参见本书第 7.7 节和第 8.9 节。

5. 教师做好实践准备

传统的“备课”只有读课本、做习题、推导公式、寻找案例、设计教法等，教师只进行知识传授的准备。但新的课程，教师必须进行项目操作的准备。教师自己必须事先实际完成过所有要学生完成的项目和任务。同时，教师还要具备工作岗位上的实际经验，按照企业的要求设计并准备好项目的工作环境。教师自己先有了比较丰富的实践经验、成败体会和对工作环境的认知，才有资格上讲台教学生。在实际操作方面，也要求教师自己先有“一桶水”，然后才能教给学生“一杯水”。

6. 设计课程考核方案

考核是相对于目标而言的。课程教学要对学生进行全面考核、综合评价。这是课程考核设计的总要求。课程要突出能力目标，在考核问题上，就要研究如何突破传统的知识考核局限，怎样体现“能力考核”的要求。用“任务”的完成过程考核学生的实际操作，用任务的完成效果(质量参数)考核学生的能力水平，这样就可以实现能力目标的考核。用综合项目进行综合能力的考核，用单项项目进行单项能力的考核。在职业现场考核，也是可以采用的考核方式之一。除了能力目标的考核之外，还有德育的考核、知识的考核、过程的考核和结果的考核等内容。

突出能力考核并不是取消笔试。笔试考核中同样有能力考核的内容：画图能力、计算能力、分析能力等都可以在卷面上进行考核。平时的作业考核、课堂上的答问考核、出勤管理考核等，也是过程考核的一种方式。用“能力证据”考核：让学生到社会上(企业中)完成任务，经第三方证明其效果和能力，也是一种考核方式。让企业介入学生质量考核中，是克服传统考核弊病的有效方式之一。

合理调整上述各项考核内容在总分中的比例，注意提升“项目成果”技术考核(质量参数)的比例，使之占有重要地位。评价课程的两项最重要的内容就是学生的主动性和学生项目任务成果的技术水准。

总之，新的应用型教育观念要求我们对学生进行全面考核、综合评价。

7. 设计精彩的第一堂课和最后一次课

任何一门课的头和尾，是课程整体结构的重要组成部分。传统的第一次课上，教师会将"绪论"从头讲到尾，这样开始一门课的效果很不理想。整个课程的第一堂课，其主要任务是面向全课，开门见山，尽可能让学生体验全课程的核心理念和主要内容。教师事先找到学生头脑中的原有知识与新课程之间的"接口"，让学生对课程的整体内容有个鲜明的第一印象，对以后课程的进行充满兴趣和期待。因此，第一堂课的教学目标与中间课程的目标不一样，不是具体的技术能力、知识等，而是激发学生对新课程的兴趣。这种兴趣不是教师口头讲述就能建立起来的，应当让学生尽可能动手动脑参与一项具体工作并体验，不能只是听和看。所以，第一次课必须面向全课，必须让学生动手动脑参与体验。教师必须按照新的理念重新设计每门课程的首课。

第一次课的常见设计是：在简单交代课程内容、特点之后，介绍课程的项目任务，介绍课程如何考核，然后就进入技术细节，这样的课程开头很简洁，但不够精彩。

一种可能更好的设计是：上课→教师展示情境、案例及任务（看上去很"简单"）→学生用常识做，结果出错→展示专业做法，结果圆满→比较后看出本课程的重要作用→逐一比较正误结果→展示课程的主要内容→进入课程技术细节。

这种做法是，教师首先展示一个精彩的案例，其中包含该专业的一个有趣的任务，要求学生完成。这个任务看似简单，实际上如果没有专业知识技能是很难圆满完成的。学生试做的结果，出现许多外行的错误。于是教师展示专业的做法，得到圆满结果。然后将外行做法与专业做法进行比较，最终得到该课程的重要内容，引起学生强烈的学习兴趣。

例如，"珠宝首饰设计与制作"课程的第一次课如下。

教师在黑板上方悬挂10个不同的珠宝首饰，请学生进行估价。学生在兴高采烈的争论中，用常识定出每个首饰的价格。结果教师指出，学生开出最高价的只是玻璃制品，根本不值钱，而学生没有看上眼的那个，才是真正材质的首饰，只是还没有进行精加工。这个反差会立刻激起学生强烈的学习兴趣。教师立刻说明，我们这个课就是要解决珠宝鉴定、首饰设计和加工中的所有重要问题。

再如"外贸英语函电"课程的第一次课如下。

教师展示一份重要的外贸业务，介绍这项业务的两种不同的实施过程。在一份典型外贸业务的11个工作环节中，贯穿了大量英语函电。每份函电都展示两种不同的写法。让学生观察正误两种函电的差异，预测两个实施过程的后果。当然，只有正确的函电才能带来预期的好效果，学生由此体验到英语函电在国际贸易过程中的重要性。然后教师对两组函电的差异一一进行对比，得出函电书写中的所有重要基本原则，紧接着进入课程的核心内容。

许多课程都可以对第一次课进行类似的设计，这种设计模式的背后理念就是"建构性学习"理论。建构性学习理论认为，每个人的头脑中都有自己的知识体系，这个知识体系是每个人出生之后逐步积累形成的，没有两个人头脑中的知识体系是完全相同的。要学习新的知识，就必须处理新知识与原有知识体系的关系。首先是激发学习该知识的兴趣动力，只有原有的体系不能解决新问题时，学习才是必要的。上述案例和模式的特点，就是让学生看到并体验到新知识的重要作用，看到并体验到自己原有的知识体系无法解决当前的新问题，激发起学生学习新知识的强大内在动力。然后通过正误操作的对比，展示课程中新知识的要点和大致轮廓，为学生的全课学习建立起全课程粗略的整体概念。

每门课的最后一次课不能仅仅是课程的最后一个环节，一定要面向全课；教师要引导学生给出本课程的精彩的高水平的总结。所谓“高水平的总结”就是要用图形方式，将课程所有主要概念、知识、理论、计算（公式）等要点之间的关系，用图形方式表达出来（参见图 8.1 的说明）。正因为课程的首、末课在全课中起着特定的作用，所以其设计过程不放在单元设计，而放在课程的整体设计中。

8. 将课程设计落实到进度表中

课程的整体设计最后要划分成“单元”（与单元设计相衔接），落实到“课程进度表”中，以便据此实施。教师所有的观念、理念实际上都体现在课程的具体实施中。反过来说，只有落实到课程进度表中的行为，才体现出实践中真正起作用的理念，仅仅口头或书面回答“课改的观念问题”意义并不大。所以，对课程整体设计进行评价，要以课程进度表中实际体现出来的理念作为标准。

这一步的工作要点是把课程教学任务落实到每一周、每次课。首先把课程项目（特别是贯穿全课的大项目）按照工作顺序分解为若干子项目，再将每个子项目分解到每次课。一般来说，子项目构成课程的“大单元”，每次“在时间上连续实施”的课构成课程的“单元”。课程的整体设计必须保证其整体结构、内容、方法是合格的，还要保证课程的大单元结构、内容和方法也是合格的。

“大单元”合格的标准与整体设计的标准一样，体现在以下几个方面。①任务驱动，不是逻辑驱动。②边做边学，不是先学后做。尽可能不设单纯的“讲授”单元。③完整工作的多重循环。第 5 章将讨论课程的单元教学设计，以及其结构、内容和方法的合格标准。

课程的整体结构相当于一部小说或一部电视剧的篇章结构。一部电视剧第一集讲什么，第二集讲什么，高潮在哪里，结尾应当怎样，都非常讲究。就像广播中讲评书的人，他绝对不是拿一部小说来朗读，他要用他的声音创造人物形象，用一切手段创造完整生动的故事，为此，他必须对小说进行再创造。对应到课程教学，教师上课也不能拿着课本朗读。要想让学生对你的课非常感兴趣，听了这堂课不过瘾，还想听下一堂，教师就要对课程的内容、整体结构和教学法进行设计，并把所有的设计理念都落实到课程进度表中。很显然，照本宣科的课程是无论如何达不到好的效果的。课程整体设计的达标要求，请参阅本章和第 15.9 节。

9. 完成系列教学文件

完成规定的课程教学文件，包括“课程整体设计文本”“课程单元设计文本”“课程大纲”“课程标准”等。学院可以给出所有课程文件的参考格式，但也是仅供参考而已，都不是“最终标准”，教无定法在这个问题上表现得很清楚。如果教师做的文件与参考格式不一样，则主要有以下两种情况。第一种情况，上课随心所欲，没有任何设计，仅凭个人经验乱讲一通，这样的课是不合格课。如果教师能按照学院提供的参考格式书写和思考，那是一种进步。第二种情况，教师设计的东西比参考格式更好，或者很有特色，又符合教改要求，就应当保留和宣传这种新的格式和思路,并大力加以提倡。教改过程一定要大力鼓励创新,如果所有的课程都必须按照同样的一种模式进行,肯定是没有生命力的。课程评价的最终标准是"效果"——学生兴趣激发的效果,学生能力提高、知识增加、道德(素质)提升的效果。在保证教学效果良好的前提下,要尽可能创造新模式、新方法。

10. 修改现行督导标准

从全院角度看,学院的督导标准必须按照这些新的改革原则,做相应的修改。督导的标准是全院教学的指挥棒,必须体现学院领导的改革意图。督导要按照本校可达的改革的最低标准"督",按照更先进的改革要求"导"。

4.4 课程进度图与项目情境图

课程设计是一件非常复杂的工作,每个人都有自己固有的思维习惯和上课习惯,要想找出课程设计中的问题,单靠设计者是非常困难的。所以,每个人设计完自己的课,必须要与人交流,征求别人的意见和建议。这就需要把课程设计以直观形式展示出来,而用文字表述的设计往往不适用于当众展示。为此,我们开发出课程设计展示用的系列图表,它们在演示、点评过程中发挥了关键作用。

课程整体设计的结果,通常体现在课程进度表中,课程进度表可以详尽地表述课程整体设计的思路和落实情况。但是在进行演示、研讨过程中,我们需要一个略去细节、更概括和集中地表达课程整体设计特点的方式,于是就有了"课程进度图"。

课程进度图以表格和图形方式,将课程的项目、目标和考核等要素在时间轴上展开。课程的设计思想和实施方式在图上一目了然,便于大家从整体上把握课程的设计思路,直观地看出课程中多个项目之间的相互关系,看出学生能力、知识成长的过程。

仿照项目进度图的结构,可以画出项目情境图,将项目的主要"情境和任务"也在图中展开,效果更加生动。从图 4.1 中,可以看出情境如何引出任务;看出该项目中的企业要素是如何展开的;看出怎样通过正常情境训练学生的正常操作能力,怎样通过出错和意外情境训练学生的应变能力,在一定程度上积累岗位工作经验。

课程进度图和项目情境图在课程整体设计的演示、交流、研讨中获得广泛应用。

课程进度图如图 4.1 所示。

图 4.1 中的第一行是时间轴,以"课程单元"为单位,当每周只有一个单元时,有时也以"周"为单位。从这个具体的课程进度图可以看出,该课程总共设计了 5 个项目,这些项目对整个课程起到重大的支撑作用。其中,项目 1 是课程的贯穿项目,由教师率领学生在课内完成。项目 2～项目 5 是 4 个串行项目,由教师指导学生在课外完成。最后一个项目 5 是课程的考核项目,用于考核学生的综合能力水平。项目 2～项目 5 与项目 1 是并行的。课程的平时考核有四次,都是在项目 1 的每个阶段的末尾进行。课程的能力目标和知识目标提示了课程的"学习线索",也就是在项目的推进过程中,有哪些能力和知识理论要在哪个时间段进行训练和学习。能力和知识目标是根据课内的项目 1 安排的。随着项目 1 的进展,学生的能力和知识水平按照图 4.1 中所列,不断发展。当然,不同课程的进度图不会

完全一样,教师要根据自己课程的项目设计和实施特点进行精心安排。图 4.1 中的每个子项目都是课程结构中的"大单元"。每个大单元也要具有合格的结构、内容和展开方式。

1	2	3	4	5	……(周次或课次)	18
项目1 ×××××(师生课内完成)						

子项目 1.1	子项目 1.2	子项目 1.3	项目验收
项目2 ××	项目3 ××	项目4 ××	项目5 综合考核

能力知识目标	×× ×× ×	×××××× ×× ×××× ×××	××× ×××××× ×× ×××××	×× × ×××

课程考核		×						×						×			×

图 4.1 课程进度图

从这个例子看出,课程进度图传达了关于课程整体结构的大量有用信息,在设计、演示和交流过程中能够起到很大作用,是无法用文字完全代替的。根据课程进度图,我们可以对该课程的设计思想、实施方式、能力训练和知识学习的总体安排进行点评,并提出改进建议。

项目情境图的参考结构大致如图 4.2 所示。

1	2	3	4	5	…	18
总情境1 ×××(项目由来及师生身份) 项目1 ×××××(师生课内完成)						

情境 1.1 ×× 子项目 1.1	情境 1.2 ×××× 子项目 1.2	情境 1.3 ××× 子项目 1.3	情境 1.4 ×× 子项目 1.4
情境 1.1.1 ××× 任务 1.1.1 ××× 情境 1.1.2 ×× 任务 1.1.2 ××	情境 1.2.1 ×××(正常情境 1) 任务 1.2.1 ××× 情境 1.2.2 ×××××(出错情境) 任务 1.2.2 ×××× 情境 1.2.3 ××(意外情境) 任务 1.2.3 ×× 情境 1.2.4 ×××××(综合正常情境) 任务 1.2.4 ××××× 情境 1.2.5 ×××(紧急情境) 任务 1.2.5 ×××	情境 1.3.1 ×× 任务 1.3.1 ×× 情境 1.3.2 ×××××××××× 任务 1.3.2 ×××××××××× 情境 1.3.3 ×××××× 任务 1.3.3 ×××××× 情情 1.3.4 ×××× 任务 1.3.4 ××××	情境 1.4.1 ×××× 任务 1.4.1 ×××× 情境 1.4.2 ×× 任务 1.4.2 ×× 情境 1.4.3 ××× 任务 1.4.3 ××× 情境 1.4.4 ××× 任务 1.4.4 ××× 情境 1.4.5 ×× 任务 1.4.5 ××

项目考核		×						×						×			×

图 4.2 项目情境图

"情境"是指项目(或任务)的由来、环境、工作条件和约束条件。这个项目、任务、这件事情是谁提出的？其社会环境、经济环境如何？这件事的经济意义有多大？要解决的问题是什么？解决问题的思路是什么？应当由谁来完成哪个部分？谁对谁负责？工作过程是怎样的？怎样组织力量来做这件事？实施过程中出现了哪些错误、意外、紧急、违规情况？出现了这些情境应当如何处理？这些就是项目或任务的"情境"。

教师要为每个项目任务设计尽可能具体、丰富、完整的情境。教师在课前必须向学生提供该项目的详细的"背景资料手册"。上课时，教师不要立刻布置任务，不要立刻进入技术细节，而要先提出情境。学生根据自己完成项目的身份，查阅该手册、分析问题、确定任务，进行项目实施的分析和准备。所谓"启发式"教学就是要"情境引出任务，任务引出问题，问题驱动学习"。上课缺少了这个启发过程，教师直接布置技术任务让学生学习和操作，缺少了学生思考的主动性，这就是灌输式教学。

从图 4.2 中可以看出，每个大小项目都用若干"情境"来引导出相应的任务。这和传统课程内容用知识逻辑引导，形成鲜明对比。例如子项目 1.2 中共有 5 个情境，其中两个是正常(然而不同)的情境，用来训练学生进行正常操作的能力，同时学习相应知识。还有一个出错情境、一个紧急情境和一个意外情境。所有的项目情境都要以实际岗位工作情境为依据，不是脑筋急转弯式的益智练习，所以项目情境集中体现了项目的企业要素。教师必须具有丰富的企业实际工作经验，才能设计出精彩的、符合实际工作要求的项目情境。

"情境"的应用。教师上课时，应根据课上实际发生的情况，灵活掌握课程进程。如果学生的操作出现了教师事先设计的情况，那就运用实际情况进行分析学习。如果恰巧学生的操作没有出现教师设计的情境(特别是出错情境)，这时，教师不应当以为"学生掌握得很好，没有出错"，而应当将自己设计的"出错、意外"等情境主动提出，让学生一一进行处理，于是，学生在课堂上就"经历"了未来职业岗位上可能遇到的各种情境，并且知道应当如何正确处理，这就是项目"情境设计"的重大意义和作用。

当然，我们也可以将上述两个图(项目进度图和项目情境图)整合在一起，更宏观地看出课程的所有主要因素在时间轴上的排列和进展情况。另外，还可以把能力训练过程与知识学习过程的关系用图形方式表达出来，那么整个课程设计的表达将更加细致和完整。教师也可以根据教学和交流的需要，自己设计类似的图表。学校也可以根据现有参考模板和外校经验，设计出自己校内的参考模板。

4.5 整体设计演示内容

一门课整体设计的演示，通常以"说课"的方式进行。说课就是向听者解释自己课程设计的内容、过程、方法和思路等，并不直接"上课"。而课程单元设计的演示却不是这样，单元设计演示要尽可能像真正面向学生上课那样，采用"讲课为主、说课为辅"的方式进行，让别人看到你面向学生真正上课时的风采。

整体设计说课的内容不能以整体设计文本为准进行，必须对文本内容进行浓缩和形象处理，设计出精彩的 PPT 幻灯片。根据许多院校的实践经验，整体设计说课演示的时间是

15 分钟，其内容一般包括以下几部分。

(1) 课程基本情况。与课程相关的岗位分析和目标分析。

(2) 课程原来的内容和教法。

(3) 原来教法存在的问题和改革的思路。

(4) 课程实施详细过程。以课程进度图、情境任务图为核心展示。

(5) 新课程效果。

(6) 新旧教法对比。

(7) 课改个人感受。

其中第(4)项是演示要点，应当占用一半以上(7～8 分钟)的时间。要用主要时间和精力介绍新设计的“实施要点”，包括课程实施的条件、场所、工具、设备、分工方式、阶段成果、总成果、验收过程、考核方式等。这部分的介绍要求详细、全面、具体、直观和生动，要求尽可能多地采用图形、照片等直观材料。演示的内容要具体，语言要生动，要让别人清清楚楚地知道，你的课实际上是怎样进行的。这部分的表述不要模糊、笼统和抽象。

关于整体设计演示要求的细节，请参见第 15.9 节“课程整体设计点评要点”。

第 5 章　课程的单元教学设计

本书中所说的课程的“单元”是在时间上紧密相连的“一次课”，不是内容上的一个单元。一个课程单元就像电视连续剧中的一集。一般来说，一个课程单元大致就是 1～8 个课时，最多 8 课时(1 天)。任何课程的实施过程，都在客观上被分成这样的单元。教师的备课大多是以单元形式进行的，教案往往针对课程的一个个单元写成。

单元教学非常重要，因为它直接体现了教师的教学指导思想，直接制约了课程的教学效果，直接决定了课程的教学质量和效率，直接制约了课程的教学水平。同时，课程的单元设计又是传统教学观念的顽固堡垒。传统的教学观念和习惯，在课程的单元教学中体现得淋漓尽致。要改变这些观念和习惯，需要学校和教师一起做出巨大努力。

单元设计的核心内容是单元实施的步骤，也就是教师准备用哪些步骤完成本次课的教学。步骤与实施体现了教师的全部教学理念，展示了教师的实际水平。

本章后面所举例子采用对比的方式，即先展示传统的课程教学设计，分析其问题所在，然后展示按照现代项目教学观念和课程改革原则进行的课程教学设计。从同一次课的两种设计(目标、内容、方法、模式)的对比中，可以看出新旧观念的巨大差异。教师可以从这里出发，找到自己观念上需要改变和能力上需要提升的地方，对照自己承担的课程，提高自己按照先进观念进行课程教学设计的能力。

5.1　单元课程改造案例

【案例 5.1】　“通信方式”(单元教学设计例)

专业：通信技术

课程名：现代通信技术

1. “通信方式”单元原设计例

这次课的传统教学步骤设计如下。

(1) 提问复习上堂课的通信系统的结构框图。

(2) 引入今天新概念：单工、双工、半双工通信。

(3) 讲解单工通信的原理、看动画、讲案例。

(4) 讲解双工通信的原理、看动画、讲案例。

(5) 讲解半双工通信的原理、看动画、讲案例。

接下来讲解相关知识，即模拟与数字通信网络性能的比较。最后布置作业。

课程教学原设计点评：

课程的这种讲法，正是传统的知识传授（灌输）型课程教学模式。以知识为目标，以教师讲授为主，由概念引入，以逻辑推理为中心，以教师为主体。课上没有学生动手动脑的能力训练。这里所说的"能力训练"不是指概念的提问、不是知识的巩固，而是训练运用知识做（专业）事情的能力。用第 2.3 节介绍的课程教改的三项原则衡量，德育和能力目标、项目载体、学生主体，在这堂课中，这三者一个也不具备。所以这是典型的不合格课程。

进行课程改造最重要的一环就是，针对任何一次课，首先要确定它的"能力目标"。然后围绕这个能力目标，设计项目任务和能力训练的过程。其次是解决教学不要从抽象的概念定义入手，要从直观感性入手的问题。

根据我们的点评和讨论，课程主讲教师对课程教学设计进行了修改。

2."通信方式"单元新设计例

备课时，教师首先要用文字明确表述本次课程的能力目标，然后围绕这些能力目标，设计本次课用来进行能力训练的项目或任务。项目（任务）确定后，教师要围绕能力目标，精心设计项目的实施（能力实训）过程。

目前多数课本上都没有标明能力目标，任课教师怎样找到本次课的能力目标呢？这里介绍一个非常有效的方法，就是准确表述下列问题：如果学生学会了课本上的有关知识，他能做什么？能力目标的表述必须具体，应可操作，可检验（参见第 3.3 节）。

按照上述要求，对此单元教学进行重新设计。

开课前应确定本次课的能力目标。通过本次课的教学，学生学会相关知识之后，应当能够做以下工作：①给定一个具体的通信系统，能区分它是哪种通信方式。②给定一个具体的通信环境，能选择适用的通信系统。③给定一个通信系统，能画出系统的原理方框图。④对指定的通信系统和工作环境，能分析其工作特点和优缺点。

课程必须紧紧围绕上述目标重新设计。所谓"围绕能力目标"，就是要用一系列的任务对这些能力进行训练和检验，而不仅仅是按照课本对这些内容进行讲解。

任何一次课都应尽可能采用案例引入、直观引入、情境引入、任务引入、问题引入，而不是定义引入、概念引入、抽象引入、知识引入、逻辑引入。要尽量从生活中大家接触到的实际通信任务和问题入手，开始讲授本课内容。以知识实际应用的实例为线索，提出通信系统设计的任务。

首先，从手机、对讲机和车载电话三种通信设备的操作和观察入手，体会和介绍三种通信方式。然后立即引入任务进行课程内容的练习，防止采用传统的课本知识讲授方式。

其次，师生共同进行知识归纳、总结、系统化和扩充。概括出单工、双工、半双工的准确定义，总结其特点、应用领域，对重要概念进行记忆。讲解知识的扩展：模拟网、数字网。

最后，师生共同对本次课程的知识进行梳理、总结、系统化。教师布置作业，下课。

本课程对应的 4 个任务如下。

(1) 任务 1。本任务给出网上电子邮件、手机短信、QQ 通信、手机会议、视频通信等多种通信系统，大家讨论分别是哪种通信方式，以此训练对通信系统类型的"区分"能力。

(2) 任务 2。本任务分别给出楼宇维修环境、旅游环境、车队环境、大型运动场工地、楼宇办公环境、商场管理环境，让学生分别设计出适宜的通信系统，以此训练对不同通信系统的"选择"能力。

(3) 任务 3。本任务针对上述选定的通信方式，结合课本中的案例和讲解，画出通信系统的结构框图、动作框图，各组学生分别讲解其工作原理和概况，说明优缺点和可能出现的问题，以此训练学生对不同通信系统的"分析说明"能力。

(4) 任务 4。本任务用复杂的综合任务，对综合能力进行初步训练和考核。教师给出复杂的环境(例如在大型工地)，请学生参照课本和资料，选择多种通信方式协同工作，设计出综合、有效的通信系统。用该任务对有关的综合专业能力进行训练。这个任务由全班分组讨论完成，教师着重引导学生在讨论时运用创新思维中的"头脑风暴"原则，即每个人都可以提出任何建议，别人不得批判，以保护新颖想法的嫩芽不被窒息。

单元教学中，教师经常犯的一个错误是草率提问，动不动就让学生"现在大家讨论讨论"。多数讨论题都是围绕课本知识提出的"是什么"和"为什么"的问题。我们觉得，为了保证课程教学的效率，不该学生自学或讨论的地方，就不要让学生自学或讨论，应该教师讲解的地方必须由教师讲解。关于"如何做"的问题，才是应当让学生充分研讨的内容。因为这关系到知识的应用，而不仅是知识的理解和记忆。

课程教学新设计点评：

新的设计有明确的能力目标，由直观的情境和操作感受引入，以不同类型通信系统的设计任务为课程内容的载体，以通信系统设计过程中的问题为中心，学生要动手动脑积极参与操作过程，他们是课程教学过程的主体。学生有能力的训练，课程有知识的归纳总结。值得注意的是，知识的引入是由实际需要引起的，不是由知识体系引出的。例如，不同通信系统的选择，是由设计的要求引入的，不是由通信系统分类的知识体系引入的。教师要精心设计能力训练的任务和项目，要求这些任务和项目能够覆盖本次课的全部主要能力点和知识点，同时各任务之间又有一个"要求逐步提高"的递进关系。

教师在关注课程技术内容的同时，还特别注意对学生分组讨论时按照创新思维的原则进行引导，就是关注了学生在与人交流、与人合作时的态度，对与自己不同的意见的理解和宽容，对自己思路想法的全面评价，这是未来工作中十分重要的职业素质要求。把德育落实到学生学习和生活的所有环节，这是现代项目教学的重要特征。

【案例 5.2】 健康心理　阳光人生(单元教学设计例)

初次接触现代项目课程时，一个常见的问题是：在非工科课程中，也有能力目标和项目任务吗？下面这个例子就是典型的非工科专业的一次课。

课程类型：思想政治类课程

课程名：大学生心理

1. "健康心理　阳光人生"单元原设计例

上课。在黑板上书写本次课的标题"第二章　健康心理　阳光人生"。教师首先检查上次作业，复习上次所学的概念。然后按照课本顺序依次讲解下列内容。

第一节，心理健康与人才素质。

第二节，心理健康与生命质量。

第三节，心理健康与大学生成才。

第四节，心理健康的 8 项标准。

第五节，大学生的心理调适。

最后布置作业：心理健康的标准是什么？遇到情绪不佳时，你如何进行心理调适？

课程教学原设计点评：

课程的这种讲法，正是传统的知识传授(灌输)型课程教学模式。以传授知识(心理健康标准、心理调适方法等)为目标，以教师讲授为主，由概念引入，以逻辑推理为中心，以教师为主体。课上没有学生的能力训练，这里所说的"练"不是概念提问、不是知识巩固，而是要练出运用知识做事(例如，运用心理健康标准进行心理状况分析)的能力。课程采用的是典型的"知识线索、先讲后用"方式。表面上看是把能力训练的工作推到课后，实际上，课后的作业中并没有知识的运用，仅仅是知识的复习和巩固。用课程教改的原则衡量一下：德育和能力目标、任务训练、学生主体，在这堂课中，这三者一个也不具备。所以这是典型的不合格课。

根据我们的点评和讨论，课程主讲教师对课程教学设计进行了修改。

2. "健康心理　阳光人生"单元新设计例

尽管本课程的专业类型、知识内容与案例 5.1 的工科课程完全不同，但是课程教学设计改革的思路和方式是完全相同的。备课时，教师首先要明确本次课程的能力目标，然后根据这个能力目标，设计本课程能力训练的项目或任务。项目(任务)确定后，教师要设计能力实训的过程。

在寻找本课程能力目标时，经常会听到教师说："这类非工科的课程，内容应当都是知识(包括案例)的介绍和灌输，或是情感的激发和体验，或是抽象内容的理解与感悟，哪里有什么项目任务？所以这次课中找不到能力目标。"这是典型的认识误区。其实，真正的问题并不是"找不到"能力目标，而是教师暂时还"不会找"。

具体到这次课，教师应当问自己，学生学会了这些知识(心理健康标准、心理调适方法等)之后，他能做什么？于是，找到这次课的能力目标：能用心理健康的 8 项标准，初步分析自己和别人的心理健康状态，指出心理问题并提出改善的建议。这个目标的重点就是知识的"应用"，而不局限在知识"是什么"本身。

围绕本次课的能力目标，课程教学步骤重新设计如下。

(1) 课程的引入：列举 8 个心理问题的案例，每个案例代表一种心理健康问题，教师由此引出各项心理健康标准。注意，心理健康标准是从案例引出，不是从知识体系引出。

(2) 学生根据上述案例，归纳出心理健康的 8 项标准：智力正常，情绪稳定，意志健全，自我意识明确，人格完整统一，人际关系和谐，适应能力强，心理行为符合年龄特征。

这里我们看出，一个优秀教师应当有这样的本领，就是将原本是现成的"结论知识"，设计成一个"工作过程"和"认知过程"。让学生在生动的、解决问题的操作中认知，自己得出抽象结论。

(3) 教师介绍上述 8 个指标的观察点，然后发给每个学生一张表，自己填写。该表是运用心理健康标准的观察点，设计出的一张简明心理健康量表，适合于上课填写完成。

(4) 教师指导学生按照课本内容,对量表进行分析处理,找出自己的心理类型和健康问题。

(5) 教师指导学生边学习课本上的“心理调适方法”,边寻找符合每个人特点的调适方案。

(6) 教师将课本知识整理,补充大量生动精彩的新案例,进行总结、归纳、系统化讲解。

(7) 师生共同对重点知识进行课上强化。用游戏方式强化对8项心理健康标准的记忆。

(8) 布置作业。教师另发一张详细的心理健康量表。学生课外填写,对自己的心理状态进行详尽准确的测试,帮助学生认识和掌握自己的心理状态,找到适合自己的、独特的心理调适方式。

可以看到,课上训练的这些能力,对学生未来一生都有重要意义。

课程教学新设计点评:

新设计有明确的能力目标,课程内容由8个直观的心理健康问题实例引入,以“各人自己的心理状态分析与调适”任务为载体,以心理健康的8项标准(量表)为工具,率领全班学生进行实际的分析和调适操作。学生动手动脑操作,他们是课程教学过程的主体;学生有课上的能力训练过程,课程有知识的归纳总结。值得注意的是,知识的引入是由“心理问题分析调适”的实际需要引出,不是由知识体系引出的。心理健康标准不是由课本知识体系引出,而是由学生“看到”的(案例中的)心理问题案例引出的。可以看出,这样改造后的课,信息量和可操作性都大幅增加。学生上课的积极性、主动性大大提高,教学效果明显改善。

对于应用型教育来说,单纯的“知识传递”构不成一门课。如果目标仅仅是知识介绍,那么只要发给学生一本书、加一张盘,让学生读就可以了,或者最多由教师开个讲座即可,为什么要开课呢?

类似这样的课,我们改造了一大批,积累了丰富的课程教学设计实例。这些课程实例包括工科课程、文科课程、外语课程、商贸课程、经济课程、艺术设计课程、文化基础类课程等。这些课改的实例也证明了我们所提出的应用型课程教学设计的各项原则的正确性、重要性和普遍适用性。

5.2 课程单元教学设计的要点

单元教学是任何课程教学的基础环节。单元设计的核心工作是课程教学步骤的设计。教师关于教学的抽象理念就体现在对教学内容、步骤和引导方法的具体选择上。下面介绍的是课程单元设计的要点。

1. 单元的划分

不是按照“内容”,而是把时间上连在一起的课,划分成一个“教学”单元。一次课(或“一个单元”)通常为1～4学时,最多不超过8学时(一天)。简单地说,课程单元的时长是按照课表规定来设定的。这样划分的目的是把课程单元的设计与将来的教案书写、课程实施统一起来。单元设计文本稍加补充,就是可以用来上课的教案。另一方面,单元内容的选取也不是随意的，必须根据课程整体设计的框架来决定。

2. 每个单元的内容和结构必须相对完整

在这里，单元的内容安排要服从单元时间的限制。如果一项工作较大，在一个单元中无法完成，那么就要修改工作内容，使之在一个单元中可以完成。电视连续剧从结构上看，每一集都有开头、展开、高潮，解决了几个相对完整的问题，但最后一定会出现一个新问题，设置一个悬念，让观众特别想看下一集。每次课（单元）大体上相当于电视连续剧中的一集。那么，一次课怎样引入、开头，怎样展开、解决哪几个问题、哪里是高潮，怎样结尾，怎样留个伏笔等，就是教师单元设计必须向电视连续剧学习的地方。好的课程设计能使学生喜欢我们的课程，上了这一堂，还想学下一堂。

3. 确定每单元课程的教学目标

课程主要有三种类型的目标：德育（素质）目标、能力目标、知识目标，当前需要突出的是德育和能力目标。首先，要准确表述课程的德育目标和能力目标。德育目标要落实到本课程的具体工作"应当怎样做，不应当怎样做"，不可以抽象、概括表述，不可以缺失。

能力目标应当是，本次课学完之后，学生实际能够达到的目标，不是教师的愿望，不是许多能力名称的列表。能力目标的表述方式，主要是"能根据什么，做什么"。能力目标的内容要根据本次课中任务和知识的需求确定，不是根据课本章节知识确定。注意课程（整体）的能力目标与本次课（单元）能力目标的区别，不能把整体设计的能力目标的内容表述直接搬到这里。能力目标的表述必须具体，达标与否必须可检验。然后确定本单元其他目标：知识目标、情感目标等，将所有这些目标体现在训练任务中。单元目标也可以分层次表述，以照顾不同层次的学生，尤其是优等生，使大家都能在自己的现有水平上提高一步。关于课程目标设计的问题，请参见第 3.3 节。

4. 设计系列任务

一次课无法完成一个完整的项目，但是可以完成几个任务或工作，使之覆盖本单元的目标。关于"项目、子项目、任务和工作"的区别，请参见第 7.1 节。关于任务的设计，请参见第 8 章。

单元教学最终要学会"一类"事情（例如扩音机制作）的通用（抽象）规则（知识模块），但必须通过做一件"具体"的事情来学。具体是指身份具体、环境具体、事件具体、数据具体、要求具体、结果（成果）具体（成败可检测）、检验具体。任务的内容是综合、典型、完整、复杂的一件具体事，而不是一类事的抽象规则。任务是精心设计的有代表性、典型性的工作，而不是随意选取的特例、个例。任务的名称是工作的名称，而不应是知识模块（章节、论文、专著等）的名称。任务不应是"单一学科的习题练习"，"单项能力训练、某个环节（射击、画线、焊接、题海）的训练"或"围绕知识的教学活动（问答、讨论、游戏）"。任务设计要尽可能文理综合、打破学科和年级，而不是章节的说明例、不是课本的附属品、不是课文的例证和解释。任务是用来（师生）"做"的，不是用来（教师）"讲"的。

任务内容力争覆盖本次课的主要"目标"（岗位工作的全局、知识理论的全局）。

【例 1】 物流配送的覆盖：五金、生鲜、矿产、精密、燃爆毒蚀；陆海空运输；意外损失赔偿;不同结算方式。

【例 2】 急诊室护理任务的覆盖:医院条件(乡镇、城市、国内、国际),病人类型(门诊、急诊、婴幼儿、腹痛、咳泻、车祸外伤、心脏骤停、突发灾难事故)等。

任务要尽可能解决真实问题、训练真实能力。任务中学生遇到的问题(困境),应尽可能接近实际工作中的问题。任何实际问题都是一个新的"综合、典型、完整、复杂的具体事情",需要学生尽全力去学习、实践、犯错、对比、优化(真做),才能解决这个问题。任务一定不是简单背课本、背结论、套公式、模仿教师或别人、按照"工作单"机械模仿操作(假做),就能解决的问题。

针对每单元课程,可以设计多个相对完整的任务。课程展开时应以任务为主线,任务的实施尽可能模拟企业环境,不采取不必要的"角色扮演"(小张、小王),但可以进行必要的"身份转换"(工程师、技术员)。任务种类包括教师示范用任务、学生学练用任务、考核用任务等。同时为每个任务设计多种多个情境,包括正常、出错、紧急、意外和违规情境,尽可能覆盖未来岗位上常见的主要情况。注意任务的趣味性、综合性、实用性、覆盖性、可操作性、挑战性。做任务之前可以结合预习,尽可能事先提供详尽的背景资料,包括完整的细节、数据等,让学生学会根据情境确定问题,查阅资料解决问题。

每次课中,不但可以有多个任务,而且每个任务可以分多层。不同的组、不同的学生可以选择不同的任务,课内任务要与课外相互配合,这样才能提升学生的能力和自信。

任务必须有明确的成果形式、有成文的验收标准和详细的验收过程,并真正按此进行验收。根据任务的需要进行知识理论学习,教师要注意引导学生按照职业道德和职业规范进行操作。课程和任务的考核要注意提升"任务技术指标"达标的比重,应当以任务成果的专业技术水平(质量、效率、成本)为主要考核依据,不是以出勤、态度、人际关系等为主要依据。

学习用任务与考核用任务必须分离。因为学习过程允许犯错,出错不能扣分,但考核时出错必须扣分。

5. 设计教学步骤

设计"边做边学"的一体化的"能力实训过程"和"知识理论学习过程",确定演示、实训、实习、实验的内容。整个教学过程要以学生为主体,以专业活动、职业工作过程为导向,以学生职业道德提升(做人)、能力的提高和系统知识的学习(做事)为目标,来安排训练任务,不能仅着眼于具体的产品和技术工作。

不同的教学步骤可反映出不同的教学思想。例如,以下三个不同的课程教学步骤设计就达到高度不同的三重境界。

(1) 情境→工作→问题→学习(实践引出问题,个别到一般)。

(2) 情境→工作→问题→学习→改进工作(理论指导实践)。

(3) 情境→工作→问题→学习→改进工作→改进思维→提升道德和素质(做事做人,以人为本)。

由此可见步骤设计在课程设计中的核心地位。

教学设计的出发点一定是学生,学生的兴趣和主动性是教学成功的根本保证。教师必须设计学生感兴趣又有挑战性的任务,从这里出发,引导学生主动学习。可以按照:情境→问题(兴趣动力)→查资料→定任务→学习求助、克服困难、解决问题→总结、反思、对比、提升→诀窍、方法、知识、技能→理论→本层、上层、深层创新(工作、理论)的路线来展开课程。

正确处理做、学关系。与任务同步进行的知识、理论、计算的学习要穿插在操作过程中,为解决任务中的具体问题而学。每个阶段都要有高水平的知识理论总结,为解决一类抽象问题而学。一定要边做边学,不能"只做不学",也不能"只学不做"。课程的全过程都将"自学"和"创新"列为基本要求。

课程实施步骤的设计原则如下。

(1) 课程开头:面向本次课的全局,尽可能让学生动手动脑参与,引起兴趣、激发学习动机,然后才组织教学过程。要直观引入、案例引入、情境引入、操作引入、问题引入、示范引入,不是抽象引入、定义引入、概念引入、结论引入、灌输引入;课程内容要任务驱动,不是逻辑驱动;可以从教师示范、学生模仿入手,不是先讲后练、先学后做。

例如,可以用精彩案例开头;用问题示范开头;用缺位对比开头;用首尾对比开头;学生自己做开头,学完再做,进行对比。对于简单任务,可以让学生以现有水平尝试操作,引出问题再学、再做。可以比赛开头:师生赛、学生赛,引出主题,再做、再学。可以从学生动手设计开头:设计→操作→讨论→学习→再设计。可以用游戏开头。总之在课程的引导设计中,教师有许多发挥自己聪明才智的地方。

(2) 课程中间部分:课程的中间部分是课程的主体,应当以学生的学、练、考为主。任务的情境应当覆盖实践中的主要情境。任务对学生应当零起点,小步快进。学练结合,实现三类目标(德、能、知)。从学生的兴趣出发,用多个任务引导学生边做边学;任务完成之后,对知识进行归纳、展开、讨论、提高、系统化(不是单纯动手操作);对任务(产品)的功能要求进行扩充、提出新的任务,对学生的能力进行反复的提升训练,力争使学生在具体任务中学到的知识、训练出的能力,能够运用到同类其他任务中去(能力和知识的迁移:方法与规律)。我们的目的是用具体的工作(项目、任务)训练学生的通用能力,学习系统的应用知识。学习型任务的展开方式,不要"单一循环",应努力做到多重循环,即虽然每次都是相对完整的工作,但是侧重点可以不同。多重循环对课程的整体设计与单元设计同样重要。从"最小系统"开始,根据功能提升的要求,各组成部分同时逐步成长。设计同一任务的若干个成长阶段,每个阶段都是一个具体的有成果的任务(参见第 7.4 节)。

(3) 课程结尾:最后教师必须给出(或引导学生做出)高水平的总结,把知识、理论、计算、方法等要点突出出来(关键词、公式、图形、方法、技巧)、把重点固定下来。高水平总结不是课本目录,而是知识理论逻辑关系的直观图示。总结可有多个图形或表格,不仅一个。除了表格之外,常用图形包括:工作步骤图、知识逻辑图、知识应用图、知识表述图、常见问题图、产品结构图、产品效果图、方框图、鱼骨图等。

高水平的总结、拓展中,要先对本次课的工作(任务)完成情况进行总结,再对下次课的主题进行启发式的形象介绍。让学生的学习层次提升,从个别具体工作提升到一般方法结论,从模仿到创新,从技术到社会经济文化,从做事到做人。让学生拓展眼界,知道国内外专业的前沿知识。总结中要力争有高于技术层次的、具有哲学方法论水平的或个人精彩感受类的内容,让学生对本次课留下深刻印象。

无论课程的主题如何，教师都要努力把课堂组织成一个丰富、精彩、流畅、引人入胜的初学者的认知过程。

【例 3】 "机械运动简图"课程。

传统的讲法：机械运动简图的构成要素、实例、练习。这样一个原本平淡无奇的技术课题，教师若采用精彩的教学设计，就能把它变成一个引人入胜的认知过程。

从具体任务入手，用视频和动画直观展示机械手的重要性。想要让这个机械手张开更大的口。此事（任务）非做不可（重要、必要），但是怎么做呢？试试看。

试做 1：凭肉眼估计，失败。

试做 2：做实物测量，也失败。

教师展示新做法（画出运动简图），示范、成功。讲解理论依据，穿插机械手的发展历史故事。

然后教师展示一个新形状的机械手改造问题，由学生用画机械简图的方法独立完成。

(1) 出错：学习相关知识理论，穿插专业发展历史典故。

(2) 列出一组新案例。学生进行正误、优劣、异同对比，学概念。

(3) 学习相关的定义、知识、规律，穿插历史故事、典故。

(4) 突出展示知识结论，巩固记忆。外语单词回顾。

(5) 工作方法的总结。

显然，新的教学方式尊重了初学者的认知规律，符合学生的学习思路，内容充实、情境丰富，教学效果肯定更好。

设计教学步骤时，特别要注意知识理论是如何"边做边学"的。一开始做任务时，用到哪学到哪，绝不做知识的盲目积累。这时知识是不完整的，但到最后通过归纳总结，知识理论必须是系统完整的。任务完成的过程与知识学习的过程，都要统一在课程步骤的设计中（一体化教学）。作为教师，必须注意把对学生的道德（素质）要求同时渗透到任务操作和课程教学的全过程（参见第 8.9 节第 9 项）。

对同一个单元，建议教师参考第 7.3 节 5 种模式，从自己过去的"舒适区"（参见第 18.12 节，刻意练习）中走出来，不要禁锢在原有习惯的思维模式中，逐个尝试采用各种新模式，对同一单元设计多个不同的教学步骤，分别安排不同的内容，然后进行比较，最终选择效果可能最好的一个。

6. 识别和改进自己的单元教学模式

课程的教学步骤体现了不同的教学理念，形成不同的课程模式。

课程教学模式有知识本位或能力本位之分。

例如，"正确知识"的"灌输记忆"模式是这样的：明确定义→收集资料→整理讨论→教师讲正确标准→学生讨论记忆→总结→考核→作业。

新的知识知建构模式是这样的：情境任务→（按照常识）做一遍（目的不是"做对"，而是让学生"出错"）→看一遍（案例录像）→学一遍（正确的知识理论）→（按照正确的）再做一遍→赛考（根据录像证据验收、知识理论巩固）→总结提升拓展（知识、理论、技巧、方法、规律、古今中外、专业前沿）。

主动学习的过程是这样的：（功能）需求→（设计）问题→查阅资料→（项目）工作→组织分工、交流合作、学习求助、独立完成→成败、优劣、正误、异同对比→完成任务验收→总结反思→（知识、诀窍）问题→（一般、方法）理论→项目创新、知识理论创新→思维能力提升→工作能力提升→做事做人素质提升。

被动学习的过程是这样的：按照课本内容安排工作。仅仅按照示范的方式模仿，机械地执行工作单，不知道为什么就完成了任务。被动的学习最多能完成单一具体操作，谈不上举一反三，更谈不上创新发展。应当注意避免这种完全“照方抓药”死记硬背、灌输式的“训练”，因为这根本就不是教育。

注意个别到一般的学习过程。不停留在仅让学生学会做“这个具体事情”就够了，还需要学会一般规律、通用方法、相关理论。办法：任务从一到二，从二到多，让学生尽可能独立操作，通过“正误、成败、优劣、异同”的对比进行学习。把知识理论渗透到任务操作中，渗透到工作过程中。教师必须介绍理论、使用结论、解决问题，在工作过程中留有知识理论的“接口”，在工作的每个阶段必须对知识理论进行总结。

针对不同的内容和专业特点，不同的模式有不同的教学效果。参考第 7.3 节内容，观察自己设计的单元大体上属于哪种模式，评估一下效果是否达标？可否改进？

7. 知识理论准备

教师备课当然还要做好有关的知识准备，在熟悉原课本中“系统的理论知识”的同时，尽可能熟悉职业现场中的“应用知识和定量计算”。教师应当从职业岗位的实际需求出发，对原有的知识理论体系从应用的角度进行新的、系统化的改造。先以课程项目任务的需求为主要依据，再以解决同类问题的需求为依据，确定课程涉及的知识内容。有了项目任务背景，“知识理论够用为度”就有了实际可行的标准——从课程的项目任务的需求出发，从个别到一般。在应用型课程中，必要的理论、系统的知识和定量计算内容不是不要，而是要改变传统的教学方法，通常在完成任务之后，归纳总结出来并努力运用于类似的任务中。

除了本专业的科学技术内容、标准法规、应用计算内容之外，应用型课程要求教师准备大量精彩案例、专业发展历史上的故事典故和对项目任务的方法论和哲学分析。工科教师应当打破传统的工科教学局限，自己先走一步，学习与本专业有关的社会、经济、文化内容，专业历史内容，专业方法论和哲学内容，力争自己的课程能做到文理融合，有深厚的文化底蕴。

8. 学会采用“行动导向教学法”

教师不应仅仅会用知识的“逻辑推导教学法”。教师要能从直观的情境和案例入手，按照初学者的认知规律，充分运用设计的“情境”，让学生动脑判断任务和问题并尽快进入操作实践，必要时进行操作示范，引导学生兴趣，提高学生能力。在有限的时间内，尽可能增加课程信息量，选择合适的台阶，小步快进，提高课堂效率。教师要懂得教学规律，知道知识的学习和领会过程，要会站在初学者的立场上对待学生，不能以自己掌握的水平要求学生。初学者掌握一个概念应当是从具体到抽象、从定性到定量、从感性到理性逐步深化。课程不能从概念定义出发，要打破过去“先学后做”的习惯，采取高效的“边做边学”或“先做后学”的方式。教师要努力改变课堂上信息单向传递、教师单向控制的局面,实现真正的互动。所谓互动,不只是让学生起立答题,而是给学生真正的任务,让学生在完成任务的“做”的过程中锻炼能力、积极思考、认真表述、积极发问、探索学习系统的应用知识、总结经验,从而形成抽象概念。

9. 准备将设计落实到课堂

为教师测评准备的课程设计(整体和单元)可以按照相对理想的条件进行,以符合未来课改的需要(参见第 14～16 章)。但要在课堂使用,则要根据本校当时的条件修改课程设计,以便实施。测评时的课程设计必须是每个教师单独进行,但在课程实施时,可以集中大家的智慧,集体备课。备课要做好常规备课要求的所有准备,包括板书、演示、展示、示范操作的设计和实物等。特别要注意实践教学条件的准备工作,包括实训室环境的建设和准备、仪器设备工具材料、项目任务详尽的背景资料的准备等。

10. 活用课堂引导的各种方式

课堂的引导是发挥教师主导作用、提升课程教学层次的重要手段。任何一次课,教师都要注意从“工作(任务)”引导到知识理论,从“能力点训练”引导到方法、到窍门、到综合能力,从“具体工作”引导到通识,从做事引导到做人,从知识能力提升引导到道德和素质的提升。总之,要努力运用“工”“学”结合手段实现育人目的。

上课时,教师的主导作用就体现在采取何种方式进行课堂引导,通常可用的引导方法请参见第 7.7 节。

11. 任务中渗透知识、理论、计算

当前应用型课程改革常见的问题就是,课堂上增加了大量的操作,却把原来用于知识理论学习的时间挤掉了。个别教师错误地认为,“现在要求的课程改革就是多多操作,减少或取消知识理论和定量计算的学习”。实际上,知识理论和计算是课程工学结合内容中不可或缺的重要部分,不应取消或削弱,只是需要改变传统的学习方式。任务做到某一步,学生不懂了、不会了或做错了,就要学。这里的“学”指的是使用结论,完成任务,同时留下知识学习的“接口”,待课下去完成。以工作为主线操作时,课上没有时间对知识理论的推导等细节进行研究。等到工作完成了,教师引导学生一起对用到的知识理论进行系统的总结,同时进行巩固记忆。至于理论的推导和阐释,应当让学生课外先自学。有了课上的实践经验,知识的自学效果会更好。课下学习中的问题,教师可以在下一堂课上统一解决(参见第 7.3 节单元教学的第 5 种模式)。

注意“知识”与“理论”的区别(参见附录 E)。知识是对“是什么、为什么”的描述。例如,“三极管有三个电极”是知识,但不是理论。理论是概念的逻辑体系。例如,基尔霍夫电流定律,用一个方程式约束了一个电路节点上所有支路中的电流关系,这是理论。理论(尤其自然科学理论)的高级形式通常用数学语言表达,理论主要用于预测和指导实践操作。所以,并非所有的知识都是理论。边做边学过程中,对知识理论的学习安排,通常采用以下方式。

(1) 教师高度熟悉本单元的理论支撑内容,在操作的关节点上,注意为理论留有接口。

告诉学生，这里必须这样操作，原因是根据什么理论或定律。这个理论的内容是什么、结论是什么，请大家课下看课本，学会这个理论的细节。如果有问题，教师下次课统一为大家解答。注意避免操作时单纯操作，而不与“学”结合起来。

（2）教师熟悉知识的两种面目。工学结合过程中，知识以两种面貌呈现在学生面前。第一种面貌，在操作过程中，学生不懂不会或出错时的学习是用多少就学多少，绝不多讲，绝不做盲目的知识积累，所以这时的知识是不系统的。第二种面貌，任务告一段落，师生通过多任务对比或操作的成败正误优劣对比，对用过的知识理论进行总结，这时的知识一定要上升为系统知识，而且注意让学生能举一反三。

（3）高水平的知识理论总结。把任务中用到的工作流程、产品结构、知识理论、公式之间的逻辑关系用几张图表达出来。图形的优点是用图中元素的拓扑关系可以让大家一眼看到全貌。只总结几个标题、关键词或罗列知识目标，即使用了表格或思维导图表达出来，也还是低水平的总结。

（4）设计“学”与“做”的转换与衔接。工学结合的课程就要求教师把握做事与学习两条线索之间的关系：什么时候该做事，什么时候应当停下来学，学到什么程度应当立刻转换到做事。这件事决定了课程的效率和质量，也是显示教师教学水平的重要方面。

（5）注意定量计算与使用的数学工具。工科专业中的数学计算是专业的基本要求，现在，越来越多的非工科（管理、经济、社科、心理等）课程也开始试用数学工具，数学的运用水平是学科成熟度的一个重要标志。所以，课程内容见数学就删、见公式就躲的现状是不正常的、暂时的。未来的应用型课程，特别是应用型高等教育的课程，对数学的要求会越来越高。教师要注意自己课程中使用的数学工具，从四则运算到代数、三角、几何、概率、方程、微积分等，尽可能逐步提高所用数学工具的层次。特别要让学生逐步掌握近年来快速发展的数学计算专用程序和软件。

12. 教学内容丰富多彩，注意渗透“通识”内容

任务的个数要够多，任务内容要足够丰富，最好能有学生选择的空间。学习的知识、理论内容要清晰，从知道“怎么做”到知道“为什么”。工作与学习的层次要丰富，从“这个怎么做”到“一般方法论”。案例、故事、典故要丰富，从专业到文理渗透。教师个人经验、感悟要丰富，教师从言教到身教。通识渗透的内容要丰富，外语、经济、社会、文化、专业史、方法论、哲学等内容丰富，学生才能通过对比学到真知。内容单调、枯燥则只方便灌输。当前课程单元设计的常见问题就是内容简陋、单调、枯燥、乏味，只有操作，没有理论；只有技术，没有育人；只有灌输，没有启发；只有局部模仿，没有完整真做；只有背诵，没有真知。除了本专业的技术内容之外，应用型课程还要承担大量通识教育的内容，教师要把它们有机地融合渗透到自己的课程中。例如，外语单词渗透、外语环境的建设、德育（素质）目标要求的渗透、企业要素的渗透、职业核心能力的渗透等，这些要求对课程整体设计与单元设计的要求是一样的。

值得注意的是，工科课程中，专业历史、发展前沿、案例故事、经济内容、社会内容、哲学内容、思维方式、方法论、技巧、诀窍、哲学与科学哲学内容，如何有机地融入课程，这是大多数教师的短板，是当前亟待探讨提升的重要问题。

同样，应用型的文科课程也应当高度重视自然科学原理、哲学原理和方法论的渗透，这

项内容对学生而言，就是通识教育、人文教育、素质教育的体现。

13. 向电子游戏的优点学习

青少年学生为什么沉迷于网络电子游戏（网游）？学校除了禁止之外，还应当从中反思些什么？其实，学校和教师更应当积极研究电子游戏的特点，并把其优点应用到自己的课程教学中。电子游戏是学生主动自发学习的典范，所有的电子游戏都具备以下特点。

(1) 形象直观生动。

(2) 情境丰富，故事有趣，过程曲折，形象多变。

(3) 零起点，易上手，小步快进。

(4) 成败有及时反馈，随时挑战自我。

(5) 不断“过关、斩将、升级”，没有最高，总有更高。

(6) 对学生而言，低“成本”，高“收益”。

(7) 不断地有“成就感”。

(8) 没有强制纪律约束，压力隐藏在竞争和自我挑战中。

(9) 快乐学习，寓学于乐。

如果教师能够主动研究并向电子游戏学习，把上述要素体现到自己的课程中，那么我们的课程质量将会大幅度提升。事实上，已经有许多教师在考虑这个问题，有的教师已经开始按照这个思路设计自己的课程或开发自己课程的游戏式教学模式。除了掌握本专业的技术内容之外，优秀教师还应当学会“游戏思维”和“故事思维”，并把它运用到课程教学中。

反过来看，如果想要戒掉某些学生的“网游瘾”，只要把“网游”设计成我们现在的课程即可。每堂课不许“玩游戏”而是要求学生完成大量的游戏历史、游戏理论知识的背诵式学习（游戏设计的背景、特点、步骤、理论）并且不断考试；全班仅第一名合格，其余均不及格，对不合格者实施严厉惩罚；课外布置大量作业，对学不会、完不成的学生实施严厉惩罚；每次课点名，逃课扣分、迟到罚站，严明纪律。于是大部分学生见了网游就产生强烈的挫败和痛苦联想，很快就会讨厌网游了。

课程单元设计的内容极其丰富。随着技术的进步和教师经验的积累，课程设计的水平会不断提高，新的思路、方法会不断涌现。我们的教学设计也要有亮点、有特点，并要不断创新。

单元设计完成之后，下一步的任务就是要准备演示研讨测评，并落实到课堂，在教学实践中不断修改、提高。

5.3 单元设计中的常见问题与观念误区

1. 课程教学设计常见问题

(1) 只会讲授、举例、提问、读书、扮演、讨论、游戏、做练习、做习题，但不会“做事”。围绕知识不断提问,围绕知识不断讨论,围绕知识只讲案例,就是不做任务。总之,顽固地坚持传统的讲授、灌输和盲目积累的教学模式,这样的教学习惯必须纠正。

(2) 只会使用书本语言、专业术语进行讲授和解释,不善于运用直观的图形、表格、图示和音视频手段,不会运用类比和启发方式把艰深的专业内容联系学生熟悉的东西,深入浅出地表达出来。

(3) 不恰当地强调"自学、讨论",缺乏有效的教师引导,严重浪费课时,不考虑课程的质量和效率。

(4) 不会边做边学,只会学做分离:"上课讲,下课练",只会先学后做(比如讲一半、练一半),只会做一两件简单的事情,缺乏系统的能力训练,只会"以讲为主,以练为辅",只会教师讲、学生做,总是害怕学生独立操作出错,不善于运用出错教学,不善于示范教学,不会设计做与学的转换节点。任务单一、情境单一。缺乏管理要素,缺乏企业情境,缺乏多重循环。有的课程中的任务过于简陋单调,做和学的内容都非常贫乏,难以引起学生的兴趣。"学""考"任务不分,只有一个任务,既用来学习,又用来考核。"只教书,不育人":只有技术内容,缺企业要素,缺外语、素质渗透,缺通识教育。

2. 观念误区

教师的观念中存在一些重要的误区,这些根深蒂固的观念误区,必须要在课程教学改革的实践过程中加以克服。

(1) 有人说:"必须先学后用。"

教师习惯讲解,总是认为,一定要先在教室里,讲知识,讲全、讲深、讲透、讲系统、讲全面,然后才能到实训室,让学生动手。否则100个不放心。有人经常问:"还没讲全面,能让学生去操作吗?"我们说,当然能操作。就是要让学生在操作的过程中体验和学习,但一定要在安全的前提下操作,没有安全保障,贸然操作当然不可以。

(2) 有人说:"没有理论知识不能操作。"

错了,能操作!三岁的孩子,回家就用遥控器看动画片。他学过电视原理吗?许多具体的"操作"并不需要理论知识的支撑。许多理论知识与应用知识并没有直接关系,理论知识体系与应用知识体系是两个不同的体系,"高等数学"就是典型的例子。

(3) 有人说:"没有全面系统的知识不能操作。"

当然能操作!教师一直习惯的是"先知识,后应用;先学习,后操作",也就是"先学后做、先学后练"的教学模式。事实上,对于能力的训练目的来讲,这是一种低效率的教学方式。对于能力的训练来讲,还有另外一个更有效的教学模式,那就是示范—模仿,教师示范,学生模仿,这是过去"师父带徒弟"过程中最主要的能力训练和经验传授方式。让学生先做后学,边做边学;先看效果,后学知识;先体验,后认知。这种学习方式有它的合理性,应当与普通课堂教学相互配合应用。

(4) 有人说:"学生操作中不应当出错,学生如果操作出错,就是教师事先没有教好。上课必须千方百计避免出错。"

不对。无论知识理论学得多好,操作过程中出错仍是必然的,因为操作能力与知识理论是很不相同的两件事。无论知识多么丰富,操作起来还是会出错。所以,操作"出错"是一种教学资源。在学习过程中学生出错是不能扣分的,教师不但要允许学生出错,更要充分运用这种“资源”进行有效教学。出错可以，但界限是，一定不能出安全事故。例如，一次“制冷技术”公开课。教师实践经验很丰富，示范操作，打着火进行铜管的焊接。但是操作失误，“错了，错了”教师很不好意思，赶快重新来。事实上，教师不用害怕做错。教师都做错了，学生更可能错。这时教师应当说：“大家看，这样焊接的结果是不合格的，你也可能犯同样的错误。现在大家看我做，如果焊错，应当怎样弥补，看我怎样解决这个问题。”于是把“错误”变成了教学资源，变成了大家的财富。“操作中的正反两面经验”都有助于学生形成真正实用的能力。

为了获得真正的经验，必须允许学生犯错误，甚至有意设置选择分支，设计出错陷阱(当然在安全的前提下)。不是让教师去讲解“如何避免出错”，而是让学生经历和体验“各种可能情况，甚至一切可能情况，包括出错情况”(遍历)，这样才能形成真正的能力。

在实训中，用“低价品”和“代用品”让学生体验出错的后果，不失为一种好办法。如由于焊接错误或操作错误，三极管烧毁了，不要“狠狠批评，要求赔偿”，而是大家一起看效果，吸取教训，从反面学习。你今天不让学生在学校接触错误，结果他到工作岗位上去犯错，造成的社会损失会更大。学校教学应当有“让学生学习反面教训”的责任。

在一本《计算机基础》教材中，作者提出：计算机及网络技术的快速发展和广泛应用带我们进入了一个崭新的时代——信息时代。因此熟练地掌握计算机及网络的操作技能已经成为当今人类社会成员最基本的要求。针对高职高专的培养目标和职业教育对象的特点，本书突破了传统教材的编写特点，引入了以职业能力为目标，以项目设计为载体，以经验积累为指导思想的编写思路。在教材内容的选择上，通过课程整合，根据职业岗位的需求在“计算机组装与维护”课程的基础上增加了计算机网络基础的内容；在教材内容的组织上，按照情境学习的观点，以项目为课程载体，用任务驱动的方式将计算机组装与组网课程知识体系和实践操作体系有机地结合起来。学生通过各个循序渐进的任务，最终完成一个大项目的操作要求。在教与学的方法上，强调“提出问题→解决问题→归纳问题→交流问题”的过程，在锻炼学生的实践操作能力的同时拓展知识面，积累经验。贯穿全书的一个最重要的设计思想——经验积累，这也是学生学好本课程的一个重要指导思想。因此教材在任务的编写上并不注重过程的描述，而是关注学生操作过程和错误的结果，关注最后的归纳和交流。很多任务在设计时采用错误的执行方式，学生通过“不断的犯错误，分析错误产生的原因，纠正错误，最后总结正确的操作方式”的过程来达到“经验积累”的目的。

这个“积累正反经验”的课程设计思想值得我们借鉴。

(5) 有人说：“应用型课程中，知识越不系统越好，知识越少越好。”

这种看法是片面的。知识对于职业能力的提高具有重要作用。

“操作之前的知识学习”有助于学生把握学习方向，更快地形成能力，避免不必要的摸索和损失。但仅限于很少的内容(安全须知、启动须知等)。在学生操作之前，教师应当“精讲”，操作启动之后，应当尽可能让学生自己去感受、经历；尽可能让学生从自己原有的知识体系出发，形成真正的认知(建构主义学习观)。问题是教师往往在实践之前讲了过多的全面系统知识(许多还是“理论体系”，与安全操作没有直接关系)、事先讲了过多的“限制禁忌”，“不许这样、不许那样，只许这样、只许那样”(大多是学生还没有遇到的)，学生不但记不住(低效率教学)、没有用,而且会限制学生的反面经验和正面创造。

"操作之后的系统知识"有助于学生把已有的能力、经验迁移到新的情境中,解决新的问题。因此,项目和任务除了用于训练专业能力之外,另外一个重要功能就是促进系统知识的学习。

5.4 对教师的建议

根据以上课程教学改革的原则,我们对应用型院校专业教师提出几点建议。

1. 要教"课",不要教"书"

"课"的目标是根据毕业生职业岗位要求制定的,"书"的内容是按照知识体系或叙述体系设计的。课程教学必须以课程目标为准,课程的内容和顺序都不能仅仅以课本为准。

2. 课程要进行教学设计,不要照本宣科

对于应用型课程教学而言,没有任何一本书是可以照本宣科的,自己写的课本也不行。因为写书的逻辑与讲课的逻辑是不同的。从课本到课堂需要一个教学设计过程,就像从小说到电影需要写文学剧本和导演分镜头剧本一样。

3. 要应用,不要盲目地积累知识

应用型教育要求打破单纯传授知识、盲目积累知识的教学方式。突出德育和能力目标就是要让知识为做事做人服务。知识不是只有一个"理论体系",应用型教育的出现,要求我们要为"知识的应用"建立起自己的体系—知识的"应用体系"。

4. 要能力,不要单纯的理论背诵

做事的过程中学习相关知识,这是高效学习的必由之路。那种盲目积累知识,以为"有了知识就有能力"的想法、做法都是不现实的。应用型教育的目标要紧紧盯在"德育与能力"上。

5. 要一精多能,不要泛泛应付

教师(特别是青年教师)自己要有精品意识,要把自己有特长、有兴趣的课做好、做精。以这个课为中心,逐步增加相邻课程,逐步关心整个专业领域,逐步开阔自己的眼界,逐步提高自己的授课能力和教学水平。

6. 教学有法,但教无定法

这句话中的两个"法"其实是在不同层次上,前面一个"法"主要是指"道理和规律",后面一个"法"更多是指"方法"。要认定基本原则,但不要单一模式;坚持正确原则,但不固执坚守某种具体的模式和方法。课程改革不是按照统一模式"填表"。课程评价的最终标准是"教学效果好"。只要学生有兴趣,能主动参与,在道德与能力上有显著提高,使用哪种具体模式或方法都是可以的,不应限制"必须"用某一种,应当鼓励教师采用效果最好的那一种。课程质量和教法都要由学生的学习效果检验。所谓"教学效果好"是指学生有强烈的兴趣和学习动力，学过之后，道德水平和专业能力应有明显提高。课程教学要鼓励创新，你的教学模式方法与此不同，但只要效果好，就可以立即交流供大家研究学习。

承认客观效果，这是科学的精神；容纳不同观点，这是开放的态度。在进行课程教学改革的过程中，必须坚持这两点。

另一方面，也不允许坚持落后。借口"课堂效果不好，不是我的问题，是学生水平低……"而拒绝改革，是不可以的。如果课堂效果不好，又没有更好的方法，不妨试用别人实践证明有效的方法和模式，例如本书介绍的现代项目教学的基本观念和参考模式。在市场经济时代，在激烈竞争时代，教师不可以坚持坏效果、旧模式而误人子弟，不可以拉学院集体的后腿。社会不保护落后。作为教师，更要及时改变自己的观念（古人云：从善如流）、勇于且善于学习新东西，对新东西永远保持敏感和好奇。

事实证明，绝大多数教师，特别是青年教师，都对新观念很感兴趣，积极试验，努力改进，在课程教学改革中，只要他们积极参与，认真学习实践，每个人都能够取得显著成果。

5.5 课程单元教学设计（教案）的格式

教师过去书写的教案（单元设计）存在不少弊病。纯文字叙述的教案只适合在备课阶段表达技术内容，课程的"组织控制"内容表达不够直观，不适合上课使用。有的教案把教学步骤规定得过死，每次课都必须按照相同的几个步骤实施，这样不利于教师创造性地发挥。

为了体现突出德育和能力目标以及工学结合的现代项目课程的教学特点，需要设计新格式的教案。表5.1是一个可供参考的教案书写格式。

表 5.1 单元标题（班级、时间）

步骤	工作进程		学习进程		时间（分钟）
	德/能/知	师生行动	师生行动	德/能/知	
1. ××	××	××			20
		××			
		××			
2. ××	××	××	××	××	30
			××		
		××	××		
			××		
3. ××	××	××			30
		××			
		××			
		××			

续表

步骤	工作进程		学习进程		时间（分钟）
	德/能/知	师生行动	师生行动	德/能/知	
4. ××			××	××	10
			××		
			××		

通过表 5.1 的教案我们看出，该课程单元一共连续进行 90 分钟，总共分为 4 个步骤，每个步骤都有自己的名称和实施时间。本次课从“任务操作”入手，第一步用了 20 分钟，然后转入第二步“边做边学”30 分钟，再进入第三步“完成任务”30 分钟，最后进入第四步“知识的归纳总结”10 分钟。每个大步骤中的“子步骤”长短不一，可根据实际需要来设计。

本课程单元从任务的操作入手，在这个单元设计(教案)中，就是从表 5.1 的左侧开始上课。这就是我们所说的“情境引入、案例引入、任务引入、问题引入”，为了尽快让学生动手操作，可以由教师示范操作、学生模仿。为了使学生尽快进入工作过程，体验工作效果，课程一开始最好不从知识的系统讲授入手，体现在这个教案中就是，最好不从表 5.1 的右侧开始上课。

通过表 5.1 的左右两组竖列，将工作过程与学习过程分开。两者分别有自己的能力目标和知识目标(表中简写为“德/能/知”目标)。工作过程的德育、能力和知识目标，是关于专业工作的(例如，能熟练运用示波器找到电路的故障点)；学习过程的德育/能力和知识目标，是关于学习认知的(例如，通过小组讨论，能运用电磁原理熟练解决两类问题)，这两者很不相同。整个课程单元，师生共同完成上述两类不同性质的工作。可以粗略地认为，表 5.1 的左右两边，分别表示“工”和“学”。两者的相互支撑和有效转换，就是工与学的“结合”。所以表 5.1 生动地表达了在该课程单元中，应用型教育项目课程的两类教学目标是如何有效实现的。

表 5.1 直观地表示了该课程单元运行的整体脉络，再增加一些具体数据、图形、案例等，教师就可以直接拿这样的“教案”来上课。一边上课一边对照教案，对自己课程进展的过程有个直观的总体把握。有了这样的“教案”，我们也可以直观地看出课程单元教学设计的优缺点，对课程的单元教学设计进行演示、研讨和修改。例如，我们可以讨论，这四个步骤本身设计得是否合理？从“工”到“学”之间的转换设计得是否合理？有没有更好的设计方案？可否增加任务的数量，实现多重循环等。

当然，表 5.1 仅是教案的核心部分。在表 5.1 的基础上增加一些管理信息、课程内容描述等，就可以形成完整的、供上课使用的教案文本。

5.6 课程单元教学设计的演示要求

1. 演示的原则要求

与课程的整体设计一样，单元设计的 Word 文本完成之后，必须做演示用的 PPT，要使用大量的图形、照片、表格等直观手段，尽量少用文字。通常参与交流的对象，多数都不是自己本专业的教师，这些人对专业细节并不了解，但是必须让所有的听众清楚下列四类事实。

(1) 工作(任务)内容。

(2) 学习(知识)内容。

(3) 教学过程(步骤)设计。

(4) 教师引导设计。

2. 演示形式的具体要求

单元演示 PPT 的内容，要求能直观、具体地展示课堂上的精彩过程。必要时可以展示课件或教具，甚至在实训室现场演示。PPT 要有页号和导航条，使听众在看每张画面时都能随时掌握整体进度。演示限时 15 分钟，演示步骤大致如下。

(1) 展示封面(PPT 的第一张)。

(2) 单元设计背景介绍(前两步说课，在 1 分钟以内)。

(3) 在宣告“现在开始上课!”之后，教师按照单元设计的步骤，开始“面向学生上课”。展示课件、教具等时，教师以讲课为主，以说课为辅。展示教师面向学生上课时的风采。学生的行为以“说课”方式交代。教学步骤的编号不能多于一层。

(4) 单元设计思路(可选)。

如果时间有余，可以简介本单元的设计思路。展示任务实施的步骤(简图)，展示单元课程实施的步骤(简图)。

3. 演示的内容要求

课程的不同类型目标，要求应用不同的教学方法和模式来实现。为达到知识理论目标，需要采用最有效的知识理论教学方法和模式(如案例分析讨论)；为达到能力目标，需要采用最有效的能力教学方法和模式(如项目任务教学)。为达到素质目标，需要在学习有关知识理论的同时，还要边做边学，在做的过程中，教师要在职业道德和职业素质方面，特别关注和引导学生“如何去做，应当怎样做，不应当怎样做”，在做的同时和做完之后进行对比、反思、辩论以促进内化。

因此，在做单元设计时，每人要力争完成两大类单元的设计、演示和测评。一类是知识理论为主的单元，另一类是能力训练为主的单元。首先要在每类单元中采用适合于本类目标的教学法，同时一定要展示出两类单元之间是如何实现有机联系的(参见第 7.3 节，展开式双单元设计)。

关于课程单元设计演示要求的细节，请参见第 15.10 节，单元设计的点评要点。

4. 单元演示常见问题

• 与“整体设计”不一致。
• 说课与讲课衔接转换不当。
• PPT 不合格：缺页号、导航条或教学步骤层次多于一层。
• 演示时间把握不准，用时过短或虎头蛇尾。

- 缺少照片、图形、教具、模型等实物与直观手段，只有抽象的语言叙述。
- 外行听不懂技术思路。认为自己的专业高深，别人“应该听不懂”。
- 学生缺乏主动行为。通过灌输学习，不是通过对比和出错学习。
- 教学步骤不符合学生的认知规律，教师不善启发。
- 只设计、演示和测评了一种类型的内容。例如，该单元中只有项目操作类的内容，缺少知识理论学习内容，更没有两类内容之间的联系和配合。项目课程并不是只有一种目标(能力目标)。项目课程中必须包括知识理论目标，否则就不是学校教学，更不是高等教育。
- 缺少与任务操作紧密结合的德育方面的引导。“只教书，不育人。”
- 缺少社会、文化、经济、哲学等通识内容的渗透，内容单薄。

最后还要说明一点：除了本章所述课程单元设计演示、第 4 章的整体设计演示之外，根据实际需要，还可以有“双单元内容演示”“大单元演示”“特定主题(多单元)内容演示”等变化的形式。也就是在指定的演示时间(例如 15 分钟)内，演示多个单元的教学。但是第 4、5 章两章中，一个单元的演示和课程整体设计的演示是最重要、最基本的，这两章中使用的演示工具、方法和思路，完全可以运用到其他各类演示中。

第 6 章　非工科课程的改造

工科课程一般都有具体的产品，比较容易实施强调能力为重的项目课程。但对于许多非工科的课程：文科、商贸、旅游、医疗、护理、专业外语、基础外语、数学、体育、语文、德育、法律等，这些课程也能按照“现代项目教学”的原则进行改造吗？当然可以，因为所有的课程都希望学生不仅学到“能答题的知识”，更重要的是具备做事的能力。只是课程不同，所做的事情就不同、所需的能力也不同而已。

下面我们就看看在各种不同类型的课程（尤其是“非工科”课程、基础课、文化课）中，现代项目课程是如何实施的。

6.1　“唐宋诗词欣赏”课程[①]

这样的课有能力目标吗？

这种课从来都是以教师讲解为主的。教师先选定若干诗词，讲解时代背景、作者经历、内容理解、写作特点等，然后要求学生熟读课本、背诵诗词、熟记教师的讲解，最后，再把所学到的知识重现在试卷上。当然，这样的教学效果是很不理想的。

我们改造这门课，首先要确定这门课对学生未来的生活和发展而言，真正有“用”的东西在哪里，也就是说，学了这门课之后，他能“做”什么。经过详细讨论，本课程可以训练下列能力，这些能力对学生今后的生活和学习非常重要，可以定为本课程的能力目标：①能解读诗词。注意，能解读未来生活中遇到的任何新的诗词，不仅仅是把教师讲过的内容背诵下来。这就要求学生能使用相应的工具书；②能赏析诗词。能说出它好在哪里；③能带感情朗诵诗词；④能吟唱诗词（用原有曲调、借用曲调、创作曲调）；⑤在自己的语言文字中，能正确巧妙地引用诗词。

按照新的课程教学目标（特别是能力目标），教师将精选的 100 首诗词按照内容（不是写作时间），分为景物、友情、军旅、爱国、思乡、情感等类型，分别训练学生在不同情境中的上述 5 项能力。

解读和朗诵的能力训练大家都熟悉，吟唱能力怎样训练呢？教师带头，学生在课堂上满怀兴趣地用现有的曲子吟唱、用借用的曲子吟唱、用自己创作的曲子吟唱。学生积极投入课上的朗诵、吟唱、写作引用等能力训练过程中，课堂气氛发生了根本性的变化。特别是关于“引用”能力的集中训练，使学生的引用能力得到明显提高。例如，让学生写一篇题为“卢沟桥”的短文，学生立刻想到爱国和军旅诗词，引用岳飞的《满江红》。

---

① 本案例取自宁波职业技术学院的课程整体设计，此处进行了修改和补充。

上述5项能力都是单项能力，那么，课程的综合能力如何训练呢？那就要用大型、完整的具体工作进行训练。例如，用课程最后的“文字作品展览”和“诗词歌曲汇报演出”等作为课程的“贯穿项目”。作为贯穿全课的大型综合项目，还可以组织学生在全学期，每人编写一本《新唐诗三十首》，要求是不得使用原《唐诗三百首》中的所有材料，这就要求学生自己去读《全唐诗》，按照指定类型选材，有能力的学生还可以将自己仿写的诗词附在书后。最后每个人都要面向小组（或全班）全面介绍（展示、朗读、吟唱、论述、分析、评价）自己的选本，大家进行议论和评比。这项综合性的工作不但有趣，而且可以全面检验学生的解读能力、赏析（鉴赏）能力、编辑能力、创作能力、表演能力、评论（评价）能力、有关诗词理论的应用能力，并全面检验所有学到的知识和理论。

这个课是全校公选课，教师为不同专业的学生布置了不同的作业。例如，计算机专业的学生用Flash完成一个配乐动画作品，展示一首诗的意境。让外语专业的学生查阅唐诗的英译本，在课堂上用英语朗诵一首唐诗。

这个课的改造过程，在全国做过多次介绍，好评一片。很多教师说，如果连这样的课都能按照“现代项目课程”的原则进行改造，还有什么样的课是不能改造的呢？

6.2 “税法”课程①

为会计专业开的“税法”课，其改造过程很具典型性。过去上课教师宣讲税法条文、讲解相关案例。课程没有能力目标，没有项目，上课枯燥无味。教师努力增加新案例，学生仍然提不起精神。教师反映：这个课没法上了，一上课学生就睡倒一大片，“税法”变成了“睡法”。

应当问问：为什么要开“税法”课？学生到底是要学习“纳税”，还是研究“税法”？教师豁然明白了：“纳税”和“税法”针对的不是一回事！学生要学的是“纳税”，税法仅仅是为纳税服务的“一个”内容，不是全部内容，只知道税法，并不一定会纳税！

于是，把课程的名称改为“企业纳税实务”，重点从学科知识转向应用，思路立刻就对了，但这里又不仅仅是名称的改变。思路对了之后，课程的能力目标很容易确定：能根据“税法要求”和“企业的需求（例如降低成本）”，正确纳税（包括合理避税）。课程的贯穿项目是什么？思路的框架是，先改变师生的身份：学生身份是某会计师事务所员工，被两个企业（一个酿酒公司以“增值税为主”，一个装饰公司以“营业税为主”）聘为财务助理，负责该企业的纳税工作。工作过程是“企业一个月或一年的完整工作流程”，因为一个月或一年的工作有代表性。整个框架很好。有了好框架，教师备课的任务就是编写好故事（进行项目的情境设计）了。

于是整个课程的教学过程就有了一个好平台，学习过程可以充满曲折趣味，在不同的情境中操练能力，学习知识，培养职业道德。

---

① 本案例取自宁波职业技术学院的课程整体设计，此处进行了修改和补充。

6.3 “语文”课程[①]

对应用型院校的基础文化课(语文、数学、基础英语等)教师经常抱怨说,自己的课程和自己一起都被边缘化了,这是什么原因呢?

我们知道,传统的语文课都是按照课本顺序,以范文为线索进行教学的。第一课的内容是《荷塘月色》,教师讲作者、生词、赏析、写作特点。第二课的内容是《纪念刘和珍君》,教师也是讲作者、生词、赏析、写作特点。只是在不同类型范文学习的基础上,增加些作文练习。大家反映,这样的课没有用处,希望减少课时。但任课教师怕自己“下岗”,有了危机感。

一直以来语文课都以“听说读写”为课程的能力目标,但是,这些目标的层次过低(关于语文课目标的层次,请参见第18.14节)。改革后的语文课以“与人交流、与人合作、解决问题”为课程最高层的总能力目标。中层的能力目标针对的是指定题材的选材、编辑、仿写、朗读、吟唱、表演、展示、评论、评价、创作能力,这些能力构成了秘书、编辑、作家必需的中层基本能力。而“听说读写”能力只是最底层的基础能力,是中上层能力的“技术”部分,中下层能力都是为交流、合作和解决问题服务的。三层能力不能相互归结,不能以为“只要有了最底层的能力,上面所有的能力就自然都有”了。清楚了语文课的三层能力目标,就能设计出相应的项目,即建立“语文学习网站”和完成一本“电子书”,然后用这两个项目贯穿全课。同时教师成立自己的“语文工作室”,带动班上最有兴趣、语文学得最好的学生参与工作室活动。全班每人都参与制作电子书的工作,书里面选登本学期每个人的优秀作品。经过核心能力训练,通过测评考核发证,用小组协作的项目对学生的实际能力(交流、合作、解决问题)进行考核。每次课开始,教师都朗读自己的新作品,学生非常佩服,学生对课程喜欢、印象深刻、积极参与。制作电子书时,如不懂Flash软件,学生找同学去学习,回来还要教给教师。“出书”没有钱怎么办?学生自己凑,给每人买个光盘,还用余钱给教师买了一个小礼物。学生有了能力、有了自信,全校各系争着要这样的教师来本系开语文课。

6.4 “专业英语”课程

传统外语课中,教师按照课本讲解单词、语法、句型、课文,学生进行问答、单词替换练习。现在是整合相关课程,选择本专业的应用软件(全英文版),设计专业项目、完成专业任务。使用的工具包括英语说明书、英语对话、英语文本、英语影视资料等。

什么叫“专业英语”课?就是在英语环境中(以英语为工具)完成专业的工作(项目),在完成项目工作的同时,总结语言知识、方法和技巧,考核语言能力。传统的“专业英语”把“专业工作(项目)”这个核心内容丢失了,只剩下单词语法的枯燥训练。

---

① 本案例取自深圳技师学院的课程整体设计,此处进行了修改和补充。

按照这样的理解，现行的专业英语课需要做很大的改动。例如，可以考虑英语教师与专业教师共同上这个课，分别对学生的英语和专业内容把关。也不用英语教师挖空心思“设计专业项目”，一切都围绕专业工作，自然进行。当然，这样的课程改革必须有相应的课程体系改革和管理改革支撑，才能实现。

6.5 “综合（基础、普通）英语”课程①

这类课程改革最大的困难是项目，教师总是说“找不到项目”。

过去的课内外“实践”就是教师讲解单词语法之后，学生做句型练习、单词替换练习、问答练习、填空练习、选择练习等。书面作业与此相同。

专业外语的“项目”内容是专业的具体工作，基础外语的项目内容是什么呢？就是学生生活和学习中的大型、综合、复杂的真实工作、真实活动。

先试着对传统的作业和课堂练习进行改革。能力训练的载体是项目任务，不只是习题、练习。教师要设计生动活泼的外语项目任务，实践活动，从小的活动、任务，直到大的项目。

第一级任务：课堂练习改革。做小品：看医生、采访、打电话、买东西、坐汽车、做好事、遇到抢劫、校园浪漫史、课文改造的小品、课本剧等。

第二级任务：作业改革。翻译菜单、用英语描述包饺子的全过程、设计并实施一个全英语的生日晚会、单词接力赛、按照地图找位置等。

第三级任务：设计并实施大型活动项目。如传统的英语歌曲演出（比赛）、英语演讲比赛、英语辩论赛等内容不够丰富多彩，可以另辟蹊径，设计更精彩的项目。例如：

- 分组用 PPT 演示介绍指定国家的国歌、国旗、风俗文化。
- 出国旅游方案设计和演示。
- 到繁华广场找陌生的老外对话，以照片、手机号为证。
- 为动画片（例如《疯狂动物城》《狮子王》）做英语配音。
- 英语话剧演出。
- 翻译学生感兴趣的书籍，作为课程的贯穿项目。
- 充当口译志愿者，参与涉外赛事、会议。
- 学院每周放映原版电影，学生在现场充当口译，然后全校投票评分。
- 建设学院（专业、班级）英语活动基地（角）。
- 英语（指定报刊、书籍）阅读（讨论、演讲、竞赛）。

这样做的效果十分明显，因为学生做真实的事情，为自己做事，所以就有了内在的表达愿望，敢说敢做了，学习积极性也大大提高。过去教师以为学生什么都“不能做”，现在教师们意识到，当学生看到学习效果、有了兴趣时，其实什么都能做。

---

① 本案例取自宁波职业技术学院的课程整体设计，此处进行了修改和补充。

6.6 “数学”课程

风起云涌的应用型院校课程教学改革工作中，数学课的改革一直是一个难点。“高等数学(微积分)”课，哪里有什么项目？过去这种课只有应用题。勉强想出来的“项目”，还是一个不易理解的数学问题。数学的改革有其自身的特殊性，与一般工科课程还有差异，不能简单归结为“工科课程”。数学课的改革必须解决以下几个问题。

第一，在应用型院校里，数学课是先学习传统的数学“理论体系”(逻辑推导体系)，还是先学习数学用于本专业的“应用体系”？

经过几百年的发展，微积分的理论体系已经非常严整。大家公认的微积分课程内容就是初等函数、极限、中值定理、导数和微分、不定积分、牛顿莱布尼兹公式、定积分、级数、微分方程。按照这个体系讲授的微积分课程，学生学完之后知道了许多知识、知道了微积分的理论框架，但完全没有实际应用能力。这样的数学课对应用型院校是很不适合的。显然，应用型院校中的数学课应当以数学的应用体系为主要内容。

数学的应用体系类似(但不同)于“数学建模”的基本思想，那就是：①将一个实际问题先用数学语言表述，把它转化为数学问题。②在数学领域中求解这个问题。数学问题的求解往往需要运用不同的数学工具。例如，角度的代数计算最好采用复数方法。③将数学解转化为对应的实际问题。把数学作为专业工作的工具，最重要的就是这个运用数学解决问题的过程。

今天应用型院校的数学课应当把课程内容的重点转移到应用上，针对不同专业，开出相应的应用数学课。数学教师应当把自己的专业兴趣从单纯抽象的数学理论问题，转向用自己熟悉的数学工具，帮助专业师生解决专业领域中的数学问题。

第二，在应用型院校里，数学课的学习内容应当以不分专业的公用内容(例如“高等数学”)，还是以本专业应用数学为主？

显然，数学本身的内容博大精深，对专业而言，“××专业应用数学”是更可用、更有用的，专业应用数学并不限定在“高等数学”的范围里。只要专业工作中用到的，无论是高等数学还是初等数学，都要学习。在这样的数学课中，可以确定明确的能力目标，可以用专业的工作过程为背景，设计相应的能力训练项目。

第三，数学课的课程项目一定是个纯数学问题吗？

不一定。数学课的项目可以与专业课内容紧密配合，甚至数学课可以与专业课一起进行，共用同一个专业项目。在完成专业项目工作的同时，数学教师协助专业教师解决该项目工作中引出的数学问题。于是，数学就成为专业技术的支撑，数学就融入了专业，数学就满足了职业岗位的需求。

第四，数学教师需要熟悉专业内容吗？

需要。在应用型院校中，数学不宜作为独立学科进行教学，至少在上学的初期是这样。数学应当为专业教学服务的思想一旦确立，数学教师应当熟悉专业内容就是必然的逻辑结果。但是数学教师要熟悉的不是专业项目工作的全部，而是项目工作中的数学方面，所以在一开始，数学教师与专业教师共同承担课程是一个很好的形式，专业教师解决项目中的专业问题，数学教师解决项目中的数学问题。

例如物流专业的应用数学课，首先应按照物流生产过程与物流管理过程，设计两个大型项目。专业教师负责解决专业问题，而数学教师负责分析和解决其中的数学问题(库存方案、路径优化等)。

实际上，计算机专业教学已经走过了这条路。40 年前的计算机课，只讲计算机本身的内容。随着计算机的普及，所有的专业都要用到计算机，于是计算机专业教师不得不去熟悉其他专业内容，协助其他专业解决实际问题(数据库开发、应用软件设计、系统集成等)。IBM 公司这样的国际计算机巨头，都以实际工程的"整体解决方案"作为自己软件开发的最重要内容。今天应用型院校(其实包括其他院校和基础教育)的数学教学正在面临同样的问题。

第五，强化现代数学工具的应用。

既然是以专业应用为主，数学教师就要从过去以纸上的公式推演、定理证明等为主的数学操作，转变为以使用专业数学软件，解决专业问题为主的数学操作。要学习许多过去不熟悉的应用软件和专用硬件，例如 MATLAB、电子表格、统计软件、图形绘制软件、可编程计算器等。要学会求得实际问题的数字解，学会发现并解决实际问题中的数学问题。

第六，数学课必须在专业课之前开吗?

过去一直认为，数学课是文化基础课，必须在专业基础课之前开，必须在新生一年级开。这样，学生在一年级"打好了数学基础"，后面的专业课学习中，就可以应用数学工具解决专业问题了。事实证明，这只是一厢情愿的幻想。学生把脱离了专业的数学课仅仅当作一门学问去学，应付完考试就全忘掉了，在具体的专业工作中，根本不会应用。这是另外一种形式的"先学后用""先讲后练"，效果当然不理想。这种安排也是知识教学传统三段论"基础—专业基础—专业"课程体系的表现形式之一。

应用型院校的数学课不一定要在专业课之前进行，可以考虑把专业(基础)课提前，数学课与之共用项目，一起进行。毕业之前，可以再开一次数学课，把前面课程中的应用数学内容进行归纳、总结、提高，增加新的理论内容。使数学真正成为学生的专业活动工具，有条件的学生对数学本身也有更深入的兴趣和理解。这是数学课的"在做中学""边做边学"，这样做之后，教学效果会有明显提升。

从"高等数学"到"专业应用数学"，从脱离专业内容的"先学后用"到结合专业项目的"在用中学"，从"手工计算推导"为主到使用计算软件(如 Mathematica、MATLAB 等)为主，应用型院校数学课改革的大方向就越来越明确了。

数学课重要吗? 数学课在应用型院校中的地位如何? 这是个非常实际而基本的问题。当前应用型院校生源的数学水平较低，这是事实。于是导致一些人提出，高职的学生会操作就可以了，学不会，也不用学较深的数学内容，有人甚至议论取消数学课。

实际上数学不仅在理论研究中十分重要，而且在实际工作中(特别是高层次、高技能人才的实际工作中)都占有举足轻重的地位。一个只会焊接和调试电子线路的学生，与一个能焊接调试又能用复数解大型方程组的学生，质量和水平显然不在同一个档次。同一个专业的毕业生，高职与中职的差异就包括理论水平和数学水平的差异。缺了"必要的理论"、缺了"系统的知识"、缺了"必要的定量计算能力",就不是高等教育。高层次的操作者和管理者,必须具备较高的数学水平,这是毫无疑义的。将来在应用型院校之间进行水平比较时,数学水平的高低将是不能回避的内容。目前应用型院校举行了大量的技能操作竞赛,可以预见,未来的应用型院校一定会举行不同专业的应用数学竞赛(不仅是数学建模)。所以,目前有条件、够水平的应用型院校一定要率先重视数学课的改革。

以上对于高职院校数学改革的讨论结果,对于中职学校基本上不适用。因为在中职学校,数学通常是"必修课",而且有规定的课本、规定的内容,不允许教师做大幅改动。但是中职数学课面临的问题,与高职相比,有过之无不及。采用普通中学的"数学"教学方法,对中职的学生基本无效,因为他们就是在普通中学里学不好数学,才来到这里的。如果仍采用同样的办法上数学课,只能加深学生的挫败感。这里提出一个中职"数学"课程改革的新思路,和大家探讨。

鉴于数学内容的高度抽象性和复杂性,中职的数学内容,我们可以不用"一个大型贯穿项目"覆盖,改用许多个(例如几十、几百个)有趣的小任务覆盖。

教师从生活中寻找有用处、有趣味的小任务,从专业中寻找有用处、有趣味的小任务,把原来的应用题改造成有用处、有趣味的小任务,充分发挥原有课程"讲授"的优势,引导学生从他感兴趣的应用角度进入数学领域。

在这方面,早有许多成功的实例。例如卡耐基的《成功学》,作者把深奥的人际关系具体化为许多极其生动的小故事。读者听了这些小故事后非常震撼,再通过作者精彩的分析点评,读者便掌握了原本抽象难懂的复杂道理。全书通过大量精彩的故事,将许多抽象的理论结论覆盖,使读者能够领略成功学的全局。再例如《读者》杂志,这是大家非常喜欢的一本图文并茂、深入浅出的杂志,它把人际关系中抽象深奥的道理用一个个生动精彩的小故事体现出来。大家在这些具体的故事中,学会了抽象的道理。苏联作家别莱利曼写过一套著名的、影响了几代人的科普读物,包括《趣味几何学》《趣味代数学》《趣味物理学》等,里面用大量生动的故事和生活技巧,把读者从抽象枯燥的学术内容引到生活中。许多生活中的小技巧、小操作使读者对原本枯燥的几何、代数、物理内容立即产生了亲切感。比如书中介绍了如何徒手测量河对岸小山的高度,其原理就是相似三角形。原本抽象的专业结论、哲学结论在这里变得有用和切近。这些实例启示我们,对于内容深奥、抽象的课程内容,用这种方式学习看来最有效。

中职"数学"课改革的另一个思路是化整为零。例如"集合"部分,用100个(情境)故事引出有实用价值的实际问题(故事),学生和教师一起看书、讨论,解决这些有趣又有用的问题,最后总结出数学的结论。"平面向量""直线与圆方程""立体几何""概率统计初步"等部分,都可以仿此进行。

改革的特点:用生动、有趣、有用的小故事引出任务,从这些微型任务引出相应的数学问题。问题解决之后,回到相关的数学主题,用蚂蚁啃骨头的办法,将原本枯燥难懂的数学内容覆盖。教学法所说的"重点突出、难点分散",就是用大量趣味的微型任务覆盖相关数学内容,并最终引导到抽象的数学结论上。

这项工作对教师的要求很高,那么谁来设计这些故事呢?当然只有兼备数学能力、教学能力、生活观察能力、实践动手能力和科学普及能力的人,才能担此重任。这也是通过艰苦努力获得成功的一个机遇。

6.7 “体育”课程

体育课从来都不是知识本位的，要考虑的是，体育课的目标应当突出什么能力。是乒乓能力、篮球能力、排球能力、足球能力、田径能力吗？是竞赛能力、裁判能力、体育评论能力吗？都不是。应用型院校的体育课的教学目标，首先是学生终身锻炼的意识、能力和知识。学校的体育工作还应当把教师的身心素质、教师的终身锻炼问题也纳入自己的工作范围中。工作方式以群众体育锻炼为主，同时配合体育素质达标、兴趣组、竞赛队的活动。

以下为几个新的体育课改革思路。

(1) 体育课与专业教育相配合。体育课应当涵盖职业素质拓展训练(心理、协作、交流、克服困难、克服恐惧、阳光心态)中的能力要求。一般的体能、体力、技术、技巧达标是第二位的，然后才是球类田径游戏的比赛、组织与裁判等。体育课应当与职业素质拓展训练、心理训练和心理培训紧密配合。

(2) 注意现代体育(高尔夫、攀岩、赛车、拳击等)和民族体育的教学融合(武术、太极、龙舟等)，以及体育与最新发展的相关内容的融合(广场舞、街舞、轮滑、跑酷等)。向学生传授当代先进的体育常识，组织有关比赛的实践活动(规则、裁判、组织、参赛)。

(3) 体育工作为校企合作服务。应用型院校的体育教学应当与企业的相关培训密切合作，为校企合作做出自己的贡献。例如，宁波职业技术学院陈显建老师曾建立“校企体育协作中心”，从组织校企篮球比赛入手，推荐有体育特长的专业毕业生，受到企业热烈欢迎，密切了校企之间的联系。

6.8 “铁路技术管理规程”课程①

“铁路技术管理规程”课简称“技规”。从表面上看，它很像是工科课程，但实际上与传统的工科课程有很大区别，更像是法律法规类的课程。这门课中没有技术操作内容，却有395条硬性规定。作为轨道列车的司机，对所有这些规定必须：①熟悉；②会用；③强记；④考证。考核的及格线是90分，证书考试不通过是不能上岗的。

这是一种更接近“管理”类型的课程。对于许多与人身安全有关的专业(护理、船舶驾驶等)，通常都有类似的课程和考证要求。对于这类“规定、条文”类的课程(如前面提到的“税法”)，应当如何有效地进行教学呢？

这种课有以下几种传统教法：条文讲解法、案例法、背诵法。所有这些教法都难免枯燥无味，令人反感。最后教师只有强调就业压力，让学生死记硬背。这种教法的结果是，证书可能到手，但学生既不会应用，也不能长久记忆，取得证书之后，很容易就忘记了。应当

① 本案例取自北京铁路电气化学校的课程整体设计，此处进行了修改和补充。

说，这样的教学效果很不理想。除了知识传授式的传统教法之外，还有新的教学方法吗？

在课程改革中，我们设计了新的教法，这就是坚持德育和能力为重的现代项目课程的教法。这种教法以能力训练的“体验法、操作法”为主线，辅之以知识教学的讲解法、案例法和背诵法。换句话说，课程从知识本位转向能力本位，同时吸收了传统知识教学的所有优点。

新课程设计了三个步骤，运用三个项目和活动，带动职业道德与能力的训练和知识的学习。

第一步，通过“熟悉调车场、机务段、车辆段环境”（参观车站、看视频、案例），反复查阅“技规”文本，找出相关的条文，完成“画机务段整备线的布置图、车站平面示意图、调车场平面图”的项目。该项目大约可以覆盖395条规定中的180条。教学目标是，运用“技规”画图，通过完成画图任务，掌握“技规”中的相关条文。

第二步，通过模拟的“行车操作”，反复查阅、应用“技规”条文，解决各种行车情境中的实际问题。教师选定具体的行车路线，同时设计大量精彩情境：正常行车覆盖大约90条技规条文；非正常行车，大约覆盖80条技规条文；领导带队情况，铁路内部修线、路用车等情况大约覆盖45条技规条文。第二个项目的教学目标是，运用“技规”处理行车中的实际问题，通过“模拟行车”熟练掌握“技规”中的相关条文。

以上两步基本上可以用项目覆盖全课主要内容。

第三步，通过“游戏”“比赛”“填表”等手段，强化记忆。学生分小组，一组出题，另一组模拟驾驶，出题组给出各种情境，引出相应任务，驾驶组要在尽可能短的时间内答出，在特定的条件下，应当运用哪些相关条文规定，应当如何运用。然后两组调换角色。学生分组设计行车情景，努力考倒对方。教师按照考证要求，设计相关的任务和问题，对照技规条例，进行点评和考核。学生在课外也可以进行类似的训练，教师进行检查督促。任课教师认为，这样的训练和学习也可以有效推广到毕业设计（例如让学生完成列车运行图）中。教学目标是在各种仿真情境中反复运用“技规”、熟练掌握“技规”中的全部条文。强记所有条文，最终通过证书考核。

显然，这样的体验式、操作式课程，一改知识传授式、死记硬背式课程的状态，使学生不但能最后通过证书考试，而且能真正应用和熟练记忆这些规定的条文。即使对于最后的证书考核，这种教法也比死记硬背优越得多。

从以上非工科课程的改革经验中可以看出，事实上所有的课程都可以按照“坚持德育与能力为重的现代项目课程”的原则进行改革。其中的核心就是，确定本课程的德育和能力目标，然后根据这些目标设计相应的训练项目和情境，特别强调训练综合能力的大型项目。当然，非工科课程各有各的特点，不能像工科课程那样基本上可以使用同样的模式。这需要任课教师与学校配合，对自己承担的课程进行全面深入的研讨，建立整体观念，为院校的内涵建设贡献自己的力量。非工科课程的改革相对来说基础比较薄弱，许多课程一直是改革的老大难问题。但也正是在这样的地方，为有心人保留着创新的机遇。谁解决了问题，创造了经验，谁就立刻领先，谁就是示范。

第 7 章　现代项目教学中的若干模式

不同的结构和操作模式，反映了不同的指导思想和理论观念。在多年来的课程设计实践中，我们发现现代项目课程的整体结构、单元结构和教师引导方式都呈现出某种确定的模式。掌握这些模式、把握相应的原理和方法、遵循相应的规律，进行课程设计和实施，对于提升我们的课程教学水平具有重要的指导意义。本章将介绍现代项目课程设计和教师引导的几种常用模式，并尽可能用图形方式表达，以便学生理解和掌握。

7.1　项目与能力的等级

为规范课程设计的用语，将常用的术语做如下约定。

(1) 项目。项目是指大型的综合完整的一件具体工作。一门课中通常有一个或几个项目。一个课程单元(一次课)完不成一个项目或一个子项目，只能完成几个任务或工作。

(2) 子项目。子项目是指项目相对完整的部分内容。子项目有相对完整、可检验的部分成果，通常以项目的完成顺序来划分子项目，若干子项目组成完整的一个项目。

(3) 任务。任务是指项目或子项目中相对完整的部分内容。一个项目可以划分为若干子项目，也可以直接划分为几个任务。

(4) 工作。工作是指任务中相对完整的部分内容。

这几个术语描述了它们之间的层次关系，见图 7.1。这些划分都是相对的，只要使用过程中不引起层次理解上的混乱即可。

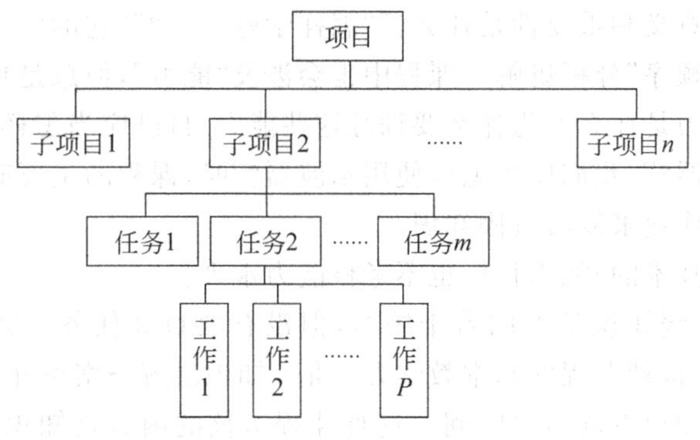

图 7.1　项目、子项目、任务和工作的层次关系

未来职业岗位上，学生表现出的能力呈现出很大的等级差别。根据学生完成任务的方式，可以分为以下几种等级的能力。

- 模仿完成。针对特定任务，学生按照课上教师示范来模仿。
- 指导完成。学生能举一反三，完成同类任务。
- 讨论完成。师生讨论，能完成复杂的项目。
- 独立完成。学生自己完成新类型任务(开拓创新)或课外(考核)的项目。
- 协作完成。大型、综合、复杂项目。需要进行组织、宣传、交流、配合、策划、实施、评估、改进，大家分工协作，共同完成。

我们的课程需要训练学生所有级别的能力，不能仅满足于低级的“模仿”能力。教师设计课程项目时应当注意到这个事实，要考虑，在自己的课程中，如何使学生的能力尽可能快速地从低级到高级逐步提升。

在课程体系改革中，尤其应当注意这个问题。随着年级的提升，能力训练的重点应当有一个难度和层次的提升。所以，课程的能力目标不能仅由任课教师自己决定，还必须有一个顶层设计(专业课程体系)的约束才可以。

7.2 课程整体设计的基本模式

一门课的整体模式就是一门课所有要素的结构特点和课程的运行特点。只有站在一门课的高度上才能看到这个“整体模式”，而站在一次课层面(单元)上是看不到课程的整体模式的。不同的模式反映了不同的理念。教师上任何课总使用一个具体的模式，他所用的实际模式，反映的就是教师本人的实际理念——无论理论是正是误，也无论水平是高是低。

课程整体设计有如下六种基本模式。

1. 知识体系传授为主的课程模式

这种课程的教法是，教师按照课本的章节顺序，讲解系统的知识，介绍一些案例，做些课堂活动、练习和作业。即“知识—案例—练习”方式。

首先，教师介绍系统知识，让学生理解“什么是 ××？它的概念与定义是什么？”“为什么要学××？”“它的意义和重要性是什么？”“怎样学好××？”“它的学习方法是什么？”紧紧围绕课本的“内容和顺序”分析讲解。课程中也会涉及“能力”，但总是把能力当作知识进行讲解。讲解“××能力是什么？为什么要训练这些能力，自己应当怎样训练××能力”。例如讲解“什么是示波器？”“我们应当怎样使用示波器？”时，课程的主要时间用于知识的介绍和案例分析，课外用作业来复习巩固知识。

课程没有(专业技术的)能力目标也不考核能力水平。

课上有案例和围绕知识学习的若干练习，但没有项目和任务。案例主要为知识的理解、消化、记忆服务。这种课程的基本教学方法是：知识讲解→案例介绍→学生练习。

其中，教师讲解知识占据最多时间。这种课程考核的内容是知识点。没有专业的“能力目标”，所以基本上也没有对“做事能力”的考核。这种课程的特点是，灌输知识、介绍知识、理解知识、掌握知识、记忆知识、考核知识，最后在试卷上再现知识。过去几乎所有的“教学法”都是围绕上述知识目标开发设计的。

这种课程模式，其目标不符合社会对职业人的要求，是应用型院校当前教改的主要对象。

2. 以“能力点训练”为主的课程模式

课程的主要目标设定为若干“单项能力”或称“能力点”。课程进行的线索是逐一训练所有的能力点，课程进行的方式是讲知识、讲案例、练(单项)能力。

教学方法的特点是能力点与知识点并重，“先讲后练”或“先学后做”。通常先用一半的时间讲知识点，然后用另外一半时间训练能力点。能力训练的载体是“小操作”或工作的片段、环节。围绕每一个能力点，用不同的(书上的、补充的)多个小操作进行训练，辅之以案例、游戏、习题、练习、讨论等来学习这些知识。课程面向的是能力点的训练和知识的学习。课程进行的线索是知识点和“能力点”，而不是项目任务。各能力点训练之间基本上没有关系(横向无关，纵向无关)。

这种课程的考核方式是用试卷考核主要知识点，用抽测操作考核主要能力点。

例如电子技术课上，设定“画图能力、识图能力、焊接能力、安装能力、调试能力、测量能力、仪器使用能力”等“能力点”作为课程的教学目标，那么整个课程就围绕这些单项能力进行训练。课程没有大型、实用、复杂的综合项目。

这种课程模式已经从“知识本位”向“能力本位”前进了一步，更符合“能力培训”的要求。但是能力的目标仅仅设定为低层次的“单项能力”，能力的培训方式(先学后用、先讲后练)效率很低。这种课程模式可以作为综合项目的辅助，但不能全课就停留在能力点的层次上。课程缺少了“综合能力”的训练，是不能解决实际问题的。

3. 若干串行项目，训练综合能力和单项能力的模式

这种课程将模式 2 中零散的小任务转变成 3～5 个较大、较完整的具体工作(项目)，按照难度逐步实施。学生在逐一完成这些项目的过程中，训练了解决岗位问题的综合能力和相关的单项能力，学到了相关的知识。课程在整体设计时特别注意要用所有这些小项目来“覆盖”课程的全部主要内容。

这种课程模式比模式 2 能力训练的效果要好。若与模式 2 配合起来，效果会更好。但是其项目的规模仍然较小，综合能力的训练强度仍然不足。

4. 用“贯穿项目”训练综合能力为主的模式

课程中以一个大型、综合、实用、复杂的“贯穿项目”作为课程内容的主要载体，以训练学生的“综合能力”为课程的主要目标。所谓贯穿项目，就是从第一堂课起，就提出并运行该项目，随着课程的进行，该项目也一直在进行中，直到课程临近结束，项目才完成。最后进行成果展示、项目验收和成绩评定。

在贯穿项目展开的同时，教师还用大量单项项目或许多小的任务配合大量案例，训练各单项能力(能力点)，并学习课本内外系统的应用知识、定量计算和相关理论。

用“综合项目的完成效果”考核学员的综合能力，用单项项目进行单项能力的考核，用试卷考核学生的知识、理论和计算，这就是全面考核、综合评价。

这种模式的特点：学员完成一个大型综合复杂实用的项目，体会解决问题的全过程，训练完成该项目的实际综合能力，承担项目成败的后果，理解其中的概念和知识、学习相关

的理论和计算。由于有大的贯穿项目，各子项目与各能力点主要是大的贯穿项目分解的结果，所以，各子项目和任务之间是有机配合的、任务是"彼此相关、系统的"。项目内容覆盖全课的所有主要能力点和知识点，课程重点考核学员能力(综合能力和单项能力)和系统的知识理论，课程突出德育和能力目标。知识要考核，还有过程和结果都要考核，所以这种课程模式的考核要求是：突出德育和能力目标的考核，全面考核、综合评价。

这是当前比较先进的课程整体设计模式，每位教师都应当掌握这种课程模式。其问题是，学习用的项目与考核用的项目是同一个，难以考核学生独立完成项目的能力和水平。

5. 双线并行贯穿项目的模式

这种模式的课中，至少有两个大型综合贯穿项目。教师带领学生在课上完成综合贯穿项目 A，学生课外独立完成综合贯穿项目 B。以项目 A 和 B 作为课程内容的主要载体，在完成项目的同时，训练能力、学习知识、养成职业道德和职业素质。采用双线并行的贯穿项目的目的是将学习用项目与考核用项目分离，运用课上项目 A 中学到的知识和能力，让学生在课外基本上独立完成项目 B，从而确认学员的能力和知识是成功迁移的。

在完成综合项目，训练学员综合能力的同时，配合以小项目和任务，以及游戏等课堂活动，深入训练各单项能力(能力点)，同时完成系统知识理论的学习。每个任务完成之后，每个内容的单元结束之后，整个课程结束之后，都要有知识理论的直观系统总结。学生在做的过程中，使用的知识可能是不系统的，但最后学到的知识必须是系统的。

考核：以项目 B 或另外的项目 C 的实施效果为重点，考核学员的综合能力，用小项目任务考核学员的单项能力。用出勤、作业、项目的阶段成果等进行过程考核，用笔试考核学员的知识理论水平，用学员在项目工作中的表现考核其德育水平(参见第 8.9 节第 9 项)。再参考学员在岗位工作中的应用成绩、业绩，考核学员的应用能力，这就是全面考核、综合评价。

这种模式的课程设计以学员的职业道德职业素质、"可迁移的综合能力"和"系统的可迁移的应用知识"为课程教学的主要目标。

上述五种模式各有自己的特点，其中，模式 1 和 2 不能满足应用型课程的目标，是当前教改的对象。但是，这两种模式可以作为后面几种模式的补充手段，以更好地完成知识和能力点学习的目标。模式 3 用了大量小型项目，虽然训练了综合能力，但是由于项目的规模太小而效果受到限制。模式 4 和模式 5 用大型贯穿项目贯穿全课解决了项目的规模问题。特别是模式 5 采用了双线并行的结构，很好地解决了教学项目与考核项目分离的问题，是当前课程整体结构中较好的一种。

在近年来的教学实践中大家又发现了第 4 和第 5 种模式的不足，最主要的问题就是贯穿项目本身太大、太复杂、起点太高，尤其一开始，学生很难把握。刚上课，学生还有兴趣，但是项目工作涉及的复杂细致的内容不易理解，就学不会了。为了完成教学任务，教师只好要求学生机械地按照工作单操作。学生没有理解也没有兴趣，学习过程缺乏兴趣和主动性。

怎样解决大型项目学习过程中的这个问题呢？研究发现，问题出在教师对大项目的"展开"环节，由此开发出了课程整体结构的第 6 种模式。这种结构模式很好地解决了大型复杂项目展开的方式问题，同时也让我们对“工”与“学”的关系有了更深刻的理解。

下面详细讨论这种新出现的课程模式。

6. “成长型”项目的模式

为提高学生的综合能力，需要在课程中展开几个大型综合复杂的项目。项目的“展开方式”是课程教学设计的关键。

习惯的项目展开方式是按照“功能模块”对项目进行分解。

例如电子技术课的综合项目中，一台实际扩音机可以粗略地分成两个大模块：放大器和电源，见图 7.2。

图 7.2　扩音机的两个部分

从电路图上看，一个大项目分解为两个大的子项目，每个子项目又各分为 5 个任务，总共是 10 个任务，见图 7.3。

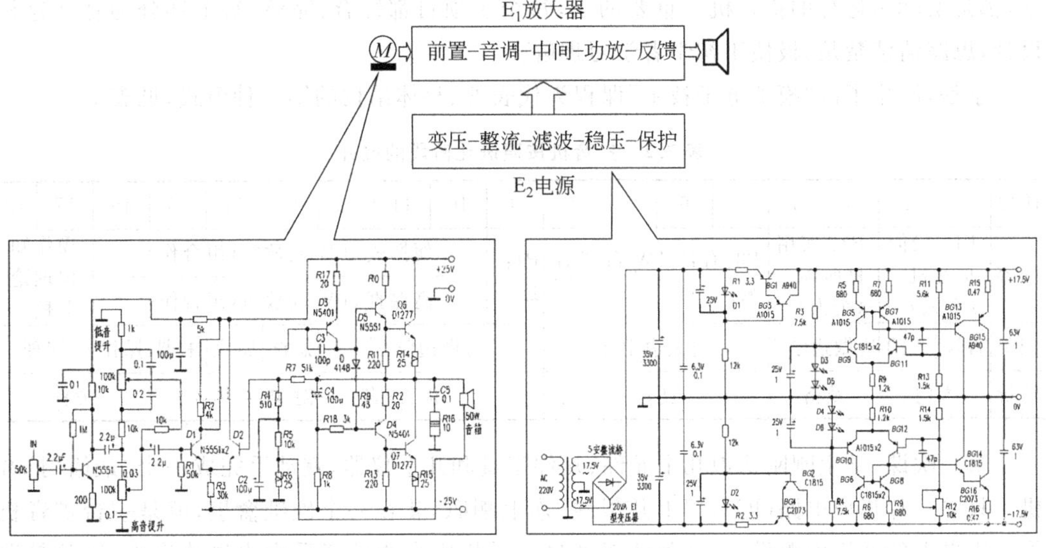

图 7.3　大项目的分解

在一个学期的教学中，这个大型贯穿项目按照上述子项目和任务逐一进行分解、展开，见表 7.1。

表 7.1 扩音按照功能块的展开

阶段	1	2	3	4	5	6	7	8	9	10	11	12	13	14	15	16	17	18
内容	首课 项目概述 元件识别 仪器使用 原理简介				分 5 步(功能块) 拼装成电源 学原理 学计算					分 5 步(功能块) 拼装成放大器 学原理 学计算					总装 调试 展示 验收 末课		知识 理论 考核 课程评价	

大项目按“功能块”或“工作环节”分解存在的问题如下。

学生一上手就面对复杂的实际工作，一个成型的工业产品——大功率高保真扩音机，这样复杂高级的项目与学生当前水平不接轨。对学生来说，工作的起点太高，过于复杂。每个功能块为什么要这样设计？它是怎么来的？学生不理解，不会做。因为涉及过多技术细节，学生完全没有基础，教师也无法解释明白。同时，项目与课本内容不接轨，学生上课听不懂，下课没依据。结果迫使教师去买“套件”，学生按照“套件说明”亦步亦趋被动操作，死记结果，直到工作完成，也没弄明白“为什么”，整体上无法实施“边做边学”。学生仍然被动，教师难以启发。

换一种课程的设计思路，按照“工作的进化阶段”，重新划分子项目。即从“简单完整”的最小项目(最简扩音机)开始，逐步提升“功能需求”(所有部件，含放大器、电源)。学生接触的第一个子项目最简单但却完整，各项功能齐备，有电源、有放大器，所谓“麻雀虽小，五脏俱全”，然后根据实际需要，考虑各功能块同时进化。这样按“进化阶段”划分“子项目”，最后完成复杂完整的“Hi-Fi 大功率扩音机”。每个子项目都结构完整、功能齐全、相对独立，都是实际可运行的扩音机。重要的是，每个子项目都综合、完整，每个部分为什么这样设计，思路清清楚楚，极便于初学者学习理解。

于是，诞生了以“模拟电子技术”课程为代表的、整体结构的第 6 种模式，见表 7.2。

表 7.2 扩音机按照进化阶段的展开

阶段	1	2	3	4	5	6	7	8	9	10	11	12	13	14	15	16	17	18
内容	P1：最简扩音机(个人)		P2：实用助听器(个人)		P3：有源 1W 台式音响(个人)				P4：选一	便携式 10W 功放机(组合作) 高保真 50W 功放机(组合作)							操作知识理论考核	
归类	首课	入门	边做边学 1		边做边学 2					边做边学 3			总调	验收	末课	操作	知理	
评价	入门		及格		良好					优秀(自 学、创 新)							考核	

第一次课，学生刚刚认识几个元件、几件工具和几个仪器，就动手完成一个“最简”扩音机。只要一片集成电路(IC)，焊上几根线，连上喇叭，装在一个硬纸盒里，就是一台扩音机了。用桌上的通用电源供电，立刻就能把自己手机中喜欢的音乐大声播放出来，这就是课程项目 P1。课程后面的内容，不过是把该集成块中的各个功能部件进行变化和发展而已。学生第一堂课就能做出这样一台扩音机，对他们当然是个极大的惊喜和鼓舞，于是就奠定了整个课程教学的兴趣和内在的动力基础。

接下来两周的项目 P2 是一台电池供电的微型助听器，本质上当然也是一台扩音机。这台机器的要求是体积小、重量轻、音质好。应当使用什么样的线路？什么样的电池？什么样的外壳？在完成 P1 的基础上，教师先给出多个案例，再让学生充分发挥自己的想象力，最终每个人做出的结果都不同。能够完成项目 P2 就达到了及格标准。

下面用 4 周时间完成的项目 P3 是一台输出功率中等的台式音响，需要使用交流整流稳压电源，功率放大器也可以在甲类和乙类之间选择。结合用户对产品的需求，学生要根据大量资料自己动脑筋设计线路、设计外壳、制作电路、调试并写出说明书。这个项目完成后，就达到了良好标准。

最后 8 周完成的项目 P4 是二选一的提高项目。一个可选的项目是便携式(例如广场舞用)的功放，另一个可选的项目是高保真的大功率家用功放。学生分组，每组选择一个自己感兴趣的项目完成。这个项目主要是培养学生的自学能力、创新能力和协作能力。学生自己调研各种扩音机，决定自己的扩音机要增加什么功能，每成功增加一个功能，成绩都加分。

每个项目都要求学生尽可能完成全过程，不能只有焊接。凡是能自己动手做的部分(包括电路板、外壳，甚至部分测量工具)，一律自己动手做，绝不采用“套件”。

随着项目的进展，边做边学课本。把课程中所有的知识理论计算和通识教育的内容渗透到项目工作过程中，教师最后给出高水平的知识理论总结。这些知识和理论必须尽可能用到项目中。例如，扩音机分成哪几个部分？每个部分的放大倍数和其他重要参数应当如何计算？设计一个新的电子设备，大致如何估算每个功能单元的放大倍数？教师应当根据班上学生的实际情况和电子技术课程的要求，制定知识理论计算内容的考核标准，引导学生更多地掌握相关的知识理论和计算内容。

教师设计项目的原则：零起点、小步快进、丰富情境，渗透必要理论、定量计算和外语、通识的内容，尽可能设计多个项目，让学生有选择、有自学、有创新的空间。在完成真实工作的基础上，学生通过出错、通过对比进行真正的学习，不是通过灌输、背诵进行“假的”学习。使用需求产生功能需求，实现新功能出现问题，问题驱动学习，这样展开的项目，学生才有充实的内在动力，做的才是真实的事情，得到的才是真实的结果，学到的才是真实的本领。这样的课程，学生及格不难，但得高分不易。

所有项目的成果在期末进行公开展示，师生共同按照预先公布的项目标准进行验收。期末进行两项测试，一项是知识理论(可以包括专业外语)的笔试考核，另一项是每个人单独通过的操作考核。所有的成绩按照预定的比例进行综合评价，项目(特别是 P4)的技术指标在课程总成绩中应当占重要比例。

总体来说，第 6 种课程结构模式的特点就是全课由相继完成的若干个项目组成。在这一点上，与模式 3 相似。但模式 3 中的若干个项目彼此可以无关，而模式 6 中的这若干个项目必须具有“成长发育”关系。

仍以模拟电子技术课为例，如果选择在内容上相互无关的 6 个小项目(手机充电器、整流电源、电子玩具、电子琴、调试用振荡源、台式扩音机)作为课程项目，这就是第 3 种模式。这些小项目之间只有难度上的差异，没有内容(功能)上的“成长发育”关系。但是如果按照上面介绍的，选用 4 个内容密切相关“不断成长”的小项目：①最简扩音机(极简入门)。

②电池供电的微型助听器(简单实用)。③交流供电小功率台式音响(较难)。④充电式大功率户外音响(最复杂完整、需要自学创新)作为课程项目,这就成为第6种模式。

第6种模式的整个学习过程从一个“种子”项目开始,这个种子项目可以看作“完整但最简”的项目。通过满足不断增长的客观需求:①电源从普通干电池,到交流整流电源,再到可充电电池供电。②扩音部分从毫瓦级输出,到瓦级输出,再到百瓦级输出。③外形从口袋装的微型,到台式,再到拉杆箱滚轮式。这个种子项目的各个组成部分不断发展变化,从一个微小型项目,“生长成”一个中型项目,最后“成长”为一个大型综合项目。通过这个成长过程,我们看到的是新产品的实际开发过程,同时也是认知的实际发展过程。在这个过程中,项目中的每个部分为什么是这样的,是怎样发展过来的,都清清楚楚。学习过程中,学生动力足、思路清、效果好。

许多课程的项目都可以按照第6种模式设计。例如“单片机技术”课,先设计一个单片机的最简模型,然后根据情境设计、用户的要求不断提升,其几个重要部件陆续进化,分别形成几个复杂度逐渐提升的综合完整的产品。

第6种模式的重要性在于学生的学习(认知)过程与产品的开发(设计和创新)过程相统一。学生可以直观地体会到一个产品为什么要这样设计,体会到一个复杂产品的发展历史。谈到启发式教学,这对学生是最重要、最直观的启发过程。而按照“功能块”展开的项目,仅与项目的“装配、生产”过程统一,与学生的“认知过程”并不一致,所以按照这种模式展开的项目难以学习。近年来,有越来越多的教师开始采用这种模式来设计自己的课程项目。

第6种模式就是“多重循环”思想在课程整体结构中的一个具体表现(参见第7.4节)。

纵观上述六种模式可以看出,项目和任务的设计是课程设计的关键。这6种模式不是孤立的,实际的课程设计可以将其中的几种组合起来。例如,以第四(或五、六)种模式为主,再配合第一、二(或三)种模式。这都是很实用的搭配设计。

下面用表7.3列出上述6种课程整体结构模式,从中可以进行不同模式的比较。

表7.3 6种课程整体结构模式比较

<table>
<tr><th>阶段
6种课程</th><th>1</th><th>2</th><th>3</th><th>4</th><th>5</th><th>6</th><th>7</th><th>8</th><th>9</th><th>10</th><th>11</th><th>12</th><th>13</th><th>14</th><th>15</th><th>16</th><th>17</th><th>18</th></tr>
<tr><td>一</td><td colspan="18">知识点1,知识点2……知识点N</td></tr>
<tr><td>二</td><td colspan="16">能力点1,能力点2……能力点N</td><td colspan="2" rowspan="5">操作
知识
理论
考核
课程考核</td></tr>
<tr><td>三</td><td colspan="16">小项目1,小项目2……小项目N</td></tr>
<tr><td>四</td><td colspan="13">大型贯穿项目:功能块1,功能块2……功能块N</td><td>拼装</td><td colspan="2" rowspan="3">总装;
调试;
演示;
验收</td></tr>
<tr><td>五</td><td colspan="13">双大型贯穿项目:功能块1,功能块2……功能块N</td><td>拼装</td></tr>
<tr><td>六</td><td colspan="14">多个完整的发展进化项目:最简子项目1,进化子项目2……复杂子项目N</td></tr>
</table>

这就是到目前为止大家在课程改革过程中设计出来的6种课程整体结构模式。当然,并不是说只有这6种模式,今后还会有更新的课程模式被创造出来。例如,对于技术水平要求较高的应用型课程(应用型本科、应用型硕士、产学研密切结合的课)参考课程单元设计的第5种模式(参见第7.3节),可否设计出第7种整体结构的模式?新模式总的思路就是在符合学生认知规律、保持学生持久学习兴趣和动力、不降低专业操作能力的前提下,有

效增加课程中“知识、理论、设计、创新”工作的比重，着力提升学生知识理论学习和创新的能力和水平，并与课程的项目操作紧密结合展开。

就课程的结构而言，从课程的整体结构到单元结构之间，还存在一个“大单元”（通常就是“子项目”），形成了“整体—大单元—单元”的三个层次。

大单元的设计首先要合格，其合格的标准如下。

(1) 任务驱动，不是逻辑驱动。

(2) 边做边学，不是先学后做。尽可能不设单纯的“讲授”单元，特别是在大单元的一开始。

(3) 完整工作的多重循环，或采用“成长发育型”的多个项目任务。由浅入深、由简单到复杂、由示范到独立，小步快进，将理论、计算、外语、素质要求和通识教育的内容渗透到工作环节。每个工作阶段之后，教师都要引导学生进行高水平的知识、理论总结。

将每个大单元分成几个小单元，接下来按照单元设计的标准进行设计、演示和点评，见图 7.4。

第7单元/3

周次	1～4周				5～6周		7～10周				11～14周		15～16周	
	宁职院4[illegible]学楼（多层建筑）施工放线													
	轴线定位				细部尺寸确定		高程传递				垂直度控制		变形观测	
演示项目	控制点的选点和埋石	编制放线方案	进行轴线定位	校核轴线定位	细部尺寸确定	细部尺寸校核	高程传递点的选点和做标记	编制高程传递方案	进行高程传递	高程传递校核	垂直度控制点的设置	进行垂直度控制测量	变形观测点的选点	进行变形观测
项目考核	轴线定位精度和放线时间				细部尺寸确定精度和放线时		高程传递精度和放线时间				垂直度控制精度和放线时间		变形观测精度和放线时间	

图 7.4　整体—大单元—单元

一次课（一个单元）是整个课程的一个“细胞”、一个有机组成部分。单元设计的好坏直接决定了课程实施的质量和效率，而课程单元设计中最大的阻力来自教师的传统教学观念和传统教学习惯。

课程单元设计的核心工作是设计课程的实施步骤，教师的专业水平、教学水平都反映在自己的课程设计上。

7.3　课程单元设计的5种模式

单元设计就是一次课的设计，一次课是指时间上连在一起的课（参见第 5.2 节）。课程单元设计有以下五种模式。

1. 不合格单元（只学不做）模式

对于应用型院校而言，没有能力目标，单纯的“知识理论”课，完全不符合未来职业岗位需求，是教学改革的首要对象。不合格单元见图 7.5。

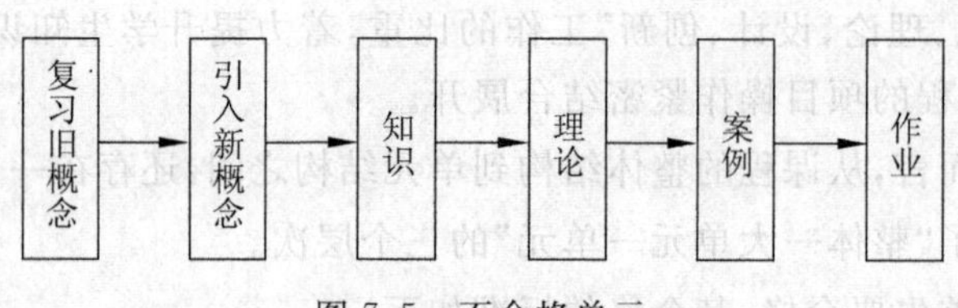

图 7.5 不合格单元

2. 低水平单元(学做分离)模式

通常是先学后练、先讲后做,其特点是课程效率很低。在教师讲解时,学生不知道自己要做什么,是无目标的盲目积累;学生动手做时,又把教师刚才讲的东西忘得一干二净。低水平单元见图 7.6。

3. 合格单元(边做边学、多重循环)模式

突出能力目标的项目课程。合格单元见图 7.7。

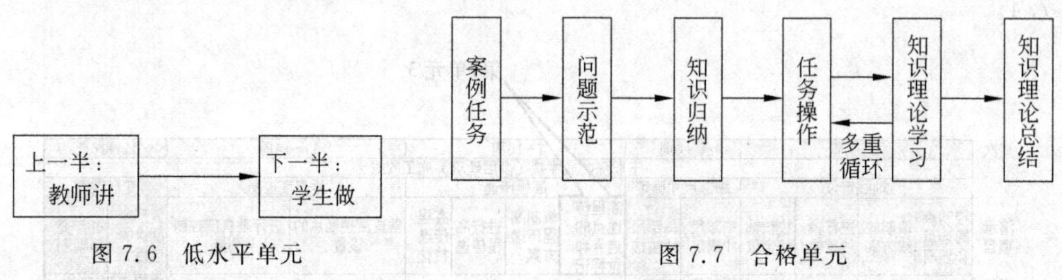

图 7.6 低水平单元　　图 7.7 合格单元

这就是问题—示范—多重循环的课程模式。根据自己的教学条件,把这种模式充实展开,就是下面的良好单元模式。

4. 良好单元(问题—示范—多重循环—考核)模式

良好单元见图 7.8。

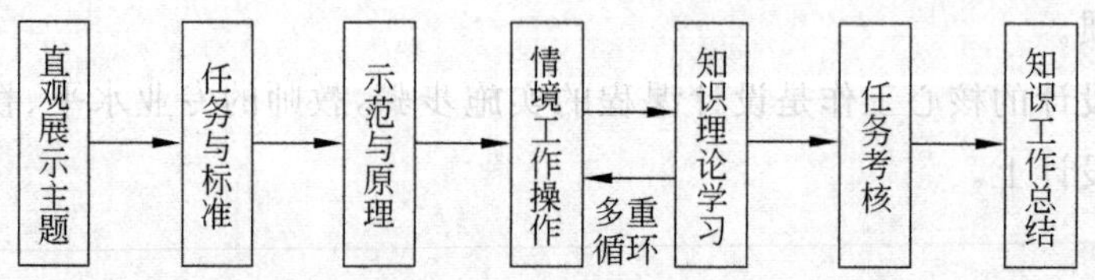

图 7.8 良好单元

这种课程模式有以下几个特点。

(1) 设计许多精彩、有趣的任务,覆盖全课。学、做的内容丰富、信息充实。精心设计任务的顺序:由近及远、由浅入深、由简单到复杂、由具体到抽象、由模仿到独立。每个任务都是相对完整的工作,可以有所侧重,但不能仅是“环节”。任务不要只做一次,要多重循环。

(2) 真做真学。允许出错,善于运用出错和对比进行学习。

(3) 将“所学”渗透于“所做”。在“学”的环节采用对此有效的教学法,精心设计“做”与

"学"的转换节点，让学生通过"做"来学，不是仅通过"听"来学。

(4)"学""考"任务分离。

对于做和学的内容相对简单的课程单元，上述模式很适用。但是，这种单元模式要求教师在一次课中同时照顾三类目标(德育目标、能力目标和知识理论目标)，而项目任务的操作往往要耗费许多课时，要求教师在一次课内，让三类目标同时展开并且都要高效达到，这是很不容易做到的事情。所以，我们必须根据课程的不同内容，设计出丰富多彩的各种课程单元教学模式。

5. 展开式双单元(工学展开紧密结合)模式

设计相互衔接、紧密相关的两个课程单元。第一单元以项目任务为主要载体，采用边做边学为主的教学模式，以达到做事能力为主要目标，并通过操作的成败对比引出知识理论的必要性。第二单元力争突破单一具体任务的局限，通过多个案例任务的对比，以(一般)知识理论(计算)的学习为主要目标，采用以个人反思、集体讨论、师生分析讲授、个人(小组)总结为主的方式进行教学，主要达到改进思维的能力目标。

这样紧密相关的两个单元必须同时进行设计，单元内容和教学方法都要彼此照顾，绝不可以设计两个相互无关的单元，一个只做，一个只学。

第一，两个单元的顺序不能颠倒。如果改成先学知识理论、然后动手操作，就成了"学做分离，先学后做"(不合格)的单元模式。

第二，在头一个单元中，针对该任务所有的操作，教师都必须时刻关注相关的知识理论，始终渗透知识理论内容(不断提示：技术上应当怎样做，不应当怎样做，为什么)，不能脱离了知识理论的指导，只是按照工作单上的步骤操作。也就是说，在整个操作过程中，教师必须对所有操作中用到的知识理论和问题，有意识地强调出来，指出其结论及其用法(因为来不及全面展开)，为下一步学生的深入学习"留出接口"。从这个角度看，知识理论为项目服务，同时项目任务也为知识理论的进一步深入学习准备了内在动机。第一单元的最后环节应当是学生进行本次项目任务的工作小结，其中知识理论的详细内容一定要突出强调出来，要求学生课外自己先学习，这是提高学生自学能力的重要环节。在第一单元中，知识理论是围绕项目任务用到哪里先学到哪里，主要是为项目任务服务的。

第三，第二单元绝不能脱离上次课的项目任务操作，单纯进行课本知识理论的学习，而是首先必须回顾上次的工作任务(过程、成败、经验教训、问题)，特别是用到的知识理论，然后通过学生汇报课外自学成果、相互讨论，教师最后进行讲授分析，大家一起总结提高。第二单元的最后，知识理论本身一定是相对完整和系统的，这就为下一步知识理论对具体工作的指导和项目的改进创新打好了基础。

在第二单元中，除了上述对工作过程的分析展开之外，还可以根据知识理论学习的需要，增加"对比操作"环节、"实验验证"环节和"创新、设计和实现"环节。也就是说，对于知识理论学习而言，除了采用过去知识教学中所有有效的教学手段和方法之外，还必须有目标明确的项目和任务背景，不能仅停留在口头语言教学上。两个单元的主要教学内容大致如下所示。

(1) 第一单元

直观展示主题—明确任务与问题—教师示范、学原理—多任务、做学多重循环—考核—工作总结—知识理论标题总结—明确自学主题。

(2) 第二单元

回忆上次项目任务的情境—任务—实物—拆卸—结构—运作—效果 1—变化结构或变化运作—效果 2—通过效果的对比学习一般原理—课程和知识系统总结提升—作业(结合项目任务的习题)—下课。

在这个模式中,不仅进行了能力的训练,而且同样注重了系统的间接知识的学习,这是该模式的重要特点。

第二单元的教学模式还可以不断充实,展开如下。

回忆上次项目任务的情境任务—工作内容—规范操作—效果 1—变化结构或变化(变形、错误)操作—效果 2—效果对比—学习一般性原理、理论、计算—设计实验对新知识理论进行验证—对项目任务进行新的设计或新的操作—观察效果 3—验证理论和计算—知识理论的系统总结提升—巩固记忆—作业(结合项目任务和知识理论总结的习题)—下课。

展开式双单元课程设计的理念可以用图 7.9 表示。

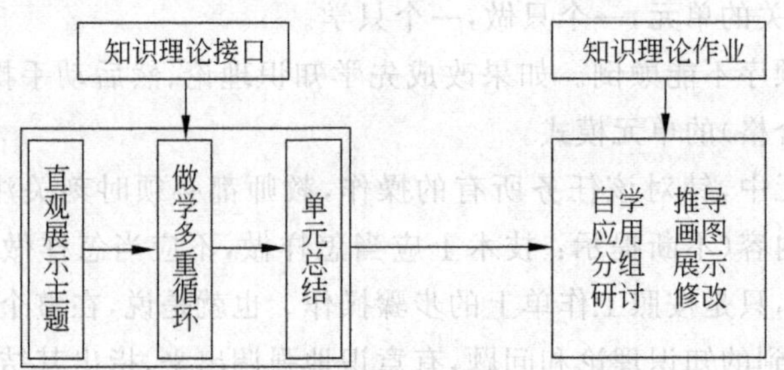

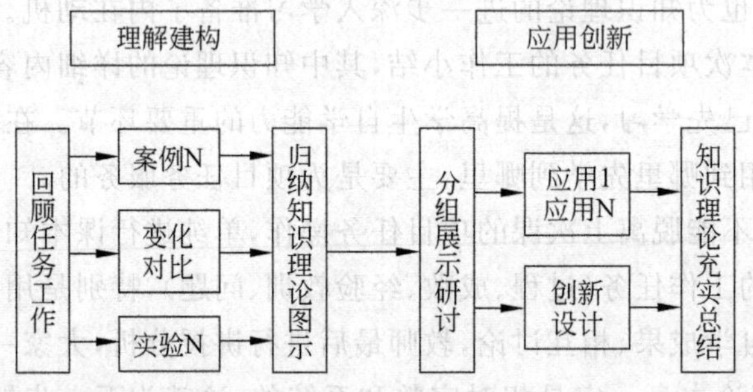

图 7.9 展开式双单元

实践的认识论(参见第 18.8 节)认为,一个完整的认知过程应当包括“从实践到理论”(任务引出问题,问题驱动学习和创新)和“从理论到实践”(知识指导实践,理论改进任务和创新)的两个子过程。这样的展开式双单元教学模式不但重视了操作能力的训练,还把系统的间接知识(理论)的学习提到同等重要的位置。最后,还把这些间接知识和一般原理创造性地应用于工作实践，应用于新的操作、新的设计，体现了理论对实践的指导作用。这才完成了认知的完整过程，体现了现代项目教学法的基本要求(参见第 8.10 节)。

上述两个单元在实施时，无论是以项目操作能力的训练为主，还是以思维能力训练为主，都采用现代项目教学法，不能只用传统的讲授法。所以，教师必须能够设计两类不同性质的项目，力图实现行动导向的教学，必须贯彻项目教学的基本原则：注意师生的互动(演示、提问、讨论、点评)、以学生为主体。特别是第二个单元，绝不可以返回传统的教师垄断课堂，从头到尾进行知识的讲授灌输、记课本背结论的低效错误方式。总之，无论是第一单元还是第二单元，都要求学生成为主体，学生要充分动手动脑，操作起来、行动起来，完成任务。第一单元完成的是专业工作任务，第二单元完成的则是理论学习任务，两个单元合起来，就是要完成"工学结合"的两类任务。项目课程的所有原则，对于第一、第二单元教学都同样有效。所以对第二单元教学，除了"知识理论目标"之外，教师还必须提出"能力目标"。这次重点不是关于项目任务的工作能力，而是关于学习思维的能力目标：观察能力、自学能力、分析能力、综合能力、画图能力、计算能力、表达能力、交流能力、辩论能力、合作能力、设计能力、反思能力、感悟能力、评价能力、初级抽象思维能力、想象能力、直观思维能力、逻辑思维能力、创新能力等。对于较高层次的学生(应用型本科生、硕士生和博士生)还应列入自我学习与自我激励能力、数学的应用能力、外语的应用能力、理论的研究能力、高级抽象思维能力、高级直观思维能力、灵感思维能力、批判思维能力、进行定性研究定量研究和质的研究(参见第 7.4 节)的能力、提出假说能力、设计并实施实验对某个论断进行证实或证伪的能力、理论的建构和创新能力、论文的写作能力、项目的分析与建构能力、项目设计与策划能力、管理思维能力、文理交融能力、通识学习的能力等能力目标。教师要将所有这些重要能力牢固地建立在应用和操作的基础上，教师要把所有这些能力目标(不仅是专业技能)作为单元教学的极其重要的目标，努力争取在教学中实现。

上述几种较高水平的单元教学模式，都是从任务的社会(经济)背景和操作出发，先进行规范的操作训练，培训岗位操作能力；然后"从一到二""从二到多"，从正确到出错再到正确，从个别到一般，通过异同、成败、正误、优劣的对比，引导学生先自主进行知识、原理和计算的自学，后由教师和班级一起对知识理论进行深入学习研讨并巩固记忆应用；最后，课程内容从能力训练、知识理论学习进入一般原理和知识理论的应用与工作的创新。

还有一个极其重要的原则就是，不论在德育类、文化类还是在专业类的课程中，都要把知识理论与学生的工作与日常生活表现紧密结合起来。在所有的专业课程教学中，在上述第一和第二单元的教学中，也要把学生的德育(素质)目标提上教学日程。所谓德育(素质)目标，是指职业道德、职业素质在工作过程、学习过程中的体现(参见第 8.9 节)。工作过程中必须尊重客观规律，不能主观臆断，不能为私利损害工作，不能篡改数据，不能侵犯他人知识产权。学习和研究过程中必须实事求是、坚持真理，不能为私利弄虚作假等。总之，在学生的生活、工作和学习过程中，都要关注"怎样做事、怎样做人"的问题。其中的"做事"主要是指专业工作能力与知识理论，"做人"则是指道德表现和行为习惯，这就是所谓的人的"素质"或"素养"。所谓"只教书不育人"，就是说教师的课程中只有知识理论目标、只有能力目标，而不管学生的道德和素质。传统的德育(素质)课程有个重要的缺陷就是只重视关于素质和道德理论知识的传授，没有重视学生在生活、工作和学习过程中一言一行的道德素质的实际表现。项目课程中有非常具体的(项目)工作要做，学生在改造客观世界的同时，改造主观世界；在学会做事的同时，学习做人；在纠正不良习惯的同时养成良好习惯、形成良好性格，同时学习德育的相关知识理论，建立正确的三观(世界观、人生观、价值观)。这样的德育(素质)教育自然可以达到较好的效果。

可以看出，现代项目教学法充分发挥了项目在教学中的各种承载能力，主动吸取了以前各种教学法中的有益经验，无论在能力的训练、知识理论的学习，还是在良好人格素养的养成方面，与传统教学模式相比，都要先进和有效得多(参见第 8.10 节)。

这些单元教学模式，在应用型课程(传统的项目教学法)教学模式的基础上吸取了传统院校知识教学的积极内容，为过去脱离实践的间接知识教学奠定了实践基础，将两种教学的优势有效地结合起来。这些原则和思路不但适用于课程的单元教学，当然也适用于课程的整体教学，或整体中一部分内容的教学。

建议教师走出自己习惯的"舒适区"(参见第 18.12 节，刻意练习)，把自己的课按照上述模式再考虑一遍，以拓展自己的课程设计思路。显然，这些先进的课程模式也可以供普通(研究型)高校和基础教育的课程教学参考。

上面介绍了合格、良好课程单元的要求和特点。那么，一堂优秀课应当是什么样的？显然，优秀课程必须先具备良好的结构，采用上述较好的结构模式，采用先进的引导方法，便于学生进行动力充足的高效率学习。同时在课程的内容上应当满足以下更高的要求。

(1) 渗透外语学习的要求。

(2) 渗透知识、理论、计算内容。

(3) 渗透职业道德、职业素质要求。在所有课程，特别是专业课程中，贯彻教书育人的要求。

(4) 渗透企业(企业标准、企业意识、企业文化)要素。

(5) 落实素质教育要求到所有课程，特别是专业课程中。

(6) 渗透社会、经济和专业技术历史、方法论、哲学的内容。

(7) 渗透自学和创新要求。

(8) 渗透职业核心能力要求(参见附录 E)。

(9) 渗透人文和通识教育内容。

课程设计与实施的水平，就是教师自身水平的直接展示。要设计和实施优秀的课程，要求教师必须优秀，所以，教师应当高度重视自己观念的重大转变与能力的全面提升(参见第 16.2 节)。

7.4 多重循环

我们把一项具体工作(项目、任务)从头到尾(完成)的全过程叫作一个"循环"。从能力训练和知识获取的角度看，课程中(一门课或一次课)只进行项目或任务的一个循环往往是不够的。如果一次课中，从头到尾只有一个任务，教师一步一步讲解，带领学生一步一步完成这个任务。这样的课往往只有"正确内容"的陈述和练习，缺乏认知动力，学习效果较差。

教学实践表明，知识的由浅入深、能力的由低到高，都需要在多个不同工作的循环中，通过对比和反思逐步实现，这是认知过程的一个重要规律。所以，我们的课程设计应当遵循这个重要的认知规律，教师要在课程中设计多个项目任务的循环。这些项目和任务不是简单重复，而是经过精心设计，由浅入深、由易到难，循序渐进地逐步展开。例如，教师设计3个难度渐进的完整任务。第一个任务由教师边示范边讲解，第二个任务由学生独立操作学练，第三个任务由每个学生独立完成，用来考核。这样的设计就是多重循环。显然，多重循环的学习效果要比单一循环好得多。

如图7.10所示，按照该工作通常的实施顺序，一个大型项目包括3个相继完成的子项目（设计方案、操作实施、计算校验）。单一循环就是按照这个步骤展开。其特点是，每个步骤都是完整工作的一个局部，直到最后，学生才看到项目的全貌。这样对于认知学习很不利，因为只有胸怀全局，才能知道某个部分细节的由来。单一循环使学生在学习过程中不得不盲目跟从教师的进度，缺乏自己认知的内在动力。

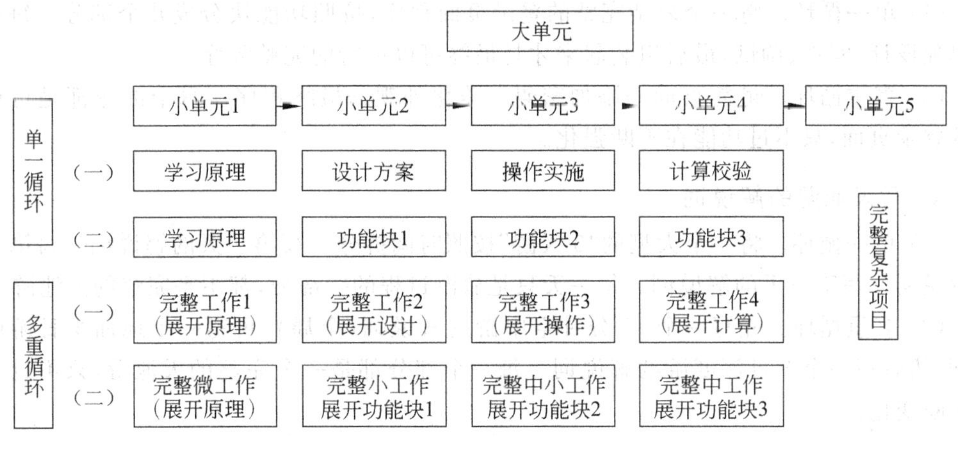

图7.10 项目的单一循环与多重循环

学生在完成项目任务过程中边做边学、真做真学。一个重要的原则就是，必须尽可能独立地完成多个完整的任务，通过正误对比、成败对比才能形成能力，只做一件事无法形成能力。所以，任务不能单一。课程任务的展开应当尽可能用"多重循环"的方式。多重循环是项目和任务学习的最佳展开方式，包括"最简模型生长法"和"成长型项目任务"（参见第7.2节第6种模式）。

"单一循环"往往对最终的实用项目按照"功能"分块建造、最后组装，贯穿整个学期（或一次课）。这种单一循环方式符合项目的"建造（生产）顺序"，但并不是最好的"学习顺序"。

下面是几个设计例，对同一项目（任务）分别设计单一循环与多重循环，通过对比理解其差异。

1. 计算机辅助建筑制图

单一循环。将一张大型复杂的建筑图按照图面（功能块）进行分解，每次完成一个部分，最终组装起来得到一个完整的建筑图。

多重循环。从教师示范开始，一张图中只画一方框，一门一窗。学生学、练，逐步增加门窗的数量，在此基础上再增加"樑"等其他部件。每次都设计成一个完整的建筑图，但复杂程度逐渐增加，最终形成大型完整的建筑图。

2．扩音机(参见第7.2节第6种模式)

(1) 单一循环。一台扩音机可以分成电源和放大器两个功能块。教师带领学生先做电源：变压—整流—滤波—稳压—保护—电源完成。再做放大器：前置—中间—功率—放大器完成。最后将两个部分组装起来，才是一台完整的扩音机。该设备可以用这样的顺序进行生产，但对于学生的初学，这并不是一个好的展开方式。

(2) 多重循环。最简扩音机—助听器—台式音响—大功率扩音机。每个小项目都是一台完整的扩音机，只不过复杂程度不同。让学生尽快接触全局、了解全局，知道一个复杂东西的进化过程，知道每个部分为什么设计成这样。

3．软件设计：登录页面

(1) 单一循环。将一个复杂完整的登录页面程序，按照功能块分成几个部分。每个部分单独设计、实现、调试，最后组装起来才是最终可以运行的完整程序。

(2) 多重循环。最简页面—添加密码—美化外观—最终程序。每个部分都是可以运转的登录页面，只不过功能在不断强化。

4．写天池游的解说词

(1) 单一循环。将一个大型的"3天游"按照时间拆分。写第一天的解说词—写第二天的解说词—写第三天的解说词。每一天只是旅游过程的一部分，都不是完整的天池游。

(2) 多重循环。先写一个15分钟空中游的解说词(全局)，再写一个地面半日游的解说词，然后写一个3日深度游的解说词。每一个部分都是一个完整的天池游，只不过深度在不断变化。

5．新娘化妆

(1) 单一循环。复杂的化妆过程分成5个步骤：打底—眉毛—眼睛—口鼻—面型，最后才完成一个完整的工作。第一单元学"打底"，第二单元学画眉，如此进行，每一个部分都不是完整的化妆。直到课程的最后，学生才能看到一个完整化妆的全过程。

(2) 多重循环。五次分别完成五个完整的化妆。只不过第一次重点强调打底，第二次重点强调眉毛，第三次重点强调眼睛，非本次的重点可以一带而过，但必须完成。学生每次都能体会本次重点内容在全局中的地位和作用。

6．绘画

(1) 单一循环。将画布分成若干大块，每次分别完成某一块的全部细部，最后拼成一个完整的画面。

(2) 多重循环。先在整体画布上画大轮廓—不断加细—着色。

显然，所有的实际画作都是按照多重循环方式完成的。

7．单片机控制的十字路口，4组共12个交通灯

将一件复杂的事情一次做完，复杂工作按照"组成环节"分步完成，每组灯都要考虑自

控和相关的联动控制，即使教师手把手，一步步搀扶着学生，学生还是很难理解。如果按照“控制复杂度”，把整个大工作按照技术难度分解成“功能渐进的多个完整工作”，逐步发展，情况就会好很多。先解决单片机对一个灯的控制问题，然后是 2 个灯、4 个灯、8 个灯，最后是 12 个灯。每个分解问题都是完整的工作，技术难度逐步递增，最终的任务就是实际任务，这就是多任务、多重循环。不要试图在复杂高难任务中进行直接“手把手”。

多重循环是不断照顾、调整局部与整体关系的工作方式，这是合理的工作方式，也是最合理的认知方式。把完整的项目(任务)按照“难度”分解(不是按照功能块分解)，从最简整体出发(不是从某个功能块出发)，根据改进的需要让功能逐步添加，每个循环都是完整工作，不是整体中的一个功能块，从“简单概括的全局”逐步发展到“细致完整的全局”。

课程整体、大单元、小单元中，所有的项目任务，全都可以按此种方式展开。

用抽象的语言来表述多重循环，就是：

三个项目 P1(最简)、P2(中间)和 P3(复杂)。其技术内容，P2 包含 P1，P3 包含 P2(是包含关系)。每个 P*i* 都是完整任务，都能单独“运转”，可以改变参数，观察其行为、功能以及各部分的作用。

多重循环的设计过程如下。

把最终复杂、真实的项目 P3 按照难度(不是按结构)进行分解，形成最简的项目 P1、进化的较复杂项目 P2、最终复杂项目 P3。按照 P1、P2 和 P3 的顺序在课堂上实施，这就是多重循环的展开方式。

也可以说，P1 是项目的最简模型。在外界对“功能”的要求不断提升下，项目不断“生长”。项目中，要素种类的增加、数量的扩充、工作步骤的扩充，是按照项目实际发展的需要进行的。可见，多重循环是事物发展历史过程的一个缩影。一项复杂工作按照这个过程在课堂上展开，最符合学生对新事物的认知规律。

多重循环(课程整体设计的第 6 种模式)的特点也可以如图 7.11 所示。

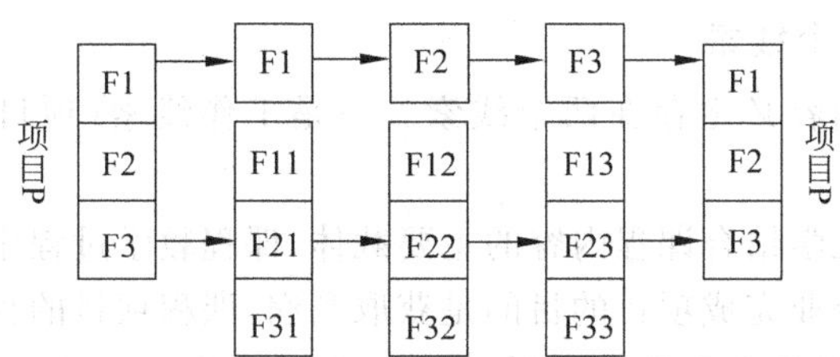

图 7.11　单一循环与多重循环的比较

一个项目 P 包含 3 个功能块(F1、F2、F3)。上课时如果按照图 7.11 中上面一行的方式展开(3 个功能块逐一实施)，就是“单一循环”。如果按照下面一行的方式(每次 3 个功能都完整，只是复杂程度有区别)展开，就是“多重循环”。

对于应用型课程而言，工作过程应该对应于认知过程，并为认知过程服务。多重循环还有一个重要的优点，就是在循环的过程中，基本操作和基本知识不断重复。这种“相同点重复”“相异点比较”的方式，非常有利于学生形成能力和真知。

从认知角度看，单一循环与多重循环是基于两种很不相同的认知模型进行的。

认知过程的大树模型。认知的大树模型认为，人的认知过程就像大树一样，在成长过程中，它的每个“要素(部件)”(根、干、枝、叶)并非一次完成，而是同步逐渐成长的。多重循环的“工作、学习过程”所体现的就是大树模型。每完成一个循环，人的知识(专业知识、专业基础知识、文化基础知识、外语知识等)、能力(综合能力、单项能力)、素质和对项目的认识都同步增长了一截，这也是生物胚胎发育过程的模型。认知过程是从小树到“中树”到“大树”，项目的展开过程与认知发展过程相同。

认知过程的大楼模型。认知的大楼模型认为，人的认知过程就像盖大楼一样，从地基开始，逐层向上，每个建筑要素都一次性完成。先学习所有的“地基”(例如文化基础课)，再学会所有的“墙壁”(例如专业基础课)，最后学习“屋顶”(例如专业课)。迄今为止，许多教师设计的课程项目还是按照这个方式展开，对学生的认知过程造成不小的障碍。所以，过度强调教学过程中“学习过程与岗位操作过程统一”，使学生的认知过程完全服从于工作过程，并不利于学生的学习。

从专业教学的全局看，专业课程体系的构造往往是“基础、专业基础、专业”模式，这是大楼模型，不是大树模型。其不合理之处非常明显，同样应当进行改造。

多重循环的设计过程通常如下：先找到工作的“全局”(结构、步骤、功能、工作对象)，设计一个“完整、真实”的项目，再将完整项目简化为“最简模型”，然后设计中间的渐变项目，最终组织成一个统一的多项目多重循环的工作过程和认知过程。

7.5 工学结合课程的基本模式

“工学结合”是应用型院校课程教学的基本原则。

探索工学结合类课程的特点，提高这类课程的教学质量和效率，对应用型院校课程教学改革具有重要的理论与实践意义。

1. 课程内容的两个线索

工学结合课程的内容必定存在两个线索。一是工作线索(项目任务)，二是学习线索(知识理论)。

项目(或任务)是工学结合课程内容的主要载体，课程教学过程中的项目不应是职业岗位工作的直接照搬。企业完成项目的目的是获取利润，课程项目的目的是训练能力和学习知识理论、养成良好职业道德和职业素质。所以课程教学项目是以企业岗位工作为背景，根据认知(能力训练、知识理论学习、素养养成)的需要进行改造过的一项具体的(专业)工作。项目的“工作线索”通常是课程内容的主要线索。在完成项目工作的同时，教师引导学生进行有效的能力训练和知识理论学习，在做事的同时养成良好的职业道德和职业素质，这就是课程内容的“学习线索”。工学结合的课程是以学生为主体、以教师为主导的教学。

从现代项目课程“实施过程”的角度看，“工作线索”是主要的驱动线索，工作引导着课程的前行。这时，“学习线索”是解决工作问题的手段和工具。但从课程“教学结果”的角度看，课程最后是以“道德素质、能力养成与知识的获得”为主要目标的，工作又成了学习的手段和工具。这就是课程教学“过程”与“结果”中，“工”与“学”两要素之间的复杂关系。如何把两条线索有机地结合起来，在课程中有效引导，使之频繁转换、相互促进，实现高效的“边做边学”，就成为教师进行课程教学设计的主要内容。两条线索按照不同方式配合起来，就形成不同的课程教学模式。

工学结合教学中存在四种逻辑：工作逻辑、知识逻辑、表述逻辑和认知逻辑。传统知识教学中，教师以知识逻辑为主导，运用表述逻辑展开教学，现代项目课程的开始阶段以工作逻辑为自己表述的主导逻辑，课程和项目的展开（表述逻辑）必须尊重初学者的认知逻辑。教师的课程设计则必须同时考虑所有这四个逻辑的特点和作用，使四者相互关联、相互促进。所以教师对所有这些逻辑都要熟练掌握，这样才能在教学过程中发挥高效的主导作用。

2. 多种课程结构模式

根据“工作线索”与“学习线索”的不同关系，可以形成以下多种不同的课程结构模式，见图 7.12。

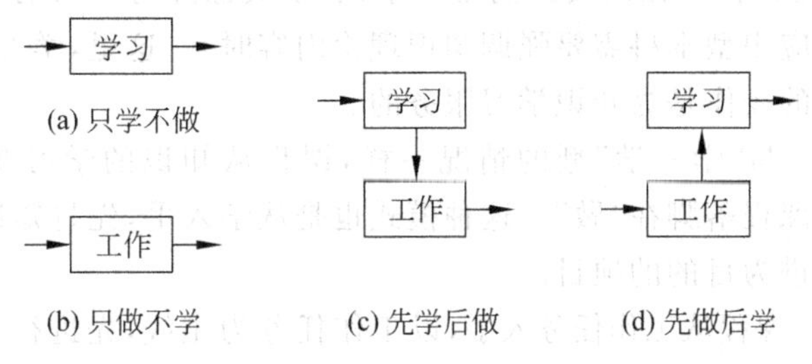

图 7.12　学做单一与学做分离的模式

(1)“学做单一”型

这种“学做单一”型包含以下两种情况。

①“只学不做”型。这是传统的知识体系传授的教学方式。单纯的知识理论学习，没有能力目标，没有（专业技术）能力的训练。

②“只做不学”型。这是传统的“工厂学徒”方式。单纯的工作、顶岗操作，没有系统知识理论的学习。

(2)“先学后做”型

该类型的教学分成两段，先进行系统的知识理论讲授学习，然后集中操作训练。学与做在时间上分离。

(3)“先做后学”型

这种类型的教学分成两段，先进行操作，后集中学习。

当前许多课程的单元设计或整体设计都选择了“先做后学”或“先学后做”的方式，但是这两种方式都有一个重要的缺陷，那就是“做”与“学”的截然分离。虽然从整体上看，有“做”也有“学”，但在具体实施时，两者是分离的，教学效率并不高。

所以，应当将课程设计成“边做边学”的方式，见图 7.13。

边做边学就是将课程中的工作（项目、任务）与学习（操作能力训练、知识学习、理论验证、画图计算以及职业素养养成等）都切分成若干个段落，根据工作的性质和学习的规律，在工作与学习两类操作中频繁转换，使工作与学习紧密结合起来。教师的主导作用和教学水平很大程度上就体现在这个设计中。

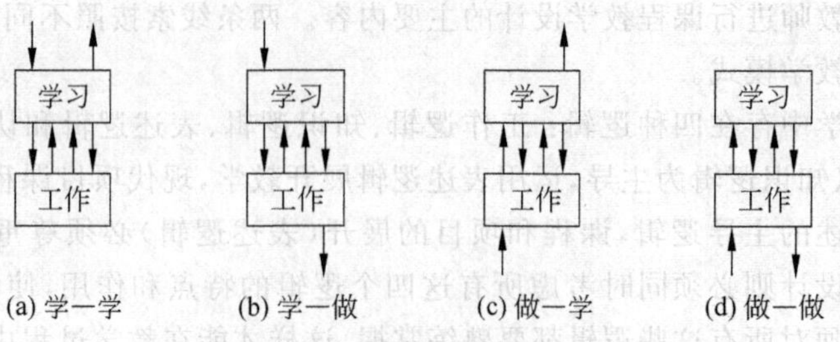

图 7.13　边做边学的四种类型

根据课程“入口”与“出口”的不同，边做边学的模式可以分为以下四种类型。

① “学—学”型。课程从“知识的学习”开始，然后进行项目任务的操作，再在学习和工作两者之间进行频繁转换，最后以“知识”的学习和总结结束。这种类型的教学适用于以知识学习为主线的课程(例如，在岗员工的集中培训，学员已经有丰富的实践经验，需要在知识理论上提升，或者应用型本科需要强调知识理论内容时)。这里，学习知识理论显然是课程的主要目的，任务的操作是为知识学习服务的。

② “学—做”型。与“学—学”型的情况一样，课程从知识的学习开始，在频繁转换之后，以“工作”结束。课程落脚在“做”。这种模式也是从学入手，先打知识基础，然后动手操作，适用于以产品改进为目的的项目。

③ “做—学”型。课程从工作任务入手，以工作任务为主线，先进行工作任务的布置，然后率领学生进行操作，对“不会”或“做错”的内容，进行高效学习，再转入任务的操作，最后落实到知识的高水平总结和系统化。采用这种模式时，学生可以是“零起点”的。教师应当熟练采用“示范、模仿”手段和其他“行动导向”的引导方法。这种模式是以“做”为主线的，最后落脚点是知识的总结提高和系统化，这是针对初学者比较好的一种应用型课程设计模式。

④ “做—做”型。课程从工作任务开始，边做边学。经过做与学多次反复转换，学生训练了能力，学会了知识。课程的最后阶段，学生在理论指导下再次动手实践，完成一个新的(复杂或创新)工作(设计)任务，这种模式比较适用于“创新型”和“开发设计型”的课程。

以上类型仅仅是一个大致的分类，实际课程中完全可以灵活地进行各种变化。例如，在课程的开头、结尾、中间分别插入其他必要的环节(案例、游戏、参观等)，还可以对上述各种课程模式进行选择、排列、组合和嵌套，于是就形成了众多的课程设计模式，使实际课程更加丰富多彩。

3. 工学过程的多重循环(参见第 7.4 节)

为了更好地完成课程教学目标(德育、能力、知识)，一般都要求课程中的“工作线索”与“学习线索”以“多重循环”的方式展开。

从多重循环的角度看，课程(整体或单元)中的多个项目任务，可以分为三种类型：引入型、重点学习型和总结型。

如图 7.14 所示，这是一个从“工作”开始、以“学习”结束的工学结合课程(整体设计或单元设计)。课程中的“工作”并不只是完成一件事情，而是分为三个大的“工—学”循环。

课程一般从“引入型”项目(任务)开始。这是一项注重趣味和全局的、相对简单完整的工作。学生从对此类工作一无所知，到逐步熟悉，就是从这里开始的。引入型项目任务的

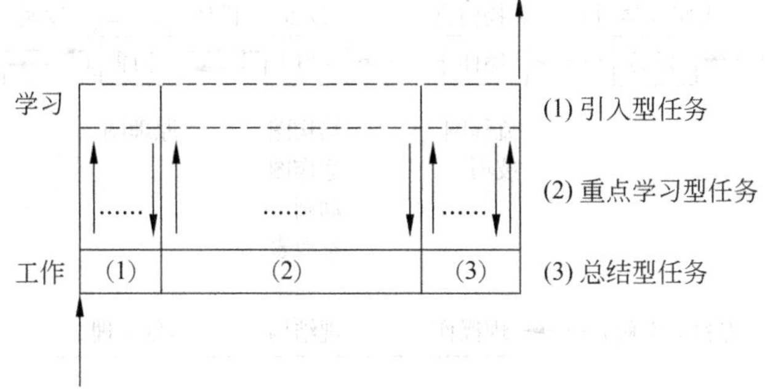

图 7.14 工学过程的多重循环

作用是激发学习兴趣、了解体验全局、尽快看到工作的效果。学生只要了解事情的主干、概况即可，并不要求了解工作的(技术)细节。这个部分中，教师可以更多地采用"示范—模仿"的教学方式。

课程教学的主要内容，是"重点学习型"(多个)项目(任务)。当学生的学习兴趣被激发起来之后，教师应当根据所设计的多种情境，逐一展开不同种类的多个新项目(任务)，或展开同一项目(任务)的多个不同情境，情境是项目的由来、环境和约束条件，情境用来引出项目和任务。课程教学项目的情境通常分为"正常、出错、紧急、意外和违规"等多种类型。在一个个新颖的情境中，让学生体验项目任务的变化，体验"工作"对自己能力和知识的需求。学生通过边做边学解决问题，完成项目(任务)，进行能力的训练、知识理论的学习和职业素养的养成教育。无论从时间上还是从内容上看，这个部分都是课程教学的主要部分。教师应当对这个部分教学内容的设计投入最大的精力，要设计足够多的项目任务，用来分类型覆盖课程的全部主要能力点和知识点。

课程的最后部分是"总结型"项目和任务。在完成了学习的主要内容之后，要对整个学习过程进行总结和考核。最后阶段的项目(任务)往往以游戏、竞赛等方式进行能力的考核、知识的总结、技巧的总结和工作的总结。

教师需要学会设计多个"逐步成长"的项目任务进行教学，而不是只用一个大型项目从头进行到尾(参见第 7.4 节，多重循环)。当然，为了配合课程中不同类型的项目任务，在相应的"学习线索"中也要设计不同的能力训练和知识学习内容。

4. 两类课程的学与创

应用型课程与学科型课程虽然都有"学习"与"创新"两种要素，但学习与创新的内容有所不同，实施的方式也有所不同。两种课程的教学模式存在很大差异。

图 7.15 是应用型课程与学科体系型课程的三种不同的教学方式，即应用型教学、学科型教学和创新型教学。

"学习"是指接纳现有的东西，"创新"是指创造现在还没有的东西。一般来说，有两类不同的学习方式：应用型学习(从左到右)、学科型学习(从右到左)；还有两类不同的创新方式：应用型创新(从左到右)和学科型创新(从右到左)。不同身份的人，对"学习"和"创新"的要求也不同。中职生、应用型专科生、应用型本科生更多地要求"学习能力"。技师、

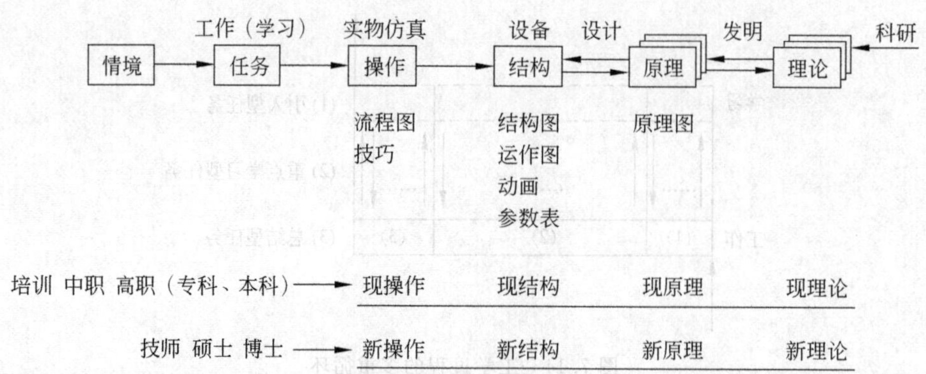

图 7.15 三种类型的教学(应用型教学、学科型教学和创新型教学)

高级技师、硕士、博士，除了学习能力之外，更多地要求"创新能力"。学习的内容也有差异：学科型以知识为主，应用型以能力为主。不同岗位还有"熟练操作"与"创造革新"的不同。

从图 7.15 中我们看出，如果我们把上述两种类型的课程打通，将两种教学方式综合起来，就能开发出一种崭新的课程教学模式。这种课程针对同一批学生，将上述两个方向都进行到底，让学生既学到系统完整的知识、理论，又学会全面的综合应用，培养出素质更好，能力更强，知识、理论更加全面，既能解决问题、会灵活应用，又能创新的学生。这应当是应用型专科学生、应用型本科学生与研究型高校学生未来的共同发展方向。

5. 人类高效学习的一般模式

从更一般的角度看，此处描述的工学结合教学过程可以看作人类一般认知过程的某个方面的代表或图示。人类最强大的认知(学习)动力来自外在的生存压力和内在的价值选择。有效的教育(激发生存动力、养成良好道德素质、训练熟练能力、学习系统知识理论)过程，必定包含两个线索：工作线索和学习线索。其中的工作线索应当出自学生切身感受到的生存压力和明确的个人选择。如果认为图 7.15 中的"工作"框代表了课程规定的(或学习者自己选定的)任何实践活动，那么学习过程应当配合这个工作(实践)过程，并在实践的过程中展开。任何全面有效的学习，都不应采用"学做分离"或"先学后做"的模式。在任何情况下，都应当取消漫无目的(没有内在兴趣和主动性)、低效的"单纯知识积累"环节，应采用建立在学生内在兴趣和动力之上的"边做边学"的现代项目教学模式。

人生有很大一部分时间，特别是宝贵的青少年时间，都在社会教育部门(学校)中进行学习。怎样提高这个学习过程的质量和效率，对个人和社会都具有重要的理论和实践意义。当前中国的学生，从小学到大学，大部分精力都放在了单纯的读书(间接知识的学习)上，基本上"只学不做"，把有效的实践环节的时间大大压缩或推到遥远的未来(就业以后)，漫长的在校学习过程严重脱离生活实践、社会实践和专业活动实践，即采用了"学做分离"的教学模式。实践反复证明，这种学习方式的效果很差，效率和质量很低，已经对我国广大青少年产生了巨大的恶劣影响(瞄准应试目标，强调知识传授，忽视能力训练与有效的德育教育，扼杀好奇心和主动性，使实践能力与创新能力严重不足)。

无论从德育(素质教育)为先的角度，还是从坚持能力为重的角度看，传统的知识本位、应试目标的教学都应当进行根本性的改革。实行工学结合的现代项目教学方式，就是进行这种改革的有效措施之一。

工学结合中的“工”可以做广义理解，即认为，不仅职业岗位上的专业实践操作是“工”，而且所有其他类型的动手、动脑的专业实践、社会实践等操作实践都是广义的“工”。那么，工学结合的教学方式就不仅对于应用型（职业）教育有效，而且对所有类型的教育都有效。工学结合原则所反映的，就不仅是（工科）课程教学的有效方式，而且是所有类型课程教学的有效方式。

工学结合的教学原则将学习者从信息的被动接受（个人的听、看、记、整理）地位转变为信息的主动应用（团队中的信息表达互动和解决问题）地位，转变为信息的主动生产（创新）地位；将“知识”从学习的“目的”转变为创造美好生活的工具，这更接近生活对人的本质要求。可见，工学结合的教学原则所反映的，是人类认知的根本规律、根本原则。所以，小学、中学、大学的课程教学均可从上述坚持德育和能力为重的、工学结合的“边做边学”的现代项目教学方式中吸取改革的灵感，设计适用于自己的项目任务，使学生在做中学，产生强大的内在的学习动力，在做事的过程中学会做人，更好地完成素质教育、能力训练和知识学习的教学目标。

如今，终身学习的理念已经深入人心。那么每个人如何才能使自己持续一生的学习更有效呢？根据本节的结论，首先，应尽可能避免单纯的“读书”（单纯的“学”，特别是在学校），也要避免单纯的“干活”（单纯的“做”，特别是在就业之后），两者都是“学做分离”的。应当尽可能采用本书推荐的“学用结合”“工学结合”“边做边学”“真做真学”等有效学习模式。其次，在边做边学的前提下，每个人都可以主动选择本节提到的那些认知活动模式（例如任务的多重循环），主动创造更有效的认知引导条件（例如寻找导师、看示范、选择“引导”的书本资料、寻找适宜的项目任务等），边做边学，在训练能力的同时，高效学习知识理论；在完成项目任务的同时，注意自己道德素质的养成，从而达到高效认知的目的。

从以上结论可以看出，应用型（职业）教育课程教学改革的深入，不但提升了应用型（职教）院校的教学水平，而且对一般教育和认知哲学也做出了自己的贡献。

7.6 工科教育的现代先进模式

本节对应用型课程教学与传统知识传授类课程教学的特点进行了对比分析，在此基础上，整合了该两类课程的优点，提出打通这两类不同的教学模式，创造崭新的工科教育的现代先进模式。其主要原则如下。

1. 应用型课程改革的经验

到目前为止，所有院校进行教育教学的主要手段是课程。课程的内容、方法和模式体现了教育的指导思想，决定了教育教学的类型、效率和质量。20 年来，高等职业教育进行了广泛深入的课程教学改革，取得了丰富的成果和经验，创造出一套崭新的课程教学方法和模式。这些经验可以大致表述如下。

(1) 把育人的德育（素质）目标落实、渗透到专业活动中。

教育即育人。引导学生在做事（做生活和专业的事）的过程中学会做人，这是最有效的育人方式。应用型教育强调所有课程都要以项目和任务为主要载体。在完成项目任务的过程中，学生的言行举止无不显示出自己实际的道德、素质水平。正是通过对学生在具体项目情境中系列行为的系统纠正，同时学习相关思想道德知识理论，才能够把思想道德（素质）教育落到实处，使学生能与社会和谐相处、促进社会和自身的发展。也正是在具体的项目实施过程中，才能直接观察到学生的个性特点，便于对其实施差异化的德育和素质教育，使其张扬个性、活得精彩。传统知识传授课程中缺乏系统、综合的实践内容。脱离实践的单纯思想道德知识灌输，对育人的目标来说收效甚微。我们第一次找到了一个学校教育教学的优良的载体（课程项目），它不但可以训练专业能力、推动专业知识的学习，而且可以进行有效的思想品德教育。沿此方向深入下去，通过对院校现有德育教育体系和专业教育体系的全面改造，有希望彻底打破传统的"德育与专业技术教育两张皮"的现象，从根本上提高思想品德教育的效率、质量和水平。

(2) 所有课程的内容必须有两条线索。

传统工科专业的课程中只有一条知识理论线索，实验的目的只是验证理论的正确性，并非训练操作能力。但应用型课程内容的选取不是从专业理论体系出发，而是从职业岗位需求出发；课程的进程不是以知识逻辑为导向，而是以职业活动和工作过程为导向。因此在所有的应用型课程中，都必须有两条线索：工作线索和学习线索。即必须工学结合，学生边做项目任务边学知识理论，在做中学。

(3) 课程突出能力目标。

应用型院校的课程必须注意训练职业岗位上的工作能力，所以课程必须突出能力目标。整个课程在良好职业道德、职业素养养成的前提下，突出能力目标，坚持能力为重，从传统的知识本位课程转向现代的能力本位课程。

(4) 课程内容的主要载体是项目。

课程的主要驱动力不是知识的逻辑推导，而是项目和任务的完成。教师要设计精彩的、学生感兴趣的项目，率领学生在做中学，边做边学、真做真学。教师要学会用项目去覆盖课程中所有主要能力目标和知识目标，要学会"行动导向"教学法，而不是仅会"逻辑推导"教学法。

(5) 课程教学的主体是学生。

学生必须积极、主动地参与到教学过程中。学生如果不积极参与、不积极动手操作、动脑思考，仅消极地"听"，就不是主体，就无法保证教学质量。

事实证明，采用上述五项原则进行的课程改革，能使课堂教学面貌发生可喜的重大变化。但高职院校目前的课程教学存在明显的缺点，那就是理论内容、通识内容、人文内容的严重缺失。这对于提高学生的基本素质，打造持久的核心竞争力，尤其对于应用型本科院校建设是很不利的。

2. 传统工科课程的特点

(1) 单一线索。课程是单一的知识理论型。案例和实验都为知识的学习服务。

(2) 知识本位。课程主线是系统的知识介绍和概念理论的逻辑推导。除专业知识之外，教师还应当讲授大量通识内容。虽然这部分内容对于应用型本科十分重要，但不应当成为课程的唯一主线。

(3) 语言文字载体。课程以教师讲授和带领学生读书为主，要求学生课外自己补充实践内容，但实际上这是做不到的。

(4) 教师主体。教师努力提高"讲课"水平，提高课堂的知识传授效率。

传统工科课程中没有综合大型项目，学生缺乏系统的实践能力训练，所以思想道德教育局限于德育课中知识的灌输和理论的宣讲，导致德育(素质)教育的架空、低效和低质量，这是传统工科教育的严重弊病。但其理论的深度、通识的广度是打造学生持续发展能力的重要内容，应用型院校(尤其是应用型本科)的课程应当加以重视。

3. 创造新的教学模式

传统工科课程从知识理论出发，落脚于知识理论的学习和创新，如图 7.16 所示。

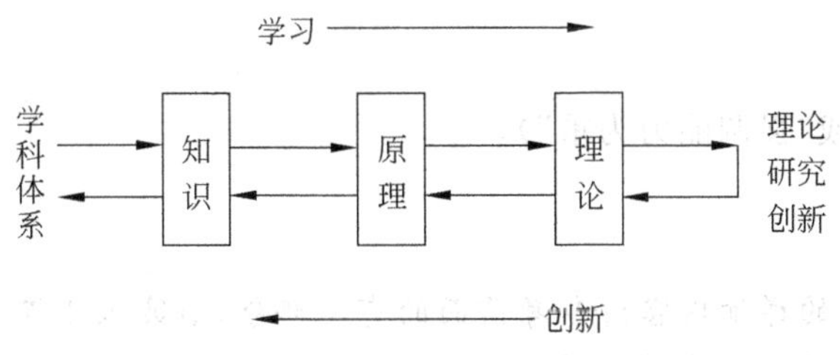

图 7.16 传统的工科课程教学模式

高职和应用型本科的课程从未来职业岗位需求出发，从情境任务着手，通过动手动脑实践和知识理论学习，落脚于能力、知识和素质的提高，如图 7.17 所示。图 7.17 中的"学习"是广义的，不仅指"(专业)知识"的学习，还包括能力的训练和道德素质的养成。能力和素质只有在项目的实施过程中才能真正实现，单纯的读书是做不到的。

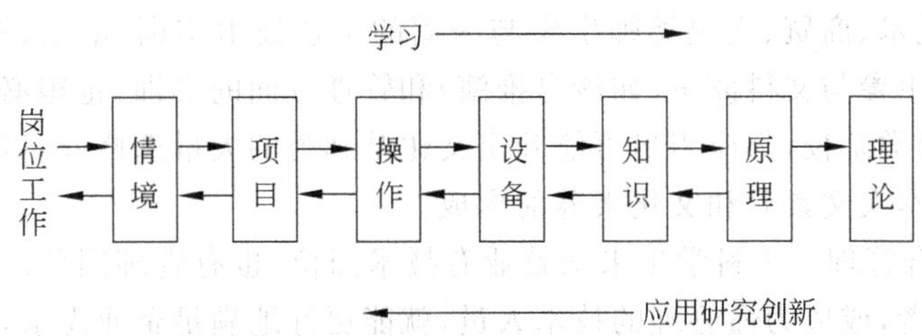

图 7.17 应用型(职业教育)课程教学模式

未来社会对高技能人才的需求会更加全面，未来的工科教育应当综合上述两种教育模式的优点，创造出一种全新的教学模式，如图 7.18 所示。

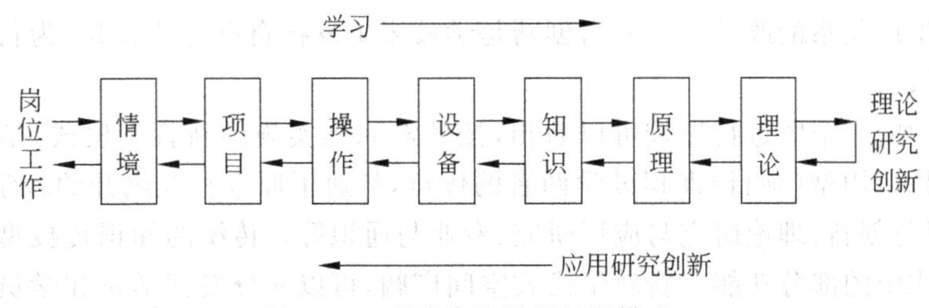

图 7.18 现代先进课程教学模式

图 7.18 所示的课程模式体现了实践的认识论的全过程(参见第 18.8 节)。在"学习"阶段中,这种新的教学模式始于项目的实践操作,终于理论。在"创新"阶段中,始于理论(想法、观念)的创新,并将创新活动一直伸展到实践领域的各个环节。图 7.18 中的"学习"过程也是广义的,包括项目实施过程中的育人(职业道德、职业素质、职业规范等)要求、专业技能要求、专业知识要求和文化通识要求等。图 7.18 中的"知识"除了专业技术知识之外,还包括学科体系知识、系统的理论、定量的计算和大量的通识内容。

4. 遵循现代项目教学的基本原则

这些新的原则大致如下。

(1) 育人为本、德育为先。

(2) 强化实践。

(3) 工学结合。

(4) 能力本位(或"强调能力为重")。

(5) 项目载体。

(6) 学生主体。

注意:*以上部分的详细内容请参考前面的有关部分,如第 4.2 节。*

(7) 知识理论提升。现代项目教学中,知识和理论占有重要地位,尤其对于应用型本科教学。项目课程中的知识是以两种面目出现的。为解决"做错"或"不会做"而学的知识,用到哪学到哪,可能是不系统的;任务完成之后进行的总结,知识则是系统的。学生最终学到的知识必须是系统的、能用的而且是可迁移的。

(8) 专业内容结合通识内容。现代项目课程在完成专业技术教育的同时,不能忽视"通识"内容的学习,这对提高学生的基本文化素养具有重要作用。有的学校进行文理学科的交叉训练,让艺术、商贸、文史类师生参与一周的工业技术实训(电工、钳工),效果很好。反过来让工科师生参与文科商贸(如沙盘推演)和管理方面的实训,也很必要。无论是工科还是文科、商贸等类院校,都应当尽可能开出文化基础类的大量选修课,以利于学生通识内容的学习以及基本人文素养和文化素养的形成。

(9) 技术结合管理。工科学生未来就业有技术岗位,也有管理岗位。毕业生如果能成为懂技术的管理者,或成为懂管理的技术人员,就能更好地满足企业需求,促进生产发展。

(10) 生产结合研发。生产与研发是企业的两条腿。学生在校学习期间应当对这两类工作都有直接的感受,积累尽可能多的实践经验,发挥自己的特长。

(11) 学习结合创新。在技术、生产和管理多个方面,研究并实施操作创新、设备创新、工艺创新、原理创新、理论创新,并使这些创新相互启发、相互支撑,从根本上全面促进生产力的发展和生产关系的改善。研发与创新是学校未来发挥自己专业特长,为行业企业做贡献的重要领域。

将本节中的三个图进行比较可以看出,按照新原则实施的新教学模式,结合了传统知识教学与现代应用型(项目)课程教学两者的优点,打通了原本相互隔开的教学领域:德育与智育、学习与创新、理论研究与应用研究、专业与通识等。传统的知识传授型课程教学只实现了新模式中的部分功能。新教学模式空间广阔,可以充分发挥学校和学员自身的优势和特点,有利于培养更全面的高素质、高技能、高学养、高创新能力的人才。不同类型、不同条件的学校可以在图 7.18 中强调并突出不同的片段，同时照顾到其他片段，充分发挥本校的特长；也可以从本校当前的条件出发找到未来发展和提高的方向。显然，这样的教育教学改革将把我国工科教育的水平提升到一个全新的高度，为我国早日实现科学技术、工业和教育的现代化做出了贡献。该题目进一步的内容请参见第 7.8 节。

7.7 现代项目课程中的教师引导方式

所有的教师都非常重视教学过程中的引导方式，因为这是提高教学质量的最有效手段之一。本节对近年来现代项目教学实施过程中广大教师创造的有效的引导方法进行了总结，供大家参考。

为提高教学效率，不但要强调学生的主体地位，更要努力强化教师的主导作用，这是在校学习的主要特点，否则就变成了自学。在现代项目教学的工学结合、行动导向、边做边学的课程中，教师可以设计并实施多种有效的课程教学模式、教学方法、教学步骤和教学引导方式。教师针对不同的教学内容和环节，选用其中的几种引导方式，按照不同的顺序组合，可以有效地提高教学质量和效率。

教学引导手段是教学理念的产物。不同的教学指导思想导致出现了不同的课程结构、教学方法和引导方式。所以，从根本上说，教师必须在教学实践中，努力学习，转变传统教学观念，在实践中比较，从而掌握现代先进的教学方法和引导手段。

在工学结合的现代项目教学中，教师常用的引导（导学）手段大致有以下几种。

1. 项目（任务）引导

教师要从过去熟悉的以“语言、文字、图形、符号”为手段的课堂引导方式，逐步过渡到新的以“做事引导、行动引导”为主的引导方式。不但讲授知识理论和概念，更要以身作则示范操作、示范思维、示范创新，教师要学会在任务操作的过程中，渗透所有各类学习内容，还要纠正学生工作中的错误或不当言行。教师不但要关心学生的知识，更要关心学生在做事过程中表现出来的思想品德、行为习惯和做事能力，还要关心学生在做事过程中正确世界观、人生观、价值观的养成。

以项目任务为主要线索的课，教师必须注意防止从一个极端（只学不做）走到另一个极端（只做不学）。工学结合的现代项目课程必须把“工”和“学”这两个线索放在同等重要的位置上。

教师设计的项目任务，还要注意每个环节都要符合学生的实际水平，能引起学生的学习兴趣，项目任务过难或过易，都会脱离学生实际，造成被动的学习局面。

教师设计的项目任务，经常出现以下问题。

(1) 项目任务过难。例如，“数字钟的硬件调试与程序设计”课。课堂表现：刚刚开始，学生对“一位数 0～9 正反计数显示”很感兴趣，能学会，但后面再做就跟不上了。教师上课时按照课本的专业术语讲解，出现许多抽象的定义概念（如“一般子项目与中断程序的区别”），缺乏图形展式（没有程序流程图），不顾学生是否理解，强行“赶进度”，快步前进。学生后来每一步都不懂，完全不会找问题，样样需要教师指点，同样的错误反复出现。在外人看来,学生什么都不管不问,没有责任感,没有动力。学生认为教师让做的事情与己无关,极其被动,完全不会,只好抄袭别人,看着别人干活,自己在旁边只有袖手旁观。这样的一堂课表面上"完成了所有的环节",实际上学生什么也没有学会。问题就出在教师设计的项目任务(数字电子钟)上,因为如此复杂的项目,与学生的实际水平不匹配,所以就出现了这一具有代表性的问题。

解决办法:①改变课程的技术内容。将大项目(数字电子钟)分解为多个小项目,且每个小项目都是有趣的(如电子玩具)。按照难度排列,让学生自选完成。吸取电子游戏的优点(参见第5.2节),小步快进,每个项目都任务明确,有成效并且好玩,使学生不断有新的成就感。②改变课堂管理。按照学生实际水平,分层次设计课程目标,分层次设计多个项目,让学生自己选择完成。每个项目都有很大的创新空间,都可使学生获得成就感。③奖罚分明,公平竞争。建立新的动态的学习氛围,当学生逐步理解了更复杂的技术内容之后,最终的"数字电子钟"就水到渠成了。

(2) 项目任务过易。任务过于简单枯燥,或耗费大量课时在第一课堂做单项技能训练,或课程内容只是单一操作,缺乏技术含量(知识理论)。

【例1】 "焊缝的煤油试验"课。

① 教师示范:在焊缝上涂料,在管内涂煤油,看外面是否泄漏。

② 学生操作。

③ 教师分析学生的工作缺陷,讲解问题的成因及其控制。

④ 布置作业。

学生在课上耗费大量时间进行简单操作和等待。

【例2】 PS(Photoshop)课用鼠标抠图、画曲线练习。

① 教师示范:如何抠出各种复杂的图形,如何画出不同曲率的曲线。

② 学生操作。

③ 总结。

学生在课上做简单耗时的低效率操作。

【例3】 电缆线束加工。

教师讲解示范:线缆识别、填表。学生领料、加工。学生在课上做简单耗时的低效率操作。

问题的解决办法:增加工作量,增加"多情境",增加信息量,提高技术含量。

上述例1中,煤油法与其他法的对比。通过反复提问"为什么",不断深入。为什么不用汽油、柴油、化学溶剂?煤油法可靠性分析如何?可否创新?

上述例2中,不是简单练习,而是完成一个完整的任务(例如广告图形)。

上述例3中,对于高等应用型课程而言,这类简单操作训练不宜在第一课堂占用大量时间。教师可以示范,然后要求学生课外进行操作实训。课上应当突出更多技术要求较高的内容,如电缆的正确连接,接线端背后的结构原理等。教师应当十分珍惜课时,努力提高效率,处理好第一课堂与第二课堂的关系。

(3) 项目任务内容单一。项目中只有简单技术内容,甚至只有简单操作。一开始就是单一产品的技术细节,没有情境引入,没有多项工作对比,没有知识理论的引导,没有设计改造，更没有自学和创新。

【例 4】 印刷版制作。按照工作流程，学生动手制作。

【例 5】 逻辑笔制作。按照工作流程，学生动手制作。

解决办法。课程内容不要只有技术，只有操作。要先展示产品的用途、用法，以及这项工作的作用、重要性、社会经济价值、成本、相关知识理论，设计多种方案对比，为学生留出自学和创新的空间。让工作有趣味、有提升，然后才是技术细节。

(4) 项目任务不计成本。师生练习的作品全部报废，不考虑成本。如例 4 和例 5 中的印刷电路版和逻辑笔，做完就报废，师生都没有经济头脑。

解决办法：①把专业和课程经营起来。让产品有实际用途(学校对外的礼品，武装实训室：小仪器、小设备)。②把成本纳入师生考核。

(5) 项目耗时过长。有些项目过于复杂或费时，如某些化学实验、作物生长、牲畜繁育，还有许多大型作品等，都要延续很长时间。放在一次课甚至一门课中，会出现课时的浪费或根本无法实施。教师应当采用"微课"或"系列图像""系列完整的简图"、影视频资料等进行示范。教师要设计相应的步骤，把学习和操作的环节集中起来，把"等时间"的环节消除。例如，一个实验需要持续若干小时，教师应当设计好，哪些内容应在上课时讲和做，哪些内容应在课外做。再例如，一种作物需要 8 年才能看到结果。那就在试验田中每年都播种一批，持续 8 年。使后来的学生可以看到每年的阶段效果。

2. 育人引导

教师是否会在项目的操作、能力养成与知识理论的学习过程中，以职业道德、职业素质、企业管理内容来全面要求学生？这是现代项目教学、工学结合课程与传统课程教学的重要区别。过去的课程内容主要是"单纯专业技术"，只纠正学生的技术错误，采用的是"只教书不育人"的教法。现代项目课程则要求，教师随时纠正学生在职业道德和职业素质方面的错误言行，树立新的行为标准，形成新的行为习惯，养成良好性格品格和正确的世界观、人生观、价值观。除了专业技能和知识的学习之外，还要特别注意"通识"内容的学习，注意课程内容中的经济、社会和文化基础内容的渗透，注意课程内容的文化底蕴，同时要注意补充许多这类案例和故事。大量工科课程在教学中必须注意文理交融的问题。所以，在所有课程中，教师都必须注意这些重要的育人环节。教师的注意力是否从"课本专业知识"的灌输记忆，转向能力、动力、方向、价值、情感、德育、发展、创新，这是新旧教学的重要差异。

3. 主体引导

学生是主体，是指学生在其内在兴趣的驱动下，在教学过程中积极主动、动手动脑、边做边学。但是，学生并不具备对学习内容和学习规律的全局的了解，如果全靠自学摸索，效率太低。所以必须有教师的主导，才能大幅提高教学质量和效率。

学生是教学(认知)过程的主体，不是记忆答题的工具。学生的主体地位体现在他的主动选择，他对所学内容的内在兴趣，从而表现出来的积极性、主动性和自觉性。如果缺乏内在需求和兴趣，所谓的"教学"过程，必然是被动的、灌输式的，强迫式的，必然缺乏动力，也就谈不到质量和效率。

教师必须尊重学生的人格、心理特性、行为习惯、主体地位和创造精神，培养他的自尊和自信，把学生作为一个活生生的、具体的“人”来关心、尊重、爱护、教育和引导，而不是当作一个工具或一台机器来操纵(灌输)和利用，更不能当作一个动物来训练(简单奖惩)。对主体的引导只能用“启发式”。

教师只能在尊重学生认知规律的前提下进行引导。初学者认识新事物总是从具体到抽象、从个别到一般、从简单到复杂、从初级到高级。在实践中体验式、比较式的认知，要比单纯书本上的间接知识的灌输式认知效果好得多。

在尊重学生主体地位、尊重学生认知规律的前提下，教师要探索有效的教学引导方式。例如：

教师上课必须先激发学生的学习兴趣，然后再组织学习过程。

新知要直观引入、案例引入、示范引入、问题引入，避免定义引入、概念引入、抽象引入。

一切从学生的真正成长、能力提升出发，不是从表面完成教学任务出发。题海战术实际上就是教师推卸教育责任的一种有效办法。

要鼓励学生主动提问，但学生来询问问题时，教师不要立刻给答案，要鼓励他先自学。如果学不会，教师再给予帮助，以此不断提升学生的自学意识和能力。

教师要不断提出项目的新功能和新要求，使学生对项目的创新始终保持兴趣。创新无论大小，都要有分数的鼓励，以使学生养成创新思维的意识和习惯。

教师要把学生看成一个积极的认知主体，努力把原来习惯“教师讲”的知识、理论、资料，变成让“学生查”的东西，让学生自己寻找完成任务所需要的信息。做事前先给出详尽的背景资料，然后再给情境。让学生自己查阅资料，根据情境确定目标，根据目标找到问题，根据问题自己学习，通过实践解决问题，根据理论改进实践，最后根据实践创新知识和理论。

引导学生不断前进，不断成功。引导学生对所学内容真正产生兴趣，而不只是“为家长、为责任”来学，这是教师上课的首要任务。

教师是否主动、积极、有激情，是否“在意”自己的课程？这往往是课程成败的关键之一。如果教师平淡地上课，没有高潮，自己并不关心、不在意自己的课程，其结果必然是“所有的步骤都有，但不能激发学生的积极性”。

4. 示范引导

课程的开始，教师引入一个简单但必须有趣的任务，引起学生兴趣。然后教师先不讲解相关知识和理论，而是操作示范，让学生进行模仿，使学生尽快进入操作体验环节，尽快看到工作结果和效果。示范不同于知识教学中的“案例”，案例学生只能听，不能参与；而任务却需要学生动手动脑参与。教师必须尽早熟悉这种重要的教学引导方式。

示范过程中，除了操作之外，还要有必要的讲解。但要注意的是抓住时机，讲必要的内容。所以，现代项目教学中，教师不是不讲，可能“要讲的内容”并不少，该讲的内容教师一定要讲，但要精讲。教师“讲”的内容很重要，时机也很重要。用情境和任务调动起学生的学习动机之后，在关键时刻，只讲当前学生最关心的，其他“只字不提”，绝不盲目积累知识。

抓住时机，发起讨论、争论、辩论。有标准答案的、只针对“没记住”内容的“讨论”，并不是真的讨论，只是知识记忆的手段。不知道标准答案的、来自学生头脑中的、不同的理解和相互对立的意见的辩论才可以真正解决问题。

5. 文本引导

教师用“引导文”(工作程序和知识)、“工作页”“工作单”(内容以操作指导为主)等手段对学生的工作过程进行引导。一般情况下,要求学生事前预习和准备,操作时常备手边以便查阅。

6. 图示引导

图示引导就是直观引导。

无论什么类型的课,教师不仅要会“讲”,会运用语言文字,还必须会运用多种直观的图形手段来表述自己的想法。教师要善于采用视频、动画、照片、表格、图示、实物图、示意图、原理图、网络图、方框图、逻辑图等工具,直观、生动、具体地表达自己的想法。

每次课,教师都要力争给出针对本次工作的各种图(照片、系统图、线路图、进程图,总图、分图,以及各图的对应关系)或模型,使课程的内容直观、生动、有趣、易懂。也要注意新技术的应用。例如,现在出现的立体教科书,就是把微课、视频等直观方式统一到教材中,只要用手机扫描每页上的二维码,就可以看相关的视频演示,学生的学习兴趣、学习质量、自学能力都得到了明显提升。

对于原理比较深奥、抽象的课,不要局限在实际设备上,教师要注意给出可帮助解释原理的各种图(最简系统图、典型任务图)或模型,让学生直观体验、边玩边学。这些图要覆盖该内容的全部主要情况,这些图或模型要体现技术思路,让学生先学原理,学懂了再解决实际问题。针对原理学习,必要的实验是不可或缺的,尤其对应用型高等教育。

教师最后给出的高水平总结也必须是直观的、生动的、可视的,要让直观表达贯穿课程教学的全过程。

所有这些图或模型,书本上通常没有,或散见于许多资料中,需要教师在融会贯通的基础上设计出来,这件事显示了教师的专业理解和表达能力。在教学的全过程中,教师都必须注意引导学生熟练运用这种直观、可视的图形表达方式来让学生表达自己的想法。关于用图形方式对知识理论进行总结的例子,请参见第 7 章中图 7.19 和第 8.10 节中图 8.1 的说明。

7. 预习引导

将本次课与下次课结合起来,将课内学习与课外学习结合起来,培养学生的自学能力。在课程单元设计的展开式双单元模式(参见第 7.3 节第 5 种模式)中,教师要精心设计第一课堂与第二课堂的内容,使两者相互促进,提高教学的质量和效率。在兴趣的引导下,启发学生事先主动自学,下次上课比赛检查巩固。随着年级的提升,逐步增加课外学习(预习)的比重,提升预习质量,力争逐渐提升学生的学习主动性,将知识学习和能力训练的主战场逐步转移到第二课堂。

8. 独立做学

教师布置典型、简单、相对完整的任务,让学生进行独立操作体验,边做边学。具有一定学习能力的学生可以独立完成完整的任务,按照工作单或示范,亦步亦趋地做完工作。

但这仅仅是个开头，项目课程一定不能停留在这个水平上。

独立操作中一定会出现许多错误。在学习过程中，出错是必然的，不是坏事，学习过程中的错误不能扣分。教师要学会用多种情境进行引导，用可能的出错进行引导。要让学生对自己的操作及其后果，进行体验、比较、感悟和反思。没有正误、成败的对比就不是现代项目课程中真正的"做事"。

独立操作一定会出现许多困惑，这是教师进行自学引导的重要机会。学生提出问题时，教师一定不要直接给出答案，而是提供案例和思路，鼓励学生先思考和自学。上课不能仅仅停留在"记住正确结论"的水平上。没有各种论点和思路的体验、比较、感悟和反思，就不是真正的"学习"。

教师要注意，首先应让学生独立完成一件简单、综合、完整的具体工作，然后通过做第二件、第三件工作，通过学习大量案例进行比较，掌握完成同类工作的规律和方法。更进一步，启发学生养成自学的习惯和探索创新的意识。

9. 情境引导

在完成项目任务的过程中，教师必须学会用自己设计的"情境"对学习过程进行有效引导。教师以前上课布置项目，通常从技术要求开始，如"今天，我们要画一张两室一厅的装饰设计图"。事实上，教师应从书本内容中走出来，把技术工作置于更广阔的社会经济背景上。所以，项目和任务的布置应当从工作的情境入手，如"今天，学校的教学楼需要整修，要求我们公司完成这项工作，我们应当从哪里入手开始工作呢?"这就是从情境入手的教学：情境引出任务，任务引出问题，问题驱动学习。让学生以自己的企业岗位身份考虑问题，教师不要直接布置任务，更不要直接给出结论。在项目工作实施的过程中，教师应当设计出许多新的情境，让学生思考并给出解决方案，然后通过实践验证自己的想法。教师设计的情境应当尽可能引入企业要素，尽可能涵盖技术、管理、社会、经济、文化等多个方面，让学生体验到实际工作绝不仅仅有技术这个层面。

情境引导就是要"展开做学"(多情境、多任务)。教师逐一展示多种情境(正常、出错、紧急、意外、违规)，引出多个任务和问题，让学生在复杂情境中操作、体验、感受、认知。过去的课程中，往往只有"正常"这一种情境，只有"技术"这一类情境，这是远远不够的。从认知角度看，与"正常"情境同样重要的是"出错"情境。只有亲身经历过出错，学生才能真正训练出解决实际问题的能力。

展开做学是课程教学中，面向"做"的重点教学方式。教师对课程项目的主导作用，主要体现在这里。因为只有教师知道所有这些情境和解决方案，学生事前并不知道，书上往往也没有。所以，针对多情境的"展开"做学是教师课程设计的主要内容之一。

10. 启发引导

在工学结合的项目课程中，无论是做任务，还是学知识，都有"真做""假做"和"真学""假学"的重大区别。启发是相对于灌输而言的。启发导致真做真学，灌输导致假做假学；启发的核心是"正反两面的比较"，灌输的核心是"正面的单纯记忆"。

"真做"就是最后一定要让学生能正确、独立地完成项目任务的完整操作。学习过程中的操作不怕出错，通过出错、通过"正误对比""优劣对比"和"成败对比"，才能真正学会做事。这样做任务才能让学生学到真本领，才能够举一反三，实现知识和能力的迁移，才能获得真知。“假做”就是跟随“工作单”或教师示范，亦步亦趋。表面上“正确地完成”了每一步工作，事实上学生根本不会，一旦离开“拐棍”，独立操作就寸步难行。有的教师说：“我的学生上课操作从来不犯错，因为我示范一步，他照做一步，永远不出错。”如果教学只停留在这一步，就是典型的假做。

“真学”就是最后一定要让学生通过反复的正反比较、异同比较，通过反思、质疑、辩论，真正知道、了解、理解和掌握这些知识，自己能独立应用、独立判断。师生都不要怕学习过程出错，只有出错，通过“异同对比”“正反对比”和应用的“成败对比”才能学到真知。对于知识，学生能够正误比较、能够正确应用、能够类比和迁移，这才叫真知。

在获得真知的过程中，“知识重构”起到了重要作用。通常书本上的知识是按照知识逻辑叙述的，实际应用时，要将知识按照“应用逻辑”进行改造（即“重构”）。缺少了这个“重构”过程，知识就是死记硬背的，不能应用的。“假学”就是跟随教科书和教师的讲解，按照知识的“推理逻辑”，只接触“正确结论”、只理解正面结论，只记忆和重复正面结论，亦步亦趋，表面上完成了全部教学过程，“学会”了全部知识，能够答卷，事实上学生根本不会用，一旦遇到对立的论点，离开书本和教师“拐棍”，需要他独立判断、独立应用，学生就寸步难行。有的教师说：“我的学生上课学习从来不犯错，因为他只接触正面结论，永远正确。”如果教学停留在这一步，就是典型的灌输式的假学。

过去教师习惯于只通过“告知正面内容”来教，学生只通过“记忆正确结论”来学（概念引入，查询、记忆、背诵、答题），其实这并不是“真学”。

学生在应用他学到的知识解决实际问题的过程中“出错”或“不会”，这并不是“教师没教好”或“学生没学好”，而是正常现象。“出错”与“不会”都是极好的“教学资源”，是迈向真学真知的关键。能不能正确处理这种情况，考验的是教师联系实际的应用能力和教学能力。

通过“差异对比”学概念，不是只背诵。先直观，后抽象，也不是一步到位的。举例如下。

【例 1】 先介绍市场上的各种传销—推销—欺骗—最后总结出，什么是真正的“营销”。

【例 2】 旅游集体纪念照的拍摄。传统的讲法是先讲摄影的规则，然后练习。现在的讲法是，教师先拿出多个反面案例：闭眼、遮挡、透视变形、头上长树、比例不当、占位不当、取景不当等，让学生判断有什么问题，为什么不合格。先有直观认识，再由此引出规则、标准、知识、原理和理论；然后引出工作方法和原则：如何选镜头、选景、站位调度、选光圈景深、按快门、连拍等。事实上，所有的规则都是在出错的基础上产生的。通过对比学习只是再现了规则产生的实际过程，这是最自然的学习过程。

【例 3】 学习一台设备的构造。教师提示和引导学生：①改变装置的结构，对效果进行比较；②改变操作方式，对效果进行比较；③改变工作原理，设计新的装置，对结果进行比较，从而学到一般规律。

【例 4】 人的“三观”（世界观、价值观、人生观）就是通过全部生活中各种比较形成的。单纯正面灌输有关知识理论，除了答题，基本无效。思想认识领域中的事，只有通过反复的启发、引导、比较、质疑、思考、辩论、领悟，学生真正从心里认可、心悦诚服，才能解决问题。"文革"的教训证明：连触及灵魂带触及皮肉的暴力灌输都无效，单纯的知识理论灌输就更不解决问题了。

教师引导学生按照理论和经验，对可以想到的各种情况进行"比较"。比较的对象从一到二、到三、到多；比较的内容从差异到对立，形成一个"谱系"；进行"异同、正误、优劣、成败"的比较，从中找到规律。让学生自己得出结论，而不是别人从外面灌输进去。

通过"正误对比"学知识，不是只记忆定义和正确的一般结论。通过"应用"学知识，就是把知识作为解决问题的手段和工具，不把知识本身的记忆当作学习的最终目标。通过"善恶对比"，树观念，就是建立正确的价值观，树立正确的世界观，抑恶扬善。通过"美丑对比"练眼力，就是辨别美丑、欣赏美、解释美、创造美。

没有正误对比，就没有认知；没有成败对比，就没有能力。对比越鲜明，认知效果往往越好。所以，教师不仅要宣讲正确的、标准的、正常的东西，还要展示出错的、对比的、意外的东西；不但会用语言文字表达，还要注意用视频或图形方式展示。教学过程中，教师还要从各种文艺形式中汲取营养，能为学生设置认知的"坎儿"（矛盾、变化的认知节点）和"包袱"（情理之中意料之外的结论），设置令学生印象深刻的"出错环节"，并以令学生感到意外的方式展示出来。上课时，如果学生出了错，就根据学生当场结果总结对比。如果学生没有出错，教师一定要拿出事先设计好的出错情境，让学生对比。

在学习复杂抽象的原理（理论）时，通常都无法直接在实际设备上操作。教师需要先构造一个理论的最简模型（或图示），设计几个典型过程，在上面运行。

【例 5】 网络 IP 地址的配置。因不宜直接在复杂的实际设备（全屋、全楼、全院网络）上操作，教师可以构造一个由 20 个终端、5 个交换机、2 个路由器组成的局域网，其中一个路由器连"公网"。演示不同状态下，IP 号与子网掩码的关系，两者"与"运算之后，得到网络号。网络号相同的，可以在同一路由器中连通；网络号不同的，需要换路由器。最后总结归纳出原理本身。先理论图示搞明白，再动手解决实际问题。

【例 6】 转子配动平衡。直接在汽轮机转子上操作肯定不合适，应当先在生活器具（自行车轮、汽车轮）和实验装置（转动轮）上操作，弄明白"试加重经验公式"和"三点法找动平衡"。先体验不平衡的感受，然后分层次，多任务，逐步从感性到定量。每次增加一点点公式和定量内容。

【例 7】 三相交流异步电机结构。直接在电机上看，比较困难。从旋转马蹄铁开始，里面放铁框、铜框、铝框，问学生"能转动吗?"引导学生直观想象"旋转磁场"，判断磁场旋转方向。

【例 8】 单片机最小系统。从最简系统一步步复杂化，快速理解整机结构和运作原理。

也就是说，在学习复杂抽象的原理时，必须要有简化的原理实验和教具。可见应用型院校中，学习不能局限于真实的生产设备。实训室是必要的、大量的，但实验室也不可或缺。鉴于目前教师的实际情况，学校还需要组织提升教师理论能力（特别是联系实际的理论知识）的教研活动，或针对专业教师的知识理论拓展活动。

无论是"做"还是"学"，启发和比较都是最有效的途径。教师对"学"的主导作用，主要体现在“设置对比”这个环节里。因为只有教师知道所有这些比较对象(不同的“原理”“装置”和“操作方式”)的作用和结果,而学生事前并不知道,书上往往也没有。所以,让学生通过做学的结果来比较,这是教师的责任,也是教师课程设计的主要内容之一。关于真做、真学,还可以参见第 8.10 节的第 3 项。

“有比较才能鉴别,有鉴别、有斗争才能发展。”事物的发展如此,认知的发展也如此。这确实是认识论的基本规律,差异、矛盾和对比是所有认知的基础,没有比较就没有认知。教师若能熟练地进行启发(比较)引导,也就能够引导学生真做、真学。在基础理论研究领域,当某些“改变和比较”只能在头脑中进行时,就是著名的“思想实验”。爱因斯坦就是在理论物理领域针对抽象概念进行思想实验的大师。可见通过“比较”进行学习和研究是人类认知的基本规律,这对应用型与研究型教学同样适用。

11. 熟练做学(第二课堂)

未来职业岗位上,学生的操作一般总是以正常情境为主的,所以,应当着重训练正常情境下学生的操作能力和熟练程度。这类单项能力(能力点)的训练通常不需要教师在场陪同,可以放到第二课堂中完成,不要占用第一课堂的宝贵课时。有的教师说,“那我上课就没有什么可讲的了!”这是不合格教师中非常典型的情形。

对于没有技术含量的课,就要减课时。凡是不需要教师在场的环节和内容,都可以采用微课和反转课堂的形式,让学生课外看录像,按照示范自己操作。上课要做的事,是必须教师在场示范和纠错的任务和项目,是必须教师在场分析讲解的知识理论。结论是:书本上的知识、理论、案例细节的学习,单项能力的操作训练,都应当配合微课放在第二课堂。要努力提高第一课堂的效率和质量。

以正常情境为主的熟练做学训练,其中不但有能力的训练和知识理论的学习,还要有良好行为习惯的养成;良好职业道德、职业素质的养成,以及企业规范管理、安全意识、质量意识、成本意识等企业要素渗透。德育(素质教育)的落实,在这个环节上占有重要位置。

当前常见的问题是有些教师让学生在第一课堂上花费大量时间进行单项能力训练,这样会浪费大量课时,而教学效果很差。对于复杂的任务,教师可以率领学生在第一课堂上,为几个环节开个头,无须教师在场的耗时的细致操作,让学生放到第二课堂去完成。总之,教师必须考虑如何提升整个教学的质量和效率。所以,教师要善于将自己的教学内容正确地分配到第一课堂和第二课堂,使两者相互配合、相互促进。

12. 设计引导(CDIO)

清华大学曾提倡一种 CDIO 课程模式,即构思—设计—实现—操作(Conceive-Design-Implement-Operate)。学生按照客户需求,根据有关原理进行构思、设计、制作和产品的操作应用,学生在设计过程中边做边学,以设计带动更高级能力的训练,带动更高级知识的学习。这是典型的项目教学,是边做边学模式的生动体现。

13. 总结引导

通过动手动脑操作,学生有了感性体验,然后教师通过精心设计的大量案例,与项目任务的内容进行比较。从一到二、从二到多,从具体到抽象,从简单到复杂,引导学生对工作中涉及的一般规律、知识理论进行总结，系统地归纳知识理论，把一般结论用于具体工作的改进。所有的总结，都应当注意采用图形形式，使学生能够从图上一览全局。同时注意从思维方法的角度引导学生总结提升，从做事做人的角度引导学生总结提升。教师应当能从比学生更高的(工作、知识、感悟、技巧、诀窍、规律、方法、理论、哲学、通识、道德、素质)层次对课程内容进行总结，用直观图示的方法把重点内容直观展示，强化记忆。

14. 分层引导

班上学生的水平差距通常很大，课程目标如果只有统一标准，就会出现顾此失彼的现象。标准高了则达标的人少。而教师为了照顾大多数，只好一方面降低合格标准线，另一方面加强对低水平学生的个别辅导。但这样对班上的优等生很不公平，课程目标不高，不必太用力就可以及格，教师基本上不用管他们，他们也往往无法有效地提升自己。这个问题的解决办法是将课程目标(项目目标)分层。

针对班上不同层次的学生，教师应设计不同层次的项目，每个项目也可以设计不同层次的目标。力争让每个人都能找到适合自己水平的入口，都有不断提升的目标。教师要强化对各层次学生的照顾和辅导，让所有学生在完成任务的过程中都有自己的超越和提升，避免用一刀切的统一标准来度量每个人。

考核办法是，及格相对容易，但高分很难。让全班不同层次、不同水平的学生都有显著的提高，这就是成功的教学。

15. 循环引导

教师设计多个相关的项目任务，让学生在指定时段内逐个完成。这些任务都是相对完整的任务，不是环节或片段。这里说的"重复"不是简单重复，而是难度逐步提升。事情只做一次不会形成能力，只有多重循环才能形成熟练的能力，学到巩固的知识。学生并不知道专业内容的全局，无法自己完成这些任务。所以，多重循环的项目任务设计，是教师工作的重要内容(参见第7.4节)。

16. 创新引导(产学研)

根据社会的需求，根据实践经验的启示，根据知识理论的启示，组织学生进行创新的构思和设计，对各种新方案的结果进行比较。产学研结合、校企结合进行产品研发，帮助企业解决实际问题，实现更紧密的校企合作。"创新做学"环节在工学结合的项目课程中，水平是较高的。注意不仅要解决具体的技术问题，更要使学生养成创新意识。

17. 分工引导

布置大型项目，师生共同完成分工、组织、宣传、实施、反馈、改进等环节，正确划分工作界面，正确处理竞争、协作等因素，最终完成相关项目任务。在这个过程中除了训练学生的专业操作能力之外，特别要重视训练学生与人交流、与人协作的能力，养成良好的职业道德和职业素质，着力提高学生的情商。

18. 分组引导

项目课程进行过程中，由于设备等条件限制，通常要把班上的学生分成多个组。分组通常会遇到许多实际问题，例如，组内忙闲不均的问题，贡献不同如何评分的问题，全班人数过多教师照顾不过来的问题等。教师可以采取以下办法解决，自愿结合分组或教师根据层次分组相结合。让组长先走一步，事先进行培训，上课时再由组长指导本组成员。必要时可以组织高年级学生参与对低年级学生的操作辅导，这对所有学生都有好处。实施每个人单独通过的操作考核，使所有学生在考核中无所依赖。最好能设计出许多不同水平和要求的项目，让各组自己选择。

19. 赛考引导

在课程中引入游戏、竞赛和考核环节。让学生在玩中学，在赛中学，在演示中学。让学生现场参与对考核和比赛的结果的分析，让学生改进之后再次进行比赛，将考核和比赛也纳入学习过程。改变过去教师判卷、打分、排序即完的做法。

20. 常规引导

在知识体系传授课程的长期实践中，教师们积累了丰富的教学（导学、引导）经验，创造了许多卓有成效的教学方法，用来引导学生进行有效的知识学习。知识、理论的学习是现代项目教学（工学结合课程）内容的重要组成部分。在开发新的工学结合课程教学法的过程中，我们应当继承和发扬所有过去的有效方法和经验。

(1) 表述导学。师生将自己已经做、正在做或将要做的事情，用语言、文字、图形、公式表达出来。这是将学生的实践经验上升为直接知识的必要途径，也是理解别人的表述、将别人的间接知识与学生的直接经验相结合的必要途径。工学结合课程中，学生不能只是动手操作，必须要有“表述、交流、质疑、研讨、反思”这些重要环节与操作相配合。

(2) 讨论导学。在小组、工作团队、全班等不同范围内，边讨论、边议论、边做边学。用集体智慧启发个人的思路，有效促进每个人的学习过程，同时训练学生的互动和协作能力。各种异类想法的碰撞交锋，是真正学习的必要条件。学生不知道对立的两种结论哪个正确，在两种对立结论都“可能对”的情况下，通过辩论、争论寻找正确一方的过程，这是真正的讨论。为事先预判的“正确结论”寻找论据的过程，那是表演，并不是真正的讨论。

(3) 实验导学。实验的目的是验证理论的正确性。学生在“学”的环节中，可以采用传统的实验环节进行理论的验证，加深对理论的理解和把握，初步掌握实验技能。许多高深抽象的理论往往在实际设备上无法认知。这就要根据一般原理，设计最简模型，在模型上进行实验、模拟实验或思想实验。参见本节第10条，比较引导。

(4) 案例导学。案例是已成事实，案例学习是故事思维的具体体现。案例可以把知识、原理等抽象的东西形象化、具体化，把具体事件及其结果与抽象的原理对比，大大拉近书本与生活的距离。精彩的案例、深入的分析、开放的讨论，可以有效促进知识理论的学习、理解和应用过程。在任何类型的课程教学中，都可以灵活运用这种教学手段。教师把案例有机地穿插到课程的必要位置，可以有效地促进教学。案例本身是“知识”的一种，案例不是项目，两者不能混淆。

(5) 游戏导学。如果说案例是“学生听故事”，游戏就是“学生演戏”。游戏思维是最自然、最有效的学习方式之一，人类与高级动物终生乐此不疲，尤其在儿童少年时代。把现实生活中、职业岗位上的活动简化为游戏（角色、规则、运行、结果的认知与分析），让学生参与

"操作",以产生身临其境的真实感,从而获得体验。

(6)体验导学。通过调查、参观、观察、记录、讨论、分析、比较、反思的方法让学生对认知的对象进行近距离接触、观察、互动、体验,从而积累感性认识。体验法与项目法的区别在于,没有动手动脑去改变客观对象。观察体验的重点是认知,不是改造。一旦以改造客观世界为主,那就不仅是观察体验,而成为项目任务。

所有传统的知识理论教学的有效方法,例如,"重点突出、难点分散、小步快进、故事思维、游戏思维"等,都可以而且应当吸收到我们工学结合的项目课程中。

从教师"导学"的角度看,工学结合的课程实际上就是"做事导学",即通过完成尽可能真实的工作(项目、任务),引导学生进行学习。但项目、任务与所有上述导学手段都不同,项目任务是尽可能接近实际岗位工作的,是真实度、综合度、复杂度最高,能力训练、品德教育(素质教育)、知识理论学习的最高效的导学手段。

研究工学结合课程的教学法,就是要研究教师如何根据自己课程的特点,从上述多种"做学(导学)方式"中选择并进行灵活组合,从而在课堂上实现高效引导。例如,体验—示范。先让学生独立体验,然后教师示范,这对于"内容简单",学生一开始没有"看得起"的专业工作,可以这样做,让学生感到,原来这件事并不像我原来想象的那么简单(例如"新闻采访")。再例如,比较—学习。先"操作,比较",然后学习,等等。还可以将上述基本模式进行"嵌套"。例如,在"展开做学"中,嵌套入"示范做学"。

在上述20种基本的"边做边学"和导学方式的基础上,可以组合(选择、排序、嵌套)出数量繁多的、适应各种不同实际情况的、实用的新教学模式,这就为课程教学设计的改进和提升提供了坚实的技术基础。

7.8 质的研究

"质的研究"是对有"人"参与的对象(社会、人文、艺术等)进行研究的重要方法。与自然科学方法比较,"质的研究"吸取了自然科学研究方法的精髓,具有科学的、客观的、反思的、批判的精神,在统一的方法论指导下,把自然科学的研究对象扩展到社会、人文和艺术领域。在这些领域中,这种研究方法取得了重要成果,这件事值得引起认识论与教育研究者的重视。

1."质的研究"方法介绍

如图7.19所示,质的研究工作过程由12步组成。

第1～2步。研究者根据自己的过去经验、知识和前人的理论,确定当前的研究课题:界定研究的现象,确定研究的问题。同时必须注意防止在未来的工作中不自觉地受到以前思维习惯、学习习惯及其因素的不良影响。

第3步。研究者确定选题内容:研究对象、研究内容、研究步骤。

第4～5步。研究者制订研究工作的行动计划,并根据研究对象确定需要学习的相关理论。

第6～7步。研究者进行研究工作的实践操作。这是研究工作中的关键操作。收集相关资料，进行田野调查、访谈、观察、实物分析、历史分析。

研究者生活在研究对象中，得到第一手资料。记录时使用研究者和研究对象的第一人称的描述语言。质的研究选择具体的、个案化的、情境性的案例，不使用纯抽象推理的论证方式，不使用大样本的概率抽样方式，因而它是一种小样本研究，是归纳式研究方式。归纳式研究不能证实普遍规律，但可以证伪一个原有的结论，也可以从具体问题出发发现新的问题，提出新的研究方向。质的研究可以通过推论，对研究者所知的原有的知识体系进行“同化”和“顺应”操作(参见第 18.3 节关于“建构学习”的介绍)，从而发展现有的知识体系。研究者可以“直观”地感知他所选定的研究对象以及得到的概念、规律等是否具有普遍意义。在进行实践操作的同时，研究者还要学习与研究课题有关的现有知识、理论。

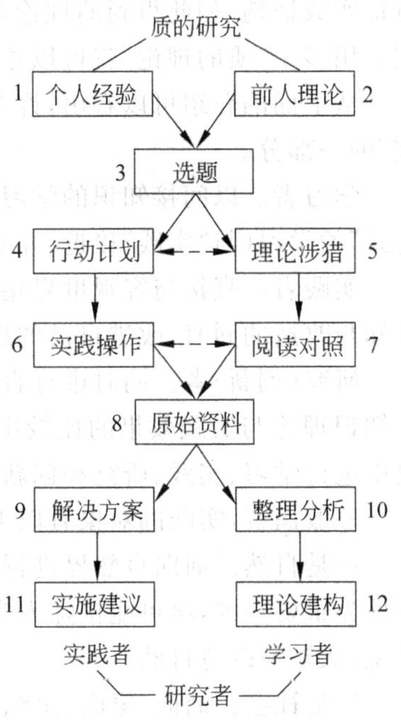

图 7.19 “质的研究”步骤框图

第 8 步。研究者在实践操作中，以现有理论为隐形指导，形成以实践观察为主要依据的原始资料。这是研究工作中的主要结果。将不同途径收集到的原始资料汇集到一起，进行编码、登录，并建设数据库。

特别要注意资料所呈现出的与现有理论不符的地方，防止完全用自己头脑中的现有理论解释所有事实，防止把研究工作变成仅仅为现有理论寻找案例的论证工作。

下面的工作分成两方面。

- 根据原始资料得到问题的解决方案——这是“实践”的一方面。
- 对原始资料进行分析整理或创新——这是“理论”的另一方面。

从浓缩资料开始，提取概念和规律，再放回原始资料中，判断对错，修改结论。然后再次完成上述循环，直到资料饱和、结论充实为止。

在资料的整理和分析中必须注意“资料中呈现的新理论萌芽”，并以此为研究工作导航。要把自己原有的见解和目的“清空”，倾听资料的声音。要腾出大量时间与资料单独待在一起，与资料实现足够的互动，让资料呈现出自己的面貌。防止完全用自己原有的“成见”(原有理论)解释原始资料，防止用当前流行的观点解释原始资料。以追求真相为目标，敢于承受资料讲出的“真话”。要尊重研究对象(当事人)的原始表达、当事人的逻辑，也要尊重当事人看问题的角度。

第 9～11 步。据此对实际工作提出改进建议或实施该建议，改造客观世界。这就是研究的实际成果。

第 10～12 步。进行新的理论建构。建构自己的理论体系(也许很小，也许是一个局部)，将自己的新理论纳入原有理论体系中进行“同化”和“顺应”操作(参见第 18.3 节关于建构主义的介绍)。这就是研究的理论成果。

根据资料的分析整理结论，进行大胆假设，然后与资料内容进行对比，对自己的假设进行证实或证伪，如此得到的理论是“质的理论”。每个质的理论下面是资料，资料下面是事实。用多个“质的理论”就可以建构出“形式理论”。

从上面的介绍可以看出，许多传统的(教学、学习、研究)工作只是这个完整的“质的研究”的一部分。

学习者。以间接知识的学习为主要内容。是以知识传授为主的学习，区别于“行为模仿式”的学习(与“实践”接近，介于直接学习与间接学习两者之间)。

实践者。直接与客观世界接触，认知的结果直接受客观效果的检验，对实践对象进行认知与改造的同时，改进自己的思维和行为。在实践中学，在“做”中学。

研究(创新)者。同时进行直接的实践，积累直接经验并进行间接经验(知识)的学习，在知识理论与实践效果的比较中、在实践效果的成败优劣的对比中、在与别人进行研讨争论中进行学习、实践、研究和创新。

一般而言，实践的对象有以下三个。

一是自然。面向自然界进行实践和实验，掌握其中的规律，建立起自然科学理论。以理性为重要一维，尽可能排除人为(个人和社会的偏见)的干扰。了解外部(物理、化学等)环境，认知与改造自然。

二是社会。面向(家庭、组织、民族、国家等)社会进行实践和改造，掌握其中的规律，建立起社会科学理论。包括认知与改造社会和外部自我。认识社会对自己的约束，以及自己对社会的适应与改造。以利益为重要一维，与肉体、大脑、精神相通。保存自己(家庭、族群、民族、国家、集团等)，维持自己的生存与发展。

三是自我。以“内部自我”为主。认知与改造内部自我，包括宗教、内省、气功等。以情感为重要一维，与心理、精神、灵魂(真我、真性情、真兴趣、自己的本能需求)等相通，努力解放并实现自我。内省者是以自己的精神(思想)为对象，把自我当成“客体”进行“客观研究”的人。也可以把“内省”看作“实践”内容之一，只是实践(认知与改造)的对象不同。

这样看，实践的对象就有“自然”“社会”(包括“自我”的外部)和“自我”(内部)三个部分。于是，“自我”就包括两个部分：外部的自我(在社会上打拼，较多受环境驱动，按照舆论思维的自我)和内部的自我(较多受本能驱动，更注重个人独处感受，宗教和内省时的自我)。

无论从哪个方面看，实践都比“(间接知识)学习”更重要。当前中国的教育仅注重间接知识的传授和学习，怎么看都是误区。

经验主义者往往是单纯的实践操作者。

教条主义者往往是单纯的间接学习者。

主观主义者、唯意志论者往往是缺乏自然科学素养的实践者。

丧失自我的人最常见的问题是面对客观实际时，没有自己的判断，没有活出真我。说的、想的都是别人灌输的东西，用这样的行为换取生活资料和社会地位。

我们的教育就应当让学生说真话，做真人，一生努力去做自己真正感兴趣的事情。

2.“质的研究”的意义

在图7.19中，竖向左列是传统的实践者的工作线索，竖向右列是传统的学习者的工作线索。将两者结合起来，就是真正的研究(创新)者的工作线索。真正的科研绝不是仅用书本知识的剪裁粘贴就可以完成的，只有“认知”(解释世界)、缺少实践(改造世界)，无论是自然领域的实践还是社会领域的实践，都没有真正的科研和创新。

将实践者和学习者的两条工作线索有机整合(不是简单叠加)在一起，按照规定的路线进行交互运作，成为“真正的研究者(创造者)”的工作线索。

将“理论和知识的学习”与“操作实践”分离，将学习与创造分离，是真正自然科学研究与真正社会科学研究的大忌。“质的研究”将两条线索有机结合起来。从图7.19看出，两条线索的交叉点是“选题”和“原始资料”。

它的基本思路是大力强调尊重事实，强调情境动态，强调所有结论都要有实际资料的支持，强调新提出的概念命题必须覆盖经验事实，谨防主观臆断，谨防惯性思维。质的研究方法将研究者视为一个活生生的人，一个在其他的人中间进行研究的人，通过与被研究者的互动，对所研究的现象进行深入、细致和亲历的体验，从而对所研究的问题有一个比较全面的解释性理解。

表面上看这是对社会复杂问题进行研究的科学方法，实际上是对任何复杂(特别是涉及人时)的事物的研究方法。这对当前缺乏自然科学准备的各类院校(包括政工、文艺、演艺甚至理工科)教育都具有重要的现实意义。

自然研究(科技工作)者在自己的狭窄研究领域中可以熟练采用科学的、实践的、客观的研究方式，但在他自己的日常生活中却往往无法“睁了眼看”，而采取盲从或人云亦云的态度。教给这些人基本的社会研究方法，对他和他的工作都具有基本的重要性。

所有的人文研究、社会研究工作者都应当采用这个方法。例如，编剧、导演、演员体验生活，政工人员到基层调研等。工科院校中的人文教育者、班主任、学生工作者、思想理论课教师等更应当受到该方法的系统专业训练，在“复杂事物”(可能涉及人)领域中进行偏自然科学研究的人也应当自觉应用这个方法。

在任何领域的研究过程中坚持科学精神，坚持开放态度，坚持实践第一，也是在改造客观世界的同时，改造自己的主观世界。未来的社会中无论是精英人才还是普通民众，都应当具有起码的科学精神，成为和谐社会中的合格公民。

3. 质的研究与定量研究、定性研究和设计型研究的关系

“质的研究”很容易与“定性研究”相混淆。“定性研究”与“定量研究”是研究方法一维的两端，“归纳法”与“演绎法”是研究方法另外一维的两端。

“质的研究”是学、做、研、创紧密结合的一种方法。将所有的研究方法放在“系统”理论的背景下，就可以看出它们之间的联系和区别。

1) 定量研究的要点

(1) 认知目标：寻找并表达研究对象要素之间的数量关系。

(2) 研究工具与表达工具。前期采用归纳法，通过概念的飞跃建立演绎的(公理)理论体系，后期采用演绎法根据这个理论体系进行严密的逻辑推导，得出结论。研究过程通常使用数学工具，研究结果通常用数学语言和数学模型加以表达。在自然科学中，欧几里得的几何学、牛顿的力学和麦克斯韦的电磁学是这种研究的经典范例。

(3) 研究步骤。确定变量(例如，力、功、能、电压、电流、功率等)。在隔离的、受控的实验条件下寻找变量之间的稳定关系，用数学工具(解析几何、函数、级数、矩阵、微分方程等)

描述这些数量关系。

（4）定量研究使用的逻辑，以数学的推理逻辑为主。

迄今为止，定量研究最大的成就表现在数学和自然科学领域。物理学中的定量（力学、光学、电动力学、热力学、原子物理）研究成为自然科学的典范。定量研究的认知目标是变量之间的数量关系，这些数量关系可能需要使用复杂的数学工具。在物理学领域，自然科学的定量研究成果给人的印象极其深刻，所得到的结论具有极大的普适性和精确性，以至在该领域中（力学、电学），所有的实际应用都可以使用演绎的方式，从已有的研究成果（牛顿力学、电动力学）中用数学方式严格推演出来。近百年来，社会科学、经济学、人工智能等现代科学研究也试图采用这种研究模式，但却遇到巨大困难，即大系统、复杂性。

2）定性研究的要点

（1）认知目标：

- 是什么？（要素的静态结构）
- 怎么样？（动态结构、动力阻力、运作规律）
- 为什么？（因果关系）
- 有什么用？（意义价值）

（2）研究工具与表达工具。前期通常使用归纳法建立理论（或假说）。部分内容使用已有的结论进行演绎推导。研究结果通常使用自然语言和概念模型，有时也配合图形（框图或示意图）加以表达。参见附录D。

（3）研究步骤。

① 静态研究。

- 对研究对象（系统与环境）的整体描述。
- 区分研究对象的层次；描述指定层次的"系统"与"环境"；确定层次之间的联系与转化规律。
- 确定系统内的子系统和元素，确定它们之间的相互关系。

② 动态研究。

- 系统地进行运动学与动力学的研究。要了解动力、阻力、功率等概念；了解元素之间的联系；了解正反馈与负反馈。
- 历史—现在—未来的发展过程；大尺度时间轴上的变化规律（如否定之否定）。
- 系统的稳定状态与变化状态；量变到质变。
- 系统元素之间的转化；渐变与突变；相互依存与相互转化的因果关系。

（4）定性研究使用的逻辑，以自然语言的推理逻辑为主。

迄今为止，社会科学的许多分支只能采用这类定性研究。对于复杂的大系统，无法实现完整的定量描述，只能先用定性方式进行研究。事实上即使对于自然科学，在初次接触任何一个领域时，都只能进行定性研究。定性研究不是仅针对社会科学的。

值得注意的是，近年来计算机和人工智能技术的巨大进步，云计算、数据挖掘和大数据技术的出现，使对于复杂庞大系统的某些定量研究逐渐成为可能。

3）"质的研究"的要点

（1）认知目标：对（有人参与的）指定社会现象进行整体研究。关于该问题以前没有研究成果，或已有的理论和认识没有经过检验，或已有的理论认识过于简略，或对已有的研究结果(理论)有疑问，都可以通过“质的研究”试着解决。

(2) 研究工具与表达工具。研究者本人作为研究工具，参与到作为研究对象的社会活动中。在自然情况下，采用多种资料收集方法对指定社会现象进行整体研究，使用归纳法分析资料、形成理论。通过与研究对象的互动，对其行为和意义建构获得解释性理解。研究结果通常使用自然语言、表格、图片、照片和简单数学工具(框图等)加以表达。

(3) 研究步骤。

根据自己的兴趣选题—确定研究问题—制订工作计划—研究已有理论—参与实践—得到数据资料—根据资料运用归纳法形成理论—根据资料对理论进行检验，参见图 7.19。

(4) 质的研究使用的逻辑，以自然语言的推理逻辑为主。

迄今为止，质的研究最适用的领域是研究对象中有“人”参与的过程。(包括应用技术、艺术等内容的)社会活动是最主要的应用领域。

4) 设计型研究的要点

(1) 认知目标。对自然对象、人造物或对指定社会现象进行整体研究和改造(设计与实施)。在认识的过程中同时进行改造，在改造的过程中认知。边做边学，边学边做。

(2) 研究工具与表达工具。

与单纯研究不同的是，设计型研究最后还要对系统进行有效改造。要提出行动方案，并力争实施该方案，从而检验前面的认知。这种研究方式把认知与实践紧密结合起来，把认识世界与改造世界有效结合起来。

(3) 研究步骤。

根据自己的兴趣选题—确定研究问题—制订工作计划—研究已有理论—参与实践—得到数据资料—根据资料运用归纳法形成理论—根据资料对理论进行检验—根据新的认知(理论)对系统进行改造(设计)— 运行—根据改造后的运行结果，对理论认知进行检验。

(4) 设计型研究使用的逻辑，以自然语言的推理逻辑为主。

迄今为止，设计型研究对自然科学领域和研究对象中有“人”参与的过程都适用。学校的教育活动是重要的应用领域，例如本书介绍的课程整体设计、单元设计等内容，都是采用边学习、边研究、边设计、边实践的方法。

5) 四种研究方法的关系

定性研究是定量研究的准备，定量研究是定性研究的深化。

原则上，自然科学和社会科学都可以从定性研究开始，逐步走向定量研究。但是自然科学研究的对象相对简单(排除人的参与)，定量研究容易取得结果。将自然科学的实验+定量计算的方式直接应用于社会科学(有人参与其中)的研究时显得很不适应。最简单的社会系统也无法进行“隔离”，取得“单一要素”，从而进行实验，研究者无法与被研究对象进行“隔离”，从而无法保证研究结果的“客观性”。

于是出现了“质的研究”。它将自然科学的研究理念(尊重客观事实和规律，所有的人的解释和理论认知都要经过实践检验，所有的认知和理论都要与实际资料相符合)与社会系统特点(有人参与)相结合，针对社会研究过程中最容易出现的问题(意识形态干扰、主观意志论等)，给人非常深刻的印象。

如果质的研究偏重于认知，那么设计型研究就在“认知”的基础上增加了“改造”。在改造的过程中认知，在认知的基础上改造。这比单纯的观察、调查、了解等要深入一个层次。例如，在图 7.19 中，将质的研究第 11 步再向下发展，对改造方案进行操作，根据实施反馈的结果对认知结果（包括新形成的理论）进行改进，就成了“设计型研究”。

通过主观外推（猜测）的认知—通过间接知识传授的认知—通过调查比较的认知—通过参与实践改造的认知，显然一个比一个深入。这些学习与研究方法，无论对于已有知识的传承还是新知识（理论）的创造显然都非常重要，值得当代教师和学生学习与掌握。现代项目教学的重要特点就是文理融合。质的研究把自然科学的研究理念和方法创造性地应用于社会研究，并形成可操作的模式。在进行专业技术（例如美术）教育的同时，师生更注重研究对象的生存状态、社会环境和文化氛围，体现了深切的人文关怀和爱心，这才是研究者与被研究对象的根本利益所在，这才是真正的“德育和素质教育”。

单纯的能力训练（特别是当前的工科教学中）还有把“人”训练成“工具”的危险。质的研究把专业技术教育与社会研究紧密结合，这是对当前国内教育领域最有启发性的创新（参见第 18.13 节）。

在我国，历来的专业（技术）研究、教学研究都是与“社会研究”严格分离的，这导致师生心中专业与生活分离，技术与社会分离，进而导致个人人格的分裂。质的研究把这些内容紧密结合起来，将研究者本人的学习、实践与研究（设计、创新）三者紧密结合，将研究者的“做事”与“做人”紧密结合，将专业研究与生活研究紧密结合，将专业研究与社会研究紧密结合，这就极大地促进了师生认知的统一和人格的统一。“质的研究”为在我国提倡了多年的素质教育找到了一个具有深厚理论基础的先进理念，同时找到了一个可以指导实践的先进工具。

质的研究告诉我们，一个人应当怎样最有效地边实践、边学习、边研究，这也正是真正知识分子最理想的人生。质的研究当然也可以应用于所有院校的学生管理研究、德育工作研究和社会研究，理工科的师生更急需受到这种理念的熏陶和方法的训练。

对于搞自然科学和工程技术的人来说，他在专业上的科学和严谨往往无法在社会和政治生活中施展，而显得一无所知、一无可做和幼稚可笑。质的研究的理念与自然科学的研究理念，在更高一个层次上一脉相承，尤其是质的研究的理念、做法与现代项目教学的理念和做法基本一致，理工科师生学习和应用起来不会有任何实质性的障碍。请参见第 8.10 节。

所以，质的研究的方法和理论应当推荐给所有专业领域的高校师生与管理人员，每个人都可以在现在的岗位上，在教育的所有领域推广此项重要的研究工作。

第 3 篇

应用型课程中的项目与任务

第 8 章　现代项目教学

项目教学经过多年来的发展,已经从一种辅助的、可有可无的教学方法,成长为一种影响教育全局的重要教学模式,成为应用型院校教学的首选,我们称它为“现代项目教学”。但是关于项目和项目教学,许多人的认识还停留在多年前的印象中,还有许多认知的盲区和误区。本章以多年来应用型院校教改中出现的实际问题为背景,来深入讨论有关问题。实践证明,课程设计的重点在项目,难点也在项目。关于项目问题的研究结论,对课程整体设计、单元设计和课程体系设计同样具有指导作用。

课程教学项目(简称“项目”)是课程内容的主要载体,也是学生道德养成与能力训练的主要载体。项目设计的好坏,对课程的成败具有决定性影响,特别是其中的大型综合贯穿项目。大型综合贯穿项目用于学生综合能力的训练,用于系统的专业应用知识的学习,用于学生良好职业道德和行为习惯的培养,在课程单元设计、整体设计和专业课程体系设计中都占有举足轻重的地位。实际课程中,应当用大型项目与小型项目(或任务)相互配合,共同完成课程教学任务,以达到课程预定的能力目标、知识目标和德育(素质)目标。

在应用型院校的教学中,教学项目具有不可替代性。有人问:可不可以取消课程“教学项目”,上课完全讲知识,所有的实践内容将来用“顶岗实习”来代替呢?实践证明不可以。顶岗实习极其重要,不能用课堂教学取代,同样,课程中的项目和任务也不能用顶岗实习完全取代。因为顶岗实习也有它的局限性,受操作者熟练程度和经验的限制,不能让学生多次“换岗”,所以学生无法体验行业企业的工作全局。顶岗实习受生产要求(例如交货时间、利润、成本、不可出错)的限制,一般不能迁就学院安排,无法配合完成教学任务。受企业条件限制,学生顶岗实习的时间在整个教学过程中只能占较小的比例。顶岗实习受企业保密(例如财务账目数据、技术商业秘密)等要求的局限,学生不能接触某些岗位的实际数据。所以,许多重要的学习和训练内容只有在课程项目中才能实现。

在应用型教育中,鉴于课程项目的极端重要性,本章专门讨论项目任务相关问题。为便于理解,请与第 4.3 节(整体设计要点)、第 5.2 节(单元设计要点)、第 7.1 节(项目任务的层次)和第 13.4 节(跨课程项目)内容对照阅读。

8.1　项目的不当应用

初次进行课程设计时,最容易出现的错误就是将一些“不是项目”的“课程教学活动”误以为是课程能力训练用的“项目”。下面列举一些常见的错误情况。

1. 案例不是项目

案例教学十分重要,但它不是项目教学。案例是关于已成事实的知识,可以用来展示和分析，但学生无法“参与”到案例中来操作，案例不能用于“专业技能的操作训练”。项目是一件尚未完成的具体工作，要师生共同参与，把它完成。项目有效益、有效果、有成果(例如产品或服务)，实施项目的过程有成败，项目的成果有明确的验收标准，而案例没有这些。所以，案例教学并不是我们所说的项目教学。这里要特别说明一点，案例虽然不是项目，但并不表示项目课程中不可以有案例。项目课程只是要求课程内容中必须要有项目，这样才能练出能力。但同时也必须要有大量的精彩案例用于学习知识和理论。项目课程并非只要能力目标，不要知识目标。

2. 传统课堂上的教学活动不是项目

传统课堂上经常开展一些认知活动，用来消化、理解、巩固、记忆、再现课本知识内容。课堂上下常用的一些师生活动，例如问答、练习、游戏、读书、讨论、作业等，通常都是围绕知识的消化理解进行的活动，最多是具体工作或认识过程的片段或局部，不是完整的工作，因而不构成我们所说的“项目”。也就是说，通常的教学活动没有训练职业能力的功能。所以，通常的活动教学不是项目教学。

例如，“熟悉机床配置”(教师讲解相关的知识和案例、学生参观实物、完成作业)这只是为认知服务的教学活动，并不是我们所说的课程项目。如果改成“为(某个具体的)客户完成(某个具体的)机床配置报告”，这时师生是为客户完成一项具体工作，工作的结果由客户评价，有明确的经济目的和结果，这就是我们所说的课程项目。在完成这个项目的过程中，学生必须熟练应用“机床配置”有关的知识和理论。所以项目不但有“训练能力”的功能，而且有促进知识学习的功能。

3. 模块不是项目

模块是内容的封装。模块的主要用途是进行灵活的整体搭建。模块中封装的东西可以是任何内容，例如知识的模块就体现为课本的章节。模块与项目之间没有直接关系，把原课本中的“第一章”改名为“项目一”并没有改变其“知识模块”的本质，所以通常所说的“模块教学”不是项目教学。

4. “工作要素”不是项目

从具体工作中抽象出的“要素”不是项目。

例如，“旅游公关礼仪”课中，“求职礼仪、形象礼仪、办公室礼仪、商务礼仪、接待礼仪、社交场合礼仪”都不是“项目”。项目必须是一项尽可能完整的具体工作，例如“××(具体)会议的接待工作”，这就是“项目”。按照这项具体工作的环节，可以展开下列工作：“员工招聘—联络—接待—开会(准备、开会、茶歇、整理)—舞会—沙龙—考察(旅游)—送客”，这就是各个子项目。在“招聘、联络、接待、开会、舞会、沙龙、考察、送客”的每个具体环节中，都有“自己”的“形象礼仪”问题。“形象礼仪”只是一个从具体工作过程中抽象出来的“要素”，并不是一件具体的工作，所以它本身不构成项目。

5. “工作环节训练”不是综合贯穿项目，最多只能是“单项项目”

这也是当前经常出现的问题。

一个具体产品(一部手机、一台汽车、一个广告等)的创意、设计、制作、评价、修改、检验、销售全过程，这是个综合项目。反之，针对某个环节（例如“创意”），使用不同对象（手机的设计、汽车的设计、广告的设计等），训练同一个单项能力（例如设计能力）的教学活动，不是综合项目，而是单项项目。

项目必须是针对具体目标、具体对象的某项具体工作的全过程（例如“手机外壳的创意、设计……工作的全过程”），项目不是一类工作或某个环节工作的名称（如“设计”）。所以，“搭接并测量一个手电筒电路”这是个小任务。而“直流电路的分析与测量”这不是项目任务，因为它不是具体工作，而是一类工作的抽象名称或是一个知识模块的名称。你去商店能买一个“直流电路”吗？你只能说“我买一个手电筒”。手电筒中的电路当然是直流电路，但它是直流电路的具体化。同样，搭接、分析、测量一个发光二极管电路，也是直流电路领域中的一个小“任务”。我们希望的课程项目是，首先把“抽象、一般”的工作环节落实到一件“真实、具体的事情”中，然后用这项具体的工作（项目、任务）训练通用的能力，再从具体工作推演出去，学习一般系统知识。许多教师的教学习惯是过于重视最终的“一般知识”的教学，总是希望跨过“具体”，直奔“一般”。“抽去具体经验，直接学一般结论”的结果是抽掉了学生认知的经验基础，使抽象结论变成空洞的定义和结论，学生无法理解，更无法应用。

对一个具体建筑的调查、立项、招投标、设计、采购、施工、验收、交付，这个全过程可以构成一个综合项目。但按照上述工作环节逐一训练单项能力的（例如，用多个建筑物训练“施工”能力），就不是综合项目，而是单项项目。

开发任何一个电子设备的工作，包括以下环节：创意、设计、画图、制版、焊接、调试、故障诊断、参数测量、说明书书写等。如果我们的课程按照上述环节的顺序对单一能力逐一进行训练，表面上看，我们在训练学生“完成任何设备开发的通用能力”，而实际上是用多个相互无关的小任务，分别训练某个工作环节中的单项能力。由于学生没有实际完成任何一个完整的（工作）项目，所以只学到若干片段和抽象的规则，并没有体验任何一个完整的工作及其结果。没有完整的经验，就不能完成实际任务。所以这些“环节”的单项训练并不是我们所说的教学“综合项目”，而只是单项项目。

一台具体的扩音机，从设计、制作、调试到成品展示的全过程，对象具体、环境具体、工作具体，所以这是综合项目。但针对“元件识别、单元电路设计、电路制作、仪器工具使用”等工作环节的逐一训练，就不是综合项目，而是单项项目。在“电子技术”课中，用面包板、插件试验电路，用套件装收音机或万能表，用印制板焊接扩音机等活动都不是综合项目。因为学生只做了整个工作中的某几个环节，没有完成一个完整的工作过程、没有创新空间，没有真正出错的余地，练不出真正的能力，这些也都达不到我们要求的职业能力水平。

非工科的内容也一样。例如，任何一单国际贸易都有以下的工作环节：寻找客户、谈判、签订合同、执行合同、意外处理、理赔。如果按顺序分别训练每一个环节，这些就不是综合项目，而是单项项目。但如果把它改成从美国（具体的）A 公司进口一批（具体的）特种钢材，该项工作有具体的情境和数据，有具体的时间地点，有丰富的背景资料，师生有具体的身份地位（经理、跟单员、报关员）。这项工作所有过程的内容相互衔接、相互影响，工作有成果，成败有判定，这就是综合项目。

现代项目教学特别强调，在综合项目的实施过程中，必须注意职业道德的养成、能力的训练、系统知识的学习这三个重要方面,不能只有其中的一两项。如果仅仅完成一项具体工作(产品),没有知识的系统学习,没有能力的有效迁移,没有职业道德的养成训练,就不能达到我们所希望的课程教学目标。

“项目”不能只是对某一个环节的反复操练(课本读10遍、单词默写100遍、2小时内锉出一个平面、画出1000条平行线等),这些非综合的、环节性的、局部的能力训练应由教师对综合项目的引导,学生感到必要性之后,自己课外找时间训练完成。所以,无论是课内还是课外的项目,都应当具有专业性、实用性、趣味性、综合性、覆盖性、挑战性和激励性。这样的项目必须由专业实践经验丰富的教师精心选择、设计,为学生提出许多待选方案,供学生自主选取。项目最好与企业合作,其选择要考虑成果的积累性和活动的持续性等因素。

项目不等于“活动”。一个活动(例如,一个集体游戏、一次参观、一次游行、一次社会服务)可以没有有形的成果,但是一个项目必须有有形的成果,有可供展示、交流的成果。

如果学生只是模仿教师,或在简化的工作过程中(例如,用现成的印制板、套件)完成了一个具体产品(典型产品带教学),但学生并不会独立完成相关任务,那也不是我们要求的项目。为此,课程项目必须防止对工作内容的过度简化,必须尽可能保持实际工作的真实性、复杂性、综合性。在项目实施的过程中要注意训练学生的“能力迁移”,例如,“双线并行的贯穿项目”是一个有效的课程的整体模式(参见第7.2节)。

仅完成若干孤立的环节,或仅能完成一个简化的具体工作,但不能推广到其他情境的,也不是我们所要求的课程综合项目。

6. “以典型产品带教学”不是我们所说的“课程综合项目”

20世纪70年代曾提出“以典型产品带动教学”的口号。大学生下企业,教师选定一个典型产品,以这个产品为切入点,从中引出原课程中的所有知识体系。例如,“高等数学”课的教学,带学生去工厂,观看累积型皮带秤的运作,从中引出定积分,然后学习全部“微积分”和“高等数学”课程的内容。我们实施过这种教学,开发过配套的教材,那么这种“典型产品”就是我们现在所说的“课程综合项目”吗?不是的,这种思路不是我们现在所说的“项目教学”。第一,那个典型产品只是知识学习过程的切入点,只是讲解系统知识的“敲门砖”,“敲开门”之后,“砖”就扔掉了。最终的教学目标仍然仅仅是课本上的系统知识。第二,课程并没有“训练职业能力”的目标。从根本上说,还是知识本位的教学,缺乏从知识目标向能力目标的过渡。第三,缺乏从这个典型产品向一般产品的过渡。第四,典型产品仅是引出“系统的书本知识”的手段。知识的学习过程仍然保持原来的传授方式,产品与知识之间的联系很生硬。

7. 规范项目

将原课本知识(章节或模块),按照职业活动过程或岗位工作过程重新排列,将章节命名为“项目”“任务”“模块”或“××学习领域”,这不是项目。

例如,“仓储服务与运作”课程设计如下。

项目一　根据商品的包装类型、运输方式确定不同的收费标准

项目二　对商品进行理货

项目三　合理安排货位,安排商品入库

项目四　按照正确的方法进行保养

项目五　商品盘点

项目六　按照出库指令安排商品出库

项目七　商品仓储服务与运作

以上标明为“项目”的，其实都不是项目，它们都是知识的章节目录，或知识模块名称，或工作环节名称，并不是一项具体连贯的实际工作，只是大体上按照工作过程排列的知识模块，所以，这些并不是项目。

项目是一项没有完成的具体的、综合的、实际的工作，需要师生共同去完成它。项目并不是某种知识的排列方式。所以，对课程整体设计的6项原则，我们不能片面割裂地理解。如果认为把知识按照“职业活动导向、工作过程导向”排列了就是能力训练项目，那就大错特错了。

8.2　项目的准确定位

下面从正面对“课程项目”的主要性质进行一个简单总结。

1. 项目的性质

现代项目教学中所说的“项目”是“课程教学项目”的简称。职业岗位上的(企业)项目是企业的真实活动。企业项目以营利为主要目的。课程教学项目是教学活动的主要部分，以“认知、学习”为主要目的。所以，顶岗实习与课程项目的作用各异，不能相互代替。课程项目应当具有下列性质。

(1) 具体性。项目一定是一件具体工作，它可以以实际职业活动、企业工作为背景，但必须按照认识论的要求加以改造过。这项工作的情境要尽可能真实，数据要尽可能具体，它是实用的、复杂的一项具体的(以专业技术为主的)工作。相反，关于“一类工作”性质的表述(例如“扩音机制作”)就是知识模块，而不是项目。

(2) 操作性。要求师生动手动脑克服困难，把项目顺利完成。项目是用来“做”的，不是用来“讲”的。用来讲的不是项目，而是案例。

(3) 综合性。任何一个具体工作(项目)都是跨专业、跨课程、文理融合的综合工作。传统专业课中的习题都是舍弃了其他方面，只保留本专业内容(例如数学习题)的简化的练习。项目“综合性”的含义就是，将构思、设计、筹划、组织、宣传、制作、调试、维修、展示、介绍、管理、营销、服务、创建企业、运行企业、协作、竞争等工作环节联系起来，把尽可能多的专业要素(文理、社会、经济、文化、历史、哲学等)联系起来，学生尽可能参与该工作的全过程，或尽可能多的工作环节，若只参与少量环节工作，就不是项目，而是环节局部能力的训练。

学生在项目课程中受到的不是单一的技术教育(能力和知识理论)，此外还有实际的职业道德和职业素质教育，自然体现了创新教育和创业教育的综合内容，这就从根本上消除了单纯书本知识学习的弊端。

项目最终必须有可展示的成果，此成果有效益和价值，能使自己和别人受益。没有最终成果的"操作"和"练习"不是项目。例如,写了一天的字,觉得不理想,都撕掉了,这是一次"活动",但没有有形的成果,别人无法从这次活动中受益,所以这不是一个项目。如果写了一天字,完成了一次书法展览的参展作品,就可以看作完成了一个项目(或任务)。

项目完成之后,必须有一个成果展示过程,以此训练学生的表达能力、宣传能力、辩论能力,分析评价能力,增强学生的成就感和自豪感,增强学生的学习信心。成果展示内容包括产品展示(附有设计说明、使用说明等)、结果展示(文章专著、调查报告、分析报告、实施报告、获奖证明、客户评价等)、过程展示(服务过程录像、照片、说明)等。

项目的成果必须有成文的验收标准,并按照这个标准组织公开、公正、严格的验收过程。无论是优秀、良好、合格或不合格,学生都要对验收结果承担责任和后果。关于项目验收的标准、过程和重要性,都要在项目实施之前对学生公布并反复强调。项目是成果的摇篮,成果是能力的重要"观察点",能力是素质的重要观察点。

(4) 设计性。项目是根据未来岗位工作的需求,由教师设计出来的,不是把岗位工作直接搬过来的,也不是随便找个工作让学生动手。正如把生活直接写下来不是小说一样,把岗位工作直接搬进课堂,也不是我们所说的项目。

(5) 典型性。用于学习的项目不是实际工作的简单模仿,而是综合了多项实际工作要素,经过精心设计的、集合了实际工作中大量情境的典型工作。项目相对于岗位工作,就像戏剧相对于生活一样,是其浓缩的集中反映。因此,设计多重循环的系列项目任务,就成了教师必须研究的课题(参见第7.4节)。

(6) 覆盖性。项目应当尽可能覆盖课程所有主要能力点、知识点和德育内容,尽可能覆盖职业岗位工作的多种情境和工作要素。

(7) 认知性。项目的展开过程应当尽可能遵循从简单到复杂、从感性到理性、从具体到抽象、从定性到定量的初学者的认知规律。项目一定要以"边做边学、零起点、小步快进、多重循环"(而不是"先学后做")的方式展开。

(8) 主动性。教师要设计出学生感兴趣的项目。学生对这个项目要有内在的兴趣,这样才有内在的学习动力。学生应当尽可能主动参与项目的全过程,在项目实施的过程中,学生应当有尽可能大的自学空间、决策空间和创新空间。学生要能主动学习,通过出错学习,通过异同、优劣、正误、成败对比学习,通过设计和创新学习。单纯的正面知识灌输、单纯的按照工作单模仿都不是主动学习,都没有好效果。

(9) 项目的综合承载能力。教师设计项目时必须充分发挥课程项目的综合承载能力。项目应当承载学生的(专业)能力训练,(部分)外语教学,跨专业系统知识、理论的学习和职业素质、职业道德、职业规范养成,社会经济法律,专业发展历史,方法论,哲学和通识教育等多方面的教学内容。项目所承载的能力和知识不仅是专业能力和技术知识,还有关于企业运行和管理的能力和知识、关于经济方面的能力和知识、关于法律方面的能力和知识、关于竞争合作方面的能力和知识等与企业活动有关的所有方面的能力和知识。

(10) 工作的完整性。项目尽可能不是片段练习、环节描述、虚拟操作、仿真操作、纸上谈兵,尽可能不是简单的专业教学活动(作业、练习、习题、课堂活动、游戏等)。项目尽可能真正实施(不只是设计方案),并对项目的效果进行客观检验。

(11) 项目两线索。课程项目中有两个要素,一个是"工作线索",另一个是"认知线索"。企业的真实工作就只有工作线索,没有或只有极弱的认知线索。课程项目中一定包括与"工作线索"同等重要的"认知线索":能力的训练、知识理论的学习、职业道德职业素质的养成。项目的工作过程必须配合有教学活动:片段操作、作业练习,简单到复杂、感性到理性等的认知过程。

(12) 企业(社会)要素。课程项目在实施过程中,要尽可能转变师生身份(不是改名换姓的"角色扮演"),按照企业工作情境、企业规范、企业管理的要求来操作,项目中要尽可能包括更多的"企业要素"(企业规范、生产技术和工艺、企业工具、企业文化、企业观念、企业标准、成果验收、企业管理、职业规范、职业道德、职业素质,与企业活动相关的经济和法律内容、企业中的人际关系等)。对于人文社会类课程的项目,不但要使其含有认知线索(知识理论),还要加入"社会要素"。到社会实践中去,与人交往、与人合作,投入"社会服务"和"社会改造"的实践中去,在社会活动和社会工作中认识社会。在进行社会改造的同时,进行个人的能力训练和知识理论学习;在改造客观世界的同时,认识客观世界、认识自己并改造主观世界。就现代项目教学而言,在学校实训室中以师生身份完成一项完整的具体工作,还是不够的。因为那仅实现了"工作过程导向",还要努力实现"职业活动导向"。

特别需要注意的是,同一件事既可以以项目任务的方式实施,也可以以非项目任务的方式实施。例如,"看医生"这件事,在外语课中经常被设计为一个"任务"。请两位学生分别扮演医生和病人。第一种情况,让两个学生分别背诵自己的 12 个例句(或句型),然后按照脚本进行表演对话。这件事是背诵表演练习,不是项目任务。第二种情况,教师扮演医生,水平远高于学生,在对话中起主导作用;学生扮演病人,在教师的引领下用英语表达。教师不断改变情境,学生不但要重新组合学过的例句,而且要调动自己原有的积累,解决面临的"意外的实际问题",这就是项目任务。也就是说,通过背诵、表演、代公式、走程序完成的事情,没有超越记忆准备、没有意外的事情,就不是项目任务。这也是实际生活与戏剧表演的区别。项目任务相当于生活,里面总是有超出记忆和准备的意外,学生通过项目任务学到的不仅是书本结论。

2. 项目的来源

项目和任务的工作是以职业岗位工作为背景,按照认识论规律要求(感性入手,从易到难,边做边学、多重循环、反复训练等)加以改造过的一项具体"工作"。项目是职业活动导向,工作过程导向的。这个"改造"过程,就是教师的设计过程。项目既不是课本知识原理的图解,也不是从工作场所直接照搬来的真实工作。对于人文社会类课程,就是以实际社会活动为背景,按照认识论的要求加以改造过的一项具体(社会性)工作。

3. 项目的用途

在完成课程项目任务的过程中,我们要训练学员的综合能力与单项能力,并从具体项目任务的实际,引出一般情况:要学习系统的应用知识、必要的理论知识和定量计算。让学生边做边学,而不是先学后用。在按照企业规范进行管理、考核和验收的过程中,对学生进行企业道德、企业素质的训练和养成。人文社会德育类课程的项目,就是要学生投入社会服务、社会活动和社会改造的实践中,在实际的、复杂的、综合的社会活动中训练相关的能力、学习相关的知识和理论,在实践中学习、体验、比较、感悟,改造自己的价值观和世界观。这种在改造客观世界的过程中，在实践中学习、体验和感悟到的知识，是直接经验与间接知识的统一，其育人质量是单纯传授或灌输的知识、单纯的能力训练所无法比拟的。

项目还有一个重要用途，就是对学生进行考核。学生的能力和职业道德水平，通过完成具体项目任务可以充分表现出来。教师必须注意的是，课程用于学习的项目与用于考核的项目必须分开，因为在学习的过程中，学生可以犯错，犯错不能扣分。学生在教师指导下不断纠错进行学习。如果需要考核，教师必须设计另外一个项目，让学生从头到尾独立完成，教师不能参与其中。最后按照验收标准进行验收，这时，所有的错误都要扣分。

4. 项目的目的

课程项目(及其产品)的目的是育人，是让学生训练能力、学习知识、养成良好职业道德、学会做事、学会做人，其物质产品和结果虽然很重要，但并不是教学的最终目的(课程项目首先不是为了实体价值、利润)。这一点与企业不同，与过去的实训室操作、与过去的校办工厂也都不一样。因此，课程项目虽然源于实际工作过程，但必须按照认知过程的要求进行改造，正如艺术作品要源于生活，高于生活一样。

5. 项目是养成职业素质、职业道德、职业核心能力的重要载体

在现代项目教学中，要力争以企业角色(身份)、企业情境、企业氛围、企业标准、企业规范、企业管理、企业文化、企业道德准则来要求学员。在项目任务实施过程中的这些道德、素质要求，都是源自工作的实际需要，学生感到十分自然。在操作和行动中教与学，这样的德育教学，其效果是单纯书本讲解所无法比拟的。所以项目设计和实施的过程要力求简单、真实，不采取做作的、仅改名换姓的“角色扮演”，而实施真实自然的“身份转换”。

6. 课程项目用于训练“可迁移的能力”、推动“系统的应用知识”的学习

教师要从项目的具体工作出发，但不能局限在单一的具体项目工作中，要在同一项目中设计许多不同的“情境”，从中引出各种可能的实际情况，通过对比，进入“一般情况”的讨论，使学生从一到二、从个别到一般、从具体到抽象，掌握系统的而不是零散的、一般的而不是个别的专业知识。在操作方面，要力争在该具体项目中训练出的主要能力是可迁移的，能够用于解决任何(未来职业岗位上的)同类或类似的问题。所以，双线并行的贯穿项目(课程整体设计的第五种模式)是解决这类问题的有效模式之一。

7. 项目的多种实施方式要相互配合

项目应当尽可能真实、具体、接近实际岗位工作情况。但限于教学的实际条件，课程项目在实施过程中，需要在许多实践环节上进行变通。

在实训室开发制作真实产品，例如制作一台扩音机，是“真实产品、真实过程、仿真环境”方式。

在实训室，按照真实的典型工作过程，制作虚拟的产品，是“虚拟产品、真实过程、仿真环境”方式。

还可以在项目实施的全过程中，使模拟与真实的工作过程相互配合。例如，国际贸易课中“用虚拟的交易、真实的过程，训练真实的工作能力”。士兵用“演习”来训练真实的作战能力，用内部比赛训练真实(对外)比赛的能力，用仿真设备训练真实驾驶的能力，用模拟

环境训练真实太空行走与登月的能力等。

身份的转变。在外贸项目训练中，学生的身份是“外贸业务员”，教师担任外贸工作中所有其余的角色（经理、外商、海关、银行），这对训练学生的真实操作能力很有好处。如果全课都是以传统的师生关系进行，能力训练的效果将大打折扣。

8. “综合贯穿项目”必须与“单项能力训练项目”紧密配合

“综合贯穿项目”必须是针对同一个具体对象，在时间上，相继实施多个尽可能完整的操作环节；在空间上，包括所有主要工作要素，按照环节顺序操作，直到全部工作完成，做出具体成果并按照企业要求对成果进行检验，对学习进行考核。

“在时间上，相继实施多个操作环节。”例如，针对某个产品的创意、设计、制作、评改、验收、销售的全过程，这些操作环节应尽可能全面、完整。大型贯穿项目的子项目都是按照工作过程的先后顺序来划分的。

所谓“在空间上包括多个工作要素”，就是大型贯穿项目的子项目不应当按照工作要素（知识模块，如上例）来划分。例如，“旅游公关礼仪”课中，“求职礼仪、形象礼仪、办公室礼仪、商务礼仪、接待礼仪、社交场合礼仪”，这些礼仪要素应当包括在工作过程中的所有环节中。

所谓“单项项目”，主要用于训练“能力点”，是相对单一的工作任务。对多个对象（或多个事件）的“单一环节”，或多个对象（或多个事件）的“单一要素”进行训练的项目，就是单项项目，不是综合项目。

在课程的整体设计中，综合的贯穿项目与单项项目两者都是必需的，而且两者要紧密配合。具体可以有许多种不同的做法。

(1) 做法一。课程整体上由综合项目驱动。相对于综合项目的每一个环节，配合以若干单项项目，对这一环节进行单项能力的训练和案例知识的扩充，从个别引向一般。

(2) 做法二。先逐一完成若干单项项目，训练所有的主要能力点，然后完成综合项目。但要注意防止学生在缺乏主观动力的情况下被迫执行某些训练。

类似这样，还可以开发出许多混合的课程模式。总之，仅有单一种类的项目任务是不够的，应当将所有几种主要的项目类型进行混合搭配，使之发挥最大效益。

9. 项目的种类

从不同角度看，项目有不同的种类。

项目与岗位工作的关系。项目有与岗位工作紧密结合的，也有与岗位工作不直接相关的。例如，幼儿音乐教师课程的项目，与未来岗位紧密结合的项目就是各种儿歌的演唱和创作，但是，仅凭教师本人的音乐素养单做这些项目是不够的，所以，除了儿歌项目之外，还必须开出更加深入的、非幼儿音乐项目（民歌、戏曲、英语歌、交响乐、西洋歌剧、摇滚等）。其他专业都类似，除了开出与学生未来岗位紧密结合的项目之外，还可以开出更加深入的、与岗位工作没有直接关系的、提升个人专业素质的高水平项目。就课程项目而言，能开出与岗位相关的项目当然很好，但不要被岗位工作限制。

以“改造主观世界为主”的项目。例如，针对某个概念、规律、理论进行观察、调查、研讨、辩论、写作、反思、感悟等步骤，然后对其进行深入的理解和掌握，最后有成形的成果（PPT、论文、文艺作品、专著）可以展示和评价验收。这当然也是项目。这类项目以提升思维能力、改造三观、改造主观世界为主要目的。无论工科、文科还是德育课程，都可以设计这类项目。

以“改造客观世界为主”的项目。工科课程的绝大部分项目都有具体的物质成果（设备、工具、磨具、汽车等）或可提供服务（秘书、导游等），是这类项目的代表。德育类的课程应当特别注意这类项目的开发和设计，只有正面理论的灌输并不能完全达到德育目的。要让学生积极主动地参与社会（文化、经济、政治）生活实践，改造自己的周围环境，在改造客观世界的同时，认识客观世界、认识自己并改造自己的主观世界。实践的认识论最主要的特点，就是它不仅认识和解释世界，还要改造世界。德育教师应当带领学生深入挖掘学校生活的方方面面，分析和改造校园环境、校园文明、文化环境、生活环境、学习环境、集体生活、学生的生活习惯、学习习惯等，把“该这样做、不该那样做”的事设计成项目让学生参与，把德育渗透到学生生活和学习的一切领域。

10. 项目任务与情境

提到项目和任务，就必须联系到“情境”。项目任务是一件具体工作，情境是这件具体工作的环境、条件、由来和约束，设计项目任务的同时也要设计其情境。上课时教师不是直接布置任务，而要用情境引出任务，用任务驱动学习。情境设计中一个重要的问题就是把企业要素引进项目，以达到完整的育人目标。关于情境及其设计问题，请参见第 8.6 节和第 8.7 节。

8.3 项目的承载能力

近年来的应用型课程教学改革的实践证明，项目可以承载如下的教学内容。

(1) 训练做这件具体事情的具体技能。

(2) 边做边积累做这件事情的具体经验，学会与做这件事情有关的具体知识。

(3) 通过反复操作和多重循环，训练做这一类事情的一般技能（窍门和方法）。参见第 7.4 节。

(4) 学会做这一类事情的一般知识，逐步深入相关理论。

(5) 从训练专业技能到训练一般的做事能力，主要就是职业核心能力中的社会能力、方法能力，参见第 4.2 节。

(6) 除本专业的技能和知识之外，还可以承担项目所涉及的经济（例如成本、产出、利润）、法律（例如企业法、知识产权法等）、人际关系（交流、协作、竞争）、专业历史、方法论和哲学等非技术方面的技能和知识。再扩展到反映学生综合素质的文化基础（语文、外语、数学）和通识内容。

(7) 在做事的过程中学会做人，把育人目标落实到所有课程中。在生产过程、设计过程、建设过程、服务过程、管理过程和各种社会实践过程中纠正学生的行为，明确一个个具体的行为“应当怎么做、不应当怎么做”（课程的“德育与素质目标”）；通过对具体行为的规范、选择与纠正（行动导向教学），配合以知识理论讲解，逐步建立正确的行为习惯、形成良好的心理性格，从而逐步形成正确的价值观、世界观和人生观。

站在传统的知识传授的立场上，很难看到作为教学手段的“项目”具有如此巨大的承载能力。从知识本位教学向能力本位教学转变的过程中，大家对项目的承载能力的认识也是逐步提高的。回过头来看，在项目中只承载第一项内容（训练做具体事情的技能）的是师父带徒弟。只承载前两项内容（具体能力、具体知识）的是培训班。注意承载前五项内容的，是目前高职课程改革的常规。注意到总共七项内容的，是现代项目教学的目标。明确意识到项目的这些承载能力，将项目的所有这些承载内容统统纳入教学过程，设计出相应的训练和学习环节，这是当前应用型课程教学改革的主要方向。这就是真正的“工学结合”在校内教学中的体现。

8.4 非项目与项目的比较和改造

非项目与项目的比较见表 8.1。

表 8.1 非项目与项目的比较

习题、作业、练习	（课程的）项目、任务
工作的片段，有编号无名称	完整的工作，有名称
为某类问题建立的抽象模型（例如弹簧球）	包含多类（无穷）抽象问题的具体事务
无情境或只有少量虚拟情境	情境（尽可能）真实、具体
问题的“已知”“求”都清晰给出	项目结果要求清楚，需要自己分解出大量问题。什么是“已知”并不明确
各习题彼此不相关	各问题彼此密切、内在相关
给出恰好的、少量已知数，好算即可	需要收集大量数据资料，可能多解或无解
重视原理、方法的正误	还有效率、成本、职业规范要求
正误明确、结果唯一、追求全局最优	多种可行方案、追求相对优秀
仅训练专业技术、学习系统知识	还可承载职业素质、职业道德、核心能力和经济、法律等企业需求的能力和知识
交作业本	有可展示（评价）的综合成果
教师留、学生交、教师判	企业委托，师生以企业角色完成，按照标准验收
结果正误由原理和教师定	项目成果按照一定标准，由客户评定或第三方验收
重知识、学术、原理的认知、理解	重视德育以及问题的解决和能力的训练，然后是知识和理论
面向知识、理论、学科体系	面向企业实践、社会和岗位需求
重单项能力训练	在综合能力训练的同时进行单项训练
重视正确知识结论的记忆和正确操作的程序性训练	有创新、有对比、有错误、有欺诈
个人完成（训考 IQ 为主）	多数要分工协作（还要 EQ）
简单平淡、无悬念。认知价值低、不考虑学生兴趣和动力	复杂仿真、有竞争、冲突尖锐。价值高，重视学生的主动性
校内师生即可完成	工学结合、校企合作（实战经验）、产学研结合才能完成

传统课程教学中的“教学活动”“实验”和单项能力训练、工作环节训练用的“实训”，都不是这里所说的“(综合)项目”。表面上看，课堂活动、实验和实训都是在动手操作，为什么它们不是项目呢？因为实验的目的是对理论的正确性进行验证，实训的目的是对某个单项能力进行操作训练，而这里所说的课程整体设计中的“贯穿项目”或“综合项目”是用于训练综合能力，学习完整、系统的应用知识并养成优良职业素质的。综合项目比单项项目的规模更大、内容更综合。所以，不能认为过去熟悉的课程活动、作业、习题、实验、实训之类只要改个名字，就是这里所要求的项目。

这里的核心问题是传统的课程活动、习题、作业、实训等教学内容中，只有“认知线索”，基本上没有“工作线索”。这就提示我们，可以试着将“工作线索”和“企业要素”引入上述教学环节，把它们改造成我们所需要的“项目”。改造的办法是将传统的课堂活动、习题、练习、实验、实训等内容，“向前、后两个方向延伸，并强化中间的实施过程、强化德育目标、能力目标，特别是强化企业要素”。

(1) 向前延伸。如果是在企业中，这是谁委托的工作？经济效益如何？工作目标是什么？工作过程是否完整？工作的情境是否清楚？情境是否丰富生动？情境是否覆盖岗位实际情况？师生的身份是什么？除了技术内容之外，是否有足够的背景资料提供给学生？

(2) 中间强化。在原有的知识目标之外，强化能力的训练和职业道德、职业素质的养成。项目实施的过程力争按照企业的要求进行管理，使职业道德和职业素质的养成落实到具体的实践环节中。对具体工作对象的各要素进行变化思维，通过不同效果的对比，使学生学到系统的应用知识。在单一专业技术内容之外，根据项目的实际需要，添加应用外语、多种应用技术、经济、职业道德、综合能力、职业核心能力等要素。

(3) 向后延伸。工作的成果是什么？如何展示？在企业中应当由谁进行验收？根据什么标准进行验收？验收过程如何实施？工作成败在企业中的奖罚是什么？由谁承担成败的后果？应将所有这些要素反映到我们的课程项目中。

这样改造之后，从我们过去熟悉的“习题、练习、实训”等出发，就有可能被改造成“课程项目”。

项目还要进行详细的情境设计和内容设计。师生的身份是什么？项目内容是什么？故事的情境、情节、问题是什么？是否包括各种实际情况中可能出现的错误、冲突、意外、竞争和协作？

与传统的“作业”不同，项目完成之后，要尽可能进行公开的、学生直接参与的成果展示。学生对自己的工作成果非常重视，这是建立学生学习自信心的极其重要的环节。将成果的公开展示与成果的公开考核同时进行，效果也很好。所以，项目成果的公开展示这个环节不可或缺。

8.5 项目的识别与改造的案例

【案例 8.1】 将“案例”改造为“准项目”①

“婴儿心理发展与教育”课，原来的课程只能进行案例教学，因为在课堂上没有实际的婴儿供大家动手操作，所以没有项目任务，无法实训。

婴儿心理发展教育完整的工作过程如下：婴儿测评→个别化教学计划制订→教学训练，即游戏（训练认知、身体、社会）→训练结果测评→修改训练计划→再实施，如此循环反复进行。

现在在原有案例分析的基础上，把原案例中“可以动手的环节”突出出来，与案例中无法动手，但可以分析的内容相配合，使原来的“案例”变成“准项目”。

做法如下。

取附近幼儿园中 10 个真实婴儿的案例，教师据此指导学生完成以下任务。

第一步，交给学生 10 份照片加上“测评报告”：学生据此设计个别化教学计划（游戏），然后大家讨论研究评价修改。由于上课没有实际婴儿，所以婴儿的测评工作无法在课上进行，因此将“婴儿测评”这个环节以“案例”（书面的、视频的）形式直接给出，然后突出学生可以动手的“设计个别化教学计划（游戏）”这个环节。

第二步，教师给出“游戏实施的结果”：学生在第一步中设计的 3 个游戏，孩子喜欢一个，不喜欢另外两个。为什么？如何修改教学计划？这里，对孩子的实际训练环节仍然无法进行，于是将“训练过程和结果”作为已知事实给出，然后突出学生可以动手的“修改个别化教学计划（游戏）”这个环节。

第三步，教师用视频资料展示“训练过程”：让学生观察孩子在修改过的游戏实施过程中的表现，大家分析原因，再次修改训练计划（游戏）。对实际婴儿实施的完整训练过程在课堂上无法进行，于是用视频方式展示在幼儿园中的实际实施过程，下面突出学生可以操作的“再次修改计划（游戏）”这个环节。

第四步，教师提供视频资料和数据，学生完成“观察报告”。把幼儿园中的实际情境用视频资料和数据的方式展示出来，突出学生可以动手操作的“书写观察报告”这个环节。

教师设计的是以实际案例为基础的，学生可以参与的、可以操作的“准项目”。准项目的实施过程受到条件限制，可能是局部实施、个别环节实施，也可能是仿真实施。但要努力将整个项目的实施链条尽可能补全。

这个案例改造的思路也适用于“农牧”类许多课程。

【案例 8.2】 将“实验”改造为“项目”②

将一个“化学分析实验”改造成项目的思路大致如下。

---

①② 本案例取自广东清远职业技术学院的课程整体设计，此处进行了修改和补充。

原来的化学实验只有认知线索(技术操作、技能训练、知识学习),要改造成"项目",首先要为它增加工作线索和企业要素。

把原实验向前延伸,增加企业要素。这个实验、这项技术工作在企业中,是哪个部门、是谁布置的工作?工作完成后验收的标准是什么?这项工作有何经济效益?对谁负责?

在原"实验"的实施过程中强化"企业要素"。按照企业要求进行管理,遵循企业规范进行操作,布置企业氛围实施环境育人,学习企业文化改造原有价值观。在以上条件下进行能力训练和知识学习。

把原实验向后延伸,增加企业要素。该工作在企业中是如何实施的?成果是什么?成果如何展示?对成果如何进行评价?在企业中,该工作由谁来验收?根据什么标准(国际标准、国家标准、行业标准、企业标准)进行验收?该项工作的成本是多少?工作的效益如何计算?工作的利润如何衡量?对工作人员的赏罚如何实施?这些内容在该项目中如何体现?

强化"企业要素"之后,教师再设计生动活泼的多种"情境"。于是,原来这个传统的实验就被改造成一个课程教学的项目。很明显,这样的改造要求教师具有较丰富的企业实践经验。

8.6 项目的设计步骤与检查

课程中的大型综合(贯穿)项目是整个课程的骨干,该项目设计得好坏往往决定了整个课程的成败。项目设计的步骤出错往往导致设计结果出错。

1. 项目设计的正确步骤

课程项目设计的正确过程应当按照以下三步进行。

第一步,设计"项目工作"自身。建议在设计课程项目时,先设计一个只考虑工作本身,不考虑"教学要素"的项目。按照企业工作的要求,设计一个详细的、完整的项目工作过程:甲方、乙方、角色、要求、数据、背景资料、图纸、计划、流程、环境条件、场地、设备、工具、材料、各种可能的问题、验收的标准、奖罚标准、工作的步骤等。初步设计出项目的整体情境和阶段情境,覆盖该工作可能涉及的所有主要内容(正常、出错、意外、紧急、违规等)。也就是说,先把"要做一件什么具体的事情"想清楚。这个阶段特别要注意,应把工作的操作性、完整性要求放在第一位,暂不考虑教学要求。画出完成此"项目"的工作流程图,将项目按照工作实施过程(而不是知识模块),划分为若干子项目,这就是"工作过程导向"。

这个部分主要展示教师的专业工作经验和能力。

第二步,项目的"教学设计"。首先确定该项目的展开方式是单一循环还是多重循环(参见第 7.4 节)。在尽可能保留上一步设计的"工作过程的完整性"的前提下,将教学要素考虑进去。项目如何展开;在项目的什么情境下,引出什么问题,用什么方式进行教学;何时用行动引导,何时项目应当暂停(给知识留"接口"),从而进入教学;何时进行知识传授,何时进行知识和技能的总结,何时引出何种知识,抽象知识怎样与正在进行的操作进行对照融合;何时引入对比的结果,怎样从具体工作引向一般结论等。这个阶段特别要对照知识的系统描述进行检查，特别是检查应用知识的系统性和完整性。

这个部分主要展示教师的教学经验和能力。

注意：先有项目自身"工作"的完整设计，然后才有项目的"教学"设计。如果次序颠倒，知识逻辑完整但工作过程零碎，项目任务就成了知识的案例和解释。

第三步，将考虑了教学要素之后的项目落实到单元教学。根据项目工作和教学需求，准备充分的背景资料，建立课程的教学数据库，然后将这个大的项目分解到每个子项目和每次课中，设计每次课的项目任务及其单元情境。设计每个单元教学的"教案"(参见第5.5节)，将工作过程与教学过程有机融合到每次课的教学中。

如果一门课总共要上若干次，就要为若干次课设计若干个以上的精彩的单元情境，用这些情境覆盖实际岗位中的"常规操作、错误操作、环境意外、紧急情境和违规操作"等各种情况，让学生通过"体验"认知并训练能力(不仅"听过""知道")。力争每次课的情境都生动、精彩、丰富，而不是重复枯燥的操作训练，课程要让学生感到"真有趣、真有收获"，这样的课程整体设计就成功了。这部分是对教师企业实践经验、专业实践经验和教学能力的综合考验。

2. 项目设计的错误方式

初次进行课程项目设计时，经常会犯的错误就是按照传统授课习惯，先设计课程(课本系统知识)内容的教学，然后把要做的"项目"内容拆开成一些片段，分散到课程知识中，把"项目"设计成"知识课"的附属品。也就是说，课程知识是完整、系统的，而项目内容是片段、零散的、为知识服务的。就像先写课本中的知识，然后为每一章收集案例、编写习题一样。这样做的结果，往往是知识内容清晰、系统，而项目内容模糊、零散，项目实施的效果大打折扣。

3. 项目的情境设计

将项目落实到整个课程和每次单元教学时，一项最重要的工作就是项目的"情境设计"。项目的情境大致可以分成三个层次：整体情境、阶段情境和单元情境。

项目情境的作用很大，教师用情境推进"工作线索"，用情境覆盖"实际情况"，用情境引出"学习线索"，用情境帮助学生积累"工作经验"。课程教学中，学生是主体、教师是主导。教师对整个课程(包括工作进程和学习进程)进行引导的主要手段之一，就是设计"情境"，在项目的实施过程中，用情境引出任务。

项目设计中缺少了情境，就成了单纯的"能力点操作实训"。过去的实训往往是仅对"正常操作"进行反复训练，虽然这很必要，但是远远不够。

关于项目"情境"设计的细节，请参见第8.7节。

4. 项目设计的表达

项目设计的最后需要完成一个详细的文本，同时要完成以下几种以"时间"为横坐标的图形，供交流研讨使用。

(1) 项目—情境—任务—时间图。

(2) 项目—知识目标—能力目标—素质目标—时间图。

(3) 项目—知识学习—考核安排—时间图。

可以将这些内容表达在一张图中。如果觉得太复杂,也可以用几个图分别画出来。

先后完成上述设计,课程的项目就设计完成了。从整体上看,项目的这两大线索(工作线索与学习线索)自身分别完整,又相互紧密配合。这就是落实到课程中的、形象的"工""学"结合。做课程整体设计的演示汇报时,也可以以上述图形为依据进行。

5. 项目设计中要防止的几种错误做法

常见的错误包括以下方面。

(1) 单纯验证知识、讲解知识,没有能力训练。以为动手做实验就是项目。

(2) 在项目中只有动手操作,没有知识学习。以为项目仅用于"能力训练"。

(3) 追求"全真训练",完全照搬企业工作内容。只有工作线索,没有认知线索。

(4) 只有简单能力的重复操作的训练,没有综合能力的高层次训练(模仿、指导、独立、讨论、分工协作)。

(5) "项目"中只有抽象元素,只有工作环节名称,没有情境设计。

(6) 项目的情境只有"正常"操练,没有"出错"和"意外",缺乏基于比较的真正认知。

(7) 项目不是连贯的工作,只是整个工作的片段、局部。

(8) "任务"仅是课本知识章节的小练习,是知识体系的附属品,是课本习题的改名。

(9) "项目"仅仅是课程章节目录的改名。

(10) 项目仅"设计"不"实施",或不完整实施。如"机械零件设计",只画图,不制作。"个人学习计划"仅设计,不实施,不检查。"社会调查"仅设计方案,不去实际调查。这是"项目设计"中的根本性缺陷,这类问题大多要从课程体系上改造。

6. 项目设计的检验

课程项目设计完成以后,要进行系列的检查,以保证项目设计的质量。对课程教学项目进行检查时,可以从以下方面考虑。

1) 项目的要素检验

(1) 项目名称检验。项目的名称要具体,不是章节名称、环节名称或要素名称。例如,"扩音机制作"就不是好的项目名称,因为它更像一个知识模块(或专著)的名称。"制作一台输出为10W的乙类台式扩音机"就是一个较好的项目名称。

(2) 工作对象的覆盖性检验。对象必须具体、尽可能覆盖所有主要对象类型。例如"商品运输",就必须完成各种不同类型商品(生鲜、干货、电子产品、易燃、易爆、有毒等)的运输设计,不能仅仅"举一个例"。

(3) 工作过程检验。项目的工作环节尽可能完整,同时突出就业岗位的主要环节(如"建筑"中的"施工"环节)。

(4) 工作要素检验。不同专业的项目有完全不同的要素,这是由专业内容决定的。有些"公共的要素"("渗透"的内容)必须在项目中体现出来,例如职业道德、职业素质、职业规范、知识理论、通识内容、专业外语、职业核心能力等。

(5) 项目情境检验。项目的情境设计,就是项目展开过程中,教师的"引导"设计。情境既是"工作过程"的引导,又是从"专业技术领域"到"认知领域"转变的关键因素,是课程项目工作的“赋形”过程。工作情境有两大类：一是参照典型工作过程设计的工作环节，这种情境必须覆盖各种主要的过程类型（正常、异常、意外、事故、紧急、违规等），使学生受到全面的能力训练。二是根据工作过程编写的故事，这类情境必须很精彩，必须具有趣味性、戏剧性，使该项目不仅能进行能力的训练，而且要具有较高的认知价值。

2）课程主线的检验

对于训练综合能力用的大型贯穿项目，必须确定具体工作内容，以行业、企业的工作过程为依据设计项目的实施过程。随着课程的展开，逐一完成该工作过程的所有环节，这是课程的主线，也是“工作过程导向”课程的含义之一。

对于有经验的教师，可以设计同一项目中的“双主线”，以及双线并行的项目。

3）课程辅助线索的检验

主线进行的同时，辅之以“另一对象、不同要素”的活动，与主线的相应环节进行对比认知。如何选择这些活动，这对教师的专业经验和教学水平是个考验。

在主线进行的同时，辅之以“单项能力”训练的单项项目、任务和案例。有些项目可以在课内示范、课外完成。课程的辅助线索中必须包括贯穿项目不能覆盖的内容，如对产品类型的覆盖、对客户类型的覆盖、对操作类型的覆盖等。例如，汽车维修课上，教师率领学生完成日系车型的维修；课下学生自学，完成德系车型的维修。课程不但内容扩充了一倍，还培养了学生的自学能力和创新能力。所以，采用带有辅助线索的课程结构，能够极大地拓展课程内容的覆盖范围并有效提升教学质量。

4）项目覆盖范围的检验

从工作角度看，项目主线和副线应当覆盖全课所有主要对象类型、工作类型、操作类型等；从教学角度看，项目必须覆盖课程主要的能力目标、知识目标和德育（素质）目标。教师要对项目的设计进行“覆盖性检验”，以使课程的综合项目覆盖实际工作过程的大部分类型的情境和工作。

要求“覆盖”的范围包括以下内容。

（1）产品类型覆盖。与本课及岗位相关的主要产品类型。

（2）工作过程覆盖。正常工作的过程类型。

（3）企业类型覆盖。与本企业相关的环境企业类型。

（4）客户类型覆盖。例如，贸易过程中的客户类型。

（5）工作情境覆盖（不安全、误操作、事故、非正常、突发或紧急事件等）。

例如，“物流运输管理”课中，课程项目应当进行下列覆盖。

企业类型覆盖：生产企业/货代（货物代理）企业。

货物类型覆盖：集装/散装，危险/一般，固/液/气，冷冻/一般/保温，高密度/低密度，生鲜/易碎/一般。

工作方式覆盖：公路、铁路、水路、航空、管道。

教师在进行课程教学设计时，要用项目和任务来覆盖课程的所有主要内容（能力点、知识点、企业要素），其目的就是让学生在项目中体验（而不仅是“听过”和“知道”）所学的内容。希望学生通过操作来训练能力，通过体验得到直接经验，通过从具体到一般的扩展，将直接经验与间接知识融合起来。这样的项目就能更好地达到应用型课程教学的能力目标、知识目标和德育(素质)目标。过去教师备课、上课仅要求自己用语言覆盖课程内容,如“这些我都讲了”。今天的应用型课程中,我们要求教师设计出相应的项目任务,让学生能说“这些我都做了”。用项目和任务覆盖课程的全部主要内容,这样的教学效果当然是过去所无法比拟的。

5) 项目功能的检验

我们期待学生通过完成课程项目,能够做到以下内容。

(1) 训练该项目的具体操作能力。例如,能完成“具体这一台”扩音机(从创意、设计、制作、调试到写出说明书)的全部工作。通过全过程的具体操作,积累必要的实践经验,训练具体的操作能力、学习与此相关的具体知识。

(2) 训练通用的一般操作能力。从该项目扩展开去,用多个单项项目与贯穿项目的各环节密切配合,使学生能对一类项目进行操作,能完成这类工作的所有环节(在时间上相继实施的多个操作环节),掌握这类工作的所有要素(在空间上包括多个工作要素),掌握这类工作的工具、技巧和方法。即不但有具体的技能,还要有灵活高效的技巧、有普遍适用的“方法”和工具。

要让学生通过完成“这一台”扩音机,具备完成类似工作的能力。即能从一台具体的扩音机制作出发,训练通用能力:能使用通用的仪器设备、通用的工具、灵活的技巧、通用的方法,完成同类型的其他许多电子设备。也就是说,我们的教学目标是,从具体项目的操作出发,训练通用的一般能力。

在项目的训练过程中,必须考虑到所有这些因素,并设计相应的环节加以实现。

(3) 学会关于该项目的具体知识。边做边学,学习有关该项目的具体的应用知识。例如,知道“具体这一台”扩音机每个部分和整体的工作原理和相关知识。

(4) 从该项目扩展开去,学习一般的系统知识、原理、计算。例如,配合贯穿项目扩音机的每个部分,自然地引进大量精选案例和单项项目任务,让学生学习、掌握各类模拟电子设备的结构、原理和计算,掌握大量系统的间接知识。通过具体项目的计算,掌握有效的计算工具,学会相关内容的一般的计算。让学生在丰富的信息中选择、比较、体会,从中学会一般原理,把自己在项目实施过程中取得的宝贵的直接经验与书本上的大量间接经验与知识理论紧密结合起来,把自己的知识从个别扩展到一般、从零散到系统、从简单到复杂、从具体到抽象、从初级到高级。

(5) 从项目的专业技术方面扩展开去,学会“做事”。做各种实际工作,不是仅靠技术操作就能完成的。“学好数理化,走遍天下都不怕”的精英教育、单纯技术教育、单纯“智商”教育的时代已经一去不复返了。如今社会上,要做成任何一件事情,单靠个人力量都无法完成,都要在一个集体中完成。所以要学会与人交流、与人合作,要学会组织、宣传、协调、策划、设计、管理(被管理)。为此必须提高学生的“情商”,要学生在“专业技术能力”之外,还要具备“社会能力”和“方法能力”。例如,在小组中,知道如何处理好个人利益与整体利益的关系,知道如何处理好竞争与协作的关系,知道如何相互密切配合,共同完成任务。

做事的社会能力和方法能力也要在课程项目的实施过程中,进行有效的训练。

(6) 在做事的过程中,学会做人。提高个人修养,选择正确的做事态度、方式,体现正确的价值观、人生观、世界观。正确处理个人利益与集体利益的关系以及个人与社会和环境的关系。从职业活动中的“诚信、勤奋、负责、主动”到树立正确的理想、信念、人生目标，建立良好的行为习惯，形成良好的性格和人格。只有在完成项目任务的实践过程中，通过实际效果的优劣比较，通过工作效果的成败考验，学生才能从经验中获得真实的教益和直接知识，才能在改造客观世界的同时，真正改造自己的主观世界。

也就是说，项目任务不仅是学习专业技术、训练专业能力、学习专业知识的载体，而且是训练社会能力、方法能力的载体，同时还是训练做事能力、养成职业道德、职业素质的载体。

要使项目课程达到这样的效果，简单地让学生课内或课外去随便“做一件事”是远远不够的，要靠教师对课程项目的实施过程进行精心设计。教师要对项目的上述功能了如指掌，要对课程项目的实施过程进行精心控制，这样才能顺畅地实现项目的所有上述功能。

如果我们的课程项目具备了上述种种功能，其教学效果就是：学生“学习的内容”就能从单一到众多、从简单到复杂、从具体到抽象、从感性到理性顺畅发展；将动手和动脑、直接经验与间接知识有机融合起来；从学生头脑中现有的知识结构出发，引导学生建构起新的知识体系。在课程的项目中，知识、能力、道德、素质诸方面的教育有机地结合起来了。学生在完成项目的过程中训练了专业技术能力，学习了系统的专业知识，学会了做事，在做事的过程中学会了做人。

可见，项目课程可以承载起当代教育必须承担的许多重要功能，如果教师设计的课程项目具备了上述所有的功能，那就是较好的设计。

现在常见的问题是，教师对课程项目的重要性认识不足。随便找一个工作让学生去完成，项目的实施过程采取粗放式管理，甚至放任自流。有的教师找不到项目，就“发动群众”，让学生找项目。有的项目的功能仅限于知识学习和能力训练等几项简单内容，没有充分发掘项目教学的巨大潜力。还有的课程重视了项目的能力训练和知识学习，但对“怎样做人”的部分却采取了“口头讲述”的低效方式。因此，有计划地对教师进行现代项目教学的培训是许多应用型院校的当务之急。

8.7 项目的情境设计

“项目”是一个具体的实际工作，所以上课时，教师必须首先向学生交代这项工作的来龙去脉。所谓项目的“情境”，就是这件事情的由来、它的工作环境和约束条件。教师要为课程教学项目准备好丰富的背景资料，事先发给学生。当教师提出一个情境时，学生能从背景资料中查到这项工作的具体数据和限制条件，从而引出相应的任务和工作，找到问题的关键所在。上课时，教师应不断创设新情境，不断引出任务和问题，引导学生动脑动手。情境是学生“行动”的引导，情境是教师上课实施“引导”的重要手段。

1. 情境的类型

从课程的整体设计看，其中的每个项目都应当有一个总的情境，由此引出该项目。每个子项目和任务又有自己的具体情境。从课程的单元设计看，其中的每个任务也应当有个大的情境，由此引出该任务。

教师设计项目时，首先要为该项目设计一个“引入情境”(该项工作的“由来”)。教师交代一个情境，最后的话是：“……出现了这样的情况，你们查一查背景资料，看看该怎么办呢？”这里最好不要由教师直接“给出答案”，尽可能不要由教师直接“布置任务”。教师要学会借助情境引导学生，让学生根据有关资料，自己考虑下一步该干什么。

其次，根据具体情境，教师要设计“引导过程”。这个情境应当是看录像？学案例？还是讨论？读书？读“引导文”？看“工作页”？如果学生给出另外的答案，教师应当如何进行引导？无论如何，都应当尽量避免由教师直接布置任务或给出答案。

最后，设计该任务的“实施情境”，就是做该项工作时会出现的“情况和问题”。在完成该任务的过程中，可能出现哪些类型的情况呢？常见的情境类型包括正常情境、出错情境、意外情境、紧急情境和违规情境等。针对每种类型，教师都要设计出相应的多个具体“情境”。

① 正常情境。这是当前课程项目设计中，最常见的类型。教师通常用这类情境教会学生正常操作，训练熟练的操作能力，同时结合操作和示范，学习相关知识。但在项目实施过程中，不能只有“正常”这一种类型的情境。教师必须根据行业、岗位实践的需要，设计出另外几种类型的情境。

② 出错情境。教师可以设计一些情境，让学生在保证安全的前提下选错或做错。通过正反两方面的体验，学生才能真正增长才干、训练出真正的能力。当学生操作过程中没有出现错误时，教师应当用自己设计的出错情境引导学生，让学生找错并改错。

③ 意外情境。例如，客户想法发生变化；工作中突然断电等。

④ 紧急情境。出现了工作计划之外或者外部环境突然发生变化的情况，需要紧急处理，以此训练学生的危机处理能力和紧急预案的设计能力。

⑤ 违规情境。为了谋利或偷懒，操作者主动违反操作规程、违反纪律法规。遇到这类情况时，应当如何处理？在进行这样的情境训练时，最能清楚地体现出项目作为“职业道德训练”载体的功能。

在完成项目的实际操作中，如果学生出现了上述问题，教师就用学生自己的例子进行说明和学习。如果学生没有出现某几种类型的问题，教师就要用事前设计的“出错情境”引导学生“经历”。总之，要让学生在课程项目中，经历未来岗位上可能遇到的所有可能出现的主要情况。

注意：通过正误对比的学习是真学，仅背诵和模仿的学习是假学。所以不能单纯等待学生“自然出现”问题，若这次不出现问题，以为“学生学得不错”，就不学这些出错内容了。一定要让学生在课堂学习中，在校内实训中遇到将来所有可能出现的主要问题。要让学生把未来职业岗位中可能遇到的主要问题，在校内尽量都“遇到过”。让学生到岗位上之后尽量少出现问题，以此积累相应的“实践经验”，这才是“内涵上的工学结合”。

设计“企业活动(管理)情境”。在企业中，这样的工作如何管理？在管理和实施过程中，会出现什么样的状况？教师要设计相应的情境(填写工作单、文件备份、工作场所整理、交接班手续、工序之间的质量检验、领取材料和工具、事故处理、成果检验、成本控制、奖罚制度等)。这些活动在过去的教学中基本上是完全空缺。项目的情境设计要求补充这些重要元素。

近年来，许多教师在课程项目的情境设计上做出了许多有益的尝试。例如，在“电子技术”课中，贯穿项目是制作一台电子设备。如果教师不仅想进行技术能力的训练，而且希望学生体验完成一个产品的过程中更多的企业要素，就可以将“成本意识”(经济利益要素)纳入本课程的项目教学。

具体做法如下。

下发设备的线路图之后，学生可完成的第一个作业是周末去电子元器件市场，把线路图上所有原件的价格查出来，标在电路图旁，以使学生具有初步的成本概念。布置了项目之后，学生分组。教师事先发给每组150元启动资金(代金券)，在完成项目的过程中，学生所有的原材料都要用代金券向教师“购买”，如果损坏了要扣除成本，工作中的“设备”要用代金券来“租用”。如果人力不足，可以用代金券“请人”帮忙。项目的实施要支付相应的材料、设备和人工费用。产品出来之后，要进行演示展览，努力把它“销售”出去，获得相应的“代金券”。质量好的、有特色的产品、受欢迎的产品可以大家竞价购买。最后进行考核时，不但要看技术指标，而且要看每个组的“经济状况”，并以一定方式计入学习成绩。上述做法的优点是，学生不仅学到了技术，还锻炼了经济头脑(成本意识)。

经贸类专业中，许多项目就是用类似方式开展的。例如，沙盘推演，模拟炒股，企业的模拟经营、对抗经营等。今天可以将其思想扩展到工科课程的项目中，这就要靠项目的情境设计。

教师用所设计的上述“情境”，让学生在学校里经历未来岗位上可能遇到的各种错误和意外。教师用正常情境，对学生的操作熟练程度进行反复训练。所有其他的情境，最后都要求学生要落实到“正确操作”，并且要“正确操作，反复训练”，直到熟练巩固为止，这样才算完成教学任务。所有的情境都应当是让学生“经历和体验”，不是仅仅由教师口头讲解。

从教学的角度看，这就是“行动引导”教学法。上课要以项目为主要线索，不是以课本知识的讲述为主要线索。

首先调动学习兴趣，要让学生专注于做他特别喜欢的事情，不要忙于讲知识。只有当学生急于想要知道课程内容时，才开始学习。教师要首先激发起学习动机，然后才组织学习过程。这就是情境引出任务，任务引出问题，问题驱动学习。

学生只有在实践中亲自经历并对比了异同、正误、优劣和成败之后，他才进行了真正的学习。不但要允许学生出错和失败，而且要有意识地让他通过出错和失败进行学习，这就是边做边学。教师不要忙于给出“正确结论”，死记硬背并不是真正的学习，死背的知识结论并不能解决实际问题，背下来的东西并不是能力。只有当学生完成任务后，才总结相关知识，把知识理论系统化。不要局限于动手操作，不要以为现在的课改就是“操作越多越好、知识越零散越好”。

在工作项目(及其情境)设计之后，教师要进行课程的“认知学习过程”设计。行动导向教学法要求“在做中学”。在完成项目任务的同时和完成之后，通过模型、验证、自学、讨论、总结、创新等环节，对知识、理论、计算等进行学习。所以，课程单元设计的要点是如何通过若干教学步骤，将“工作线索”与“学习线索”有机配合、反复转换。

2. 情境设计中的常见问题

(1) 所设计的项目中没有情境。

所设计的“项目”仅仅是一条单线的“正确操作、反复训练”，缺乏丰富的背景资料，缺乏学生的主动参与和思考决策空间，缺乏自学空间和创新空间。教师不会用情境对项目进行驱动，不会用情境引导学生创新。每次上课教师只能延续上次课程的课本技术内容，只能按照课本顺序，要求学生进行认知性操作(知识讨论问答、原理的操作验证等)。

事实上，情境是项目的驱动力。教师必须下大力认真设计项目的情境。情境必须覆盖、引领、驱动项目的全过程。教师上课是“情境—项目驱动，情境—任务驱动”，还是“知识结构驱动、逻辑推理驱动、课本章节驱动”，这是新旧课程的重要区别。如果没有“情境”，只按照“章节目录”上课，就不是企业活动导向，就不是工作过程导向。所以，教师对项目的情境设计必须倾注全力。这是考验教师水平的重要环节。

(2) 教师“讲解”情境，不是让学生“体验”情境。

例如，教师上课讲：今天我们学习“意外情况的处理”。教师这样一说，这个情况对学生就不再是“意外”了。学生就失去了对该意外进行体验的机会。所以教师千万不要去“讲解情境”，不要去描述“这样的情景应当如何处理”。教师要创造条件，让学生处在相应的情境中去经历，自己想出解决问题的方案并加以实施检验。

(3) 教师直接布置(技术)任务本身，不让学生根据情境和背景资料进行必要的思考、策划和决策，对学生只进行机械性的操作训练。

(4) 教师只就学生实际出现的问题进行学习，不善于运用“情境设计”让学生体验“各种可能的情况及其处理方案”。这是当前常见的重要问题。

(5) 项目实施时只有“正常情境”，没有其他类型的情境(出错、意外、紧急、违规)。学生缺乏工作现场真实情况的处理能力，是当前课程教学中的一个常见问题，也是应用型院校学生毕业后上岗的主要缺陷之一。

(6) 项目只有“技术情境”，缺乏“管理情境”(企业要素)。由于教师对岗位现场工作没有实践经验，所以设计不出管理情境，无法在校内营造出尽可能真实的企业工作场景和氛围。于是，在校学习只能局限于书本知识和技术内容，无法满足职业现场的要求。

(7) 某些操作类课程缺乏必要的知识学习，特别是缺乏系统知识的归纳和操作技巧的总结。对于以操作为主的“实训课”，特别是大型实训课，教师在进行项目情境设计时，必须考虑到课程教学的整体要求，将项目的实施过程、能力训练过程与知识的学习过程有机结合起来。以操作为主的实训课中，必须有适量的知识理论学习内容设计。

情境设计是教师进行“行动引导”教学的重要环节，也是检验教师“教学能力”的重要环节。要求教师进行情境设计，这是教师下企业、去实训场所的重要驱动力。如果教师设计不出情境，或者设计不出真实、精彩的情境，就说明教师本身欠缺职业岗位工作经验和专业实际工作经验。教师只有到企业、职业岗位现场、实训基地现场工作一段时间，才能解决这个问题。有的教师以为，下企业就是去学技术，这是不完全的。教师去企业不仅仅是去学技术，还要有一系列的其他具体任务，例如了解企业的组织管理结构、生产运行过程、学生就业岗位、岗位工作流程等，特别是搜集岗位工作中的各类情境。教师没有企业经历，就不可能在课程项目中设计出真实、生动、精彩的项目情境。

8.8 项目中体现的教学要求

教学项目中必须体现的认知规律和教学要求，主要有以下几项。

1. 教学项目的内容必须体现工作过程导向、职业活动导向

传统教学采取的是与之相反的"知识逻辑导向"。项目教学则要求将企业工作集中化、系统化、典型化、白箱化，根据认知规律和教学要求，重组设计教学用的项目。教学项目是一项综合的、具体的工作，它既不是现场项目任务的照搬，也不是附属在知识体系上的图解、实验和片段练习，更不是在原有的知识体系教学中按照知识学习的要求设计的片段、简单、无实用结果的习题、练习和作业。职业活动导向比工作过程导向要求更高，它要求项目的工作环境不局限于学校实训场地，而是要尽可能接近企业现场，以体现出企业身份、企业氛围、企业管理和企业文化。

2. 教学项目要突出德育和能力目标

突出德育目标，就是要把项目中涉及的道德、人际关系和利益的要素突出出来。告诉学生"应当怎样做，不应当怎样做"，并不断注意随时纠正学生的错误言行。

突出能力目标就是要求教师：①精心设计、准确表述能力目标。②围绕能力的训练，组织项目的实施。③精心设计能力的训练过程。④重点对能力进行考核，而不是单纯的知识考核。在课程标准中必须检查课程能力目标的表述和项目对能力目标的覆盖性。

用项目和任务对能力进行反复训练、渐进训练远远不够，还要让学生有机会进行正误对比的学习，这样才能培养出能力。一次性的、不重复的操作是训练不出真正的能力的。职业能力分为三层结构，它不只是职业岗位的专用能力，也不只是专业技术能力，所有的课程都要承担职业核心能力的训练。考核能力的手段与考核知识的手段不同，能力要用项目和任务进行考核。

3. 项目首先要能激发学生兴趣、调动学习的内在动力

教师设计的项目首先要学生感兴趣，这是调动学生学习积极性的基本要求。让学生感到项目内容有用、有趣，这是项目设计的第一要求。

有用指的是有功利价值，有趣指的是有认知价值。

好奇心、学习兴趣和积极应对挑战的态度，原本是人的本能，可惜的是通过多年来的错误"教育"方式(片面强调知识、强调考试分数、采用题海战术)，学生的这些宝贵品质已经被无情扼杀了许多。"学习"在学生这里成为一个被动的过程，成为一个负担，成为必须应付的外部压力。这种状况应当从幼教到小学、中学、大学，大家齐心合力进行改革，才能把它转变过来。学生的学习兴趣具体体现在学习过程中的动力和抗挫折能力上，学生有了学习兴趣就会百折不挠，迸发出巨大的内在动力，克服一切困难取得成果。

人对"实践的成功"和"驾驭环境能力的增长"有本能的愿望和热情。如果仅有认知的成功(考试成功)，没有实践的成功(产品、项目成果)，学生自然会对认知的目的和效用产生

怀疑。

教师要选择学生有兴趣的项目和结果，项目的工作内容要尽可能完整，学生的成果要有展示、评比、考核。用实实在在的成果激励学生增强自信，避免被动被迫参与。

4. 教学项目的设计要从整体到局部，再到整体

从三年的学习到一个项目的实施，都应注意这个顺序。三年的在校学习要从大的行业、职业工作情境出发，设计“行业概貌”类的课程项目。学生尽可能参与体验（做，有结果，有成败），不仅仅是认知（读、看、参观、了解、知道），这是最直接、最有效的专业教育方式。整体体验之后，进入局部（系列、深入内容的）实践与体验。第三年毕业设计与顶岗实习，是对三年学习内容综合的、整体的考验、深化、系统、应用，是对行业和知识理论的整体和未来的展望。单个项目的设计也要注意这个反映认知规律的重要顺序。

课程中应注意，使学生实践的需求始终高于教学的内容，始终保持学生的强烈兴趣和认知的持续动力。

5. 项目要有足够的覆盖性

从教学角度看，课程体系中的全部项目必须覆盖专业教学的核心内容。其中，专业项目（站在专业课程体系角度上设计的大型、综合项目与课程项目）和在一门课程内部的项目（参见第 13.3 节和第 13.4 节）各有自己的覆盖范围。专业项目的规模可以超出具体的课程，成为整个专业课程体系的骨架和支撑。整个专业三年要进行的教学内容，相应的能力目标、知识目标、德育（素质）目标等，要用（若干）专业项目进行覆盖。这些专业项目必须进一步落实到每一年、每个学期、每门课程。三年的教学不是让教师“全讲过”，不是让学生“全听过”，而是希望学生“全做过”，而且尽可能是以从业人员的身份，按照企业标准、企业规范全都操作、体验过。

从工作角度看，课程体系中的全部项目要覆盖典型企业、典型岗位和典型工作过程（管理，技术；正常、出错、意外、紧急、违规）。这样的任务首先落在大型教学项目身上，这些项目要能引导学生动脑动手、克服困难、完成任务。教师要训练学生针对该具体项目的具体能力，同时学习针对该项目的具体知识。由此出发，带领学生完成多个较小的相关、类似或不同类型的项目任务，提供大量相关案例和系统知识，训练更高层的能力、学习大量的相关知识，使学生建构起系统、完整、可应用的知识体系，实现工作拓展、项目拓展、能力拓展和知识拓展。进而从技能训练扩展到做事（策划、组织、宣传）能力的养成与相关知识的学习。在项目的实施过程中，按照职业规范的要求，培养职业道德和职业素质；在做事的过程中通过对成败效果的反思、体会、质疑、辩论、感悟，建立正确的价值观、人生观和世界观，学会做人。除了目标的覆盖之外，项目还要尽可能覆盖工作的对象类型、过程类型、设备类型等要素。

6. 项目要便于学生岗位遍历、操作体验、参与全程

学生要尽可能全程参与项目实施的全过程，从任务的分析、项目的策划、设计、组织、分工、宣传、实施、评估、改进等过程应当尽可能全部让学生自主参与，不是仅仅进行片段的练习。学生在项目的实施过程中要有尽可能大的“自学空间”“决策空间”“参数的选择空间”

和“创新空间”，使学生能通过正误两方面的体验训练真实能力，使学生成为实践过程和认知过程的真正主人，而不是被迫或被动地、机械地执行一些规定动作。把项目实施过程理解为“片段能力的枯燥反复训练”，是项目教学中的一个认识误区。学生应尽可能在学校，就对行业的全貌有个了解和体验；对行业、企业中，自己未来可能的岗位工作有所了解和体验。学生绝不是只学些支离破碎的片段知识。校内实训有可能做到这些，而单纯的顶岗实习是不可能做到的。为此必须在课程体系中，对三年学习过程中的全部（各种、各类从小到大的）项目进行整体的规划和设计，力争让全体学生有计划地完成主要从业岗位、主要操作的遍历和体验。

7. 项目教学的实施要在实践中学，要边做边学

项目课程的主导逻辑是行动导向教学法，不是知识的逻辑推导教学法。行动导向教学法不是首先把学生引导到知识认知，而是首先引导到完成项目任务。不是先学后用、先讲后练；而是在做中学，边做边学。边做边学的特点是，在还没有系统学习知识结论之前，就让学生投入实践、解决问题。这样，学生必然不断碰到新鲜问题，这些问题就成为驱动他去学习的基本动力。

8. 项目要便于学生从错误中学、从比较中学

完成项目不是单纯灌输、背诵正确结论，也不是单纯磨炼正确操作。真实工作中每个人一定有出错的可能，在项目教学中，教师要抓住这些机会，让“出错”成为重要的教学资源和机会。让学生在独立操作的正反两面的体验中学到真知、练出真能力。当学生没有出错时，教师要用自己设计的“出错情境”对学生进行引导，让学生体验出错的感受和操作，学会如何处理出错的结果。

9. 项目要便于学生在协作中学习

大型项目通常要学生协作完成。项目中要大力强调与人交流、与人合作，突出情商教育，让学生学会正确处理合作与竞争，学会宣传、组织与策划。不是仅仅个人读书、做题，不是只重智商，不是只学会专业技术。

10. 项目中要有学生自学、决策和创新的空间，要有学生发挥想象力的空间

课程教学项目不是按照既定程序死磨硬练，能力的训练必须有学生自己充足的内在动力，创新使人感觉到自己的价值，这项重要的认知规律必须充分体现在项目教学中。

11. 学生尽可能参与项目实施的全过程

给出项目目标之后，学生尽可能参与这项具体工作从选型、设计、组织、制作、调试、修改、检测等的工作全过程。不要只参与几个容易实现的环节或片段。例如，“电子技术”课中，如果教师采用“套件”作为课程项目，学生就只能受到“焊接”这一个环节的实际操作训练，无法达到课程的其他能力目标。教师的任务是提供资料、思路、示范、辅导，不是系统知识的讲解。要让学生尽可能参与项目操作的全过程、尽可能让学生能够独立完成完整的工作、参与工作的决策和评价考核，使学生感觉到自己的主体地位，激发内在的学习动机。

12. 按照“建构主义学习观”组织项目教学

建构主义学习观认为，人的建构式学习过程一般由“同化”和“顺应”两部分构成（参见

第18.3节)。同化就是设法将外来新知识纳入自己原有的知识体系;顺应就是当外来知识与原有知识体系不相容时,改造原有知识体系,使之与新知识相容,并与原有知识系统兼容。这样的学习才是有效的学习。不顾原有知识体系,一刀切式的灌输没有好效果,并非真正的学习。

新知识到来,每个人都首先试图对它进行同化。但每个人原有的知识体系都不同,当新信息、新问题到来时,每个人先对它进行鉴别,如属"已知",就不会启动学习过程,仅仅启动原有头脑中的解决问题程序即可。如果是"未知",这才启动学习程序。

项目完成的过程,就是学习的主要过程。接到任务之后,每个人都会从自己现有的知识体系出发,提出方案。每个人的方案各不相同,必然有正有误,若实施,必然有成有败。一定要让学生在这个阶段展示自己的想法(按照自己的"常识"去想、去做),必要时实施一下,让学生看到初步的效果。然后教师再进行正确内容的讲解、示范,学生就可找到自己原有知识体系与新知识的对接位置,找到自己原有知识系统的不足和缺陷。学生在教师指导下再做,反复训练,直至正确。教师还要用大量新的项目任务进行能力的反复训练,直到形成可迁移的能力,形成正确的操作和行为习惯。这样学习,无论刚开始做得正确还是错误的人,都会有收获。用(因人而异的)常识先做,就是每个人都找到自己原有知识体系对新问题的接口。实践的结果,无论正误,都可以对自己的知识体系进行加固、扩充(同化)或改造(顺应)。

13. 从个别到一般、从具体到抽象

以这些项目的具体工作为载体,变化产品结构、变化工作内容、变化操作方式,引出各种可能的结构和操作情境,让学生进行效果的比较、原理的比较、操作的比较,使学生从个别到一般、从具体到抽象,最终学到系统的、可应用的知识,学到理论和定量计算。

14. 非技术要素的承载

以项目为载体,承载专业外语、知识理论学习,相关的文化、社会、经济和职业道德、职业素质、思想品德、职业核心能力的养成训练。所有的项目都不仅考虑技术能力训练,不仅仅考虑专业知识获得,还要考虑"如何做人"这个根本问题。

8.9 项目设计的原则与技巧

教师们对课程项目的理解一直存在很多误区。有些人以为,过去都是教师讲,现在不讲或少讲了,只要随便找一个事情,让学生动手做就行了。有些人以为,项目任务的功能只是训练学生的操作能力,于是抽去具体项目的丰富承载内容(参见第8.3节),仅仅用项目训练某些具体操作技能,却另外以语言文字为载体传授关于专业、职业、做事和做人的大量抽象的间接知识和理论。这些错误做法的教学效果都很差。

事实上,项目和任务必须精心设计。所谓精心设计,就是处理好教学过程中工作逻辑与认知逻辑之间的复杂关系,其中的工作逻辑是教学过程的主要推动力,但工作步骤必须根据学生的认知规律进行改造。

1. 项目设计的原则

一般来说，项目任务设计必须遵守下列基本原则，才能达到预想的教学目的。

(1) 目标。课程项目与企业项目不同，其目标不是利润，而是认知(能力、知识理论和德育)。随便拿一个事情让学生动手操作，或完全按照企业生产方式完成项目，都不能达到课程的认知目标。

(2) 在项目实施的每个环节都注意先激发动力、后开展教学。学生是教学过程的主体，没有学生的积极主动参与，任何教学都不可能取得良好的效果。要从学生当前感兴趣的事情出发，进行有效引导，知识学习如此，项目课程也是这样。项目必须有学生兴趣的支撑，项目的实施过程要有学生的主动参与、尽可能全程参与。学生要有尽可能大的自主权，要有选择、自学和创新的空间。要使学生在完成项目的同时，训练能力、积累经验，学到系统的应用知识和理论。让学生体验取得成果的喜悦，体验实际工作中的交流、协作与竞争。教师在用课程中的项目和任务覆盖本课程的全部主要教学内容的同时，必须设计出让学生很感兴趣的项目，这是对教师的首要要求。

(3) 边做边学。传统教学中习惯的教学方式是与之对立的"先学后做"原则。项目课程要学的内容来自具体的项目任务，来自工作中的问题，不是来自课本的章节。边做边学、任务引领、问题引领解决了学生学习的主动性问题，顺应了初学者的认知规律，反映了工作的发展规律。这件事的困难在于改变教师的传统教学习惯。

(4) 多重循环。无论是课程整体还是单元，都不能只做一件事，必要的重复是形成能力的条件之一，所以，整体设计中的项目和单元设计中的任务都要尽可能有多个，从而形成从简到繁、逐步覆盖主要情境和内容的多重循环(参见第 7.4 节)。项目任务要有多个，每个项目任务也都要有多层目标，要让学生有选择的空间。对于班内较好的学生，必须设计相应的项目以提升他们的水平。向上引导的高水平项目要做到"上不封顶"，使学生的积极性和创造性能够充分发挥出来。

(5) 每个项目(任务)的实施，还要遵循"从一到二、从二到多、从具体到抽象、从感性到理性、从个别到一般、从操作到原理"的原则。缺乏知识理论的支撑，学生未来的发展走不远。课程项目要达到的目标，不是仅仅完成这个具体的工作任务，而是通过具体项目任务来学习知识理论，从个别到一般、从具体的经验上升到抽象的原理和理论，从而学会规律和方法，以解决更多的问题。教师在进行课程设计时必须把知识理论的学习有机地渗透融合到工作过程中(例如在操作过程中用"为什么"引导到知识理论)，如此才能实现真正的边做边学的原则。这是初学者认识事物的重要规律。在项目执行的每一步，教师都要设计尽可能多的案例或环节与之接轨，从当前的具体工作拓展开去，让学生通过对比掌握抽象的一般规律。当前课程项目设计中，一个普遍的严重问题就是只停留在项目任务的具体工作中，没有发挥和拓展，缺少从具体工作到抽象知识理论的提升过程，师生甚至连理论内容是什么都说不清。只做事而没有知识理论的提升，那是传统学徒制，不是现代学徒制，不是高等教育，更不是现代项目教学。

(6) 真做真学：通过出错和对比进行启发式教学。有的教师在教学过程中生怕学生出错，以为学生操作出错是自己没有讲好。事实上，无论教师讲得多好，学生在实际操作中一定还会出错，因为能力是讲不出来的，学生在学习过程中出错是正常的必然现象，真正的能力只有在异同对比、正误对比、优劣对比、成败对比中才能产生。相反，教师还应当学会“设计出错情境，让学生通过出错学习”。项目任务中的操作不能仅是正面的、规范操作的反复训练，必须让学生遇到(而不是“讲解”)出错的、意外的、紧急的、违规的等各种情况。教师要把实际岗位中各种可能遇到的主要情况，设计进自己课程项目的情境中，善于运用“行动引导”的方式进行教学。只有这样，才能让学生在正反两方面都积累相应的“工作经验”，通过正反对比进行训练和学习。这样的能力和知识才是职业岗位所需要的、有效的、能解决实际问题的能力和知识。与“灌输式教学”相比，启发式的“通过比较的学习”才是真正的学习(参见第7.7节，启发引导)。

(7) 从模仿到自主。这里所说的“自主”包括工作全程的自主操作和自主学习两个方面。首先是工作中的自主操作。项目中的工作内容要尽可能让学生全程参与并独立操作，不要只参与一两个环节。有些教师把复杂的工作划分成许多小环节，仅让学生熟记并按照“工作单”或“操作程序”的顺序完成一个个小任务，一旦学生离开这个“拐棍”，要求独立操作，或离开既定程序或遇到意外，就不会操作了。这样的“学”并不是真学，这样的“会”也不是真会，只是简单模仿、环节模仿，学生并不具备真正的工作能力。所以，教师设定的课程能力目标，应当是让学生能脱离教师的辅导、离开课本(工作单)的提示，尽可能独立完成完整的工作。“自主”的第二个含义是工作中能自主学习。学生要逐步学会根据工作情境独立判断问题所在、搜集信息资料确定任务、设计工作方案组织实施并最终解决问题。离开教师就不会工作、不会学习的学生，并不具备发展的潜力。

(8) 从操作到设计到创新。无论是完成一个产品(例如一个电子设备)还是完成一件事情(例如一个导游过程)，都要让学生从模仿简单操作开始，引导他不断向上提升。从会操作到能熟练操作，到设计新的产品或过程再操作，到创造新的产品或过程，再操作。项目的实施过程一定不能局限在简单模仿上，一定要把设计能力和创新能力的培养提上教学日程，特别对班上那些较高水平的学生，一定要提出更高的要求，这也是课程因材施教的具体表现。较高水平的学生在设计和创新环节充分展现了自己的潜力，完成了较高水平的任务，增强了自信，带动了周围的学生，无论对班级教学还是对学生本人，这都是我们要追求的目标。

(9) 从做事到做人。教育归根结底是育人，所有的课程都要落实到育人，任何专业课程都不能仅仅传授知识或训练能力。完成项目是做事，还要让学生注意“应当怎样做事，为谁做事”，即做事过程中严守职业道德和职业素质的要求。通过做事让学生养成良好的行为习惯，在做事的过程中学会做人。从学生做事(完成课程项目)过程中的具体行为抓起，延伸到心理、习惯、性格、思想、三观(世界观、人生观、价值观)的分析、纠正和培养，这是落实德育(素质教育)最重要的机会和环节。课程项目是完成真正的具体工作，学生错误行为所表现出的思想问题，是他自己没有意识到的真实问题。所有的任课教师都应当熟悉并识别在学生身上和社会上各种案例(包括影视文学作品)中常见的“缺德”表现，从“抄袭作业、考核作弊、占小便宜”这些“小”毛病开始，将来就会发展到“为私利篡改数据、抄袭论文、欺世盗名、占有别人的劳动成果、冒名顶替、损人利己、不公平竞争、对别人的成果羡慕嫉妒怀恨压制破坏、偷工减料、假冒伪劣、个人中心、只认利害不认是非对错、为私利隐瞒事实、为达目的不择手段、不善交流、不会协作、待人冷漠、缺乏同情心同理心、从逆反心理到报复社会、无中生有、落井下石、无限制地追求财富和权力、以岗谋私(利用职业岗位之便谋取私利)、以权谋私、以特权为荣、以多吃多占为荣、以排场浪费为荣、以违纪违法为荣、欺上瞒下、投机钻营、以权势压人整人、嫉贤妒能、拉帮结派、表里不一、言行相违、虚伪欺骗、贪婪阴险、蛮横残忍、阳奉阴违、口蜜腹剑、设局陷害、贪污腐败"等。日常的点滴恶行到了动乱或战争时期就会变成残酷的暴行。网传一短文,现摘录如下。

第二次世界大战以后,一名纳粹集中营的幸存者成为美国一所学校的校长,每当有新教师来到学校时,校长就会给这位教师一封信。这封信是这样写的:"亲爱的教师,我是一名集中营的幸存者,我亲眼看到人所不应当看到的悲剧:毒气室由学有专长的工程师建造,妇女由学识渊博的医生毒死,儿童由训练有素的护士杀害,所以我怀疑教育的意义。我对你们唯一的请求是,请回到教育的根本,帮助学生成为具有人性的人。你们的努力,不应该造就学识渊博的怪物,或者是多才多艺的变态狂,或受过教育的屠夫。我始终相信,只有孩子具有人性和健全的人格的情况下,读书写字算术的能力才有价值。"

这件事本身的真伪无关紧要,其所提出的问题的确非常尖锐,对每个教育工作者都是非常重要的:教育的根本是育人,育人以德育为先。专业教师更要高度重视这个问题。

教师要在爱护的基础上,帮助学生把日常言行表现提到思想理论高度,找到产生问题的思想根源,让学生认识到问题进一步发展的严重性,注意纠正当前行为中的错误倾向,从而达到"入耳、入脑、入心"的效果,这才是真正解决学生问题的德育工作。离开生活和学习真实言行的单纯说教,是无法真正实现思想品德教育目标的。传统课堂上学生只听讲不做事,所谓的思想教育也只是德育知识理论的传授。只有在项目课程中,才有这样的机会和条件,即通过做事过程中的行为引导、通过纠正错误言行进行德育教育。所以,教书育人环境是项目课程独具的一个优势,这是知识传授课程所无法比拟的。当前的主要问题是教师(特别是专业教师)还缺乏这方面的素养、训练和准备,学校的德育体系和育人模式也还没有把这件重要的事情提上日程。

应当强调,项目不仅是能力训练的载体,也是一般知识原理学习的驱动力,还是训练自学能力、设计能力和创新能力的载体,同时还是良好职业道德、职业素质养成的最佳环境。

(10) 校企结合、工学结合。教师在设计项目时要按照认识论的要求,对企业中的实际工作进行改造,使项目操作便于实现学习目的,而不是把企业工作简单搬来学校。其中,项目展开的多重循环方式,就是不按产品的"生产过程",而是按照产品的"进化过程"进行教学(参见第7.2节第六种模式和第7.4节)。课程项目主要在校内实施,但必须注意尽可能有企业的参与和配合,避免课程项目成为脱离实际、脱离社会、脱离企业的虚拟工作。师生尽可能走出去,到企业走访并参与实际工作。项目实施中尽可能把企业的专家请进来,参与指导和验收,这样才能使项目的实施过程与职业岗位上的工作尽可能接近。近年来,有条件的院校开始大力推进与企业深度结合的"产学研"结合的项目教学,这是十分重要的方向。产学研结合的项目从本质上与教师设计的项目不同,是真实的项目。把企业真实项目与教师设计项目有机结合起来,是搞好应用型教学的有效途径。

工学结合的课程中存在两条线索,即项目专业活动的"工作线索"和能力训练、知识学习、道德和素养养成的"学习线索"。教师要想处理好这两条线索之间的关系,那么在备课和课程设计过程中就要考虑好知识理论定量计算和渗透的通识内容,将会出现在项目实施过程中的哪个环节，尽量避免项目的操作过程与知识理论的学习过程脱节。对双师型教师而言，"工程师"的水平体现在如何把项目中的专业技术工作做好，而"教师"的水平则体现在不但要把专业技术工作做好，而且要把认知过程组织好，特别是要把两条线索都设计好，使之相互配合、相互支持。教师进行课程设计的主要工作是：如何以项目任务为主线组织课程教学；如何用项目任务的情境引入；如何在学生不会做或做错时将项目工作暂停，组织高效的学习和训练过程；如何在学习环节完成之后适时转向项目工作过程，用学到的知识指导当前的项目工作；如何在课程最后组织项目工作线索的展示和验收，同时进行学习线索的总结提升。在双线索教学中，传统知识教学中所有的好方法、好技巧都能被有效地吸收到现代项目教学过程中。可以看出，项目课程中运用"项目情境"进行的"行动引导"与知识传授课程中的行动引导有很大区别。当前在教师培训过程中，许多的"行动引导"还停留在知识传授的行动引导(问答、讨论、游戏)层次。

2. 项目设计的技巧

除了上述10项原则之外，课程项目的设计还可以运用许多技巧，这样能更好地达到我们预定的教学目标。这些技巧大致如下所述。

(1) 将学习对象设计成"产品"。例如，"模拟电子技术"课。学生需要学习大量的知识、理论、计算等内容，要训练大量相关技能。如果教师仅仅按照课本章节传授相应的间接知识，教学效果显然不好。但是设计出一个学生高度感兴趣的产品(扩音机)，这个课程载体就激发了学生学习所有相关知识、训练所有相关技能的内在动力，课程的教学效果也会得到明显改进。其实，对于学生来说，完成产品的过程，就是知识和理论的应用过程。将课程内容设计成产品，就是促使学生去运用这些知识，而不仅是学习这些知识本身。

(2) 将学习对象设计成"一个尽可能具体、真实的工作过程"。例如，"导游"课。用具体的导游项目引导学生学习相关知识理论、训练相关能力。与单纯讲解间接知识相比，项目教学是通过"知识的应用"过程进行学习，这可以取得明显的好效果。

(3) 将学习对象设计成"工具"。例如，"数学"。把数学当作一个学科来研究，这本不是应用型(高职)院校的任务。数学在高职院校中的位置首先是专业工具。这就决定了应用型院校中的数学应当采取不同于普通高校的教学方式。可以设想将数学课与专业课一起开，配合专业课中的项目任务，解决相关的数学问题，项目完成之时，也是数学学会之时。例如，可以设想将"模拟电子技术"与"电子专业应用数学"一起开。在完成扩音机项目的同时，解决其中"多元方程组求解"和"交流参数的复数计算"两个重要数学问题，于是，困扰高职数学教师多年的"数学课的项目"问题就可迎刃而解。用同一个项目，一起完成两门课的教学，大大提高了数学课的教学效果，同时大大提高了原有专业基础课的教学水平。当前，只会用实数进行简单计算的"模拟电子技术"课实际上并没有达到高等教育要求的水准。

(4) 将多个"项目"设计成该领域的进化过程。正如人的胚胎发育过程反映了哺乳动物的进化过程一样，一个好的典型项目也可以反映出该领域(产品)的进化过程。例如，多台扩音机从简到繁的设计与实施，正好反映的是电子设备(元器件、电子线路)按照社会需求不断进化的过程。学生通过这个典型产品(项目)的设计、制作过程，学到了电子技术领域的发展动力和发展过程(参见7.2节的整体设计的第6种模式)。

教师要学会设计课程教学的项目和任务，实际上就是要学会将课本上的"间接知识"转变成学生可以操作的工作过程，让学生通过操作，生产出产品或完成这项工作（或提供服务），从而训练具体能力，同时积累“直接经验”。找到这个“砧木”之后（参见第 18.2 节），还要精心设计如何将学科体系的“间接知识”这个“接穗”嫁接到这棵砧木上。教师要掌握“嫁接”的方法，使学生通过具体项目的操作，学到系统的应用知识。与此同时，在完成项目的技术工作和组织工作过程中，注意非智力因素的渗透，实现德育（素质）教育任务。

这里我们再次看出，应用型高等教育对教师的要求是相当高的。

8.10 现代项目教学的主要特点

弄清楚了项目的含义，我们对项目课程和项目教学就有了更深刻的认识。项目教学就是以项目课程为主要手段的教和学，项目课程是以项目（任务）为主要载体的课程。从教师角度看，我们称为项目教学法（Project Method）的东西；如果从学生的角度看，就是 PBL（Project Based Learning，基于项目的学习）。

项目教学法在国外教育界至少已有百年的历史。在国内，大家早年对“项目教学法”的一般印象就是，让学生在课外兴趣小组中，动手操作完成一项具体的项目（早年是动手动脑制作航模或无线电收音机等，现在是电子设备、机器人和乐高模型等）来激发学习兴趣以促进课内的学习。还有的教师结合课程内容，布置一些课外活动（项目作业），以促进课内学习。主要做法是，课内动脑学知识，课外动手练能力；课内知识有明确目标，课外能力没有明确要求。这时的项目教学法是传统的知识讲授教学法的补充和辅助方法。项目内容虽然能锦上添花，但对课内的知识教学来说是可有可无的，并非必需的。

近几十年来，随着应用型教育（职业技术教育）的迅猛发展，越来越多的教师采用项目作为课程教学内容的载体，国际国内各类技能大赛也无一不是以项目为载体的。竞赛和考试考核为课程教学提供了最生动具体的目标。学生在完成具体项目的过程中，动手动脑训练职业岗位所需的各项能力。项目作为能力训练的载体，其在教学中的重要性已经得到大家的公认，实训基地建设的重要性也得到大家的公认。教师把整个课程的内容要求体现在若干具体的项目（任务）中，学生按照任务的“工作单”或教师的示范，在小组中进行分工合作、操作体验。在教师的指导下，一个项目通常用“六步法”完成，即资讯、计划、决策、实施、检查、评估，整个课程在教师的主导之下完成，项目课程突出能力的训练和理论与实践的结合。再看看世界教育发展的历史，项目教学与案例式学习、操作式学习、发现式学习、体验式学习、做中学、建构式学习等教学法都有很深的历史渊源，教师可以把所有的教学要求体现在项目课程中。项目是具体（真实）的工作，项目有实在可见的成果，完成项目的过程中有及时的成败优劣反馈。在教师的引导下，学生在完成项目的过程中可以充分满足自己的好奇心，激发强大的学习动力，展现出强烈的主动探究精神；在合作完成项目的过程中，学生训练了自己的与人交流能力、与人合作能力、解决问题能力、知识应用能力和创造革新能力等。大家发现，项目教学法在课程能力目标的达成上是绝对必需的，但在其他课程目标（例如知识理论目标）的达成上则是辅助的，好像并非必要的。这时的项目教学已经从辅助的、可有可无的，发展成为与传统的知识教学并列的、不可或缺的重要教学类型。

在这个基础上,以中国应用型(高职)教育大发展和国际教育教学改革不断深入为背景,项目教学法在国内外都有了长足的发展和进步(参见第18.12节和第18.13节),其内容和形式都发生了极大的变化。为了区别于以前理解的项目教学法,我们把当前这种新的项目教学称为"现代项目教学"。本书所说的"项目教学"指的就是"现代项目教学"。现代项目教学已经从与多种"教学法"并列的一种具体方法,成长为把传统知识教学包容在内的一种更重要的教学方式。

现代项目教学法是对传统项目教学法与传统知识教学法的继承、丰富和发展,除了实现课程能力目标之外,还把传统教学法中的许多积极内容(知识理论、德育素质教育)都吸收进来,力图以项目课程为载体和手段,实现学生的积极、主动、自主的全面发展,达到育人的目标。

现代项目教学至少具有以下六大特点。

1. 现代项目课程中有两类载体、三类目标

项目课程以项目为主要载体、辅之以传统课程载体(语言文字图形符号)。现代项目课程有力图实现学生全面发展的育人三类目标:能力目标、知识(理论)目标和德育(素质、素养)目标。

现代项目课程不再以知识的传授作为课程的主要目标。项目教学要求教师以项目工作的行动为主线索,在实现能力目标的同时,并列展开学习线索、实现知识目标,同时渗透实现德育(素质)目标。项目的工作目标明确、有很强的实用性。学生动手动脑,尽可能独立完成完整的、综合的、(尽可能)真实的、有趣的、有挑战性的具体的工作(项目、任务),努力通过合作、自学和创新解决问题。项目必须是学生非常感兴趣、主观上非常愿意做的工作。在操作的过程中,学生在能力得到提高的同时,还会及时收到成败优劣的反馈,激发强大的好奇心,自然会产生"这个东西的结构原理是什么?为什么必须这样做,不可以那样做?"一类的问题。在教师的引导和启发下,学生产生了学习相应知识理论和单项能力训练的内在动力。教师在带领学生操作时,有意识地引导学生按照职业道德和职业素质要求的方式做事,这就自然地实施了有效的道德和素质教育,再与德育知识理论教学相配合,德育效果要好得多。可见项目不仅可以应用于能力训练,其承载能力比我们过去所知的要大得多。课程以项目为主要载体,在提升实践能力的同时,有效促进知识理论的学习,在教学的全过程中注重学生通识、德育、美育与全面素质的培养,有效达到育人目标,这是现代项目教学的第一个亮点。

2. 多类项目(工、学)并重,改造并吸收传统教学法的精华

第一类项目是以提升学生做事能力为主的项目。例如,设计制作一个设备、产品;针对指定专题,完成一本专著(电子版),实现选材、编辑、演示、介绍、评论的全过程;组织实施一次旅游;从零开始创建一个公司并运作这家公司,参与模拟的市场竞争等。这类项目的重点是提升学生改造客观世界的能力(重点是做事能力)。

第二类项目是以提升学生思维能力为主的项目。例如,对一个专题、知识点、理论的演示研讨、解释辩论、体系建构、创造革新等。在实施这类项目的过程中,传统知识理论教学中积累的大量有效经验、创造的有效教学法,经过改造后得到很好的继承和发展。这类项

目的重点是提升学生改造主观世界的能力(重点是思维能力和世界观的建构)。

以上两类项目的内容以学生未来岗位工作为主要背景。应用型教育强调面向职业岗位的工作内容,这样的项目是当前项目教学的主体。但是只有这样的项目往往还不够,学员的全面成长还需要未来岗位之外的工作训练。

所以,项目的内容还可以是以提升学员个人能力、知识、品德、素质为主的,非职业岗位类工作。这类项目的必要性在幼儿教育领域看得最明显,因为学员是未来的幼儿教师。培训幼教教师的课程中,不能只有以岗位工作为背景的项目(例如幼儿歌舞),还要有未来教师自己提升专业水准和基本素质的项目(例如现代歌舞)。这些项目的具体内容虽然不是直接在岗位上实施,但对岗位工作具有间接的、极其重要的影响。当学员未来就业岗位工作的类型和深度不能满足教学要求时,这类项目的设计必须引起各领域教师的高度重视。项目的内容不要受职业岗位工作范围的限制。

当然,这两类项目只是重点不同,各类内容是不能分离的,必须彼此密切相关。教师在实施现代项目教学的过程中,对全课、课程单元都必须同时设计并实施多类项目任务,使能力、品德(素质)的养成与知识理论学习的教学效果彼此促进。(参见第 7.3 节单元设计模式)在这些类型项目的实施过程中,教师除了注意能力和知识的达标之外,都要特别注意引导学生做事和学习过程中的通识、美育与良好道德素质的养成问题。

不仅要有提升做事能力的项目,还要有开发并实施以提高思维能力为主的项目;不仅要有以岗位工作为背景的项目,还要有提升学员个人能力、知识和德育(素质)水平的非岗位内容的项目。在所有各类项目中都要注意实现三类目标,这是现代项目教学法的第二个亮点。

3. 项目课程的完成方式是工学紧密结合相互促进,边做边学,真做真学,做与学紧密结合、相互促进

这一点与传统的各种教学法很不相同,是现代项目教学法的第三个亮点。

这里所说的"工"指的是项目和任务,"学"指的是相关的知识理论。传统教学法(包括过去的项目教学)从来都是把两者割裂开来或对立起来,例如,"只做不学"或"只学不做"或"先学后做,先讲后练",许多教师的习惯思维方式是,没有知识理论是不能进行项目操作的。事实上从当代儿童学会使用电视、手机、计算机等电子设备的经验可以看出,先做后学,先动手操作(当然是在安全的前提下),然后学习相关知识理论不但可能,而且往往是更自然、更高效、更符合初学者认知规律的学习途径。

需要特别说明的是,过去一直把项目教学法简单归结为"做中学"或"边做边学"。事实上这种表述并不清晰,是需要加以界定和解释的。"做什么?""怎样做?"往往是问题的关键。"做习题、做练习、做问答、做游戏、做试卷"等,这些都是知识理论学习的辅助手段,对提升专业工作的能力并没有直接帮助。所以必须强调这里的"做"指的是做项目和任务。把"做"仅仅理解为身体的运动或手的运动,是不完全的。真正有教学价值的"学"是在直接感性经验基础上的学,真正有教学价值的"做"应当是在知识理论指导下的做。

"真做"是指课程中项目的实施过程应当与未来工作岗位上的工作类似,学生对项目实施过程中出现的各种问题并没有现成的答案,无法通过背诵、模仿或表演加以解决,需要自己通过实践和学习,根据操作结果的正误成败才能学到真知。"真学"是指项目实施时,教

师通过情境引导学生思考，力争让学生通过研判情境和研读背景资料，自己确定问题、决定任务、设计方案并组织实施。其间学生会遇到真实的疑问，会发生真实的错误，会体验到真实的(成败优劣)效果。学生在教师的有效引导下，不仅有学习的兴趣和动力，能够专心致志、满怀激情地投入进来，更有自主学习、独立学习、出错学习、合作学习、对比学习、方法学习、尝试反思和创造革新的空间。这个过程才是真正的学习过程。学生的学习过程绝不应当仅是一个灌输、背诵或模仿、表演的过程。所以，项目课程实施过程中，教师开发出符合"工学紧密结合"原则的课程教学模式，对课程进行正确有效引导是教学成功的关键(关于"真做、真学"参见第7.7节，第10项"启发引导")。

4. 现代项目教学法要完成认知的完整过程(实—理—实为主)

教师要站在实践认识论的高度，把人类完整的认知过程体现为完整的教学过程。这是现代项目教学法的第四个亮点。

传统的知识理论教学，实现的是人类完整认知过程的一部分或一个环节。现代项目教学不从知识理论的逻辑推理体系出发，而是从满足社会需求出发，对要做的事(项目)提出要求，让学生动手动脑操作体验，通过成败、优劣、异同的对比激发其学习动力和兴趣；通过自学与合作，完成项目任务。在此基础上，教师采用传统的有效教学法(讲授、观察、想象、分析、案例、表达、研讨、辩论、调查、实验、设计、创新等)，配合大量精选案例和强化思维能力的项目，进行知识理论的学习，这就从根本上激发了学生的学习兴趣，极大地促进了知识理论的教学。从学会项目的具体工作，到掌握抽象的一般规律，需要教师的精心引导，这就是从一到二、从二到多的拓展引导过程。从育人的角度看，学生除了在校学习专业知识技能之外，还应当配合项目工作学习大量的通识内容(外语、数学、社会、经济、文化、专业史、前沿知识、自然科学、方法论和哲学等)。当前的课程设计中，这个拓展引导过程往往还没有受到重视，只教书不育人仍是许多课程的通病。

从具体感性的实践出发，到一般的知识理论规律的学习，这仅是认知过程的一半。认知过程还有另一半，即教师指导学生，用学到的一般性与全局性的知识理论指导并提升实践操作，改进项目设计，研究探索创新，提升其效果，实施"产学研"结合，更好地满足社会需求。从实践的认识论的角度看，这是人类认知过程中更重要的一半。对学生而言，不能只完成前一半(学到知识理论)就结束了，理论还要返回实践、指导实践。如此"实践—理论—实践—……"无限循环，不断提升，逐渐接近客观规律，这才是完整的实践的认知过程(参见第18.10节)。

现代项目教学法不从学科体系出发，而是从社会需要出发来组织教学过程，这就浓缩地再现了人类实际认知、学习、创造的基本历史，浓缩地再现了行业专业发展的历史，浓缩地再现了知识理论和文化发展的历史，体现了实践的认识论的基本要求(个别上升到一般，具体上升到抽象，经验上升到知识理论，理论指导实践)。

5. 现代项目教学创新并发展了一系列有效的教育教学新方法、新模式

这是它的第五大亮点。

做任何事情只有思想理念是不够的，好的想法必须要有好的方法去落实。高效率、可复制的模式是推广新理念的基本保证。现代项目教学法在众多院校的实施过程中，由于效

果显著，得到学校领导、教师、专家和学生的高度认可。大家积极踊跃投入并开发出一系列相对完整的方法和可以复制的操作模式。其中包括以下内容。

（1）课程的整体设计和单元设计（参见第 4 章、第 5 章和附录 F 的参考模板）。

（2）课程整体结构的六种模式（参见第 7.1 节）。

（3）课程单元结构的五种模式（参见第 7.2 节）。

（4）现代项目教学新理念下，课程合格、良好与优秀的新标准（参见第 2.2 节、第 4.2 节、第 7.3 节、第 15.9 节，第 15.10 节）。

（5）项目在课程中展示的新方式：多重循环（参见第 7.3 节）。

（6）课程改革落实到课堂时 20 种有效的教师引导法。行动导向教学（参见第 7.7 节）。

（7）学院整体教改的政策和管理改革（参见第 16 章）。

（8）旧课程体系的改造（参见第 10～13 章）。

（9）教师项目教学能力的培训与测评（参见第 15 章）。

（10）新的教师评价标准。测评打分标准与实施方法（参见第 15.7 节，附录 B）。

6. 现代项目教学法永远不会过时

认识论中的一个基本事实就是知识理论可以通过语言文字传授，但能力不能传授，能力只有在学习者动手动脑完成具体工作（项目、任务）的过程中才能养成（参见第 1.2 节），别无他途。只要社会对职业人能力的要求不取消，只要课程教学中的能力目标不取消，只要产生能力的新途径还没有找到，项目课程就是不可代替的。所以项目教学永远都不会过时，而只会随着观念和技术的进步，不断充实和完善。

下面用图 8.1 来全面直观地表达现代项目教学的主要特点。

从图 8.1 中可看出，现代项目教学最大的特点是从社会和育人的需要出发，制定课程的三类教学目标。图 8.1 中左边一列是项目工作，右边一列是知识（理论）学习。工作过程与学习过程之间密切联系、同步进行、相互支撑、相互促进。操作的每个关节点都由教师引出知识理论的“接口”，供学生课后去学。所谓“接口”，就是介绍本操作的知识理论依据的结论，先用、先解决实际问题，然后去学它的逻辑细节。必要时，在项目内容之外，也可以组织关于知识理论的课堂教学（参见第 7.3 节第 5 种模式）。图 8.1 中的“应用”，是指首先学习知识中当前应用到的部分，无关部分暂时不提，绝不盲目积累知识。在工作的每个阶段的最后，必须有高水平的知识理论总结，这时的知识和理论就是系统的。

教学过程以多个项目的工作线索为主导，工与学紧密结合。教师用现代项目教学的先进理念引导学生（主导），不仅让学生听，还要让他们通过动手动脑操作（主体），取得第一手经验和感受；在解决实际问题的过程中，边训练能力，边学习知识，同时提升德育水平。通过多个项目、多重循环的对比操练、实践检验、对比学习、质疑辩论、认可感悟，吸收所有有效的教学方法，实现真做与真学。图 8.1 体现出引导学生在改造客观世界的同时，改造自己的主观世界的完整过程。按照现代实践的认识理论，单纯完成“从做到学”一个环节是不完整的。从实践出发，对项目进行操作，同时学习有关的知识理论，从具体到抽象。还要将学到的理论用来指导和提升项目的实践水准。如此，才完成一个完整的认知过程。从图 8.1中最下方两个方框可以清楚地看到这个过程。越是高层次的教学（应用型本科、硕、博），图 8.1中下面部分的内容越要详细展开。就是说，应用型院校的层次越高，对知识理

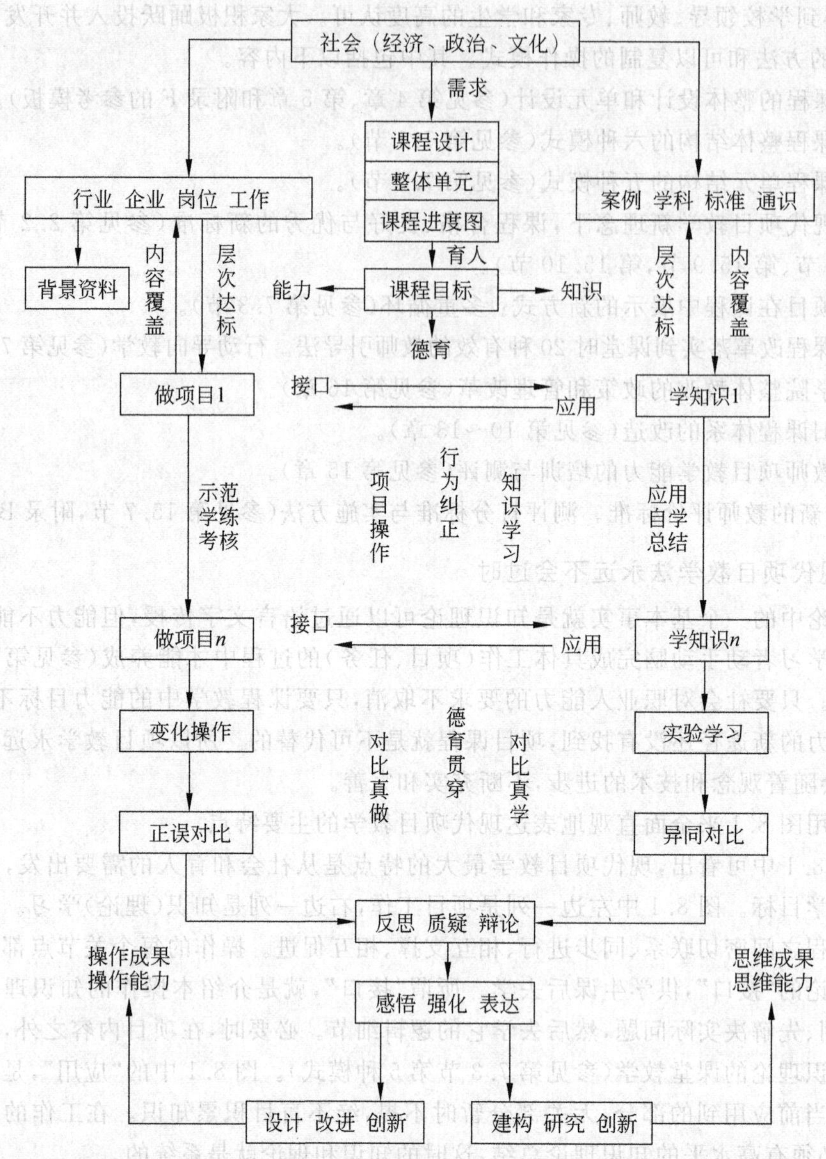

图 8.1 现代项目教学示意图

论研究、知识理论创新和用知识理论指导改进实践工作的要求也越高。

图 8.1 展示的是，在实践认识论指导下的项目教学思想的核心，它对一次课(单元)、一段课(大单元)、一门课(整体)、专业课程体系和个人学习过程统统适用。因此，课程单元设计点评、整体设计点评的要点(参见第 15.9 节和第 15.10 节)都可以从图 8.1 中看出个大概。

图 8.1 可以看作一个“知识总结”的范例，它把现代项目教学各要素的抽象逻辑关系用图形方法表达出来。在课程整体设计中，要求教师在最后一次课中，对本课程所有的知识理论给出“高水平”的总结，指的就是要给出类似这样的图形总结。所以，课程总结的方法就是，先把复杂系统的主要概念列出，用不同的图形符号区分概念的种类，然后用线条或箭

头标示它们之间的关系，直到所有主要关系都一一标明为止。不断修改图示的过程，就是知识理论的理解和总结的过程。关于总结可以采用的图形种类，请参见第 15.9 节，重点点评第 5 项。

事实上，不仅应用型院校，而且研究型院校的课程同样可以采用这个框架。只要把"项目"从"企业生产项目"改为"课题研究项目"即可。从观察、选题、搜集资料开始，到提出假说、建立理论的逻辑结构、设计实验以验证各种假说，到新理论的实践检验。一个完整的具体的理论研究工作就是一个项目。新理论的创建工作对应工科的企业生产工作；社会文化精神领域的理论建构成果（论文、专著）对应企业物质生产领域的产品和服务，就同样可以用这个框架进行卓有成效的教学和研究。这件事说明了现代项目教学虽然从应用型院校发端，但其理念反映的是现代教育教学的基本规律，反映的是人类认知客观事物的基本规律。现代项目教学并不局限在应用型院校，更不局限在工科教学的狭窄范畴。

有趣的是，将图 8.1 与第 7.8 节图 7.19 做个比较，会发现两者很相似。这是因为，无论是现代项目教学还是"质的研究"，都是人类认知（生产、教学、研究）过程的一部分，都反映了认知的基本规律。

传统的项目教学法被认为是与知识讲授法并列的一种局部的教学方法。项目法主要用于能力的训练，讲授法主要用于知识的传授。但是正如上面所述，现代项目教学法已经把传统知识教学法的有效内容吸收进来，创造了更加丰富全面的、全新的现代项目教学法。现代项目教学法早已突破了传统项目教学法的狭窄领域，其理论研究成果和成功的实践经验，对各级各类学校、对各种类型的教育都产生了重要影响。理论的深入分析和国内外众多院校的成功实践（国际上的 HTH、PBL 和刻意练习等，参见第 18.12 节和第 18.13 节）都说明，即使在传统的知识理论学习或研究性教学领域，现代项目教学法同样显示出巨大优越性。

以实践认识论为哲学背景，以当代一系列先进教育思想（多元智能、建构主义教学观、现代认知心理学、刻意练习法等）为指导，现代项目教学法正在成为一种带有全局性的、崭新的教学法体系。作为全面育人的有力手段，这种新的教学法正在显示出前所未有的威力，值得我们认真学习研究和实践创新。

现代项目教学法的理论依据先进、实践效果明显，所以它会随着实践的发展和技术的进步不断丰富、发展、进步、提高，不断完善自己的理念、改进自己的方法、创造新的模式、改变自己的表现形式，不断与时俱进，并在教育教学事业中发挥越来越大的作用。

现代项目教学法在克服种种困难的过程中，在与传统观念和陈旧习惯的斗争中不断发展、不断胜利的历程也说明，一个异于传统的新体系（例如新的教学理念、方法）的提出并不是简单取代原有体系的过程，而是在吸收原有体系的所有优点，使之成为自己的一部分之后，形成了新的（发展壮大的）自己，这样的新体系才能站住脚。不吸收旧体系的优点，就不能战胜它，更无法取代它。

在推广和应用现代项目教学法的过程中，经常遇到的困难和问题，往往与教师自身能力不足、在观念上的误解以及操作上的失误有关，这些误解和失误又常常被误认为是"项目教学法的局限性和问题"，因此很有必要对这些问题进行深入研究。

常见的问题如下。

(1) 从"只学不做"转到"只做不学";"课程改革之后"只有单一"做"的载体(项目),没有"学"的载体(语言文字图形符号),能力目标落实,知识理论目标和德育目标不落实。

从一线教学的实际情况来看,目前课程改革的大方向确实应当引起大家的高度关注。传统的教学注重学科体系、注重知识理论,严重缺乏专业实践和操作(只学不做)。近年来,经过反复宣传和改革,情况有了很大改变,大家普遍重视了操作和实践。但是现在又出现了朝相反方向发展的错误趋势,即只做不学。上课的主要内容就是动手操作,以行动代替思考,以动手代替动脑。只做不学是传统学徒制的特点,不是现代学徒制或现代项目教学的特点。无论"只学不做"还是"只做不学",都是工学分离而非工学结合,都是不对的。问题出在教学过程,但原因却出在教师对应用型教学特点的误解和教师工学结合水平的不足上。

问题首先表现在课程设计中知识理论目标的落空上。在课程设计演示的过程中,相当数量的教师只能清楚地表述项目任务的工作内容,但对自己课程中的"知识理论"内容表述得不清楚、不具体,甚至说不出自己课程内容的理论支撑是什么,说不出课程中的理论在实际工作中表现为哪些情境,对项目实施过程中如何联系工作实际学习这些知识和理论更是没有落实。

这个问题的后果非常严重,有些人因此误认为,项目教学法的局限性就是,只有操作而缺乏知识理论的学习。对于应用型高等教育,这个误解几乎是致命的,因为取消了知识理论的学习就不再是高等教育了,所以这件事值得引起高度重视。必须特别强调现代项目教学法的完整理念和特点,强调现代项目教学的三类目标,强调现代项目教学的两类载体,强调现代项目教学对传统知识教学的向上兼容性,把传统的知识理论教学的方法手段经过改造,吸收到现代项目教学中。

出现上述问题的原因首先是教师当年所学的知识理论已与工作操作脱节。所以,教师自己的"工学结合"工夫首先需要大力加强(参见第7.3节)。教师必须在课前,在现代实践认识论的指导下,完成若干重要的大型项目,从中体会边做边学的要点,并重新设计课程的教学步骤。不先改造自己,则永远也上不好课。

(2) 教师不理解完整的认知过程和完整的教学过程。

根据实践的认识论,人的认知过程应当完成若干完整的"实—理—实"循环(参见第18.10节)。

也就是说,一个完整的认知过程是这样的:从社会的实际需求出发,引出具体的项目和任务,通过完成该项目或任务,训练专业能力,同时引出知识理论的问题;通过多个案例和任务的对比和实验,学习掌握一般原理。这是认知的第一阶段。然后,在一般原理的指导下,改进(创新)项目或任务的设计、结构和操作,这是认知的第二阶段。高效率地完成上述两个阶段的完整认知过程,才是有效学习。

不理解这个认知过程的全局,教师就会把课程教学的目标只定位在上述全过程中的某几个片段上,有时忽略了实践,有时又忽略了理论,更不能全面把握两者之间深刻影响的相互关系。从校企关系的大局上看,学生去企业实习,是提升学习动力、开阔专业和社会眼界的重要环节。但是,后面还有第二个环节,就是学校应当在知识理论上给企业以帮助和引导,提升企业的实践。相当多的专业教师对后一个环节还没有担起责任,所以当前许多企业对与学校结合不热情，重要原因就是学校在专业技术和知识理论上不能给企业的产品设计和生产管理以实质性的帮助和引领。教师的专业理论与操作能力不足，工学结合整体水平低，无法“引领企业”。结果，教师的课程设计出问题，与企业关系出问题，原因竟然是同一个，那就是不了解认知全过程的规律。

(3) 教师对教学不会有效引导，以为“只要让学生动手操作，就自然什么都学会了”。

由于教师自己缺乏在专业实践中学习的经验，所以对“在完整的实践过程中学习”没有切身体会。现在提倡项目教学，就以为只要给学生指定一个项目，学生一动手，就应当什么都学会了。可是实际上并非如此，于是教师就怀疑“项目教学法是否有效?”

事实上，动手操作并非万能。就像“开卷未必有益”一样，“动手”未必一定导致有效学习。在(分数、毕业、面子之类)威胁恐吓之下被迫的动手操作，只能导致学生的反感和抵触，并不具有学习的内在动力。在教师不会引导或引导不足的情况下，学生没有兴趣、缺乏内在动力，再加上课程内容没有多重循环、在操作时缺乏对知识理论的关注，让学生仅仅根据“操作单”或教师的示范盲目操作，这样的“动手”并不能导致有效学习。还有，对单一能力点的反复训练，如果不是学生发自内心的兴趣和自愿，也会成为一种惩罚，同样不能导致有效学习。枯燥无味地做项目与枯燥无味地读课本一样无效，死磨硬练的操作与死记硬背的读书也一样，都不是有效学习。所以，教师用多种有效方式进行引导，让学生目标清晰、项目有选择的余地、操作过程有自学和创新的空间，让学生始终做自己真正感兴趣的事情，这是有效教学的首要条件，也是教师的首要责任。

除了“兴趣”的引导，在项目实施过程中，教师必须引导学生“真做”，让学生独立完成工作的全过程，通过成败对比获得“真能”；教师必须引导学生“真学”，引导学生始终关注与正在操作的项目相关的知识和理论，要完成认知的全过程(如前所述：实—理—实)，通过正误和异同对比学到“真知”。学生并不知道专业与教学的全局，所以这些事完全是教师的责任。

(4) 对现代项目教学的不理解、误解、偏见与成见。

社会上和学校里对教学的看法，许多人还停留在对项目教学的传统印象中，停留在对传统讲授法的偏爱中，不知道项目教学法发展至今的上述(6 个)新特点。例如，认为“项目教学只对专业能力训练有效，与知识理论学习无关，与德育和素质教育更无关”。认为“项目法就是只按照任务单干活，没有也不需要理论指导”。认为“项目法就是六步法，按程序操作就行了”。认为“项目法上课枯燥无味，学生缺乏积极性”。认为“必须先学知识理论，然后才能操作，所以新知识的学习不能用项目法”。认为“项目教学法已经提倡多年，早已过时了”。个别人觉得让自己采用项目教学法，心里感到十分生疏、能力不足、要学的东西太多，不愿花时间和精力，但嘴上说的原因是实训条件不具备。还有个别教师以“教无定法”为由，将项目法与讲授法、模块法、案例法等并列，认为教师可以任选一个方法上课，别人无权干涉，如此等等。这些在错误理念指导下的“项目教学实践”，其结果是不能作为“项目教学是否有效”的判断依据的。

(5) 教师固守自己的专业界限，不会进行有效的育人(德育、素质教育)工作。

德育与其他课程的分离、德育与生活的分离是当前教育中的重大问题。专业教师不会在项目的实施过程中渗透德育与素质教育的内容，文化基础课(以及非工科课程)教师对德育（育人）与自己专业的结合这件事非常生疏。对此，很有必要由学校出面组织全体教师进行相关的培训、学习和研讨（非工科课程教改参见第6章）。

这里我们看到，当前的多数问题都出在教师自身。因此在当前的教育大改革、大转型的过程中，教师必须努力提高自身修养，提高自身能力，才能从根本上解决问题。学校领导则应比教师看得更远，应当积极组织相应的学习、培训和考核，以促进这个转变和提升过程。

第 9 章　现代应用型课程的设计特点

9.1　一体化课程

课程的“一体化”设计，是指“知识、理论、实践”的一体化，“教、学、做”的一体化，“做事与做人”的一体化。力争使学生在做中学、边做边学，不是只学不做，也不是先学后做或先讲后练，更不是只学做事不学做人。一体化的课程教学方式是高效率、高质量的应用型课程的教学方式。现代项目教学是实现一体化教学的最佳手段，课程教学项目是一体化教学的最佳载体。

对于课程的整体设计和单元设计，一体化的要求都是适用的。一体化教学方式的具体要求是时间、地点、内容、教师的一体化，在完成项目任务的过程中，实现能力、知识与德育(素质)的一体化，做事与做人的一体化，改造客观世界与改造主观世界的一体化。教学过程中，知识、理论、实践内容紧密结合，相互支持，相互促进。能力、知识、态度、价值观、职业道德的学习和训练紧密结合、相互支持、相互促进。

目前教学常见的问题是“分离”(非一体化)的安排。例如，单元教学中，先讲后用；整体教学中，先集中学理论，最后综合实践；大型实践课中严重缺乏知识、理论的配合。专业课只讲专业、只讲“做事”，不讲道德、不讲“做人”；而思想政治课又只讲做人、只讲道德，不讲做事、不纠正学生平时的错误行为；思想教育与专业教育，与学生管理、学生生活严重脱节，形成“两张皮”。这些都是常见的非一体化安排。

按照学科体系设置课程，经常导致非一体化课程的出现。例如，将“机械制图”“机械零件设计”与“机械零件加工”从学科体系角度区分为三门课，于是，每门课都无法实现完整的工作过程，无法产生完整的产品，无法完成完整的一体化安排。制图的正确性本来应当体现在设计中，设计的正确性本来应当体现在加工中，分成三门课之后，知识理论与实践被迫分离。这类问题必须在课程体系改造(第 10 章)中解决。

至于做事与知识理论学习的一体化、做事与做人过程的一体化，则需要教师根据自己的体会，按照新的要求重新设计课程的结构和内容。

9.2　应用型课程设计的特点与教师的问题

1. 课程设计体会

近年来，大批教师积极主动参与到课程教学改革工作中，取得了丰富的经验和体会。

下面列出部分内容供大家参考。

(1) 把课程从知识讲授型为主,变成知识应用型为主。

(2) 把课程从以理论思维为主,变成以能力训练为主。

(3) 把课程从以知识、概念、定律、逻辑推导为主要线索,变成以完成项目任务为主要线索。

(4) 把课程从学生被动听讲,变成学生主动参与操作,积极参与能力训练和新知探索。

(5) 把课程从教师讲解为主,变成由教师积极引导、创造学习的环境条件为主。

(6) 把课程评价从"教师讲过""教师讲得好""教师完成了教学进度"为准,变成以学生有兴趣、学生的能力明显提高为准。教师可以不讲或少讲知识(促进自学),但必须带领学生做具体的事。在做事过程中,学生产生浓厚的兴趣,自己主动学到了许多课本上没有的知识,这是真正的"好课"。知识归根结底是学生自己学会的。高级的好课,不是教师将具体知识"讲"得如何好,而是学生在教师引导下自动自发地"学"得如何好。正如孙子所说,"不战而屈人之兵"是高级统帅的标志。把这个思想用到课程教学中,就是少讲甚至不讲具体知识,而让学生学好,这才是真正的好教师。

(7) 教师要树立新的观念。知识不是教师"教"会的,而是学生"学"会的;能力不是教师"讲"会的,而是学生"练"会的。

(8) 课程的目标必须明确。课程一般有以下三类目标:知识目标、能力目标和德育(素质)目标。每门课程、每个单元课程都要有明确的目标,特别注意要突出其中的德育与能力目标。所有教师必须从"只管专业教学"转变为主动育人。

(9) 课程的教学方式要精心设计。可以情境引入、案例引入、任务驱动等。教师列举案例,设置情境,首先不是为了引向"新概念、新知识",而是为了引向任务工作中的问题。

(10) 项目和任务的实施过程中,必须有正反两方面内容,必须有操作示范。学生必须有正反、成败两方面的体验,通过对比才能真正形成做事的能力。目前的教学中,通常只有间接知识的传授,只有正面实例的介绍,而缺乏不同论点的交锋,缺乏学生的直接体验,缺乏出错和失败的反面案例。

(11) 对于相对复杂的操作,在没有系统讲解相关知识之前,为了尽早让学生进入实践环节,教师可以做解决问题的示范操作。示范与模仿是让学生在学习系统知识之前,尽快进入操作体验的有效方法。

① 实例模仿,改造拓宽。教师以实例进行操作示范,学生可以先模仿,然后将实例的功能进行提升,将任务的结构进行改造,由学生试着独立完成。

② 讨论消化,归纳总结。事情做完之后,对其中使用的知识进行消化总结。注意,不是先学后用,而是尽可能先做,先完成任务,先体验结果。知识是完成项目任务的工具,能力是主要的教学目标,知识不是为考试服务的,而是为"做事"服务的。

③ 系统知识,定量理论。这两项是应用型高等教育必须具备的。没有系统的知识、没有定量的理论就不是高等教育。但是绝对不能采用传统的、以系统知识和定量理论的传授为主要手段的单纯传授间接知识的教学模式。而系统的知识也可以分成两种类型,即知识的理论系统和知识的应用系统。应用型院校中的系统知识,首先指的是"系统的应用知识"。

④ 理实一体，练习巩固。用理论与实践一体的方式，完成项目和任务，可使能力与知识同时得到训练和巩固，做事与做人也会同时得到训练。

教师讲A，学生做B和C。教师演示的任务与学生独立去完成的任务可以是不同的，避免学生仅仅对每个实例死记硬背。学生的“能力”首先表现为解决同一类型的不同问题，而不是仅仅死记一种具体问题的解法。这就引出了课程整体教学设计中的“双线并行”（第五种）模式。教师上课带领学生完成一个相对简单的贯穿项目（任务A），学生课外完成另外一个（或几个）同类的、相对综合复杂的贯穿项目（任务B、C），以确保学生能把课上所学的东西运用到另外一个类似的工作中。这样的课程模式可取得较好的教学效果。

实训课程同样要一体化设计。以为“应用型教育就是多多操作，实训时间越长越好”，这是片面的认识，这样做的结果是安排了大量放羊式的实训课程，而实训课程的效率却极低，这是教学管理观念上的重大误区。实训课，特别是大型实训课（例如毕业设计等），必须有明确的（能力和知识）目标，必须有精心的设计安排，必须有严格的有效管理，必须有完整的课程整体教学设计和单元教学设计，从而实现一体化的课程教学。在大型实训课中，应当强调能力的训练要与相关“知识”和职业道德、职业素质教育有机配合。

2. 两种课程教学设计的比较

传统的知识体系课程，从抽象的知识概念问题引入。教师讲解新概念、定义、定理，进行逻辑推导与证明，然后学生用实验对知识理论进行验证。知识讲解完毕，验证完毕，才轮到教师介绍知识的应用实例。“先学后用”在这里得到充分表现。知识的掌握和巩固的手段是问答、习题和练习，所以用大量题目（题海战术）巩固知识，练习解题技巧，归纳解题方法。

这种课的特点是给学生讲书（课本），围绕通用知识体系、知识点、重点难点讲书。理论课与实践课通常是分离的。

应用型课程是以直观、具体的工作过程为导向，从案例或任务引入。从实际任务引出问题，教师对操作进行示范，对问题进行试解，学生可以先模仿。教师对学生的引导不是理论推导，更多的是行动引导。问题初步解决之后，对知识进行归纳：确定知识的系统是什么，确定问题的类型是什么，确定解题的方式是什么。

实验与实训是两种不同的东西。实验的功能是验证理论的正确性，实训是用实际任务训练学生的能力。所以，只有理论知识与实验的课程并不是理想的应用型课程。更进一步，应用型课程的内容结构可以先抛开传统的知识的理论体系，而以职业岗位活动为依据。也就是说，课程内容保持了职业活动的完整性，打破了知识体系的完整性。只有在任务完成之后，才将活动过程中的知识进行系统梳理，得到相对完整的系统知识和定量理论。传统的课程到此已经可以结束了，但应用型课程还要引用大量新的案例和任务，进行任务功能的扩充，让学生体验自学、研究和创新，让学生在许多新的任务中，对能力进行反复训练。

这种课的特点是首先率领学生做事，围绕知识的应用能力，用项目任务对学生的多种能力进行反复训练。教师对课程教学实施一体化设计。学生从被动听讲，到主动参与、有兴趣、模仿、操作、练习、讨论、探索、有成果、有创新、有成就感，从观众变演员。教师创造环境条件，提出课题问题，经过示范、引导、归纳、总结，从演员到导演。

3. 课程整体教学设计中的常见问题

(1) 课程面向学科体系,教师不了解职业岗位要求,不会进行能力需求分析,不熟悉实际项目,举不出课程案例,找不到实训项目。

(2) 教师完全受课本内容和顺序的局限,不会补充应用型案例。

(3) 单一知识考核,缺乏能力考核,没有全面考核,没有综合评价。

(4) 教学的内容/过程非一体化。缺少实践项目背景和解决实际问题的线索。理论与实践分离。缺少单项/综合实训的密切配合。

(5) 课程以教师为主体,缺少互动,缺少学生的积极参与,让学生做的事不能引起学生的兴趣。实验与实训不分,教学活动与实训不分,以为课堂提问、课堂练习和课本习题就是职教中的"实训"了。

(6) 教学活动安排不合理。虽然各环节(实训、知识、理论)都有,但不相互支持,不会进行一体化教学设计。

(7) 课程的信息量太小、效率太低。教师讲的东西学生不喜欢、学生喜欢的东西教师不会讲。课程只重视专业内容,缺少自觉的职业道德、职业素质训练和核心能力(例如"自我学习"能力)的训练,学生缺乏持续发展的能力。

(8) 课程缺少三维整合。知识与技能的整合,过程与方法的整合,情感态度与价值观的整合。往往课程重点只有"知识"一项,上课只教书,不育人。

4. 教学工作问题与教师思维误区

应用型院校的教改工作中,多数教师尤其是青年教师都积极投身改革,主动转变观念,探索新思想,学习新技能,但也有部分教师的习惯思维很难改变。教师思维中的误区通常表现为课程教学中出现的具体问题。现将常见的这类问题罗列如下。

(1) 教师自己从校门到校门,不了解市场竞争形势,不习惯严格管理,不了解应用型教育(职教)发展大局,对教改缺乏动力,对全校的整体发展缺乏责任感和危机感。

(2) 教师缺乏本专业知识的实际应用经验,缺乏实践工作经验、缺乏岗位工作经验、缺乏专业前沿知识、缺乏真正的通识教育。更严重的问题是教师一直是理论脱离实际的,从来不知道理论如何应用于实际,如何指导实际。所以讲理论就不会联系实际,动手操作就脱离理论指导。具体表现为:不会表述课程目标,找不到项目任务,不会设计项目任务,对课改缺乏自己探索的动力和能力,总是希望通过简单模仿甚至抄袭对付过关。

(3) 教师不熟悉教材,上课缺乏精品意识。教研室缺乏交流互动,没有形成有效的教学梯队。平时只有行政会议,只有上级向下级布置工作,缺乏专业技术、教学工作的研究和探讨。教师不了解新时代学生的兴奋点、兴趣、积极面,只看到学生与自己相比的缺陷。

(4) 教师只知道学科体系,不知道按课程的能力目标重组教材。教师只了解专业内容,不了解学生的认知过程。课程的进程缺乏认识论指导。学生反映课程内容枯燥无味,教师认为学生缺乏专业素养。教师不注意授课方法。上课只介绍专业内容,只训练专业能力,不训练学习能力、操作能力、做事能力。课程内容缺少训练学生"可持续发展"能力这一重要方面,更缺乏"如何做人"的重要内容。

(5) 教师单凭经验上课,只会按照课本讲书。课程缺乏整体设计和单元设计。教师只会间接知识的讲授、讲解，不会进行行动引导。教师备课只备理论、知识、课本、专业、习题，不备操作、实训、设备、工具、德育、外语、通识内容。教师举不出实例，找不到项目、案例、课题、任务、实务。教学内容枯燥单一(知识、概念)，缺乏市场或企业中的丰富应用内容。

(6) 教师只教专业技术，不会做德育工作，不会进行课堂教学的有效管理和引导。教师不认识学生、不了解学生，只教书、不育人。教师只注重教学进度，不顾教学效果；只重知识传授，不重视学生的兴趣和能力。教师缺乏专业实践经验和教学实践经验，找不到课程的项目任务。缺乏管理经验，缺乏全局眼光，缺乏系统思维能力和辩证思维能力，缺乏课程的管理能力和课堂的驾驭引导能力。

(7) 极个别教师不关心专业的大局，不关心学院的大局，只关心自己利益(房子、车子、孩子、票子、股票和奖金)，缺乏教学基本功，没有实实在在的教学经验体会，甚至听不懂教改讲座的内容。

教师中存在的这些问题极大地影响了课程教学改革的进程。所以，除了教师本人要重视这些问题之外，组织教师培训的有关领导更要高度重视这些问题，并采取相应的对策。

5. 应用型课程的教材问题

应用型课程为什么缺少适用教材？因为应用型教育的培养目标与其他类型院校(如理科、工科高校)不一样，没有人为我们编写适用教材。"应用型教育要为地方经济服务"的特点，决定了我们的教材不可能是"全国统一"的，决定了我们的所有教师都必须参与到课程开发过程中，必须参与到自己课程的教材建设过程中。真正适用的教材只能靠我们自己在教学实践中创造。

但眼前没有适用教材怎么上课？应用型课程的适用教材又是怎样产生的呢？

教师只能先选用现在能找到的最好的教材，但教材只是参考资料，无论什么样的教材都不能照本宣科。任课教师要进行职业岗位能力需求分析，首先确定课程的能力目标，然后是知识目标和素质目标。根据课程的能力目标，对现有教材进行实践内容的补充和教法的改造。对所有课程都要进行单元设计和整体设计，将课程改造成综合的一体化课程。教师必须对课程所选的实践项目进行操作，自己积累了实际经验，然后才有资格上讲台。按照现代应用型课程的先进教学观念，来改革课程教学模式，实施并取得经验。

从教案开始，先整理成讲义，再开发新教材。事实证明，在观念没有改变、改革经验没有积累之前，不可能先把教材改好。教师按照过去的经验，从网上、书上东拼西凑的教材，技术内容也许是新的，但教学观念一定是旧的，这对提高应用型课程的教学水平完全无济于事。

坚持能力为重的项目课程的教材，不但内容上有了巨大变化，在形式上也有许多创新。例如，单一的课本、单一的纸质教材已经远远不能适用当前的需要。全国统一的教材更是不可能实现的。

根据现代职教的先进理念，能力本位课程的教材应当由任课学校、任课教师动手开发，该教材是由系列内容组成的"学习包"。该学习包包括以下内容。

- "能力训练手册"。这是课程的主教材，既是教材，又是学材。课上的能力训练过程在这里得到很好地体现。
- "知识案例手册"。这是课程的主要参考资料。所有与课程有关的教材、文档、系统知识、大量案例和课程项目中的详尽背景资料，都在这里提供。上课时教师引导学生根据情境、查阅资料、确定问题、提出解决方案。教师不要直接给出数据或结论，而是让学生学会查阅资料解决问题。上课时教师主要应用这些资料的结论，指导当时的学生思考和操作。教师在课上原则上不讲知识理论的细节，只做要点提示，细节留给学生课外进行自学。

- “能力发展手册”。学生课外完成的能力训练（第二课堂，作业等）过程在这里记录和引导。

三个手册都可以是纸质的或电子的（网络的）。

这样的新教材（学习包）可以较好地适应当前强调德育与能力的项目课程的需要。近年来，随着信息技术的迅猛发展，应用型院校大量采用“立体教材”。用手机随手扫描课本上的二维码，立即可以看到网上传来相应的演示视频。立体教材与“微课”相结合，极大地提升了原有纸质教材的表现能力，极大地提升了课程教学效果，为学生随时随地自学提供了方便条件。也为大量需要静态、动态图形展示的教学内容，提供了极其方便的手段，受到师生的热烈欢迎。特别要注意近年来信息技术（云计算、大数据、人工智能）大发展给教育教学带来的机遇，例如企业运行积累的大数据，就为困扰学校多年的“现场仿真教学”提供了崭新的解决思路。

第 4 篇

专业课程体系的改造

第 10 章　专业课程体系目前存在的问题与改造思路

一个专业全部课程的总和称为“专业课程体系”，它是“专业人才培养方案”的核心内容，也是专业建设的核心内容。专业课程体系是专业课程教学的“全局”，从学校整体看，它比单独的任何一门课程都更重要。

目前高（中）职院校的专业课程体系急需改造，因为应用型院校现有的课程体系大多是从普通高校对应专业照搬过来的，原本是针对不同目标设计的，会产生很不相同的教学效果。应用型教育与研究型教育的培养目标有显著差异（参见第 3.1～3.3 节），所以应用型院校的专业课程体系也应当具有自己显著的应用型特点。

从普通高校继承而来的专业课程体系，容易成为四年变三年的本科“压缩饼干”；中职中专的课程体系，容易成为以特定岗位操作技能训练为主，或是以特定应试目的为主的上岗培训班。传统的理工科高校毕业生面向科学研究和工程设计领域，所以专业课程体系以知识的系统传授为主要教学目标，强调学科知识体系的完整性，课程教学以语言、文字、图形、公式为知识传授的载体，课程内容以教师传授为主。但是，应用型（高职）院校毕业生面向的是生产、建设、工艺、营销、服务、基层管理等岗位，要胜任岗位工作，必须有解决岗位实际问题的能力。为了培养技术应用型、技术技能型的高技能人才，高职院校课程教学目标应当以职业道德和职业素质的要求为基础，强调专业能力的训练，课程内容应当以项目任务为主要载体，课程教学应当以学生为主体，课程安排必须知识理论实践一体化、教学做一体化。

第一步是对全校的专业设置进行科学的论证。应用型院校的专业设置必须依靠并服务地方经济。所以，首先要对本地经济、行业、企业发展和人才需求进行全面的调查和科学的预测。

第二步是确定本校各专业的设置特点。是“超市”型，还是“专卖店”型？是普及型的面面俱到，还是提高型的突出特色？是扶特还是扶强？可以说，一个学校如果专业设置不当，这个学校就没有未来。专业的设置是院校领导、分院领导和系部领导的主要责任。

专业人才培养方案与专业课程体系之间的关系大致如下所示。

专业人才培养方案＝专业课程体系＋专业师资队伍建设方案
＋专业实训条件建设方案（＋本专业学生队伍建设方案
＋专业文化建设方案＋本专业教学环境建设方案
＋本专业教学资源建设方案……）

所以，专业课程体系在专业建设和专业课程改革工作中占据核心地位，课程体系的合理性是其中每门课程合理性的前提。首先把课程体系建设好，确定要开哪些课，然后才能谈到课程建设、师资队伍建设、实训条件建设、教材建设等。学校的教学建设必须以专业建设为主线,以专业课程体系的建设和改造为龙头。

专业课程体系中的几十门课程之间不是简单叠加的关系,它们应当具有合理的结构关系。开发建设一个专业课程体系,不能仅根据当前的师资和教学条件随意拼凑课程(因人设课),而应当运用先进的科学方法对所有的课程进行选择规划。课程体系建设不能站在任课教师最习惯的"单个课程"层次进行,不能仅以现有教材为依据进行,必须有前瞻性,从未来社会需求、新技术发展的要求和专业培养目标出发,站在专业人才培养全局的高度和专业教学全局的角度,以当代先进应用型教育观念为指导,对传统课程进行深度整合,对原有课程体系进行彻底改造或重新建构。

10.1 课程体系存在的问题

未经改造的课程体系没有反映应用型教育的特点,难以实现应用型教育的既定目标。与单独课程的影响相比,课程体系存在的问题在更高层次上严重影响了专业教学质量,这样的课程体系已经到了非改不可的地步。专业课程体系建设的第一个重要问题就是课程设置。目前,应用型院校专业课程体系存在的问题大致如下。

1. 受限于传统课程体系的结构模式

从传统高校继承而来的课程体系,其特点是以知识理论的逻辑为导向,面向理论的体系和系统知识的传承。其课程不是职业活动导向、工作过程导向,不是面向职业能力的训练,不是面向技术应用领域,目标是培养理论研究型而不是技术技能型人才。

所以,"基础课—专业基础课—专业课"这种三段结构是以知识传授为中心,面向系统专业理论和系统知识学习的体系,不符合应用型教育的培养目标。

2. 受限于原有的课程

缺乏对教学目标的高层审视,缺乏课程体系的全局、整体优化。教学管理者只见课程,不见体系;只见低层,不见高层。教学实施过程中,经常因为当时的条件变化随意增删课程。教师的眼光只局限在一门课之内的能力训练过程和知识学习过程,没有人考虑课程与课程之间、项目与项目之间在三年范围内的衔接整合,不考虑三年教学的整体优化。每年的"改革调整"也只在原有课程的顺序上做文章。

3. 受限于传统观念和眼界,缺乏先进观念指导

管理者仅凭个人经验对课程体系进行修改。工作过程导向、职业活动导向、工学结合、能力本位、学生主体、项目载体、知识理论实践一体化等重要原则,在目前的专业课程体系中没有充分体现。课程体系的结构和内容充斥随意性,缺乏科学性和创新性。

课程体系缺乏顶层设计。缺乏清晰的顶层目标和对总目标的渐进分解,采用的是自下而上的"凑课程"方式,而不是自上而下的目标指导;缺乏总体目标指导下的课程内容的渐进安排;缺乏跨课程(甚至跨专业)的大型项目。课程之间的关系不合理,内容重复与遗漏的现象经常可见。

4. 缺乏初学者认知规律指导

原专业课程体系的设计者不懂建构主义学习观，不懂行动导向教学法等现代应用型教育的先进观念和方法；不懂从整体到局部再到整体、从感性到理性、从具体到抽象的初学者认知规律。原课程体系往往按照专业的知识逻辑安排课程。整个课程体系从一个概念出发到另一个概念，从一个理论出发到另一个理论。

5. 缺乏学生自主实践学习的机会

第一课堂与第二课堂割裂，只重视第一课堂教学，认为第二课堂是可有可无的"课外活动"。学生的兴趣和主动性受到极大限制。实践任务的时间分散、内容片段，而且实施的限制过死。学生缺乏全程参与、缺乏创新机会、缺乏主动兴趣。

6. 因人设课，或因缺人而不设课

强调客观原因，该开的课不开，不该开的课继续开。贪图管理的方便，课程体系缺乏科学性，缺乏对学生的责任感。

7. 受限于课本

以市场上的课本供应情况为准来修改课程体系，缺乏整体目标的指导。按照课本的名称和内容，排列体系中的课程，没有专业的总目标或被忽略。教学内容、顺序都以书本为准，导致教师上课照本宣科。

10.2 课程体系改造的思路

应用型(高职)院校专业建设的当务之急，是以新的观念为指导，运用不同于传统研究型高校的新方法和新步骤，建设符合新要求的、全新的课程体系。

应用型的专业课程体系建设，必须注意自己的社会定位和体系结构特点。改革的基本思路如下。

第一，准确的社会定位。

区别于传统的研究型、面向学科体系的、知识本位的课程体系，应用型院校课程体系的建设必须体现区域经济发展的要求，要积极促进本地区产业发展和技术进步。尽可能多的课程要按照工学结合的要求，力争与行业企业共建。所有的课程都要把学生的专业能力、实践能力、自学能力和创新能力放在优先的重要位置。

与研究型高校相比，应用型教育的课程体系更注意"职业能力、就业率"(避免"不职")。与中职相比，高职更注意"技术应用能力"(避免"不高")。与培训班相比，更注意"德育和持续发展能力、换岗能力"(避免"不育人、不持续发展")。在社会定位问题上常见的错误观念是：应用型与研究型比"学术水平"，与中职比"动手操作技能"，与培训班比"就业率、考试分"，结果觉得自己一无是处。

第二，先确立总体(三类：德、能、知)目标，然后分解到三年(六个学期)。

第三，创造新的体系结构。新的专业课程体系不是保留原有的"知识体系结构"(例如，

"文化基础课程—专业基础课程—专业课程"的三段结构),在原结构上增加些实例和任务,修修补补;也不是保留原有的知识本位课程体系,仅实施新的教学方法(例如,行动导向教学法)。而是从全新的原点(职业岗位的德育、能力、知识需求,新技术发展的要求和市场需求)出发,建设全新结构、全新功能的应用型课程体系。

新课程体系的结构必须适应毕业生未来岗位的工作过程,适应新技术发展的要求,还要适应行业、企业的整体工作过程和未来发展。新课程的教学情境应与岗位工作情境相适应,在新的专业课程体系中体现出现代项目教学的先进理念。

当前,应用型(高职)院校对自己课程体系的改造,堪称是"颠覆式"的改革,是对传统应用型高校专业课程体系的根本改造。具体思路如下。

1. 改变课程体系设计与课程设置的出发点

从"专业知识理论导向"转变为职业活动导向、工作过程导向。

开始设计一个专业课程体系时,应当暂时放弃原来课程体系的出发点(知识体系及其逻辑结构),转从另外的原点出发(社会的需求、行业企业对应用型高技能人才的需求、新技术发展的需求、行业和岗位工作逻辑与工作流程)。从这个新起点出发,构建新的专业课程体系,然后再把传统课程体系中的优势(系统知识的学习)有机融合到其中。

2. 改变专业教学目标的重点

课程体系的教学目标从过去单纯重视知识积累和智力训练的专业技术知识理论的学习,转变为以做事和做人为中心的德育(素质)、能力与知识理论学习;从突出知识目标转变为突出德育和能力目标。

3. 改变课程内容的主要载体

课程体系的内容从间接知识传授的载体(语言文字公式图形)为主,转变为能力训练的载体(项目任务)为主,同时将原来的知识理论教学经过改造有机地融入新的课程体系。

4. 改变课程体系的整体结构

传统的专业课程体系是如下的三段结构。

- 文化基础课程学习阶段。
- 专业基础课程学习阶段。
- 专业课程学习阶段。

这是知识理论体系的"由浅入深、由低到高"的认知过程。其背后的指导观念是认知过程的"大楼模型"。即楼多高,基础就要先打多深。我们的应用型院校需要开发出新的、符合应用型教育目标的专业课程体系结构。

根据近年来的教学改革实践,下面这种新的三段结构可供参考。

(1) 始业与择业教育阶段。通过对行业、企业工作过程的整体体验,通过对主要岗位的"遍历",初步树立专业思想,初步训练职业核心能力,初步养成职业意识。正确认识专业职业的需要与自己的特长、不足,适当调整并确定自己的专业选择。

(2) 专业与乐业教育阶段。对行业、企业、职业工作过程进行深入体验。深化训练专业能力,系统学习专业应用知识、基础知识。通过专业项目、课程项目的训练以及课程教学和企业实习，学生学会做事和做人，逐步了解和喜爱自己的专业、行业和职业。这个部分是专业课程体系的重点。

(3) 毕业与就业教育阶段。强化岗位工作过程的实战体验，内容包括顶岗实习、毕业设计、产品研发、就业指导、自主创业教育等。让学生了解专业、企业、职业、行业市场的真实需求，了解行业企业未来发展方向，培养自学能力、创新能力、就业能力和创业能力。

新的三段结构不但改变了课程体系的形式，而且改变了它的内容。例如，传统的"毕业教育"就显得不够，这种结合具体专业活动的思想道德教育应当延伸到整个三年(始业择业教育、专业乐业教育、就业创业教育)，把育人内容贯穿到学校教学的全过程。

新的三段结构强调体验、强调实用、强调全过程、强调由粗到细、强调做事与做人结合、强调由整体到局部再到整体，这种结构背后的指导观念是能力与知识成长的"大树模型"。大树的生长并不是先"长树根"(打基础)，然后再"长枝叶"的，而是所有的部分一起成长。从始业教育开始，到专业教育再到就业教育，学生的文化基础知识、专业基础知识和专业知识是由浅入深同时进行学习的。儿童和成人的认知过程实际上就是这样发展的。

用"始业教育—专业教育—就业教育"的新三段结构，代替传统的"文化基础课程、专业基础课程、专业课程"的老三段结构，这是今天应用型院校对应用型教育规律的深化认识，也是对教育普遍规律的新认识。在此基础上，把传统课程中的知识理论内容有机地穿插到上述三个阶段，形成以"职业教育"为主线，与"专业教育"配合，两条腿走路，两者相互支撑、相互促进的态势。

5. 改变学习模式

传统模式：先学后做，先讲后练。先在教室学知识，后到实验室做实验。三年内在校学，毕业后上岗做。

新模式：在做中学，边做边学。在学习系统知识之前，可以教师示范、学生模仿，让学生尽快进入实践操作，尽快体验工作效果。在项目任务的操作中训练能力，体验效果之后学习系统知识，直接经验与间接知识紧密结合。在保证知识学习"量"的同时，显著提高知识学习的"质"。在学会做事的过程中学会做人。在完整的、有实际意义的工作中学，而不是先练(枯燥的)基本功，然后才干真正的工作。把学生的在校学习看作仅仅是他一生学习的一个开始，此后他仍要终身学习，持续发展，所以必须提升学生的自学能力和创新能力。

6. 改变课程体系建设的工作方式

传统的课程体系修订方式：校内封闭式，由教师自己完成。

新的建设方式：开放式，校企结合式。从改造到实施，全程引入企业专家，双方协作，共同完成。

新专业课程体系仅仅突出应用特色还不够。作为高等教育的一种类型，其课程体系必须体现"高等"教育的要求——层次达标。就是在掌握熟练职业技能的同时，还必须掌握系统的应用知识，掌握必要的理论和定量的计算。这些内容保证了高职学员各项能力和知识的有效迁移，也保证了上岗后学习能力和职业能力的持续发展。只有职业岗位的操作能力，不具备必要的系统知识、不具备必要的理论基础、没有必要的定量计算能力，就不是高等教育，也没有持续发展的条件。这些内容是高职与中职的重要差异，也是高职与职业技能培训班的重要差异。

课程体系改革还必须突出教育的育人功能。在学校单纯学专业技术是不够的。一个重要的前沿课题就是，如何在专业课程体系中体现育人与做事的统一，如何把学生的思想与品德教育同专业教育统一在所有的育人环节中，如何使学生实现个性化的全面发展。

课程体系改革的重点不是改变课程名称，而是着重看课程与能力训练项目的关系；不是每个项目对应一个课，也不是每个课程只有一个项目；不是每门课对应一个岗位，也不是每个岗位对应一门课；不是在原有的知识传授课程中，仅仅增加知识点、能力点、案例和任务；不是把原课程中的知识点转变为能力点；不是先学后用，先知识架构、后能力训练；不是先局部能力训练，然后才综合能力训练；不是把"原课程清单"划分成与岗位对应的模块，仅改变课程知识讲授的顺序；不是把每门课程分别改造好再组合起来，就是一个"好的"课程体系。

新的专业课程体系最终改变的是教学效果。培养出与研究型高校不同类型的人才，不是科研型、设计型，而是技术应用型的高技能人才。

第 11 章　专业课程体系的改造工作

专业课程体系的改造工作，整体上可以分为四个大的阶段，其内容如下。

(1) 调查分析阶段。

(2) 课程体系建设阶段。

(3) 课程建设阶段。

(4) 课程体系实施与反馈改进阶段。

应用型院校新的专业课程体系必须注意体现自己的特点。与普通高校相比，注意突出“职业”特征；与中职相比，注意突出“高等”特征；与培训班相比，注意突出“教育”(育人)特征。

专业课程体系的开发必须注意长远目标与当前目标的区别和相互配合。不可忽视应用型高等教育的长远目标(例如能力本位、可持续发展、高等教育的基本要求等)，即使眼前有许多困难，不能立刻实现，也必须坚持，不能因为当前条件的局限而失去长远目标。

应用型教育课程体系建设的出发点不是专业知识体系，而是市场、企业对毕业生的全面要求：能力、知识、素质要求。所以课程体系建设要从市场和企业调研入手。课程体系开发的四个阶段，每个阶段都要贯彻工学结合的原则，都要改变过去闭门办学的方式，要以校企合作的方式进行。

专业课程体系改造准备工作的第一步，就是建立一个由学院和企业专家共同参与的校企合作机构(例如“专业建设委员会”“专业顾问委员会”或“专业管理委员会”)，这个机构应当参与专业课程体系开发、课程开发设计和课程体系实施的全过程，成为以校企合作方式开展教学改革的工作平台。

应用型教育课程体系改造和建设的工作步骤。

新的专业课程体系开发的前三个阶段(调查分析、课程体系设计与课程建设)联系很紧密，可以一起进行讨论。这三个阶段总共分为 11 小步，其过程的每个步骤，都由校企合作机构(“专业建设委员会”“专业顾问委员会”或“专业管理委员会”)共同参与，每个大小步骤的主要结果都由这个机构(特别是其中的企业专家)进行审核把关。

前面三阶段的工作流程可以用图 11.1 表示。

以下按照框图顺序对课程体系的开发和课程建设工作过程加以说明。

图 11.1　专业课程体系开发工作框图

11.1　第一阶段：行业、企业、专业、市场的调研分析

步骤 1　行业、企业、学科专业调研

专业课程体系改造的出发点是行业企业需求、市场需求和社会需求，因此首先要进行市场调查、行业调查和专业调查。调查的目的是做出本专业的长期和短期发展规划，为课程体系改造工作准备数据和信息。

行业调查可以从行业协会入手，了解行业概况、本行业在当地的发展和人才需求。到当地人才市场进行调查，了解毕业生就业市场的实际状况。到当地的高校、中职和培训班进行调查，了解本专业不同目标的教学方式。

到企业进行的调查则更进一步，可以详细了解以下内容。

- 企业管理结构及毕业生就业岗位(或岗位群)。
- 企业生产结构及其就业岗位。企业生产过程。
- 企业工作的典型过程和任务以及职业能力、知识需求。
- 企业工作的技术规范、职业资格证书、职业能力证书。

• 企业对员工的职业道德、职业素质要求。

专业调查。对普通高校、中职、培训班中的相同、相近、相关专业进行调查，了解他们现有的专业课程体系结构，作为改造我们自己课程体系的对比参考。

在上述调查中，还要注意收集有关专业课程体系的其他信息如下。

(1) 企业认为重要的，现在毕业生主要欠缺的东西是什么？例如建筑企业提出，现在高职毕业生主要欠缺的是，不会看施工图，对主要现场仪表工具设备的操作不熟练，不懂行业规范、不会写岗位应用文等。企业现场的这些生动信息，坐在学校办公室里是完全无法想象的，只有走出去、请进来，进行调查才能知道。

(2) 行业、企业认可并重视的，岗位对应的职业能力证书、职业资格证书有哪些？

(3) 可以改造为课程项目的企业岗位工作过程、生产流程、典型产品设计生产过程、典型服务流程有哪些？

(4) 企业中师生可以参加的专业科研开发项目、题目有哪些？

(5) 企业、行业人员和院校中师生可参加的(校、市、省、国内、国际)专业竞赛、职业技能大赛或教学竞赛有哪些？

(6) 学院建校过程中，师生可以参加的校内项目、题目、创业项目有哪些？

事先准备好调查提纲、问卷。根据后面的分析处理要求和专业课程体系改革要求，自己拟定调查提纲。

调查方式有网络调查、书刊调查、电话调查、走访调查、开会调查。可以大体上按照以上顺序开展调查工作。

参加调查会的行业专家多数应当是在生产一线直接从事生产操作和管理的专家。要求这些专家具备高级工以上证书，在该领域具有多年工作经历，对所从事的职业领域有较为宏观、整体、前沿性了解，善于表达与合作。专家应当来自毕业生就业区域内，来自于毕业生就业岗位相对应的多个不同性质、类型规模、层次的企业，以保证工作项目基本覆盖工作岗位群。每次调查都需要多位行业专家共同参与。参与调查的企业专家不应当全是企业的老总，也不能全是人力资源部、市场营销部的负责人。各专业在调查前期必须与被调查对象进行大量、反复的沟通和筛选，以保证企业专家人选的质量。

根据市场需求，对学科和专业的现状与前沿问题进行调查了解，重点是本学科和专业(群)对行业企业需求的呼应和引领。

根据调查结果撰写“专业发展规划”。行业企业调研得到的数据和信息，首先用于形成专业发展规划，其次用于了解行业企业的结构、功能、岗位及其能力知识需求。

注意收集、保留调查活动的所有原始证据。注意及时将调查原始资料进行汇总，包括文字、图片、书刊、记录、照片和录像等。

步骤2 行业企业的功能分析与结构分析

对行业、企业的功能和整体工作过程进行分析。调查以本地区(可以与学校“结合”)的骨干行业和企业为主。按照产品的生产或服务工作流程的典型类型(小、中、大企业，整个行业)，列出工作项目任务名称，画出流程图。

【例1】 建筑行业的典型工作流程从“立项”到“交钥匙”共8个步骤(①立项；②设计；

③采购；④施工；⑤验收；⑥交付；⑦回访；⑧维修）。这个行业的主要工作过程就包括，从立项开始，到维修的工作全过程，以及上述八项工作的管理工作过程。

【例 2】 珠宝首饰设计与制作专业的行业工作流程从“市场调查”到“售后服务”共 6 个步骤（①调查；②设计；③制作；④检验；⑤营销；⑥售后服务）。这个行业的主要工作过程就包括，首饰的设计工作过程、制作工作过程、检验工作过程和营销工作过程，以及上述六项工作的管理工作过程。

列出与本专业直接相关的行业、企业主要的工作过程类型和产品类型。例如，珠宝首饰的产品主要有宝石首饰、钻石首饰、贵金属首饰和其他饰品。建筑产品主要包括“砖混、框架和钢构”三种类型。

行业工作流程将成为新生入学后，第一个认知体验项目课程的设计基础，也将成为整个课程体系内容和结构的主要背景。

企业的结构调查，包括行政结构（管理岗位）和生产结构（生产或服务岗位）两个重点。了解本校学生的可能就业岗位（操作、维修、管理、服务），并画出企业的两个（管理、生产）结构图，标出对应的毕业生岗位，简单列出上述岗位对员工的素质、能力和知识上的要求。

步骤 3　职业岗位的典型工作任务、工作过程分析

关于行业中典型企业、主要就业岗位的典型工作过程分析，下面将以毕业生一次就业岗位（群）、二次晋升岗位（群）和未来发展岗位（群）组成的链条为主，列出这些岗位的典型工作任务及其典型工作过程，以及该岗位详细的能力需求和知识需求表。

这些岗位对能力与知识的要求，是主干课程教学目标的设计基础。这些岗位的工作流程和工作任务，就是主干课程内容设计的基础。

例如，建筑专业毕业生的初次就业岗位是工地上的（施工员、检验员、安全员、资料员等）十大员。十大员岗位的工作流程和工作任务，将成为专业课程体系中主要课程内容和教学项目的设计基础。

步骤 4　列出职业岗位（群）德育和能力需求、知识需求分析表

德育需求可以参考企业对职工的要求制定。本专业毕业生的能力需求，可以参照能力的三层结构进行描述。①就业岗位（群）的专用能力；②行业通用能力；③职业核心能力。

能力需求表将成为下面项目设计的重要依据和能力达标的验证指标。

注意：这里归纳出的企业和岗位工作项目，指的是行业企业工作领域的项目，还不是学院课程体系中教学用的教学项目。

行业通用能力和岗位专用能力都应当按照“综合能力”和“单项能力”两个方面进行描述。为使能力不局限于具体岗位和单一任务，课程必须有相应的系统知识的支撑和必要理论的支撑。

至此，可以写出专业发展规划。

所有其他的改革任务都要在总体规划之下设计和实施。调研阶段的所有四项结果，即专业发展规划、毕业生就业岗位（群）列表、企业典型工作过程流程图和职业岗位能力需求列表，都要接受校企合作机构的正式评审和修改。

11.2 第二阶段：专业课程体系设计阶段

提示：步骤接第11.1节。

步骤5 设计专业教学项目

为突出德育和能力目标，必须把现代项目教学的基本理念贯彻到新课程体系中。最关键的一步，就是在考虑"课程设置"之前，先设计"专业教学项目"（简称"专业项目"，有时泛称"项目"）。这是过去的课程体系中从来没有出现过的新事物。

以"行业、企业和岗位工作过程"为背景，设计专业层次（不是课程层次）的教学项目。与课程整体设计中的"课程项目"不同，这次是站在课程体系的高度、站在通观三年教学的角度来设计覆盖相应德育和能力目标的、贯穿一至几个学期的大型综合项目。"课程项目"（参见第4.3节和第7.2节）小于一门课，它的内容和时间必须被限制在一门课的范围内。"专业项目"可以突破一门课的限制，即专业教学项目可以大于一门课。或者说，一个专业项目可以带动若干门课，可以持续几个学期，课程项目可以是它的组成部分。试着对企业工作领域中的实际工作（项目、任务）按照工作过程和知识理论学习以及教学规律进行改造，初步设计出专业教学用的项目。

参见下面的例子。

例如，"珠宝首饰设计、鉴定与营销"专业项目的设计。

首先列出本行业（企业）所有的大中规模工作的过程。这些工作过程可以覆盖专业所有主要的产品要求、工作要求、能力要求和知识要求。

总共设计出4个大型项目。

大项目1：以"珠宝设计—制作—鉴定—营销"为核心的（行业）产业链的工作全过程。

这个工作的全过程将成为学生新入学"行业概貌、专业认知体验项目课程"的基础，也将成为整个专业课程体系结构和内容的基础，还将成为学生毕业时应具备的专业综合能力、系统知识和理论要求的设计基础。

大项目2：专业工作能力训练的项目。

子项目2-1 珠宝首饰设计工作。

子项目2-2 珠宝首饰制作工作。

子项目2-3 珠宝首饰鉴定工作。

子项目2-4 珠宝首饰营销工作。

以上子项目是站在"课程体系"高度上，学生应具备的"专业工作单项能力"训练项目设计的基础。每个子项目可以带动若干门课的教学。

大项目3：珠宝首饰行业的管理工作过程。

子项目3-1 珠宝首饰设计的管理工作。

子项目3-2 珠宝首饰制作的管理工作。

子项目3-3 珠宝首饰鉴定的管理工作。

子项目 3-4　珠宝首饰营销的管理工作。

以上子项目是站在“课程体系”高度上，学生应具备的“管理工作单项能力”训练项目设计的基础。每个子项目可以带动若干门课的教学。

大项目 4：毕业设计、顶岗实习和创业工作项目。

接下来，以上述几个大项目为背景，结合专业教学条件和初学者认知规律，设计相应的具体教学项目。所谓“教学项目”必须是具体工作，不是“技术环节”的训练，更不是工作过程的举例。

设计“教学项目 1”。在大项目 1 的基础上进行加工改造，可以设计出一年级新生的第一门课：“珠宝首饰行业概貌。”这是个以体验、认知为主要目标的项目课程。这个课程内容是让学生体验、认知珠宝首饰行业产业链（行业）工作的全过程。项目的名称是“妈妈的银戒指”。让学生从调查妈妈的愿望开始：“妈妈想要一个什么样的银戒指？”然后进行市场调查，看看市面上都有什么样的银戒指。接下来，学生要体验这枚银戒指的设计、制作、鉴定工作的全过程。最后，学生把自己设计、制作的银戒指拿回家，送给妈妈，听听妈妈的意见。还要组织全班将所有的“产品”放到（网络）“市场”上进行“展览、介绍和营销”。“妈妈的银戒指”这个“教学项目”所做的，就是对珠宝首饰行业的认知和体验。这样的教学项目极大地拉近了学生的日常生活与专业工作的距离，让学生从入学的第一堂课开始，就对自己的专业产生兴趣，感到自豪。这里特别强调学生的主动“体验”，而不是传统的“专业技术教育”，更不是单纯认知（看书、看录像、听讲、参观等）的被动过程。

设计教学项目 2。首饰的设计、制作、鉴定、检测、策划与营销。

设计教学项目 3。上述过程的管理教学项目。

设计教学项目 4。顶岗项目，毕业设计项目、企业的实际项目（顶岗实习项目）。

将这些教学项目落实到后面的几个学期，带动（几乎所有）的骨干课程。该例说明，应用型院校专业教学过程中的项目源于企业的实际工作，但又确实不同于企业的实际工作。

从上述案例可以看出，这些“专业项目”是课程体系的实际生长点，但并不是最终的目标。这里有个逻辑上的断裂，即不是从企业的实际工作项目直接推导出“教学项目”，而是从另外的认识规律要求出发，通过创造性的设计，得到“教学项目”，然后用“逐次逼近法”反复修改，使这些项目逐步逼近最终的可实施的目标。

项目的类型介绍如下。

大中型专业项目的设计，可以有以下类型。

(1) 按照行业全程工作（概貌）设计项目。

对全行业工作过程的认知体验。如珠宝行业概貌、化工行业概貌、建筑行业概貌、电子行业概貌、旅游行业概貌、国际贸易概貌等。

① 化工专业。“化工工程（企业）概貌”，可以以精细化工（或其他化工）为典型。如常州工程职业技术学院的项目，包括从新产品开发、中试到生产、营销的全过程。项目覆盖了化工过程的所有主要技术方面：液体输送—化学反应—热交换—分离（过滤、精馏等）。项目还必须覆盖上述生产过程中的产品检测、设备操作、工具仪器、安全操作等主要内容。用专业项目带动课程教学。项目以工程概貌为主，尽可能按照企业标准、企业规范的要求完成项目。概貌课程必须以实际操作体验为主，以企业情况介绍为辅。最后学习化工行业的

未来发展。

② 建筑专业。设计一个"建筑工程(企业)概貌"课。在一个建筑企业中,典型的工作过程就是从立项到交钥匙的全过程。项目中一定要学生实际完成一个具体建筑,可以是缩小的,仿真的,但必须是真实、具体、可操作的。项目中要包括毕业生的十个典型岗位(施工员、质量员、安全员、资料员等)。项目还必须覆盖上述生产过程中的检测、设备操作、工具仪器、安全操作等主要内容。用项目任务带动课程教学。项目以工程概貌为主,尽可能按照企业标准、企业规范的要求完成项目。概貌课程必须以实际体验为主,以企业情况介绍为辅。最后要学习建筑行业的未来发展。

③ 应用电子专业。"电子工程(企业)行业概貌。"工作过程包括:一个(新)产品的设计→制作→调试→营销→服务(环节5个)。岗位(3个):设计、制作(生产)、营销服务。产品可以是手机充电器或MP3放大器。在完成项目任务的过程中,体验电子行业的工作过程全貌。教材可以使用经改造过的模电/数电教材。把"电子技术基础"中理论定量内容放到后面的课中上。这也形成了对专业基础课改造的一个可能的新思路。项目还必须覆盖上述生产过程中的检测、设备操作、工具仪器、安全操作等主要内容。用项目任务带动课程教学。项目以工程概貌为主,尽可能按照企业标准、企业规范的要求完成所有工作。概貌课程必须以实际体验为主,以企业情况介绍为辅。最后要学习电子行业的未来发展。

(2) 按照行业技术活动(如设备安装、计算机维修、机房管理等)设计项目。

(3) 按照行业事务活动(如秘书、报关、跟单、会计做账、服务等)设计项目。

(4) 按照行业典型产品(如电子设备、模具、建筑物、管理软件等)设计项目。

(5) 按照行业或企业生产过程(如化工废水处理、模具制造等)设计项目。

(6) 按照工作单元流程设计项目。例如,给出企业的条件(办公室平面图,工作内容),设计办公室网络,单机,组织机房、管理、维护。需要完成的任务包括报表、图表。可以实施两组之间的比赛竞争。

(7) 按照企业管理过程设计项目。

(8) 按照岗位能力要求设计项目。

(9) 按照行业综合活动流程设计项目。训练(三年级)高级综合能力(如创业)和核心能力等。

(10) 行业未来发展类项目(新技术、新工艺、研究性、创新性)。

(11) 科研开发类项目。其包括企业研发课题和学院建设(实训室、第二课堂)研发课题。

(12) 创业类项目。例如,仿真创业、实际创业类项目。

(13) 基础能力训练类的项目。要点是把项目组织成一系列有趣的过程。例如,散件装机、排故障、联网、游戏对抗等。

所有的项目都要考虑专业的能力覆盖、知识覆盖、工作情境覆盖、外语渗透、职业道德、职业素质渗透、职业核心能力的渗透等问题。

专业项目可能是对"实际工作过程"的稍加改造,也可能要彻底重新设计。项目必须是学生有浓厚兴趣的、现有实训条件可实现的。例如,实训室(或学院的)"污水处理系统"和计算机的"图书管理系统,学生管理系统"开发等。专业项目最后必须落实为可操作的具体工作。对学生来说,项目要有悬念、有顿悟、有思想飞跃、有自学空间、有创新空间、有学生自己决策的空间、有可见可验收的成果（展示、比赛）。项目的工作应当是实用的、综合的、典型的、覆盖的、有趣的、可行的具体工作。各项目之间不怕知识的重复，但不应简单重复，而是逐步深入递进，要求循序提高。

专业项目是大型项目，可以跨越单个的课程，可以跨越学期。因此，可以解决过去在一门课中一直难以解决的许多问题。例如，机械专业中，按照知识体系设置的课程包括“机械制图”“机械零件设计”“机械加工”“机械测量”等。这些课程中的项目都是“课程项目”，其工作结果都缺乏真正的实践检验。按照学科体系设置的课程，把原本有机配合的工作过程人为分割成不同的课程，每门课程都无法得到完整的结果。而“专业项目”就可以从根本上解决这个问题。设计一个大型的、延续几个学期的项目，让学生从头到尾真正完成一个真实设备。围绕这项具体工作，所有原来的学习内容，如制图、设计、制造、装配、测量等统统被覆盖在内。每一个工作的结果，都是下一项工作的开头。所有的环节之间都有机地联系在一起，各环节之间相互支持、相互检验。课程体系的这项改革使应用型课程教学质量和效果得到极大提高。

从表 11.1 可以看出，学生完成以上 6 个大型跨课程的“专业项目”之后，就基本可以达到本专业的基本要求。这样的 6 个大型项目支撑起整个专业的德育、能力和知识教育教学目标，在此基础上，可安排其他课程教学。

表 11.1　某计算机专业的专业项目设计例

学期		一	二	三	四	五	六
项目一	进度	当前进度	当前进度				
	名称	信息系统组成与维护（一栋楼计算机系统采购、组装、联网、软件、维护）					
	课程	计算机原理与组成，网络原理与组成，办公设备，综合布线，系统集成，操作系统，工具软件使用，信息安全					
	目标	能力目标：熟练地组装、使用和管理信息系统。 知识目标：掌握计算机、网络的组成和原理，掌握 IT 行业知识、标准及规范。 素质目标：养成良好的职业道德、操守与习惯，培养基本的工程及实验动手能力					
项目二	进度		当前进度	当前进度			
	名称	信息处理与发布（图文并茂的微课）					
	课程	Office，多媒体技术（图像、动画、音频、视频）					
	目标	能力目标：熟练地处理展示文字、表格、图形及多媒体信息。 知识目标：掌握信息（文字及多媒体）的表达及行业应用。 素质目标：提高语言文字的运用能力及审美能力					
项目三	进度			当前进度	当前进度		
	名称	计算机辅助设计（演示一栋楼的结构、平面、立体、动画）					
	课程	AutoCAD，3ds Max，Pro/E					
	目标	能力目标：熟练地应用计算机进行平面设计及立体建模。 知识目标：能正确地表现出图形及立体结构，掌握相关行业知识、标准和规范。 素质目标：提高立体建模及审美能力					

续表

学期		一	二	三	四	五	六
项目四	进度			当前进度	当前进度		
	名称	网络技术与应用(图书馆信息整合与发布信息、网页制作、电子商务)					
	课程	信息检索与发布,网页设计,网站管理,网络管理,电子商务					
	目标	能力目标:熟练地组装、使用和管理信息系统。 知识目标:掌握计算机、网络的组成和原理,掌握IT行业知识、标准及规范。 素质目标:养成良好的职业道德、操守与习惯,培养基本的工程及实验动手能力					
项目五	进度		当前进度	当前进度	当前进度		
	名称	程序设计(任选语言,设计包含数据库的管理系统:图书、人事等)					
	课程	数据结构(C语言)、Delphi、C#、Java、数据库、软件工程					
	目标	能力目标:能够选用恰当的工具,编写一般复杂程度的软件,并进行软件系统及数据库的管理和维护					
项目六	进度					当前进度	当前进度
	名称	毕业设计,顶岗实习(社会实践与生存、社会能力、找到工作)					
	课程	总结(知识、理论)类课程,通识类课程					
	目标	能力目标:提高IT技术的综合能力(设计、应用、维护、发布等)。 知识目标:掌握IT技术知识、相关行业知识和独立生活的知识。 素质目标:提高社会生存及实践能力					

步骤6 以各类项目(特别是"专业项目")为骨干,形成新的"专业课程体系"

先考虑专业教学项目在三年教学过程中的分布。

在三年(六个学期)的教学过程中,暂不考虑原有的课程,先用上面设计出的若干大、中型项目支撑起整个专业课程体系。

第一学期,始业与择业教育。重点培养职业兴趣和职业核心能力,并且在后面两年中不断巩固深化。

第二至四学期,专业与乐业教育。重点训练行业通用能力、专业单项能力和部分岗位专用能力,反复训练专业应用能力。同时,从各个项目的具体实际情境扩展出去,变化操作对象、操作方式和操作过程,进行效果对比,使学生学到本专业的系统应用知识。这个部分是三年课程教学的主要部分,必要时在时间上可以向前后延伸扩展。

第五、六学期,毕业与就业教育。配合顶岗实习和毕业设计,重点训练学生的就业岗位专用能力、创业能力、研发能力,同时配合以行业通用能力与职业核心能力的深入训练与行业未来发展的认知学习。

把十几个大中型教学项目分布到三年中,确立起新课程体系的骨架,然后把经过精选、改造、整合的课程填充到(三年)六个学期中,"悬挂"到大型的"专业项目"上,或将相对较小的项目嵌入课程中,使课程与教学项目有机配合,形成完整的新的专业课程体系。

对整个专业的能力目标、知识目标、素质目标进行界定，然后进行分年级的目标描述。

以教学项目和任务为骨干，初步建构主要课程，提出初步的专业课程体系。将这个新的课程体系与原有课程体系进行比较，对照方向、目标和标准，检查其能力目标，看看它是不是以项目任务为骨干的新型课程体系，重要的专业知识、理论和定量计算是否已经穿插渗透到三年的教学过程中，这些知识在什么时候、以什么方式进行归纳提升及系统总结。

确定专业核心课程，确定课程的模块结构，从而解决新课程体系的构建问题。从三年看，教学内容不是先局部，后整体，而是先整体，后局部，再整体。

这样形成的新的"专业课程体系"有以下特点。

(1) 目标导向。在这个新的专业课程体系中，明确地描述了本专业毕业生的就业目标。根据本专业所面向的行业、企业、岗位，列出岗位名称—任务—能力需求。首先列出初次就业的岗位名称，然后表述二次晋升岗位和未来发展岗位，得到一步步的目标岗位链条。应用型院校要对学生的整个职业生涯负责，对学生的一生持续发展负责。这些应当在专业课程体系中得到明确体现。

(2) 新的专业课程体系准确地描述了本专业的人才培养目标和教学目标。包括能力目标(综合能力、单项能力)、知识目标(包括理论和计算)、素质(职业素养)目标。确定每个项目的目标：能力目标、知识目标、素质目标。确定每个课程的目标：能力目标、知识目标、素质目标。新的课程体系中，职业道德、职业素质和职业核心能力渗透到了所有课程和所有项目中。

(3) 新的专业课程体系中的实践内容大大加强了，实践教学自身形成体系：始业与择业实践、专业与乐业实践和毕业与就业实践。三年的实践性内容和课程相互有机配合，组成实践课程体系(过去是专业知识有体系，实践内容不成体系)。

大型、中型综合实践项目的安排有合理的设计，大体上是第一年行业(企业)全貌实践，第二年局部(深入)的专业技术综合实践，第三年岗位与未来发展实践。大型综合实践项目与课程贯穿项目有机配合。每学期至少有一(两)个大型综合的专业项目课程，带动若干门有贯穿项目的课程。在新课程体系中，努力增加学生的综合实践的时间和数量，提高实践教学的质量。"综合能力项目"与"单项能力项目"相配合，以大型综合实践项目的能力训练为主，在学生的兴趣和动力建立起来之后，进行(自愿的、有内在动力的)单项能力的训练。

表 11.2 列出了新的课程体系示例。

(4) 在新的课程体系中，项目教学为能力训练提供基础条件，项目教学为系统知识理论学习提供基础条件，项目教学为德育(素质教育)提供平台，三者紧密配合，完整统一在项目的一体化实施过程中。

初次进行课程体系改造工作经常遇见的问题是"新设计"的课程体系仍然遵循知识体系教学。前面的市场调研、能力分析和工作过程分析等于虚设，所设计的"教学项目"仅承担片段的"专业操作"任务，类似原来的知识体系课程中的"实验"，结果是，课程体系的设计就会空转一圈，又会回到原来的知识体系传授的出发点。例如，从岗位调研出发—得到"岗位(能力)知识表"—得到工作项目—确定课程名称[仅确定过去熟悉的课程名称(或课本的名称)]—想象教学项目(回到过去的"实验")—回到原来的课程体系。结果是回到了原来的学科知识体系，最多是把原来课程或章节的位置做个调换，"能力分析"之类的工作就起不到应有的作用。所以，初次进行专业课程体系改造时，必须注意防止这种情况的发生。

专业课程体系（人才培养方案的核心）最终以表格方式表述三年中的全部课程安排。按照课程性质，这些课程形成以下五大课程模块：公共课程模块、专业群课程模块、专业核心课程模块、专业方向课程模块和选修课程模块。

按照前述正确方式形成的新课程体系，仅仅是初步的结果，按照现代应用型教育理念，这样的课程体系还有许多地方需要改进。例如，将学生的第二课堂与第一课堂综合考虑，设计出以学生自主学习为主的课程体系，这是观念更加超前的专业课程体系（参见第13.5节）。

表11.2　新的课程体系示例

<table>
<tr><th colspan="2">学　期</th><th>一</th><th>二</th><th>三</th><th>四</th><th>五</th><th>六</th></tr>
<tr><td rowspan="10">大项目及所带课程</td><td rowspan="2">1</td><td colspan="5">项目一：************</td><td></td></tr>
<tr><td colspan="6">课程一、课程二、课程三、课程四、课程五、课程六、课程七</td></tr>
<tr><td rowspan="2">2</td><td colspan="2">项目二：****</td><td colspan="4"></td></tr>
<tr><td colspan="6">课程一、课程二、课程三</td></tr>
<tr><td rowspan="2">3</td><td></td><td colspan="3">项目三：**********</td><td colspan="2"></td></tr>
<tr><td colspan="6">课程一、课程二、课程三、课程四</td></tr>
<tr><td rowspan="2">4</td><td colspan="2"></td><td colspan="3">项目四：*************</td><td></td></tr>
<tr><td colspan="6">课程一、课程二、课程三、课程四、课程五</td></tr>
<tr><td rowspan="2">5</td><td colspan="3"></td><td colspan="3">项目五：*************</td></tr>
<tr><td colspan="6">课程一、课程二、课程三、课程四</td></tr>
<tr><td colspan="2">独立课程包括选修</td><td>入学教育
行业概貌
课1
课2
课3</td><td>课1
课2
课3
课4</td><td>课1
课2
课3</td><td>课1
课2
专业外语
数学
写作</td><td>课1
课2
课3
专业理论</td><td>毕业设计
顶岗实习
研发实践
通识教育</td></tr>
<tr><td colspan="2">能力目标</td><td>1.
2.
（模仿）</td><td>1.
2.
3.
（辅导）</td><td>1.
2.
3.
（研讨）</td><td>1.
2.
3.
（独立）</td><td>1.
2.
3.
（协作）</td><td>1.
2.
（实操）
（应聘）</td></tr>
<tr><td colspan="2">知识目标</td><td>1.
2.
（行业知识）</td><td>1.
（专业知识
计算）</td><td>1.
2.
3.
（系统）</td><td>1.
2.
（理论）
（基础）</td><td>1.
2.
（理论）
（通识）</td><td>1.
2.
（通识）
（总结）</td></tr>
<tr><td colspan="2">素质目标</td><td>1.
2.
（职业道德）</td><td>1.
2.
（核心能力）</td><td>1.
2.
3.
（核心能力）</td><td>1.
2.
（职业素质）</td><td>1.
2.
3.
（价值观）</td><td>1.
2.
（岗位综合）</td></tr>
</table>

注：灰条表示当前项目开设的学期。

步骤7 新专业课程体系的检验、协调与验收

新的课程体系初步设计出来之后，最常见的问题是新体系表格中的课程与原来教学计划中的课程及其排列基本一样，并没有明显差异。若果真如此，新课程体系的设计就是不成功的。为此必须对新设计出来的课程体系进行检验、协调、修改和验收，要把体现新职教观念的新课程体系的特色，明显地反映在专业教学计划的文本中。

专业课程体系的设计和改造是一件大事，它关系到整个专业工作的方方面面，牵扯到专业内外的许多部门，首先是教学方式和教学管理必须相应改造。所以，课程体系初步设计完成之后，不能立即组织实施。作为一种根本性的教学改革工作，必须对初步设计出来的专业课程体系（专业教学计划、人才培养方案）进行检验与协调。

专业课程体系的设计和改造又是一件复杂的事，需要在改造课程体系的过程中不断修改、不断完善，通常不可能一步到位。这就要求我们运用现代职教观念，对新设计的课程体系不断进行检验和改造。

通常，课程体系的改革、设计、检验与实施工作由各个专业负责组织，而课程体系最终的合格验收，课程体系实施情况的督察工作则由学院负责组织实施。所以，专业课程体系设计出来之后，首先要由设计者对这个设计结果进行严格的检验，检验之后进行课程开发和课程体系的试运行，最后才是学院的验收。

下面介绍课程体系检验的要点。

1）目标检验

新的专业课程体系是否全面落实了本专业的培养目标和教学目标？培养目标的检验要点是价值观、职业道德、职业素质、职业核心能力等德育（素质）目标内容，专业教学目标的检验要点是能力目标和知识目标。

目标的检验首先针对本专业毕业生首次就业、二次晋升和未来发展的岗位。

（1）首先看各种目标的描述文本是否符合要求。

看专业目标的描述是否完整、准确、具体、可操作、可检验。能力目标看综合能力与单项能力的描述是否合格。能力目标的格式是否按照“通过××，学生能根据××，做××”的形式描述的，知识目标的格式是否按照“知道××、了解××、理解××、掌握××”的形式描述的。职业道德、职业素质目标是否空泛抽象，是否已落实到本课程的操作和行动中。

（2）然后看所有这些目标是否落实到具体的课程教学中。

所有的能力目标是否都有项目支持？例如，某专业的能力目标中有“学生能对××产品进行创意、设计、制作和营销”。但是在具体的教学项目中，并没有对“营销”的内容进行训练，或训练不够，仅仅一带而过，这就说明该“能力目标”没有落实。重要的能力必须经过反复训练，不可能一次操作就完成。

所有的知识目标和德育（素质）目标，是否都有教学环节支持？每项重要的知识点、知识模块、职业道德要求、职业素质要求，都必须落实到具体课程的具体环节中。重要的知识理论和定量计算必须有系统的归纳总结以及上升提高，必须有扩展的应用训练，使学生在具体项目中训练出的能力可以合理地广泛迁移到其他领域。如果课程体系的设计者说不出职业素质目标中的重要元素以及到底在哪个教学环节中得到了训练，那么这样的目标就

是没有落实的目标。没有教学环节支持的"目标",就是没有落实的目标。

(3) 最后看是否实施了针对目标的考核。

是否只强调了知识目标的考核,忽视了能力目标和素质目标的考核;确认三年中所有重要考核的内容、形式、时间安排是否合理。

在目标描述、目标落实和目标考核几个方面,确认是否体现了应用型高等(高职)教育与普通高校、中职、培训班的差别。

2)"职业岗位需求"的覆盖检验

为了满足学生在上岗、晋升、换岗、持续发展、技术进步等情况下的需求,学生在校期间应当尽可能对行业、企业的全局和发展方向有更多的了解,对行业、企业的文化背景有所了解,对本专业的应用性知识、必要的理论和定量计算有较系统的了解和掌握。

还应考虑以下问题:就业岗位的重点在哪里?是否考虑了一次就业并同时考虑了今后的晋升?课程教学是否支持上岗之后的持续发展?是否对学生的自学能力进行了有效的训练?是否支持技术之外的素质养成?是否在能力训练的基础上对知识和理论有系统的学习?

专业课程体系中的能力训练项目是否覆盖了本行业(企业)主要产品类型和主要工作过程?是否覆盖了工作过程中的主要情境(正常、出错、意外等)?

3)"项目设计要求"的检验

确认三年总共有多少独立的(非附属于课程的)、能带动多门课程的大中型专业项目,并要说明项目名称、内容、能力目标以及需要的知识支撑,看看这些项目能否支撑本专业所有的能力目标、支撑全部专业岗位要求、覆盖全部知识要求,这些项目在三年中的分布是否均衡、合理,是否符合认知规律,是否符合工作过程导向,将三年的项目列表。项目中的内容、能力、知识表。这些项目是否具备以下课程教学项目的性质:实用性、综合性、典型性、覆盖性、趣味性、挑战性、可行性。

确认这些项目总体的覆盖性是否足够,是否已进行了行业覆盖、岗位覆盖、能力覆盖、知识覆盖、行业工作链覆盖、主要工作过程覆盖、主要产品覆盖。并确认学生在校是否能遍历行业企业中尽可能多的岗位和角色,教学项目在这一点上可以弥补顶岗实习的不足,单纯的顶岗实习是不可能做到这些的。

在校企合作方面,应确认企业创业、产品的研究、开发、规程、设备建设、生产、销售、服务等项工作内容是否反映在项目中;项目是否考虑为学院建设服务,如污水处理、设备维修、礼品制作等。

4)"能力训练过程"的检验

还应考虑以下问题:整个课程体系是否突出了实践教学?各学期的实践教学是否形成体系?

实践教学的设计检查中应考虑以下问题。

(1) 三年的专业能力目标是否清晰、准确?能力目标落实到每个阶段(学期、学年)是否合理?能力目标是否反映在实践教学活动(实训、实习、实验、设计、项目)中?

(2) 能力目标是否反映在考核设计中?三年中,能力目标、知识目标、素质目标是如何考核的?特别是大型、复杂、综合能力,跨单元、跨课程、跨专业的能力,应如何考核?

(3) 实践过程是否按照企业要求进行？项目实施过程是否反映了企业管理、企业纪律、企业标准、企业评价、企业规范、企业文化？是否进行了师生的身份转换和教学的环境转换？

(4) 实践教学诸环节在每个学期、学年、三年中的安排是否均衡、合理？

从始业教育开始，军训、社会实践、专业认知性实践、专业能力训练、综合能力训练、毕业设计、顶岗实习、毕业教育、就业培训等内容安排是否合理？知识是否为"项目任务能力训练"服务？一年级的"认知性实践"、二年级的"专业技能实训"、三年级的"综合技能实训"安排是否合理？三年的实践教学安排，实践教学环节是否自成体系？

三年实践教学包括课内实践、第二课堂实践、专业竞赛、顶岗实习等所有内容。综合实践课不应仅仅在第三年才开，也不应仅仅在每学期末才开。那么三年中能力的发展过程安排是否合理？

(5) 毕业设计的课题性质、来源、水平、导师、教学安排是否到位？从什么时间开始？结果及其展示是否合格？顶岗实习的管理是否到位？

(6) 课程内的综合实训、单项实训、产品设计等如何安排？

(7) 以能力为中心的综合考核如何设计？

(8) 双证安排。国内外各种级别的资格、能力、水平证书。估算的通过率有多高？

(9) 课程一体化程度如何？课程整合的程度如何？课程一体化教学的水平如何？

(10) 第一、第二课堂(国内外竞赛、俱乐部、兴趣小组、开发小组、创业小组)教学如何一体化？两个课堂是否紧密配合？

(11) 产学研训一体化。专业对外服务如何？校外实训基地建设、利用率是否达标？是否已成立专业顾问委员会？活动是否正常开展。是否有联系的企业、行业协会、学会、学校名单？活动情况如何？是否有校企之间的联系渠道？学校设立"实训中心"，平时是否总是有所有环节的学生在岗？一旦企业有岗位，学校能否立即调动相关学生上岗？

(12) 教学是否以采用"行动导向教学法"为主？

(13) 实践教学的场地、设备、器材、资料、时间、师资、备课、教研安排是否满足课程教学要求？

新课程体系中，三年的能力目标与实践课程安排还要考虑与传统课程体系(毕业证书填写、资格证书填写、招生宣传文本等)的衔接问题；要考虑与第二课堂、兴趣组、俱乐部、竞赛队的衔接问题。要边干边学，而不是先学后用。课程和项目的教学法，主要采用"行动导向教学法"，还是"知识逻辑推导教学法"？单项能力与综合能力是否紧密配合？要避免无动力、无成果、无创新的单纯消耗性的"(单项)能力训练"，因为这是与(知识)"死记硬背"对应的(能力)"死磨硬练"。

5) 课程体系的模块结构检验

课程体系的模块结构(学时比例、模块组合)是否合理？学年模块、学期模块、专业核心课程模块、必修选修模块、实践课程模块安排是否合理？

每年的教学内容模块，按照六个学期安排的课程，整体看是否合理？从不同角度观察的不同类型课，课时、学分等要求是否合理？整体上看是传统的三段式，还是新三段式？骨干(核心)课/一般课，理论课/实践课，必修课/选修课，考试课/考查课，经典内容课/新技术内容课等安排是否合理？

每学期、每学年课程设置是否均衡？公共课/专业课，骨干课/一般课，理论课/实践课，必修课/选修课，考试课/考查课，经典内容课/新技术内容课的关系，即课时比例、时序安排是否合理？

课程模块如何支持“专业方向”教学？除了选修课、限制选修课外，还有哪些模块结构方式？课程模块如何支持变化较快的技术市场需求和综合能力的需求？学生可否选双专业、辅修专业？

课程模块如何支持未来的学分制教学？淡化班级、强化个人的学分制教学如何影响课程的模块结构？

校级课程平台、系级课程平台、专业(群)课程平台的建立是否合理？

课程整合情况方面，课程之间内容界定是否清晰？课程名称是否准确？课程整合是否合理？

学生能力素质的综合考核设计方面，单项实训、综合实训、项目设计、顶岗实习、毕业设计的安排是否合理？教学与考证的安排是否相互干扰？

要树立“专业对毕业生负责”的思想。外专业为本专业开的所有课程、外系为本专业开的所有课程，最终效果必须由本专业负责，必须向开课单位提出本专业的明确要求。例如，本专业应当开设“高等数学”课还是开设“××专业应用数学”课？本专业对数学内容的具体要求如何？外语怎样做到逐年有所提高？等等，都要由本专业做出全面设计，对相应教学部门提出明确要求。

6）原“文化基础类课程”在新课程体系中如何处理

专业课与公共(基础)课是否相互促进。注意基础知识学习如何与专业课程紧密配合、互相促进。注意岗位的针对性(能力培训、证书)。公共课(基础课、校级平台、系级平台)的设计如何去有效地与专业课程相结合。是否只注意专业课程，而忽视了基础课程。是否忽视了与其他专业公共的课程或请其他分院为本专业开的课程，对这类课程是否“我们管不了(或不管)”。

课程内容是否以专业活动为导向？本专业对八项核心能力特别注重哪几项？外语学习是否逐步提升？公共外语与专业外语与专业课程的接口是否合理？本专业目前的外语教学水平如何？困难在哪里？

语文等文化基础课内容是否为专业服务？是否为训练核心能力服务？

数学课内容是否打破学科体系束缚？应以哪些能力为中心？本专业(不同的课程中)特别需要哪些数学能力？开“高等数学”还是“××专业应用数学”？

公共课的课程体系是否应改变？入学教育、毕业教育、德育、政治、心理等课程的安排、衔接是否合理？是否与专业教育紧密结合？公共课内容是否现代化？是否反映国际化、市场化、信息化的要求？是否与专业能力要求紧密结合？公共课的教学模式是否符合先进的教学理念？是否采用了先进教学手段？

7）“渗透式教学内容”的检验

专业知识、理论和计算内容，是否渗透到相应的教学环节中？

三年的外语内容应怎样安排？基础外语与专业外语怎样安排？是否在专业和所有课

程中渗透？

数学内容是否在所有专业课程中渗透？

语文内容(与人交流能力、与人合作能力)是否与职业岗位应用有效结合？

体育教学中是否建立了“大体育观”？是否以“终身锻炼的意识和能力”作为体育教学的主要内容？是否开展了多层次的体育活动？是否将心理健康与咨询、职业素质拓展训练、专业能力与职业核心能力的拓展训练纳入体育教学？有否建立校企体育合作基地？

思想政治教育中，职业道德、职业素质、职业规范等内容的表述是否规范？是否在项目中落实？在三年中的安排是否合理？职业生涯规划、班级活动项目等内容是否纳入活动教学？价值观、理想与信仰教育是否落实到项目与活动中？职业核心能力在三年教学中如何安排？是否正确处理了这些内容的集中学习与渗透教学的关系？

系统应用知识和专业理论是否在各课程中进行了渗透？

是否将专业教学环境、校园文化、专业文化背景的营造、环境育人、管理育人的实施等纳入育人方案？

8) 文本格式与文字检验

名称、格式、数字的规范检查。

(1) 系部、专业、专业方向的名称是否准确？课程名称是否准确？在文件中是否前后一致？有没有以教材名称确定课程名称的现象？是否有延续多年的大课，用字母或数字区分的？课程名称中的外语缩略语如何处理(Flash、AutoCAD 等)？十年之后这个术语可能已经消失了，出现在“毕业证书”中的名称是否会出现问题？

(2) 教学计划的统一格式是否合理？能否反映你专业的特点？有何改进意见？

(3) 各种数字、比例是否符合规定的上下限？总数是否正确？

(4) 文件中是否有错别字和不通顺的语句？

9) 课程体系协调性的检验

在专业内部验证完成之后，专业负责人要同课程体系有关方面(企业、基础课教研室、德育教研室、其他专业、教学管理部门、人事部门、实训中心等)的负责人共同进行研究，协调修改在实施过程中所有可能出现的问题。此步骤要解决专业课程体系的合理性和可行性问题。

检查初步设计的专业课程体系中各专业课之间的配合关系，课程与项目的配合关系。对原有的课程进行增设、删减和整合。对各课程的能力目标、知识目标和其他目标进行调整，避免重要内容的重复和遗漏。

10) “应用型高等教育”的三个需求检验

应用型高等(高职)教育有三个基本要求：“高等”“职业”与“教育”。往往容易重视了一个，忽视了另外一个。所以，在充分重视了职业特点之后，高等教育的理论背景、文化背景是否也体现在新课程体系中？

11) 课程体系的特色检验

新体系与传统体系的区别有哪些？课程体系的模式属第几代？要能够准确回答新体系与传统的教学计划有什么实质性的差别？初次进行专业课程体系改革时，最容易出现的问题是：“岗位、人才规格”分析得很好，但最后出现在课程体系中的课程仍然是原来的，仅改变了开课时序,或仅对原来课程做了简单的修改。

要能够准确回答以下问题:能力训练的项目和实践教学内容在三年中是否独立清晰(还是隐藏在原有的课程中)?工作过程导向的工作逻辑是什么?用什么"教学项目和任务"对能力进行训练?

12) 工作过程文件与教学文件的检查

收集并保存好所有的调查资料、证据、会议记录、录像等。对专业教学计划、人才培养规划、课程标准、课程教学设计等重要文件进行存档。

11.3 第三阶段:课程建设阶段

有了合格的专业课程体系,就有了对每门具体课程进行建设和改造的基础,下一步就可以开始课程建设了。这里的课程建设与学院整体教改工作中的"教师职教能力培训与测评"中的课程建设有区别(参见第15章)。测评工作中的课程整体设计与单元设计,基本上是按照相对理想条件进行的,目的是转变教师的观念,提高教师的能力。课程体系改造中的课程建设则是在先进观念指导下面向实施的课程设计。所以,这里的课程建设必须考虑学校的实际条件,要设计出尽可能先进但必须能够实施的课程。

确定行业核心课、专业核心课。安排必修课和选修课,划分课程模块,确定精品课等。

步骤8 制定"课程标准"

课程体系基本稳定之后,从新课程体系中的专业骨干课、重点课程开始,逐步做到对每一门课制定课程标准。

课程标准是专业课程体系的设计者与课程的设计、实施者之间的中介,是课程设计、实施的依据,是对课程效果进行评价的依据,是专业工作中重要的法规性文件。

确立了专业课程教学的标准,就保证了专业课程教学的规范性。任何人采用任何教材上同一门课程都要执行和达到相同的标准,不会由于教师的更换或教材的更换而显著影响专业整体的教学质量。

因此课程标准的文本应当具有明确的导向性和可操作性。文本中应鲜明表达对现代先进应用型教育观念表现的肯定和对错误观念表现的否定,如"突出课程的德育和能力目标,而不是知识目标"。

文本中应分别叙述"方向性"的指引和"操作性"的要求。

"课程标准"的主要内容如下。

(1) 课程性质(在体系中的定位,与对比类型院校课程的区别)。

(2) 课程面向的岗位(及其工作任务、工作过程、要求)。

(3) 课程目标:能力目标、知识目标、德育(素质)目标等。

(4) 课程主要内容。

(5) 课程实施要求。

(6) 课程评价标准。

(7) 课程的考核方式(对学生的考核、对课程的考核)。

以上 7 项都是课程实施者必须执行的标准。

第(6)、(7)两项“课程评价标准”与“课程的考核方式”都应当考虑两方面的内容。一是对学生的学习效果评价,二是对课程本身的评价。对学生的评价由教师与督导实施,评价的对象是学生。对课程本身的评价由督导、教学管理者进行,评价的对象是教师。在课程标准中,应对两种评价的标准分别进行说明。

步骤 9　课程教学设计

作为应用型院校课程教学改革的重要一环,课程体系的建设与改造必须注意与其下层的“课程的改造与建设”接轨。

任课教师完成课程的整体教学设计和单元教学设计中的两个 Word 文本和两个 PPT 文本。详情请参见本书第 4 章、第 5 章以及第 15 章的内容。在专业课程体系改造之前的课程设计,其重点在于教师观念的改造和能力的提升。而在专业课程体系改造之后的课程设计,重点就在于课堂实施。

专业课程体系的设计与课程的教学设计必须无缝衔接,形成一个整体。对各个课程的整体设计与单元设计在专业、教研室或课程组的范围内进行广泛讨论和反复修改,直至合格。专业和教研室除了把好教学关之外,还必须对所有的专业内容负责。

任课教师与教研组配合进行课程实施条件的建设,包括教材、资料、实训条件、项目实施条件等的准备。

步骤 10　课程的实施及反馈

新课程的实施要考虑新旧课程体系的衔接问题。例如,课程名称与毕业证书的填写问题。新的课程名称、项目名称等,企业、家长和社会是否理解和认同?这些问题关系到未来学生的分配和就业,必须一开始就充分重视。

步骤 11　新教材开发

通常,新的课程都没有现成的教材可用。任课教师上课可以先选一本基本可用的教材,作为学生的主要参考资料,然后自己编写讲义,积累素材,观察效果、积累经验。经过几个周期的实施,看到新课程的明显效果,就可以把讲义升格为教材。

新教材建设应当充分考虑到能力目标的影响。原来的教材都是以知识传授为主的教材,教师和学生都已经习惯于这样的教材。能力本位的课程,教材应当是什么样的?这需要我们在课程改革的实践中探索、创造。

有人提出,能力本位课程的教材应当是一个“学习包”或“培训包”。其中包括《能力训练手册》《知识案例手册》和《能力发展手册》,这就打破了任何课程教材都是“一本书”的传统观念。这种培训包配合各种视听材料和网络教材,就会使能力本位课程教学呈现崭新的面貌。

11.4 第四阶段：新课程体系的实施

新课程体系的实施离不开以下的4个方面。

(1) 实训条件的改造。新的课程体系要求新的实训条件配合，需要大大增加实训室的数量，改造实训室的结构，改革实训室的管理。所有的教学项目尽可能(全部)都安排在实训室上课。实训室一要引入企业要素，模拟实际生产的企业情境、氛围、要求、管理；二要提供优良的"边做边学"的环境。建设学习型的生产性实践教学基地(参见第16.5节)。

(2) 教学方式的改革。大班教学成本低，但只适用于知识传授，不适用于能力训练。能力训练需要教师照顾到每一个学生的安全和指导，所以班级容量必须考虑小班化(20～30人)是否可行？

(3) 教师配备与双师结构、双师素质的教师队伍建设。一个大型综合实践项目中要涉及多种"能力和知识"，可由多位教师共同完成。学生管理和思想工作教师除了主持学生的日常管理和心理辅导之外，还应努力参与第一课堂、第二课堂和职业核心能力的训练。现代应用型院校的教师(特别是专业教师)应当主动地把教学、教研、开发、管理(育人的各个方面)有机地统一到自己的工作中。

(4) 从学院的范围看，新课程体系的实施需要督导的主动配合。督导队伍的建设、督导工作的强化对院校的整体教改具有重要作用，督导人员应当从教改一开始就积极主动地参与教改的各项培训，督导的观念和工作标准应当按照现代职教理念进行相应的修改。督导应当按照大家公认的先进理念进行"督"，按照教改的方向进行"导"。

11.5 改革实施的先后顺序问题

应用型院校在进行整体教学改革过程中出现了一个工作逻辑上的悖论。从逻辑的角度上说，应当首先进行课程体系的改革和建设，在课程体系合理的前提下才能动手改造每一门课程本身，否则会出现下面的问题：花很大力气改造了一门课，进行了课程的整体教学设计和单元教学设计，但在后来的课程体系改造中发现，从课程体系的全局看，这门课应当取消或合并。那么，前面的课程设计不是白费力气了吗？但是在教改实践中我们又发现，在教师对一门具体课程的改革没有实践经验的基础上，改造课程体系的许多观念往往无法被接受，课程体系的改造往往无法进行下去。这就出现一个实际问题：到底应当先进行一门课、一次课的改革呢，还是先进行课程体系的改造呢？

国内已经有许多应用型院校在这方面积累了经验，下面分别予以讨论。

(1) 先进行"课程"的改造，帮助教师形成新的职教观念并提升新课程的设计能力。全体教师完成课程教学设计之后，再启动课程体系的改造工作，然后在新课程体系的基础上，再次改造各门课程，就是课程—体系—课程的方式。这种方式的优点是从教师的观念和能力入手，思路比较顺；缺点是要等待全校教师全部完成课程改造，然后再进行课程体系改造，时间拖得较长。

(2) 先改造课程体系，然后改造课程。这种方式的优点是逻辑上似乎较顺。但实际操作发现，在改造课程之前对课程体系的改造是不可能一次到位的。所以在体系改造、课程改造之后，必须再次对课程体系进行改造，结果是时间和精力并没有节省。这就是体系—课程—体系的方式。

(3) 先在学院骨干中进行“课程改造”，即完成课程的整体教学设计和单元教学设计，但工作目标不是立即落实到课堂，而是先转变观念、提高能力。在启动全院其他教师的课程改造的同时，在骨干队伍中启动课程体系的改造工作。这时，骨干队伍的观念已经改变，能力也明显提高，具备了课程体系改造的基本条件。在基层教师进行课程设计的同时，在骨干队伍中进行课程体系的改造，两项工作衔接得很好。这种方式效果比较理想。

第 12 章　课程体系改造的基本原则

专业课程体系是应用型院校人才培养目标最重要的支撑元素，是人才培养模式的重要体现。专业课程体系不仅是所有课内教学的集合，而且包括专业教学全部内容的整体安排，例如第二课堂和学生自主实践学习的安排。专业课程体系的改造不但影响所有课程教学的模式和方法，而且要求教学管理方式进行相应的改造，以适应新的教学要求。

12.1　系统原理

在应用型院校的专业课程体系开发过程中，主要依据系统原理的以下三个基本原则。

1. 系统的整体性原则

现代系统理论强调，研究一个系统，必须先从整体进行考察，然后研究它的各个部分，最后进行系统整体的综合，以求得系统整体的认识和优化。课程体系是学院专业人才培养最重要的载体。专业课程体系建设必须着眼于人才培养的全局和整体需要，不能仅考虑课内教学。因此，现代应用型院校的专业课程体系必须要把学生的德、能、知、体、利、情、美等教育教学(参见第 17.2 节)进行综合考虑和统一规划；在教学领域中，又要把第一和第二课堂的教学内容、教学活动、教学资源等进行综合考虑和统一规划，为学生创造最先进合理的大教学环境。

从整体方面进行考虑，课程体系的改革必定引起教学运行方式和教学管理方式的改革。专业级别的大型项目、一体化课程的实施、项目课程的实施等，都需要采用新的教学管理方式。新的应用型院校教学理念要求课程评价标准要随之变化，教学督导的标准要随之变化，教师的评价标准也要随之变化。因此，在进行课程体系建设的过程中，不能仅限于专业领域，也不能仅限于教学活动，必须对教学内容、教学模式、教学管理等方面的改革进行通盘考虑。

传统的教学计划修改活动，往往仅限于对专业技术教学内容进行调整，没有考虑其他方面的改革要求，因而受到多方面条件的限制，很难有根本性的突破。

整体性的另外一个要求就是，课程体系的改革与建设，包括其中的思路、文本内容和格式的要求等，都必须与课程教学的实施紧密配合。所以，专业课程体系对具体课程的要求必须体现在“课程标准”中，课程标准的要求，又必须体现在课程的整体教学设计、课程的单元教学设计中。专业课程体系、课程标准、课程的整体与单元教学设计，这几者之间要尽量实现从内容到格式上的“无缝连接”。从课程体系改革的思想、检验的原则到课程文件的格式要求等方面，都要在课程体系、课程标准和课程(整体与单元)教学设计中做到一以贯之，以体现教学改革整体性的要求。因此，不能把专业课程体系的设计与课程标准的制定与课程教学的实施割裂开，不能由不同的人在不同的时间彼此相互独立进行，不能相互没有照应和比较。

2. 系统的层次结构原则（参见第18.14节）

现代系统理论认为，系统整体的结构大多呈现层次结构，下层与上层之间呈“嵌套”关系。系统的下层是上层的基础并支撑上层，上层是下层的环境并控制下层。例如，一次课（单元）——一门课（整体）—专业教学（课程体系）—育人模式，形成了一个从下到上的层次系统。

任何一个层次系统的上层，都是由多个下层要素组成的。但系统的上层，并不等于所有这些下层要素的简单求和，因为这些要素之间不是孤立的，而是存在着相互联系、相互制约的结构关系。如果一个系统下层的每个要素都好，从上层看，整个系统并不一定就好。上层有其不同于下层的“要素”“变量”和“规则”，因此，系统的优化不能只是在基层元素的层次上进行，对系统的认知研究和控制必须在相关的多个层次上分别进行（分层认识、分层处理）。因此，不能以为将高层（育人模式）一直“还原”到基层（一次课），只要认识并改造了最基层的元素（单元），也就完成了对整体的认识和改造。也就是说，不能把专业课程体系还原为各门课程之和，再把每门课程还原为一次次单元课程之和，认为只要认识并优化了每次课，整个课程体系就是优化的。这样做的结果就是，学校的整体教改就变成了只是“教师上好每次课”的事情。今天许多院校的教学“改革”还仅在最低的层次（单元教案）上进行，没有考虑到“课程整体”“课程体系”和“育人模式”这些更重要的上层结构。

从系统管理和改造的角度看，系统上层的优化往往更为重要。从逻辑的角度看，我们必须首先对上层（课程体系）进行优化，然后才对优化过的课程体系中的个别课程进行优化，这样才有意义。另一方面，对单独一门课程进行优化时，也不能孤立进行，必须考虑到它与同层次中其他课程的关系，必须考虑到它在整体（课程体系）中的位置和作用。

3. 系统开放原则

应用型教育课程体系建设的出发点和归宿不再是学科体系知识，而是行业、企业、市场和社会的需求。专业要积极与行业企业合作开发课程，根据技术领域和职业岗位（群）的任职要求，参照相关的职业资格标准，改革课程体系和教学内容。课程的建设与改革是提高教学质量的核心，也是教学改革的重点和难点，应建立突出职业能力培养的课程标准，规范课程教学的基本要求，以提高课程教学质量。改革教学方法和手段，融“教、学、做”为一体，强化学生能力的培养。为此必须打开学院大门，师生走进企业、走进社会。建立学院与企业联系的常务机构，建立企业兼职教师队伍，学院与企业共同开发应用型教育课程体系和骨干课程，共同实施这些课程的教学。

学院对外的大门要打开，校内的“二门”也要打开。原有的系部、教研室等不应该成为新课程体系的束缚。基础课、文化课与专业课之间的界限应当打破。所有部门、全体教师都要为实现应用型院校的教学目标而奋斗。

12.2 目标原理

从事任何工作之前都应当首先明确目标，这个原理被称为“目标原理”，也叫“对靶原理”。做一件事遵循的步骤大致如下：目标—任务—方法—条件—策划—组织—实施—评价—改进。

仅凭习惯、仅凭“想当然”进行目标不明确的工作，就像是一群不知道球门位置的足球队员——看上去大家都很努力，其实没有实际效果。应用型院校教改“对准目标”的一个重要含义，就是明确应用型高等教育与研究型高校的区别、与中等职业学校的区别、与专业培训班的区别。当然，对于高等职业教育这个非常复杂的教育体系，明确其培养目标并不像在球场上找到球门位置那样容易，这需要我们不断学习研究，然后按照应用型院校的培养目标来改造和建设新的专业课程体系。我们绝不能按照自己习惯的研究型高校或中职中专，甚至培训班的教学习惯进行应用型院校的课程体系建设工作。

应用型院校毕业生的工作领域、就业目标、能力目标和知识目标，应当与研究型高校、中等职院学校、职业培训班有明显的差异，详情可参考表12.1。

表12.1 目标的比较

要求＼类别	应用型专科	应用型本科	中职	培训班
工作领域	技术应用	科研、设计	技术技能	专项操作
就业目标	上岗转岗提升	不强调岗位	一次就业为主	一次就业
能力目标	岗位核心持续发展	强调通识	岗位操作能力	上岗能力
知识目标	应用系统能力迁移	学科理论系统	岗位够用	应试够用

为了实现应用型院校的人才培养目标，应用型院校的管理者和教师都应当对这些差异了如指掌，不但能把这些差异明确表达出来，而且要把这些特点体现在自己所有的教育教学工作中，具体来说，就是体现在专业课程体系和课程教学的改革和设计中。

12.3 具体原则

根据应用型院校培养目标的要求，当前的专业课程体系改造应依据以下8项具体的原则。

1. 以人为本的原则

专业课程体系是高校人才培养模式的集中体现。必须从比“课程”更高的起点出发，构建合理、合格的专业课程体系。“以人为本”就是这样一个出发点。前面我们站在“一次课”的角度，提出应用型院校课程改革的3项原则（突出能力目标、以项目任务为课程主要载体、学生是主体)(参见第1.3节)。后来我们站在“一门课”的角度,提出课程整体改革的“6+2”基本原则(职业活动工作过程导向,突出德育和能力目标,以项目任务为主要载体,能力训练过程要精心设计,学生是课程教学实施和评价的主体,实践知识理论一体化教学,注意外语、职业道德、职业核心能力等系列内容的渗透式教学)(参见第4.2节)。现在我们站在“课程体系”的高度看问题,就必须在上述基础上增加“以人为本”这个重要原则。这个原则的种种要求只有在专业课程体系的高度上才能充分体现出来。

“以人为本”就是要兼顾个人成长的需求和社会对个人的需求,并使两者相互支持、相互促进。就个人而言,教育的功能就是全面发展一个人的“德、能、知、体、利、情、美”诸元素;就社会而言,就是要将每个学生培养成为高素质的、合格的现代社会公民(参见第17.2节)。应用型教育课程体系应以学生的素质养成、全面成长和整个职业生涯发展为目标,不是仅仅面向职业技术和一次就业。设置课程时要必须考虑企业文化和职业岗位的规范要求,注重职业道德和职业素质的养成,注意人格、性格和心理品质的培养,注意与人交流、与人协作等职业核心能力的培养。应用型院校课程的设置应面向学员一生的发展。所以专业课程体系建设应当特别注意学生自我学习能力和创新能力的训练,关注学生的终生可持续发展。

应用型院校的专业课程体系不但要面向企业中单一的就业岗位,更要注意面向相关行业中的岗位群。也就是说,不但要为学员毕业初次“上岗”做好准备,而且要为学生未来的“升迁”和“换岗”做好准备,要关注学生在职业岗位上的“后劲”。作为专业建设(不仅是课程建设)的主要依据,课程体系必须面向行业(不仅是企业的岗位)、面向持续发展(不仅是一次就业)、面向全面发展的人(不仅是技术能力、职业能力),更要面向学员的一生(不仅是在校三年)。以人为本必须德育为先,以人为本应当能力为重,以人为本需要全面发展。这就是“以人为本”原则对专业课程体系提出的基本要求。

2. 课程体系内容的职业活动导向、工作过程导向原则

与普通高校、中职和培训班相比,高职院校的专业课程体系要实现不同的人才培养目标和教学目标,为此必须设置不一样的课程内容。

一般而言,学校课程的内容通常来自三个方面:①有组织的学科知识。②学生的需求。③社会的需求。其中的第一类(有组织的学科知识)内容是普通高校的教学重点。以第二类(学生需求)内容为主的课程是“人本课程”。应用型院校课程的主体是典型的第三类课程。所以,建设应用型教育课程体系,首先要明确学生未来的就业岗位,明确该行业、企业对学生的要求,而不是仅仅明确学科体系的逻辑关系。现代应用型教育课程体系在强调社会需求、市场需求、职业岗位需求的同时,还要兼顾学生个性发展的需求、终生发展的需求和学科体系的需求。

以建筑专业为例。应用型本课和高职的建筑专业培养的不是建筑理论研究者,不是大型创新建筑(如鸟巢、水立方)的设计者,也不是施工的民工(如在建筑现场从事扎钢筋、拌混凝土等工作的工人)。应用型本科与高职建筑专业培养的是项目经理和技术负责人及其助手,是基层的技术人员(建筑现场十大员)或基层管理者。所以,应用型院校建筑专业课程体系就应当主要面向这些岗位进行设计,专业项目和课程项目也应当以这些工作为依据进行设计。

3. 能力为重(或能力本位)原则

相对于传统高校的“知识本位”课程体系而言,应用型院校的课程体系必须突出能力目标。这里所说的“能力”,主要不是心理学意义上的能力,而是职业岗位需求的能力。简单地说,这里所说的“能力”就是“做事的本领”,做未来职业岗位事情的本领,完成职业岗位任务的本领。课程体系的“能力本位”主要体现在以下几个方面。

(1) 准确界定本专业的整体能力目标。课程教学目标不仅来自书本,首先必须以行业企业需求的调查结果为依据。所有课程要分担整体要求的能力训练任务,三年中所有课程的能力目标,要覆盖专业的整体能力目标。

(2) 用精心设计的系列项目任务,对学生的专业技术能力进行有效的训练。不是用习题、作业、讨论等手段来巩固专业知识。

(3) 对学生的专业能力和职业能力进行多层次的整体考核,不只是对知识进行考核。

(4) 运用行动导向教学法进行能力训练,不是用逻辑推导教学法进行知识传授。

(5) 能力与知识相互支撑。应用型教育课程体系绝不是要取消系统知识。在应用型院校课程教学中,知识以两种面貌出现。开始解决项目任务中的问题时,知识为任务服务,这时的知识以够用为度,用什么学什么;当任务完成后,必须对知识进行系统的归纳总结,使知识系统化、抽象化、理论化、定量化,使知识可以迁移,用于指导创新设计和项目的改进。应用型教育课程体系更注重知识的“应用系统”,不只是知识的“理论系统”。系统的应用知识,保证了学生从少量项目任务中训练出来的能力可以迁移,从而完成同类的其他任务或新类型的任务。没有系统的知识和(定量的)理论,就不是高等教育。

4. 以项目、任务为课程体系的主要载体原则

应当注意,课程体系中所说的“项目”(专业项目)与一门课程中的项目(课程项目)并不完全一样。一个专业项目可能大于一门课,可能带动若干门课程。专业项目可以不局限在一门课的(内容和时间)范围里。

用于训练学生能力的教学项目、任务,要以职业岗位的工作过程为依据。以对职业岗位“工作结构、工作过程的认知”和“工作能力的训练”作为整个课程体系的框架。以企业对毕业生的要求(专业能力、职业道德素养、专业知识)为目标,以一系列的专业项目为骨干,建设新的专业课程体系。

以典型产品、典型工作过程或典型服务过程为“主要教学线索”。能力用项目任务训练,知识在项目中学习,职业道德与职业素质在项目中逐步养成。不是先学习知识,然后实践验证、操作、训练。新的课程体系要以项目、任务为中心,而不是只对原有课程体系进行简单的修补。完成项目任务的过程中,尽可能改变学员身份,从学生变成员工。在项目的实施过程中引入企业要素,使学生应尽早进入岗位工作氛围。在项目实施过程中体验和学习,在操作与学习过程中学习。

新课程体系中的所有项目要覆盖该专业所有主要的能力点和知识点,还有职业核心能力等内容。三年以来,学员经历了从头到尾的系统训练。当然,课程体系中的项目,绝不是企业活动的直接照搬,而是以企业活动为背景,按照认知规律进行改造过的、浓缩的具体工作。

5. 精心设计能力训练过程原则

所谓“精心设计”，就是要正确处理项目的“工作逻辑”与教学的“认知逻辑”之间的关系。

课程体系与课程本身一样，也需要进行整体设计，然后根据新的课程体系进行每门课程的整体设计和单元设计。在项目任务中进行能力训练的主要方法，不是语言讲述，而是行动导向教学法。

三年中的实践教学应当有系统的、整体的安排。课程体系力争粗线条地“遍历”（覆盖）行业所有主要的活动内容和主要的学生就业岗位，用综合项目训练学生的综合能力，不是孤立、局部、单项的训练之总和。例如，第一学期用“行业概貌体验项目”实现对行业、专业的认知性实践训练初步的职业核心能力。在学校中能够实现的对行业（企业）工作“全过程”的体验，是学员在真正职业岗位上做不到的。从第二学期开始，用基于企业工作过程的项目任务训练行业（企业）工作的综合能力和单项能力。第三年，配合求职上岗培训，进行职业岗位能力的实习和训练。新课程体系要对三年的实践教学内容进行高层次的整体设计，不只是求职上岗的片段能力实习，也不只是对职业岗位知识的了解。

在三年学习生涯的一开始，学生首先遍历行业主要岗位，看到行业企业全貌，对自己的专业产生兴趣。这是单纯的“入学教育”或单纯的“顶岗实习”都做不到的事，在校学习的优势和不可替代性就在这里。

课程教学中的实践内容安排，应遵循以下基本原则。

(1) 学生尽可能参与实际体验，而不只是听和看。学生的身份要尽可能发生变化，从在校学生变成企业员工。实训室的工作尽可能按照企业的要求进行建设和管理。一个专业项目一定要涵盖多个传统课程的内容。学生在完成任务时，涉及的知识不一定系统，但完成任务之后，一定要对知识进行系统总结上升。一个传统课程的知识内容可以出现在多个专业项目中，但不是简单重复，要逐步深入和提升。

课程体系设计过程中提出的这些项目可以是独立的专业项目，也可以是课程中的“实训项目”（如“污水处理”“合成酒精”“盐的生产”）。独立的专业项目与传统课程中的实训（贯穿）项目应当相互配合。

(2) 边做边学、真做真学。不是先学后用，不是先理论后实验，先讲系统后操作，能力要多次反复训练，逐步深入；不是一次完成训练过程和认识过程；不是单纯正面内容训练，而是要通过正反两面的接触和对比，确立正确操作和知识（从错误中学）。是循环深入（逐次逼近），不是一次精确到位。在学生看到实践成果，有了感性认识体验和实践经验积累之后，再安排他们对主要知识进行系统总结和提升，对主要“单项能力”进行重复训练。对专业前沿动态的内容必须要有介绍，对顶岗需要的能力要进行反复训练。在安全的前提下，项目实施时不要怕出错，只有通过正误优劣的对比才能让学生获得真正的能力。这样的项目才是真做，这样的学习才是真学。

(3) 学生通过以“专业项目”为骨架的全部课程学习，养成良好的职业道德，掌握主要的职业规范，训练职业核心能力，学习并应用本专业的外语（渗透式教学），训练专业操作能力，积累专业经验知识，这样就可以迅速适应毕业上岗的要求，同时具有行业内外换岗（岗位群）的潜力和持续发展的能力。全系列的专业项目能起到“生产实践模拟”的作用。

(4) 课程和项目要以行动导向教学法为主,不以知识推导教学法为主。

6. 以学生为主体的原则

在新的课程体系中,所有课程的实施和评价,都要以学生为主体。在课程体系的高度上,"学生为主体"体现为学生对课程浓厚的兴趣和主动精神。不仅在某一门课程中,而且要在整个三年的每一门课程中为学生创造动手动脑、自主学习、自主实践的条件。事实证明,能力的训练需要学生内在积极性的配合,需要学生全身心地投入,仅仅用课内时间进行能力的训练和知识的传授是远远不够的,必须突出学生自主实践的学习过程。应将学生在校三年的全部学习和生活纳入教学管理中。为此,新的课程体系应当将学生在校的全部时间进行统一规划,将第一课堂与第二课堂进行统一规划。将学生第一课堂的学习训练与第二课堂的讲座、兴趣组、创新组、开发组、工作坊、工作室、俱乐部、竞赛队、创业街等学习形式紧密结合起来,这也是新旧专业课程体系之间的明显差异。

7. 知识、理论、实践一体化原则

新的课程体系中的所有课程都要避免在时间、地点、内容、教师方面将知识、理论和实践进行分离的安排。从整个二年的角度对一体化安排进行新的检验。

应用型院校在实施实践、知识、理论一体化教学的过程中必须注意应用型(高职)的定位,注意自己是"高等职业教育"——既有"高等"的属性,又有"职业"的属性,还有"教育"的属性。因此必须要明确地知道自己与普通高校的相同专业有什么差别,与中职的相同专业有什么差别,与培训班又有什么差别。

学生在校学习的整个教学过程贯穿着两条线索:一是工作线索;二是学习线索。一体化的教学设计就是要在行动引导的过程中,正确处理两条线索之间的转换过程。教学过程通常由项目任务引入,工作到一定程度,要转换到学习过程,将间接知识与直接经验紧密、有机地结合起来,然后继续进行项目的工作。这种"一体化"的设计思路应当体现在整个专业教学、每门课程教学和每次课的教学过程中。

避免因为强调了高等教育中知识的系统性、理论性、"通识性",而忽视了"职业性和能力本位",把高职办成普通高校。避免因为强调了应用型教学内容的实践性,而忽视了"高等"教育的基本要求:系统的知识、必要的理论、必要的定量计算,把高职办成中职。避免因为强调了一次就业的岗位针对性,而忽视了应用型院校毕业生的一生可持续发展,把高职办成培训班。

8. 渗透教学原则

有两类教学内容除了采用集中上课方式之外,还必须注意采用渗透到所有课程中的方式。

(1) 外语、素质、道德等内容不但要开出专门的课程,更要注重渗透到所有课程中,特别要在文化课和专业技术教学中体现出来。

(2) 职业核心能力的内容更注重渗透到所有课程中。对于从事所有专业工作的职业人都必须具备的职业核心能力,更要注意采用渗透到所有课程中的方式,而不仅仅是"单独开课"。

(3) 专业知识、理论和数字计算内容要渗透到所有课程的项目操作环节中。与普通高校课程教学相比，应用型院校的课程教学更注重实践和操作。但与"师父带徒弟"的技能传承方式不同，院校教学必须重视知识和理论的学习。在有限的时间内，要完成繁重的能力训练和知识传授任务，教师必须善于将复杂抽象的理论内容渗透到项目具体的工作环节中。在完成项目任务的过程中，不要局限在具体的操作上。在进行操作的同时，教师必须不断提示其中所含有的知识、理论内容，鼓励学生独立进行深入的思考与探索。

为此，可以创造符合新体系要求的、新的课程和新的上课方式。例如，多位教师共同完成一门新型课程，多门课程共同悬挂在一个大项目上，一个大项目带动多门传统课程，通过"项目课程组"的形式对课程教学进行管理等。

在上述基本原则的基础上，结合本校的实际情况和改革经验，可以提出许多创新的原则。例如，专业设计与本地产业对接，课程体系与行业企业需求对接，课程目标与岗位需求对接，教学过程与工作过程对接，学校管理与改革需要对接，教师理念与现代应用型教育理念对接，教师能力与现代学徒制要求对接等具体的原则要求。不断实践，不断在实践中创新，不断对新理念进行实践检验和修改，就能推动教育教学改革不断前进。

第 13 章　专业课程体系的五种类型

应用型院校专业建设的核心工作是专业课程体系的改造。所以，对专业课程体系的研究不但具有重要的实践意义，更具有重要的理论价值。

以学生“综合能力”目标的层次（单项能力、课程综合能力、专业综合能力）和能力训练方式为标志，可以将专业课程体系区分出五种类型。据此可以分析一个具体的课程体系，看它属于哪种类型，从而进一步明确我们进行专业课程体系改革的方向和目标。

13.1　第一种类型：“学科体系＋实验”的课程体系

“学科体系（知识＋理论）＋实验”的课程体系是传统研究型高校的课程体系，也是应用型院校的第一种类型专业课程体系。在第一种类型课程体系中，系统的专业理论知识是专业教学的灵魂。以知识的学科体系为线索的课程体系，重视间接知识的传授，重视书本知识的传授。实验仅用于验证理论的正确性，基本上没有（单项、综合）职业能力（三层职业能力：岗位、行业、核心）的训练。

这类课程体系普遍采用传统的三段结构。

（1）基础（文化）知识学习阶段。

（2）专业基础知识学习阶段。

（3）专业知识学习阶段。

这是知识理论体系的“由浅入深、由低到高”的认知过程，背后的理论依据是认知过程的“大楼模型”，楼要建多高，基础先要挖多深，所以大学一年级必须先打好文化基础和知识基础。

在这种专业课程体系中，课程的教学目标主要是知识目标。课程重视系统知识的逻辑结构。所谓动手的实验主要用于验证理论是否正确，不为训练熟练的操作能力。课程重视培养科学研究岗位上的观察能力和思考能力，基本上没有技术应用类就业岗位的职业（单项、综合）能力训练。

这类课程体系无法实现职业技术院校的教学目标，所以它是当前应用型院校课程体系改造的重点。

13.2　第二种类型：弱化的学科体系＋强化的实践教学

弱化的学科体系＋强化的实践教学结构是：知识理论讲授＋实验＋案例＋单项能力实训＋少量综合实训。

在“文化基础课程—专业基础课程—专业课程”三段结构的基础上，注意理论联系实际，注意用项目任务训练学生的“单项能力”和“岗位能力”。重视能力的训练和系统理论知识的学习。这是改良的学科课程体系，是传统专业课程体系向新的应用型课程体系过渡的形态。

整个课程体系仍以学科知识体系为主，但在具体的课程中增加了能力目标。课程的知识目标与能力目标并重。整个课程体系是弱化的学科体系＋强化的实践教学（实验、实训、案例）。注意理论联系实际，注意用项目任务训练学生的“单项能力”。认为各单项能力的总和，就是学生的能力目标。在重视系统理论知识的同时，也重视了职业能力的训练。教学方式是“先讲后练”或“先学后做”。改造较好的课程体系是以“单项能力”的训练为主进行的。这是专业课程体系从“知识本位”向“能力本位”过渡的初级阶段。

13.3 第三种类型：训练“课程综合能力”为主的课程体系

“课程综合能力”为主的课程体系中的每一门课都注意以职业工作过程为依据，让知识为课程中的项目实践服务。在每一门课中，实践教学自成体系，案例、实验、实训、综合实训等相互配合。用于能力训练的项目依附于具体课程。对传统课程体系中的课程做了必要的整合，突出课程教学的能力目标。主要课程、骨干课程中都有大型、实际、复杂、综合的贯穿项目，用于训练学生的综合能力。

课程体系中的所有主要课程都以综合能力的训练为主，配合以单项能力的反复训练和应用知识的系统总结上升。在项目的实施过程中，既注意训练课程综合能力，又注意总结系统的应用知识。这种课程极大地强化了综合能力训练，教学方法注意在做中学、边做边学。课程体系中的实践教学内容渐渐形成自己的体系。

在这种课程体系中，将原有的三段结构课程，按照“工作过程”加以重新排列。力争实现能力本位、项目课程教学。这种课程体系遇到的最大矛盾和困惑是，基础文化课程（数学、基础英语、应用文写作）怎样安排？如何改革？在这种课程体系中，大家感觉到了传统三段结构的不适应，但又不知道如何突破。其逻辑基础处在从“大楼模型”向“大树模型”转变的过程中。

13.4 第四种类型：训练“专业综合能力”为主的课程体系

以规模超过一门课程的若干大型综合实践项目（专业项目）支撑整个课程体系，以一个大型项目带动多个传统课程，训练专业的综合能力（突破了第三种类型课程体系中“课程的综合能力”）。其余课程中也要有大型贯穿项目，训练课程的综合能力，再配合单项能力训练和系统的应用知识学习。在所有各类项目的实施过程中，要注意职业素质、职业道德、职业规范的训练。在这种课程体系中，训练学生的专业综合能力、课程综合能力、单项能力并学会系统应用知识。无论是做项目还是学知识，都摒弃“灌输式”，应用“启发式”，通过成败对比“做”，通过异同对比“学”，真做真学。学员在各类项目的实施过程中，学会做事，学会做人。

这是由若干个超出一门课范围的“大型专业项目”支撑的课程体系，这个课程体系形成了新的三段结构。

(1) 始业与择业教育：学生入学后实施的第一个大项目，就是对行业工作过程进行整体体验。第一个学期必须开出含有这个概括性体验项目的“行业概貌”类体验式课程，与新生入学教育、军训、文化基础类等课程配合，共同完成学生的始业与择业教育工作。

(2) 专业与乐业教育：以学生入学之后的第二组大型项目为支撑，重点是专业能力的训练和专业应用知识的系统学习。这组项目面向行业工作过程中的重点环节，主要面向学生就业的企业和主要岗位。以这些企业岗位的工作流程为依据，设计这组项目，在第二和第三个学期重点开出这组项目，让学生对未来职业工作过程进行深入体验并进行相应的能力训练。这组项目的工作内容很多，是整个专业教学的重点，因此也可以将它分解为若干相对较小的项目再实施。专业教学的时间可以向前后延伸。

(3) 就业与创业教育：第三类大项目，以岗位工作过程的实战体验为主。第五或第六个学期必须开出这组项目，配合顶岗实习和毕业设计实践，尽可能与企业结合，开展较高水平的综合性、开发性、研究性、创新性、创业性工作。在这些项目中，学生对三年来所学的全部内容进行全面检验和深入应用。该项目以深入的岗位工作和行业未来发展为特点，更接近未来的上岗实战。在实施这组项目时，配合有三年知识理论的系统总结与提升。

所有的项目都强调体验，强调解决实际问题，强调学生全过程参与，强调由粗到细，强调由整体到局部再到整体，强调动手动脑操作，强调能力训练，强调操作过程中系统应用知识和理论(计算)的学习，强调动手过程中职业道德、职业素质的养成。各类知识(基础知识、专业基础知识和专业知识)和相关理论在实践的过程中同时“成长”。这种课程体系结构背后的观念是，能力与知识成长的“大树模型”：树根与树干一起成长。儿童到成人的认知过程大致就是如此。

在这个新的课程体系中，形成了新的“三段结构”，这就是“始业教育—专业教育—就业教育”的三段式。也就是“行业工作体验(整体概观)—专业能力训练(针对未来就业岗位的分段局部深入)—岗位工作实战(深入、创新)”的新三段结构。这就从根本上对传统的“文化基础知识—专业基础知识—专业知识”的老三段体系结构进行了改造。

以上述三类大项目为骨架，在这上面“悬挂”和配合经过整合的课程，就形成了新的专业课程体系。所有的“文化基础课、专业基础课”等都有了新的位置和新的作用。上课的方法、模式也发生了根本性的变化。

例如，高职院校多年来一直难以改造的“数学”课，就可以采取两段式的方法。第一段，在第二类大项目中，数学跟随专业项目(或专业课程)一起前进，重点解决项目中的具体数学问题，而不必另设数学的项目。专业项目结束后，对用过的数学进行归纳、总结、提高，成为“××专业应用数学”。第二段，在三年的最后，配合第三类大项目，对数学内容进行全面系统化，开阔眼界，训练逻辑思维能力，这样的数学才是真正促进学生专业能力、思维能力和可持续发展能力提高的手段。所以，认为“数学课只能并且必须在第一学期开”的观念，实际上是知识传授课程模式中，“先学后用”观念在课程体系层面中的典型代表，是阻碍当前课程教学深化改革的主要观念误区之一。数学与任何其他课程一样，都要“在做中学”，做完之后再对知识进行系统提高，使具体项目训练出的能力可以迁移到同类工作中。

用这三类大项目支撑起的整个专业课程体系，是以职业岗位工作过程为依托的专业课程体系。对体系内全部课程设置、改造、整合等要进行整体规划，所有个别的课程都要为体系的整体服务。以体系的整体要求为依据改造个别课程，体系的要求重于单独课程的要求，以整体需求约束个别课程。

以专业大项目与各课程中的贯穿项目为主体，新课程体系中的实践教学内容自成清晰体系：第一阶段的体验性、认知性、场景性实践，重视专业兴趣的培养和职业核心能力的训练；第二阶段专业能力的训练、核心能力训练；第三阶段就业能力、创业能力的培养。在突出能力目标的基础上，在学生的头脑中建构“知识的应用系统”。全过程注意学生能力、观念、态度、价值观、职业规范、职业素质和综合素质的培养。

在这种课程体系中，有跨传统课程的大、中型综合实践项目。以这些大型项目带动多个传统课程，可以训练学生“跨课程的专业综合能力”。当前课程体系中的一些根本性的缺陷，在新的课程体系中可以得到明显改进。例如，电子技术（或机电）专业中，按照学科体系开设的“模拟电子技术”“数字电子技术”“高频电子技术”和“单片机”四门课，就与未来的工作很不适应。真正的电子设备中，从来不按照学科课程划分范围。一个复杂电子设备首先考虑的是综合效果和成本，其中往往既有模拟电子设备，又有高频电子设备，也有数字电子设备，还有单片机。对于这种混合电路和混合器件，往往在哪门课里都没有讲透。于是，课程教学与未来岗位要求就有了距离。在新的课程体系中，我们可以设计一个大型、跨传统课程、跨学期的综合项目（例如遥控机器人），在这个项目中，所有的上述器件、设备、知识、能力都能得到综合训练和学习，所有的传统课程都为这个大型项目服务。于是“学科知识如何综合应用”的问题迎刃而解。

所有的课程中都要有贯穿项目，用于训练课程的综合能力，配合贯穿项目，进行有计划的单项能力训练。在项目任务完成之后，对相关知识进行系统的总结归纳。在所有课程中注意渗透职业素质、职业道德、职业规范的训练，重点训练学生的专业综合能力、课程综合能力，学会本专业系统的应用知识。

第四种类型专业课程体系彻底摆脱了认知过程“大楼模型”的束缚，以认知过程的“大树模型”为其逻辑基础。任何大树都是由小树发育而来的，在小树长成大树的过程中，树根、树干、树叶是同时生长壮大的。如果“树根”表示“基础课程”，“树干”表示“专业基础课程”，树叶表示“专业课程”，那么，在第四种类型专业课程体系中，三者是同时“生长”的。事实上，这个模型更符合人类认知规律，所以，这样的专业课程体系将具有更好的教学质量和更高的教学效率。“大树模型”也凸显了认知的“大楼模型”的不合理性。高职课程教学的实践一再证明，一年级的“基础课”效率总是极低，质量总是极差，致使各校的文化基础课陆续被边缘化，学生的基础被削弱，后续的持续发展能力得不到保证。

在第四种类型专业课程体系中，学生的基础和专业基础得到充分重视，但不是采用传统的知识传授模式进行教学，而是采用“行动引导”的现代项目课程的方式进行教学，在项目任务完成到一个段落或完成之后，对有关知识进行总结，再将一般性知识理论应用于对实践过程的指导。这是知识、理论最有效的学习方式和应用方式。因此，第四种类型课程体系在能力本位原则基础上，充分重视了系统知识的学习和职业道德的养成，保证了学生未来真正的可持续发展能力。

13.5 第五种类型：以学生自主实践学习为主的课程体系

这是目前尚未实现的，但又是未来必然趋势的理想方向。这里有两个必须解决的问题，第一是第二课堂建设的问题，第二是产学研项目课程建设的问题。

关于第二课堂建设问题。在第四种类型课程体系的基础上，将第一、第二课堂综合考虑，在原有"实践教学基地"的基础上建设大量的学生自主实践学习基地。力争将第一课堂的周学时压到20，每天上午是全校所有学生第一课堂的教学时间，其余的时间，下午、晚间、早上、周末、寒暑假都是第二课堂可用的教学时间。第一课堂只是学生真正学习的开头，而能力的训练和知识的学习主要在第二课堂进行(参见第16.4节)。为此必须对现行教学管理方式进行彻底改革，采用新的育人模式和新的教学模式，实施真正的学分制，综合高效利用学生在校三年的全部时间。第二课堂的课程主要不是知识理论讲解类的课程，而是可以由学生自主选择的现代项目课程。教师开出项目清单，学生可以自主选择。所有第二课堂的教师教学都纳入工作量计算，所有第二课堂的学习成果都纳入学生的考核成绩，所有第二课堂的教学活动都纳入教学管理。第二课堂应当成为高职教学的有机组成部分，而且将成为越来越重要的部分。因此，这里说"第二课堂"，不说"课外活动"。所有的专业都将对两个课堂的教学，进行一体化的设计和管理。

这种课程体系的合理性在于，任何应用型院校都不可能仅仅在第一课堂规定的学时中，就训练出就业岗位和未来发展所需的那么多的能力。没有第二课堂的配合，应用型院校要实现真正的"能力本位项目课程教学"基本上是不可能的。

在这种人才培养方案中，学生有更大的实践自主权(项目的选择权、项目的创新权、活动的策划权、实训场地的管理权等)，在教师指导下完成更大型(跨学期、跨学年，甚至跨专业)、更复杂(生产型、制作型、设计型、竞赛型，甚至研究型、创新型)的综合实践项目，训练更高级的专业综合能力，学生还可以在第二课堂主动训练自己相应的单项能力，极大地强化学生的自主学习兴趣和自我学习能力。在第二课堂中可以大力开展产学研相结合的校企合作，开展校内外职业技能大赛，组织专业技术攻关、产品研发、专利申请，组织产品生产活动、创业活动和成果展示活动。在所有项目和实践活动中渗透知识、理论、计算、外语、职业道德、职业素质、职业规范、职业核心能力的教学内容。把课程教学与综合改造学院的教学环境(育人环境、人文环境、实训环境)，建设良好的校园文化有机结合起来。把做事与做人的教育有机结合起来，把多年来努力争取实现的"素质教育"落到实处。

运用上述先进理念开展的"以项目为基础的学习(PBL)"，在国外已经有了多年的成功经验(HTH)。具体情况参见第18.13节。

关于产学研项目课程建设问题。将会有越来越多的应用型院校在与行业、企业结合的过程中，大力发展"产学研"紧密结合的教学模式。在这种课程体系中，项目的性质发生了根本性的变化，企业急需解决的真实问题（技术问题、设计问题、创新问题、管理问题）逐渐成为院校越来越重要的教学项目。企业人员与师生组成联合攻关的项目组，以这类项目为主要线索推进课程教学。这里有个矛盾，为适应企业工作的需要，有些较大的项目需要持续较长时间；为适应学校教学的需要，每个学生必须在指定时间（例如三年）内完成全部教学任务。所以，学校原有的课程体系必须按照新的需求进行调整，变成在时间、内容、人力诸方面都可以灵活变通的新形式。既要保证企业项目按时完成，又要保证大多数学生学好指定课程，按时毕业。显然，真实项目绝不能完全取代课程项目，两类项目应当相互配合，更好地完成生产任务和教学任务。在完成产学研项目的过程中，企业解决了实际问题、创造了实际的经济价值；学校发挥了自己在专业技术方面的特长，实现了对企业的“引领作用”，推进了企业的建设与社会经济的发展，从根本上密切了校企关系；师生在“真刀真枪”的实践过程中提高了职业道德水平，提高了专业技术能力；实际项目极大地促进了知识理论的学习与创新。这是一个多方受益的理想局面。

随着应用型教改实践的发展，我们将会看到，企业的真实项目和学校的第二课堂将逐渐成为教学的“主战场”，未来的应用型课程教学将形成“以第一课堂为主导，以第二课堂为主体”的崭新局面。当第五种类型课程体系得到广泛普及实施时，也就是中国特色应用型教育上了一个新台阶时。

在这种课程体系中，我们可以清楚地看到作为课程内容主要载体的“项目”，呈现出的丰富多彩的形式和巨大的承载能力，但“项目”的这些潜力在我们现有的课程和课程体系中，还远远没有充分发挥出来。

第5篇 教师教学能力的提升

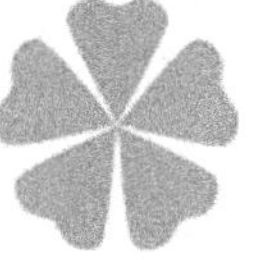

第 14 章 应用型院校教改的形势、问题与对策

我们以新的应用型教育的观念为核心，探讨了课程的单元设计、整体设计、教材改造和对教师的要求等重要问题。如果讨论到此为止，那么学院的教改还缺少一项重要内容。一个学校的教改，如果仅仅建立在每个教师自觉自愿的微观基础上，这种改革的力度明显不够。对一所学校来说，要想进行大力度的教改，必须在校内营造一个改革的氛围和大环境，再将这个环境压力转化为教师的内在动力，这是应用型院校"整体教改"(参见第 16 章)的第一项工作。许多应用型院校改革成功的事实证明，整体教改从教师的观念转变和能力提高入手是最有效的启动点。由此出发，进行整体教改，就可以把课程单元设计、整体设计中的先进观念，从一次课、一门课进一步扩展到一个专业的所有课程——专业课程体系中。再继续向前走，推动管理改革，就有希望创造出具有中国特色的、以育人为核心的、工学紧密结合的崭新人才培养模式。

改革是一件既费力又有风险的事。任何一所学校中，把自己的本职教学工作作为事业，能主动投入教学研究和改革的人总是少数。依靠常规的宣传、讲座、示范、竞赛、写教材、修改教学计划等方式，只能使少数人行动起来。要使多数人甚至全体教师行动起来进行课程教学改革，不但要解决大家的观念问题、动力问题和能力问题，还需要创造适当的环境氛围和条件。

这就是本篇要探讨的问题，应用型课程教学改革怎样从一次课、一门课的改革，发展到整个学校，怎样在尽可能短的时间内，实现一所应用型院校的整体教学改革。

我国的应用型教育(以高等职业教育为代表)近 30 年来蓬勃发展，取得巨大成就。应用型高校已经成为全国高校实际上的"半壁江山"。形成一类"以服务社会为宗旨，以就业为导向，走工学结合、产学研结合之路"的新型院校，培养出一大批实用的高技能人才，取得市场与社会的广泛认可。

但与此同时，也存在若干不容忽视的重要问题。

问题 1 学生的"学习动力"不足，"实践能力"不足。

问题 2 课程教学质量低、效率低。相当数量的学生表现出对现行课程没有兴趣。有的学校，学生上课迟到竟成为"一道景观"。缺课、上课睡觉、玩手机、听 MP3、发呆、下课逛街、去网吧玩游戏，没能力完成毕业设计和实训任务，这些情况比比皆是。结果是教师教得苦，学生学得累，学习效果差。

问题 3 宏观观念清晰，微观观念模糊。国家、省市对应用型教育的政策十分清晰，如就业导向、产学研结合、工学结合等。但是，具体到本校，主要问题是什么？新的观念怎样落实？思路就不清晰了。结果在教室里，还是在按传统观念、传统模式上课。

问题 4 怎样把先进的应用型教育观念、先进的现代教育理念，在尽可能短的时间内，

快速落实到本校，落实到每个教师、每门课？当前，应用型院校教师的教育教学观念亟待更新，实践能力（专业实践能力、教学实践能力）亟待提高。问题是多数教师本人对此并不认同（教改的观念我都知道，我的教学没有问题，改革是别人的事）。怎么办？如何让大家认识到自己的不足，看到并解决"观念滞后"和"能力不足"这两个问题？

很显然，传统的师资培训方法（讲座、讨论）不能解决上述问题。有的校领导说："教师每人都是本行业或本领域的专家，专业上我无法指导，只能依靠专业教师自觉行动起来。"许多人认为在学校中，行政系统对教改工作无能为力。在教改工作中，不知从哪里能找到发挥学院强大集体力量的有效途径。

以上四个问题在全国应用型院校中有相当的普遍性。怎么办？最有效的办法，就是实施本校的"整体教学改革"（参见第16章）。

要了解新的教改做法，就要先看看传统的教学改革和教师培训是怎样进行的，然后找到它的问题所在。

有人认为，课程的改革应当从改革教材入手。既然"课本是一课之本"，那么课程改革就从编写新的应用型教材入手，组织有经验的教师，按照先进观念写出新教材，大家按照新教材上课，教改就完成了。这样做可以吗？实践证明，这样做的效果并不理想。因为教师只有真正实施课程改革并看到效果，他的观念才有可能转变。在新观念没有真正实施的前提下编写出的教材，一定是新瓶装旧酒，这样的教材也许专业内容是新的，但教学观念却一定是旧的，这样的教材肯定没有生命力。有的教材形式上每章以"项目"为中心。把原来的"第一章"改名叫"项目1"，把原来的"第二章"改名叫"项目2"等。然而课程讲授的还是老内容，教学目标仍然是"掌握××的基本概念"，教学方法还是知识系统的学习和灌输。可见，在课程改革工作没有实施之前，在教师头脑中的观念没有真正更新之前，在课程教学模式没有取得新的突破之前，编写所谓的"新教材"并不能真正解决当前的应用型课程教改的问题。

有人从组织专家讲座入手。专家讲座带来当代最新的思想观念，使大家眼界大开。但专家讲座内容往往理论多于实践，宏观多于微观，具体针对本校实际问题的内容太少。听完讲座之后，本校的具体实际问题如何解决？本校的教学改革如何进行？我这样上课到底是对是错？往往还是没有头绪，多数人仍然感到困惑。

有人从组织本校（或本专业）的教学经验介绍入手。这种传统做法表面效果不错，具有针对本校具体问题的特点。但实际效果仍然不理想。因为听完报告后，教师自己的课到底要不要改动，主动权还在每个教师自己。往往听完别人的经验介绍之后，教师会说，他的课可以这样改，但我的课不能这样改。结果是，整个教师队伍的行动面不大，改革不深入。从学校的全局看，靠大家自觉改革，观念杂、力度小、死角多。个别老教师（高职称、专业权威）对年轻教师的改革经验不屑一顾，他们的观点又影响一批中青年教师，结果，全校整体改革的效果并不显著。

有人从组织教师教学竞赛入手。竞赛可以做得有声有色，可以选出优秀作品和优秀作者，但改革内容随机性大，经验往往缺乏理论深度和系统性，好的经验推广的力度也不足。

还有人认为，教学改革应当从修改教学计划入手，也就是从专业课程体系的改革入手。因为只有课程体系确定之后，才能改革每门课程。但许多院校的实践结果表明，当大家还没有进行课程的深入改革，还不知道现代先进观念在课堂上到底体现在哪里时，课程体系的改革只能在表面上进行，不会出现实质性的突破。所以，以上的教改方式虽然都有效果，但效果都不理想。

我们强调，教改的重点不在于某一门课，首先在于教师的观念转变和能力提升。教学计划年年在修订，为什么总是没有根本性的变化？原因就在教师和教学管理者的观念没有改。

更多学校的情况是，上述事项每样都抓一点（教材、讲座、经验介绍、教学竞赛、专业教学计划修改等），每样都有一点效果，但每样效果都不显著。主要原因就是对现代项目教学、对学院教改的目标、任务、方法缺乏明确的了解，缺乏创新的思维和有效的改革途径。

基于许多学校的成功经验，我们认定，教师的观念改造、能力提升和动力激励是学院教学改革的真正突破口。必须采取强有力的措施，采用全新的方式来高质量、高效率地转变教师的观念，提高教师的能力，推进全校教改。下面重点介绍为了解决上述所有主要问题，我们采用的一种卓有成效的新的教学改革和教师培训方式，也就是教师应用型教学能力的培训与测评。

第 15 章　教师应用型教学能力培训与测评

宁波职业技术学院(简称“宁职院”)从 2005 年 9 月正式开始启动“教师职教能力培训与测评”工作,在 2006 年 9 月的高职人才培养水平评估和 11 月的全国高职示范性院校建设申请这两项工作中,教师应用型教学能力的培训测评工作起到了重要的推动和保障作用。评估和示范两项工作也确认了我们在这项工作中教改观念的正确性和先进性。

对于教师培训测评这项工作,宁职院苏志刚院长说:“这是宁波职业技术学院建院以来,规模最大、质量最高、影响最深、效果最明显的一次教学研究、教学改革活动。”

兄弟院校的领导仔细听完介绍后说:“这不是一项普通的工作,这是高职教学中的一场革命。在大家普遍感到困惑时,你们探索出了一条新路。这是对传统观念、思想惰性和陈旧体制(如职称评审)的一个重大冲击。”不少院校表示,希望认真学习研究有关经验,在自己的学校中也要开展类似的工作。

有关部门领导、资深专家对这项工作给予高度评价,认为“整体教改”很有新意。大家一直在寻找应用型院校(高职)内涵建设、校本的师资培训和教学改革之路,宁职院这项工作,理念先进、方向准、路子新、效果好,是高职院校建设、教改工作中的一项重要创新,有很高的推广价值。希望宁职院把整体教改进行到底,为中国高职院校的内涵建设,创造新经验。

宁职院从 2005 年 9 月开始的这项工作,历时一年半,到 2007 年年初第一阶段基本完成,取得明显效果。从这项工作的历史沿革上看,教师职教能力的培训工作最早起源于深圳职业技术学院,后来在 2002—2004 年在深圳技师学院(深圳高级技工学校)实施,取得了很好的效果。2007 年常州工程职业技术学院开始启动学院的整体教学改革,两年之后,学院的内涵建设取得显著成果:一批课程改造成功,学院教学水平全面提升,于 2009 年荣获国家级教学成果一等奖。还有许多高职和中职院校已经启动或正在实施上述整体教改,正在创造生动活泼的教学改革经验。

随着高职示范院校经验的推广传播,应用型院校整体教学改革的理念、经验在全国多所应用型院校开花结果。本章的内容,主要就是根据上述成功院校的实践经验,在现代先进教学理念的指导下总结编写的。

实践证明,这项教师培训工作接触到了全院每个教师的思想实际,新旧观念碰撞激烈,教师的思维极其活跃。大家开始关心、参与、领悟,真正深入发动起来,工作的效果非常显著。这项工作开展起来之后,得到绝大部分教师的理解和认可,得到领导的高度评价。刚开始时相当一部分人,自己动手做之前对此并不理解。个别人采取应付、观望的态度,少数人试图应付过关,“你就告诉我,怎么填表就行了”。但实际参与操作之后,绝大部分人改变了观念,深感确实有收获。

通过培训和测评,全院的教学、教学管理,快速地整体跃上了一个台阶,全院教学面貌发生明显改观，课程教学、专业教学计划、教学质量评价、督导等工作都有了比较统一的、先进的观念依据。

由于培训及测评方式的科学性，测评结果的分数得到大家较高程度的认可。通过培训与测评，使学院和各分院初步摸清了教师队伍现状。分院领导(测评的评委)说，建校以来，我们从来没有这样集中地听过课，对全体教师的教学从来没有这样全面地进行过比较。这次真正了解了全院的教学队伍和课程的基本情况，真正做到了对教学工作心中有数。

“教师职教能力培训与测评”工作(以下简称“培训与测评”，有时也简称“测评”)，是我们摸索出的一条教师校本培训的新路，是一条快速、全面、深入改革学院全体教师的教学理念、提高应用型教学能力的新路。沿着这条路走，整个学校可以在相对较短的时间内迅速提高所有教师的课程教学能力，提高全部课程教学质量，有效增强学院的核心竞争力。

作为学院整体教改的“首战”突破口，教师应用型教学能力的培训与测评是启动整体教学改革的关键。

15.1 工作步骤

1. 以项目方式推进

组织一个全院范围的大型教改项目，项目名称就是“教师应用型教学(职教)能力的培训与测评”。这个项目作为学院的一项中心工作，由一把手直接推动，由教务处和人事处负责组织实施，所有的教师(专任、兼课、外聘、辅导等教师)全员参与，督导人员、中层领导必须参与。

2. 参与项目的每个教师都要完成一项任务

这项任务就是自选一门代表自己最高水平的课，完成“课程的整体教学设计”和“课程的(一次)单元教学设计”两个 Word 文本、两个 PPT 演示文本。同时准备讲解自己的教学设计、实施单元教学和面向评委答辩。教师以此展示自己对应用型课程教学认识的最高水平。“课程的教学设计”对于教师来说，是在做自己的职业岗位工作，应该没有问题吧？然而问题刚好出在这里。因为对于课程的设计，我们有明确的新要求。

3. 明确要求

课程教学设计任务不能用传统做法或习惯做法，必须按照现代应用型教育课程改革的各项基本原则来做。为了弄清什么是现代应用型教育的“基本原则”，全体教师要带着自己课程设计过程中遇到的问题，参加学院举办的系列大型讲座，这些讲座详细介绍了现代应用型课程教学、项目教学的基本理念。教师带着问题听讲座，心中就有了目标。刚开始，许多教师对此不理解，“你说的这些原则很好，但是对我的课不适用”。或“能力目标、项目任务载体对工科适用，对文科、商科、外语不适用。”或“课程最多每章有个能力目标，怎么能要求每次课都有能力目标？”甚至还有个别人说：“这样上课不对。大学的课程从来都不是这样上的。”多数人不理解(观念问题)，不会做(能力问题)。于是，每个人在实践中都看到了自己的问题所在。怎么办？

4. 战略培训

教师不会按照新的原则设计课程，做的课程设计不合格，那就要针对每个人的具体问题进行培训。于是，培训就成为全部工作的重点。这个教改项目的时间、精力主要都花在了培训上。首先，举办案例丰富、正反对比明显的特色讲座，组织专业或教研室演示、研究、讨论，最后落实到每个人修改自己的课程教学设计。这种培训的目的不仅仅是让大家学到一些知识、方法和技巧。这种培训的性质是以转变观念为目标的战略培训，以解决学校实际问题为目标的校本培训，以解决每位教师具体困难为目标的一对一培训。在培训中教师以自己设计的课程文本为载体，一个个解决每位教师的观念问题和能力问题。整个工作的根本目的是转变观念、提高能力，不是仅仅为了当前一门课的设计，也不只是为了打分排序。教师通过听讲座、讨论、演示、反复修改，在完成任务的过程中转变了观念，提高了能力。整个过程中，上述多种培训方式相互配合。

5. 严格科学的测评

任务完成的好坏，不是靠答卷好坏来判断，而是靠严格公正的能力考核结果来鉴别，这就是"测评"。以课程设计任务完成的质量为准，考核确认教师的应用型教学观念和能力。每人先用 15 分钟介绍"整体教学设计"，再用 15 分钟完成答辩和评委当场评分，每人用 30 分钟完成课程整体设计的测评。按照同样的方式，每人再用 30 分钟，完成课程单元设计的测评。两项测评分别合格才算达标。

6."自上而下"推进

首先组织院级和系部级的骨干队伍，这些骨干就是未来院级和系部级评委候选人，这支队伍就是未来在全校开展培训测评工作的骨干力量。这支骨干队伍要率先完成课程设计的任务，率先进行演示、研讨，反复修改。这支骨干队伍必须具备四个基本能力。一是课程的设计能力；二是课程的演示能力；三是对别人和自己课程设计演示的点评能力；四是把先进设计落实到课堂的实施能力。

院级评委候选人在反复演示、研讨、修改，基本达标之后，率先被测评，测评通过者组成学院级的正式测评评委会。然后由学院级评委负责培训、考核系部(或分院)级评委候选人，测评通过者组成分院评委会。再由分院级评委负责，组织培训、考核全体教师。这样自上而下地进行全院的能力培训与测评工作。领导和骨干(评委)首先要自己完成任务、自己达标通过测评，同时还要学会对别人的设计进行点评，然后才能获得培训和测评别人的能力和资格。

具体的组织领导形式可根据本校的实际情况决定。例如，有的学校在学院的级别上成立领导小组，在系部的级别上成立测评委员会。

7. 为保证整个工作的公正和公平，要建立监督与投诉机制

课程设计演示文件、打分文件都存档，正式测评时每人都录像存档备查。分院(系部)组织的测评过程一定有总院的评委参加，协助把关和解决问题。允许被测评者投诉，书面投诉由院级评委会或领导小组受理。根据存档的文本和录像，有权确定或修改测评成绩的最终结果。

8. 参加培训测评的教师，每人都要经过以下环节

(1) 选择一门能够代表自己最高水平的课。

(2) 参照最新的推荐模板，按照相对理想的条件，完成该课程的整体设计文本和一次课的单元设计文本(Word)。

(3) 参照最新的推荐模板，以上述整体设计文本为依据，完成整体设计的演示文本(PPT)。在一定范围内演示(15分钟说课)，接受点评，参与研讨，自己修改。上述过程要反复进行，直到大家认为基本达标。

(4) 参照最新的推荐模板，以上述单元设计文本为依据，完成单元设计的演示文本(PPT)。在一定范围内进行演示(15分钟以讲为主、以说为辅)、接受点评、参与研讨、自己修改。该过程要反复进行，直到大家认为基本达标。

(5) 按照正式测评要求，进行反复演练，直到自己认为有把握参加测评。

(6) 正式参加测评。每人用两个30分钟，分别完成整体设计测评和单元设计测评。实际测评时，多位教师的整体设计与单元设计是分别进行的，以便比较打分。

15.2 测评达标的基本原则

培训与测评工作中，要求教师的课程教学整体设计与单元设计必须按照当代先进职教观念的原则来做。这些原则是什么呢?

报刊上介绍的先进教学观念很多，例如，从应试导向到就业导向，从校内封闭式教学到开放式的工学结合教学，从智育基础到德育(素质)基础，从突出知识目标到突出能力目标，从语言文字载体为主到项目任务载体为主，从概念推导到行动引导，从知识展示到能力实训，从灌输学习到建构学习，从教师主体到学生主体，从理论实践分离到一体化教学等。

报刊上介绍的先进理论很多，主要有建构主义学习理论、多元智能理论、行动引导教学理论、刻意练习方法等。报刊上介绍的先进应用型教学模式也很多，主要有德国的双元制、加拿大的CBE(Competency Based Education，以能力为基础的教育)、英国的NVQ(National Vocational Qualification，国家职业资格考试)、澳大利亚的TAFE(Technical And Further Education，职业技术教育学院)、美国的社区学院等。

我们应该以什么为依据呢?

根据我们面对的国内应用型院校(应用型本科、高职、中职)的实际状况，经过仔细分析比较，我们认定，应用型课程教学改革中必须解决的问题，当务之急是六个原则加两个渗透，总称“6+2”原则(参见第4.2节)。

六个原则指的是以下几点：

(1) 工学结合、职业活动导向、工作过程导向原则。

(2) 课程在实现德育目标的基础上，突出能力目标原则。

(3) 课程以项目任务为主要载体原则。

(4) 项目实施过程要精心设计原则。

(5) 以学生为主体原则。

(6) 知识理论实践一体化原则。

两个渗透指的是以下两点。

(1) 某些课程教学内容(如德育内容、外语内容、某些知识理论计算内容)必须更注意采取“渗透”到全院所有课程中的方式,而不只是依赖集中上课方式。

(2) 对于职业能力中的“核心能力”(共计8项:自学能力、与人交流的能力、与人合作能力、解决问题的能力、信息处理能力、创新能力、数字应用能力、外语应用能力)必须更注意采取“渗透”到所有课程中的方式,而不只是依赖集中培训等上课方式(参见第4.2节)。

这个“6+2”原则可以代表现代先进职教观念的主要内容,是课程教学改革的核心理念中,可操作、可展示、可核查的部分,同时又是新旧职教观念冲突的焦点和分水岭(参见第18.7节)。

15.3 培训测评的政策和要求

许多学校在实施应用型教育能力培训与测评工作时,根据自身的条件和要求,制定了不同的政策,用来有效推进测评工作。以下政策可供参考。

(1) 测评通过者给予一次性奖励。测评结果记入个人业务档案,与督导给出的课程实施成绩一起,作为教师聘用、上岗、职务职称晋升的重要依据。

(2) 不合格者重新培训、重新测评。连续若干次不合格者,原则上调离教学岗位。

(3) 测评通过后在课堂上实施的效果与教师课程质量系数挂钩。按照先进理念实施的课程质量系数有明显提升。

很多学校根据自己的具体情况创造了一系列新的实施办法,分别解决相应问题。例如:

- 学校的骨干队伍完成测评之后,广大基层教师的培训测评不是采取平行推进,而是采取自愿报名的方式分批推进。对各批次通过测评的教师,奖金额逐次递减。以此促进工作的快速开展。
- 所有基层教师在系部测评通过之后,必须通过院级评委会的验收。有的学校只有人数较多的院级评委会,不设系部级评委会。由几组院级评委轮流对全校各系部进行统一测评。目的都是保证测评质量和标准的统一性。
- 只有将测评通过的课程设计方案付诸实施,经过督导和有关部门认可,测评才算真正通过。这项要求可以促进改革成果的有效实施。
- 将基层教师测评成绩(包括通过率)与基层领导工作业绩挂钩,以促进基层对该项工作的有效支持、组织和推动。

15.4 培训测评的效果

从宁波职业技术学院实施的结果看，培训测评工作中涌现出一大批优秀教师（特别是中青年优秀教师），他们高度认真、自觉主动地钻研理解和体会先进职教观念，精心修改课程设计，完成了一批优秀课程教学设计，直接推动了基层教学改革，同时创造了丰富的课程改革经验。

大家归纳出这项工作的主要效果有以下几项。

1. 教改大面积快速见实效

由于大家高度关注，全员参与操作实训，所以教改效果十分明显。绝大多数教师都认真研究，努力实践。有人多次（甚至十几次）修改自己的课程教学设计，力求结果完美、效果优秀。改革之后的课程，实施的效果都有不同程度的提高。新的课程教学模式受到学生和教师的普遍欢迎。这种改革效果，是传统的讲座、教研、培训、经验介绍、写教材等方式根本无法比拟的。

2. 全院教学快速整体上台阶

培训测评不但推动了教学，而且促使教学管理快速整体上台阶。培训测评工作动员了全院力量，把教学、督导、教学管理、教学研究、教学改革、教务管理、行政等各方面力量集中起来，打造了一个新的教改信息交流平台。全院教学面貌明显改观，课程教学、专业教学计划等工作都有了统一的、先进的观念依据。

由于培训及测评方式的科学性，测评结果的分数得到大家较高程度的认可。这就使学院和各分院初步摸清了教师队伍现状，分院领导（评委）说：建校以来，我们从来没有这样集中地听过课，从来没有这样认真地进行过比较，这次全面了解了教学队伍和课程的基本情况，真正做到了心中有数。

多数人（特别是大部分中青年教师）的观念基本统一到当前最先进的职教观念上。这项工作极大地强化了建设双师型教师队伍的内在动力。通过课程设计，教师感觉到自己实践经验和能力的不足，主动要求提高实践能力，主动要求去企业实践。所以，培训及测评成为师资队伍建设的强有力的动力和手段。

3. 引发系列教改和管理改革

课程教学观念基本一致后，下面的教改内容就成了大家自然而然的要求：不合理的课程设置应当如何改进？专业课程体系应当如何建设？“实训与理论分离”的课程应当如何整合？新的课程评价标准应当如何设计？新的教师评价标准应当如何规定？新的课程工作量计算方法应当如何制定？新的课程督导标准应当如何制定？新的实训室管理方案应当如何制定？等等。观念问题解决了，新的应用型教学观念得到大家普遍认可之后，教学改革和教师自己实践能力的提高就成了广大教师的内在要求。

4. 这项教改工作适于推广示范

这项教改工作观念先进，程序配套，经验成熟，便于实施，便于移植，效果显著，易于成为任何院校的"示范推广项目"。很明显，这项工作无论对先进、后进，大、小，新、老各类应用型院校都适用。教改是学校的永恒主题，先改革者，先走一步。应用型教育领域竞争如此激烈，这项工作的重要性不言而喻。

5. 无须额外经费、设备，直接促进教学

本项目的实施与日常教学、专业建设工作紧密结合，是以观念的更新为重点，不是以设备的更新为重点。而观念更新问题，正是当前国内应用型(高职)院校的最主要问题。所以，这是本项目可以在全国(尤其是西部、经济尚不发达地区)大面积推广的重要因素。事实上，每当我们有机会向应用型(高职)院校同行们简要介绍这个项目的实施情况时，总是引起大家的极大兴趣和高度关注。这也证明了这项工作对当前国内应用型(高职)院校的重要性和普遍适用性。

学院通过实施这个项目，进行着实实在在的内涵建设，真正在打造自己的核心竞争力。

15.5 培训测评工作的特点

这项教改工作有以下显著特点。

1. 整体参与

全体任课教师和全部课程原则上都必须参与。所有教师包括专职、外聘、兼课的——只要是面对学生的教师都要参与；所有课程从基础课、公共课、文化课开始，直到专业基础课、专业课的全部课程都要参与。全体任课教师参加，这就影响到学院的全部课程。在相对较短的时间内，能够初步解决全院绝大部分教师的观念和能力问题，这样规模和深度的集中教改工作，在教师培训工作中史无前例。

2. 任务明确

这项工作要求教师带着测评规定的课程设计任务参加培训，进行课程教学设计，用课程教学设计的结果与同行和专家进行深入研讨。最后完成设计、通过测试、落实到课堂，肯定培训成果，检验实际达到的能力水平。以此达到教师认同先进职教观念、提高教学能力、明确教改方向的目的。争取更多的教师认同应用型教育特色、改变传统观念、提高教学能力、明确教改目标。学院通过这项工作达到考察教师教学能力、水平的目的，针对具体问题组织培训和学习，从根本上提高全校的课程教学质量。

3. 工作方针

项目实施的方针是培训与测评两者紧密配合。测评是手段，培训是目的。80%的精力要放在培训上，千万不能本末倒置，把测评排序看作主要任务。培训测评不是用行政命令方式，强行推广某种单一的课程教学模式。教学有规律，无定法。在大方向一致(例如第

4.2 节所述“6＋2”原则)的前提下，我们希望发挥所有人的创造性。教学质量评价的最终标准是教学效果，不能以理论观点和改革流派划界。教学模式和方法应当不拘一格，但不能坚持恶劣效果，不能坚持落后。

4. 边做边学

这项工作不是传统的知识介绍，不是单纯理论灌输，不是单纯知识传授、知识积累、知识再现，不是单纯介绍方法技巧，不是先学后用。这种培训就是在用中学，边做边学，真做真学。这项工作吸取了“质的研究”和设计研究(参见第 7.8 节)的要点，把应用型教育理论研究、先进观念的普及、课程教学、基层的教研活动、教师的备课授课工作与行政力量结合起来，与管理改革结合起来，用于快速、全面、深入解决本校、本专业、本教研室、本课程、教师本人的实际问题。工作中有全院整体培训(讲座)，有骨干队伍培训，有每个人的反复演示研讨辅导改进，工作艰苦细致。全体教师分期分批参加培训测评。培训内容，完全针对个人在完成任务时遇到的实际问题(一对一培训为主)。这项工作创造了应用型教育(高职)“校本培训”的新鲜经验。

这项工作成功实施的秘诀就在于，它把先进教育教学观念的“6＋2”原则(参见第 4.2 节)用到了自己身上，用到了教师培训工作中。这些原则既是应用型教育课程设计的基本方法，也是提高教师教学能力的有效方法，所以也是提高任何专业能力的有效方法。教师培训测评的成功实施，也从另外一个侧面证实了“6＋2”原则的有效性。

5. 有效培训

培训与测评工作中的新观念到底是怎样体现出来的呢？下面对这个问题做进一步的分析。

培训是解决观念问题的有效手段。但常规的培训(例如组织教师学“教育学”“心理学”课本)并不能很好地解决我们面临的实际问题，对全面的教改没有明显、普遍效果。传统培训中存在的问题，与传统应用型教育课程教学中存在的问题是一样的，都是“以知识为目标”。它基于这样一个前提：“培训就是介绍新知识、新观念。大家知道了，就会了；有了知识，就有能力。”“学校的任务就是组织讲座和座谈，然后每个教师做不做就是他自己的事情了。”其实这两种想法都大错。因为知识可以传授，但能力无法传授，能力只能通过训练形成。不在完成实际任务过程中进行训练，是不可能形成实际能力的。学生的专业能力如此，教师的教学能力同样如此。所以我们在培训与测评工作中，把常规的教师(知识)培训改造成了教师职业活动的“实训—实际操作训练”，让教师在体验中完成观念的改造和能力的提升。所以，教师观念的改造与传统课程的教学改革是一样的。教师能力的提高必须从“完成一个项目，做一件具体事”入手。培训在做这件事的同时，进行新观念的介绍和新观念应用的训练。使每个过程中教师实际做的事，就是具体一门课和一次课的设计。人在“做”的过程中，可以切身感受到新的教育观念，从而在教学行动中真正改变传统的教学观念。在演示、研讨和达标的过程中，教师不断通过比较进行学习，不可能一蹴而就。培训的组织者最后要以“做事的效果”(能力测评)来决定培训的效果，以课程设计和实施的效果来判断教师的能力水平。仅仅学习新观念的知识，仅仅回答有关新观念的问题是远远不够的。正确处理知能关系，通过成败对比反复操作训练，这是教师培训取得成效的基本保障

(参见第1.2节)。

有的教师怕“将来课程体系、课程内容变化了,自己现在的教学设计白做了”。我们反复说明,现在的“课程教学设计”目的不是单纯为了一次课或一门课的教学备课,而是为了学习、运用新观念,为了展示自己对新教学观念的理解水平。重点在新观念的学习和运用上,不在课程设计结果的直接应用上。课程教学设计不会一劳永逸,要不断更新变化。正如课件的制作不是为了上课一劳永逸,而是为了提升课程效果。有了新观念,会用新观念,将来无论设计什么课,都得心应手。新观念对未来的专业课程体系改革同样是至关重要的。所以,现在所做的一切,不仅是为了一时一事,而是为了整体的教改。这种培训方式从理论上看,就是建构学习原理的实际应用,就是现代先进教学原则在教师培训上的实际应用。

6. 战略培训

以转变观念为目标的培训叫作战略培训。普通培训的目标是学知识、学案例、学方法、学经验。我们的培训不同,我们首先动员全校力量,在全体教师中树立新教学观念的战略目标。事实证明,教师在完成具体教学任务的同时,最容易接受和理解新的教学观念。一旦观念转变,他们会自己创造出崭新的教学方法和模式。这种战略培训的效果比一般泛泛的讲座效果要好得多,但实施起来也比一般培训要困难得多。

7. 校本培训

不是仅仅研讨书本上抽象的新理论观念,而是首先着眼于解决本校、本人教学中的实际问题(即“完成课程教学任务过程中”的问题)。全校教师每人都带着自己课程设计中的实际问题,通过(一对一为主的)培训学习,理解和应用先进观念,完成指定任务。

这项工作把应用型教育的理论研究、先进教育教学观念的普及、课程的教学设计、基层的教研活动、行政的执行力等方面结合起来,与管理改革结合起来,快速、全面、深入解决本校、本专业、本教研室、本课程、教师本人的实际问题。不是单纯研究理论著作,不是单纯研究解决理论问题或虚拟的问题。

8. 针对个人培训

不是单纯的普遍听报告,而是由指定的专人或小组,针对每个教师的任务进行直接、有针对性的点评培训辅导。事实证明,针对个人的培训是工作量最大,但也是解决实际问题效果最好的培训方式。当然,常用的“典型介绍”和“集体研讨”等方法,在本项目的培训中也配合采用。

9. 特色讲座、真做真学

讲座中列举大量课程教学设计的实例来介绍新观念,不是抽象介绍新观念的概念和定义。讲座中用同一课程的正反两种对比的设计实例,来展现新观念与旧观念的差异,而不是单纯讲解正面观点。特别是其中的“反例”往往是许多人“正在使用”的上课方式,这就引起大家极大的兴趣。我们的讲座中所有的“正例”都体现出新观念是如何运用的,而在这个过程中,新观念的概念、定义等抽象理论内容,却未必直接出现在讲座中(如“行动导向、建构学习、多元智能”等概念定义)。新的课程教学设计往往超出常规,这也引起了大家的浓厚兴趣。

新旧两种教学观念的分歧，往往从课程的“评价标准”中反映出来，所以整个培训讲座的内容从课程评价标准的讨论开始。从“什么是一堂好课”引出课程的单元设计，从“什么是一门好课”引出课程的整体设计，从“什么是课程的能力目标”引出项目任务载体和能力实训等。正反对比最能加深对问题的认识，所以讲座主要内容全都以正反对比的具体方式展现，这样最容易引起教师对自己教学现状和课程教改的深入思考。在测评要求上交的材料中，除了“整体设计”和“单元设计”之外，还要展示“原来讲法（教材目录）”，就是为了进行对比。

可见，教师培训工作与教师的教学工作必须坚持使用同样的原则。通过“比较”进行的学习才是真正的学习，单纯“正确理念的灌输与背诵”并不是真正的学习（参见第 7.7 节，教师引导方式中的“比较引导”）。

10. 能力考核

要对参与培训的学员进行能力考核（不是知识考核），对任务完成的结果进行测评。全体任课教师，作为项目参与者，不但要完成指定任务，而且要接受严格测试。设定一条最低线，以每个教师教学设计完成的实际水平，来对其观念改革水平进行合格性评价。这个最低线就是：课程是否具备合格的能力目标？是否有体现能力目标的实训项目（任务）？是否有恰当的实训过程，以保障能力目标的实现？缺少了这三项，教学就退回到以“知识体系”为目标的传统的灌输式教学，就成了不合格的课程。

规范、公正、公平的测评（有文件存档、有评委签名、有录像、有评委培训、有基本统一的观念和测评方法，有监督、投诉机制等）使培训的效果（教师的观念和能力改变）得以真正体现出来。测评分数具有较高的可信度，成为各级教学管理部门和人事部门的基础数据。

培训、测评两件工作的相互配合是关键。测评的压力保证了教师参加培训的动力。测评是促进培训的手段，通过培训转变观念提升能力是目的。如果没有测评只有培训，就成为普通的面上培训，无法保证人人关注和实施，无法产生强大的内在动力；如果没有培训只有测评，大家的能力没有提高，单纯的排序并不能解决教学质量问题，而且容易搞成人人过关，成为教师的额外负担。

11. 管理跟进、政策跟进、督导跟进

在测评过程中及时出台相关的政策，这保证了此项工作的科学性、严肃性和有效性。及时制定新的督导标准，督导标准要体现先进教学观念，与培训测评的要求保持一致。学院各级督导应主动配合，进行新标准的修改跟进。要防止“测评是测评，上课是上课”，两者相互无关的“两张皮”现象。要保证培训与测评的结果能有效落实到日常教学，保证教改的持续深入发展。课程和教师的评价标准的跟进，保证了新观念的持续执行力度。培训测评工作推进了教学改革、教学管理改革（工作量计算、评优等）和学院整体改革工作。课程和教师的评价标准的新政策，保证了新观念的持续执行力度。

12. 身体力行

培训测评是最具体的“应用型教学模式”示范。培训测评过程中贯彻的各项原则，与应用型课程改革的原则是完全一致的。例如，要求能力目标的具体、可检验，以项目、任务为教学内容主要载体，用操作进行能力实训，在操作中渗透理论体系、注重知识的应用等。教师培训不仅要重视能力和知识的学习，更要注重职业道德与职业素质的养成。教师培训中同样会出现学生学习中出现的情况，例如培训上课时，个别教师会出现不带教材、不记笔记、玩手机、做其他事、逃课、迟到，甚至"抄袭""应付"之类的问题。这是对教师进行职业道德教育的最好机会，针对教师自身出现的问题，让教师体会自己上课时课堂上出现的许多问题，其根源在哪里？应当如何改进？对教师的要求应当比对学生更严格。对教师严格要求，将来会间接影响到更多的学生。

在测评中的针对个人的培训，测评中的限时完成表述、严格考核等做法，也是应用型教育模式的体现。教师通过自身"实际操练"体会到的东西，比从书本上看会的东西要深刻得多，也更容易贯彻到自己的教学中。培训测评中采用的，每个人都实际参与的"项目操作""能力目标""职业活动导向""用战略培训改变观念"等，对教师实施的任何课程的教学都有实际的借鉴意义。

培训测评不是单纯的行政命令。培训测评不是用行政命令方式，强行推广某种单一的课程教学模式。教学有规律，但无定法。教学理论上的争论、学术上的争论永远应当百花齐放，畅所欲言。在大方向和原则一致的前提下，永远应当发挥每个人的创造性。我们听到过对测评的许多不同意见，但至今还没有人从理论上反对现代项目教学的基本原则。在培训测评工作中，我们要不断声明：欢迎在教学观念、模式、方法所有方面上的创造和革新。教师在培训中体会到的如何处理学习与创新的关系，对其未来的生活和教学生涯都会产生实际影响。

13. 实践检验

整个培训测评工作以教学效果为最终的检验标准。课程优劣的最终评价标准，就是教学效果（通俗地说就是学生喜欢这门课，学生的能力、知识和德育（素质）水平得到明显提高），不是以理论观点的复述和答卷为准。理论、模式和方法等都是手段，而效果才是目的。手段可以不拘一格，包括所有推荐的文件格式（整体设计文件、单元设计文件）都是建议格式，不是一成不变的，都是允许并欢迎改进的。教案用文字式、表格式、流程图式、混合式都可以。例如，有人设计的课程教学设计表格中增加了"教师活动、学生活动"两栏，教学活动一目了然，这个做法就很好。

有人说，"不用讲那么多道理，你就告诉我怎么填表就行了"。这和学生不听课程的讲解过程，只等结论，只研究如何对付考试的思路一模一样。培训测评不是可以走走过场的形式。对这类问题的解决办法就是，测评不注重"填表和文字"，专注重"实际行动及其效果"；测评不考核"知识概念"，专考核"做事能力"。单纯的"填表"毫无意义。还有人说，"我的课没法填你的表"。我们一贯反对"形式主义"的填表。如果建议的表格不适合你的课（例如体育课），你就提出新的格式。只要体现先进职教理念，全校不统一也没有关系。

教学改革不仅是理论研讨，也不仅是教师个人的事情。有人说："我爱怎么教就怎么教，你管得着吗？"我们明确回答：当然管得着。因为，你的教学效果还牵涉到学院发展的快慢，我们每个人对学院整体的兴衰负有责任，教学质量在关键时刻会成为关系到学院存亡的大问题。上级要有各种评估、检查，要有"示范院校创建"等，这涉及几千万元的经费，涉及学院的达标与发展速度，涉及全院师生员工的长远利益。如果因为几个人拖了后腿，没有通过，谁能负得起这个责任？作为一名教师，如果你讲的课，学生意见一大堆，同行也不认可，怎么办？强调“学生水平低”没有用。承认学生水平不高，你就必须改变自己的传统教法。绝不允许坚持教学的恶劣效果，不能抵制教学改革，不能坚持落后。

14. 队伍建设

从教师个人的角度看，培训与测评中一定会涌现出一批实践现代教育观念的先进分子，他们就是基层教改的动力和骨干。学校应有计划地将这些优秀分子安排到教学和管理的关键岗位上。因此，教师的培训测评工作使我们在转变观念、提高能力的同时，进行了教师队伍的有效建设。

整体教学改革这条路使我们可以以现代应用型教育的先进教学观念为依据，集中而较快地改变教师的传统观念，提高教师的认识水平，提高教师的应用型课程教学能力。这是一条通向全面、系统、综合、整体教学改革之路。它把学院当前的教学改革与长远的改革，把教学改革与管理改革紧密结合起来，从而成为学院整体教改的关键性的突破口。

从整个学院工作的角度看，通过培训和测评考察了教师的教学能力和教学水平，从中找到每个教师、每个专业教学中的实际问题，奠定了从根本上提高全院教学质量的基础。所以这是一条快速改造传统教学观念，快速提高全校所有课程教学质量的新路。

以上就是我们摸索到的，学院全面、系统、综合、整体改革的突破口——“教师应用型课程教学能力的培训及测评”。实践证明，从这个突破口入手，全院的整体教改就能以澎湃之势向前推进。

15.6 开展培训测评工作所需的条件

培训及测评工作，解决的是当前应用型（高职）院校中普遍存在的问题。这项工作在原则上“适用于”任何学校，但却不是任何学校都可以立刻实施的。根据成功开展这项工作的院校的经验，这项工作的开展，对学院的领导者和管理者提出了很高的要求。

1. 有先进的观念

此项工作的领导者、组织者必须首先要有先进的观念。对应用型教育（职教）的目标、应用型院校的定位、应用型课程目标等有清晰正确的理解和比较深入的研究。对突出能力目标的教学，课程项目的设计、能力训练的设计、考核设计等有实际感受。要具备新的教学观、新的（多元）人才观、新的（多元）成功观、新的价值观。

2. 有丰富的经验

此项工作的领导者、组织者最好具备丰富的上课经验、丰富的课程改革经验。这样的人提倡教学改革才能抓到点子上，教师才信服。但作为这项工作的领导者，更要熟悉工作中的各种动力和阻力，包括来自教师、观念、经验、习惯、能力、利益、学生、制度、管理等诸方面的动力和阻力。要有相应对策，要能真正服人。在对新观念还不理解时，有的教师会说：

“我是这个行业领域的专家,你说我的课不行,你说怎么上?你上一课给我看看!”,这时,工作的领导者和组织者要能拿出体现新观念的、具体的改革方案,要能以理服人、以效果服人。

领导必须正确把握“培训是目的,测评是手段”的基本原则,把工作的重点放在培训,特别是一对一的培训上,争取培训效益的最大化。

3. 掌握大量的案例

工作的领导者、组织者手中必须掌握各类课程改革的大量实例。案例是理论和观点最好的注解。要以案例服人,不可以势压人。教师如果口服心不服,就会在工作中形成“两张皮”(对付测评是一样,上课是另外一样),或由于对立情绪而无法工作。

4. 具备坚实的理论基础

工作的领导者、组织者要有深厚的理论素养,熟悉现代教育理论、应用型教育(职教)理论的新成果,自己首先占领理论的制高点,能回答与教改培训有关的所有重要理论问题,以及理论在实践中如何应用的各类常见问题。例如,什么是能力?我的课程有没有能力目标?能力目标如何定位和描述?什么是“项目”?课程的贯穿项目和综合项目如何设计?我的课能不能实训?怎样安排实训?什么是行动导向教学法?什么是建构主义学习观?什么是实践的认识论?什么是多元智能?对所有上述理论问题,工作的领导者、组织者都要有所研究,有所准备。所以,培训及测评不是单纯行政指挥、单纯领导决议可以奏效的。要以理服人,以例服人,以实际效果服人。

5. 有一支得力的骨干队伍

必须充分运用宣传工具,广泛动员所有的教师和干部,要得到所有分院、专业、教研室、骨干教师中多数人的支持。如果全体一致反对或者大多数人反对,再好的观念也无法贯彻实施。在骨干队伍的带动下,全院目标一致团结奋斗。有学院的坚强领导,有各分院强有力的组织和支持,有教务、人事、督导、分院、工会、宣传、办公室等各有关部门的精心安排和直接操作,还要有全院教师、干部大力配合,才能使这项工作顺利完成。

赢得教师培训测评工作的胜利,对学院的影响是深远的,因为这将为学院的内涵建设和未来发展奠定坚实基础,赢得宝贵时间,这对学院和每个人都意义重大。

6. 学院领导(首先是一把手)必须有坚定的信心和决心,从而对这项工作实行强有力的领导

学院领导在关键时刻必须果断决策,学校班子决定,全力以赴开展培训与测评这项重要工作,这种决策是要承担风险的。“领导”与“管理”是两个不同的概念。“领导”首先要对全局和方向性问题进行思考、研究、分析和决策。“管理”则首先考虑如何制定和执行政策与规则的问题。好的领导首先要有远见,认准了就坚持,不怕困难、不怕挫折、不怕某些不同意见,坚持到成功,这就是领导水平的体现。领导的水平还表现在以下几个方面。

(1) 有强大的内在动力:危机感、紧迫感。

(2) 认准方向、坚持不懈,接受并宣传、坚持新的应用型教育(职教)理念,接受新的教学模式。要具有容人的胸怀和识人的眼光。

(3) 在一段时间内能集中精力，投入人力、物力、时间，全力以赴。把培训和测评作为一把手工程和学校的中心工作来抓。不宜同时启动多个“中心工作”。

(4) 坚持科学精神。对不同的理论和见解要有宽容精神和科学态度，允许试验和保留。对不同见解的评价应以实施的客观效果为准，不能以领导意志为唯一依据。不能用行政命令作为项目进行的主要动力，不能以行政手段强行推广单一的课程教学模式。测评打分必须旗帜鲜明、标准严格。对所有教工要公正、公平，不因年龄、职务、职称、与个人关系的不同而改变测评标准。对测评之后利益格局的改变，要有心理准备。所以，这项工作也是对领导决心和水平的考验。没有学院领导的支持，特别是一把手的全力推动，没有主管院长的亲自参与并组织领导，这么大的一项全院性工程是无法健康开展的。

如果听了几次讲座就以为：“这办法不错，不就是考教师吗？回去全校动员，开始干！”结局很可能是启动容易收摊难。教师们在听讲座时全体鼓掌，而真正实施测评，触及每个人的现实利益时，障碍重重。如果没有先进观念，没有丰富经验，没有大量案例，没有理论准备，没有能力解答实际问题，没有骨干队伍、骨干力量，若还有多数人不理解甚至反对，这个项目就无法实施。也可能迫于学院行政压力，大家表面执行，结果是工作走过场，教学与测评两张皮，或者大家你好我好，全体合格，不痛不痒，最后不了了之。

所以如不具备上述条件，强行启动、仓促开展培训及测评，必然导致无法收场，或彻底失败。

教师应用型教学能力的培训及测评，仅仅是学院全面教学改革的第一战役，是整体教学改革的突破口。测评完成之后，仅仅是为整体全面教学改革开了一个头，打下一个重要的基础。大家的应用型教学观念基本统一之后，许多教师主动提出，一门课可以这样设计，那么全专业所有的课程应当怎样进行整体优化呢？这就是“专业课程体系改革与建设”的问题。用新观念改造教学不是单纯的专业技术问题，也不是单纯的教学方法问题，它是一个系统工程，必须从观念更新开始，还要有管理政策的大力支持。课程评价标准、教师评价标准、课程的督导标准、教师工作量计算标准等，这些政策是教学改革工作的重要支撑。没有支持新观念的政策，教学改革不可能持久。由于教学工作在学院整体工作中的核心地位，从教师的培训及测评开始的教学改革，就自然演变成教学领域的整体改革，演变成教学管理的改革，演变成学院整体的改革。

在教学改革工作，特别是培训及测评工作中，我们看到绝大多数教师，特别是中青年教师，都能积极参与，认真研究，努力实践。有人多次(甚至十几次地)修改自己的课程教学设计，力求结果完美、效果优秀。但总有个别教师，头脑中的陈旧观念很顽固，他们观念滞后，能力不足，对专业技术以外的新东西不知道也不想知道，对不同于自己经验的东西往往采取自发的抵制态度。还有个别人，学习能力低下，新东西既不会也不学，即使被迫学也慢得出奇(甚至包括专业内容)。还有极个别的人固执己见，抱残守缺，旧眼光、老标准，以个人利益为价值判断依据，对新观念反感抵制。在 21 世纪的应用型院校中，像这样的人，如果不能改变观念和提高能力，他的教师资格就很成问题。

短短二十几年，全国应用型(高职)院校已取得巨大发展。但是，所有的院校，都面临激烈竞争，形势迫使我们必须注意内涵发展，注意提高质量、创造特色、树立品牌，不断前进。这个重大问题，值得我们认真探索解决。如果全国相当数量的应用型院校能够在较短时间内，较大幅度地提高自己的师资队伍质量，提高自己的教育教学质量，那就会显著提高我国应用型(职业技术)教育的整体水平。从这个意义上说,教师教学能力培训与测评这项经验值得进一步深入研究、广泛实践、积极推广。

15.7 培训测评工作中的教师

从课程的"教学设计要求"看出,当代应用型教育对教师的要求不是降低而是提高了,那么新形势对职教教师提出了哪些新要求呢?

应用型院校的培养目标和教学模式有自己的特殊性,所以对教师的要求除了对教师的一般要求外,也有自己的特殊性。本节所列是对应用型教师的一般要求,对优秀教师的要求,请参见第 16.2 节。

对应用型(职教)教师的要求基本如下。

1. 专业水平

应用型院校的教师当然要懂专业,最好是本专业领域的行家里手、领域专家。要具有本专业的系统知识和理论功底,同时具有丰富的本专业的实践经验和很强的专业实践能力。要具有从过去熟悉的"系统理论知识"出发,建立本专业"系统的应用知识"的能力。

应用型教师应建立工程思维,而不仅是理论思维。能对项目、任务进行筹划、实施、组织、宣传、协调、评价;具有完成工程项目的实际经验,不是只能进行理论思维和知识推导。应用型教师必须能进行本专业的研究工作,有专业技术研究成果、新产品的研发成果,有创新能力。没有专业研究能力的人不可能是好的应用型教师。

常见的认识误区。以为"应用型教育层次不高,教师只要识字、有文化就能教",或者以为"学生水平低,自己什么课都能教",这是完全不对的。在专业实践能力上,对职教教师的要求比一般研究型高校教师要高得多。

2. 职业水平

应用型院校的教师,要懂"职业"。"专业"更多的是从知识体系和学科体系上划分的。职业则要了解市场,了解专业市场和人才市场。要了解行业需求、职业需求和岗位需求。职业与专业相关,但有差异。应用型教师要有岗位工作经验,要懂经营管理、国家标准、行业规范和企业规章制度,这些是过去知识体系教学中完全没有的新内容。

3. 教学水平

应用型教育教师,要懂"教育"。教师要懂育人的基本规律,要懂初学者的基本认识规律,要懂本专业领域初学者的认识规律。教师要具备基本的教学能力和教学研究能力。教师要具有先进的课程评价标准:什么是一堂好课?什么是一门好课?专业所有的教师,都要熟悉专业课程体系的构成和特点。应用型教师在专业上要一专多能,还要尽可能多地了解学生的实际情况。教师的知识与经验都要全面,要具备课程的设计能力和课堂的管理能力。教师要能组织以学生为主体、以教师为主导,德育为先、以能力为中心的一体化课程教学。也因此,只有企业实践经验,但缺乏先进教学理念武装、缺乏教学实践经验的人,未必能成为一个好的教师。因此，请企业专家来校上课，未必一定有好效果。企业专家来校应当根据自己的特长，在实践操作教学领域更多地发挥作用。

4. 整体素质

应用型教师作为育人工作者，必须了解、热爱和尊重学生，必须具备正确的理想和坚定的信念，具有相当的思想觉悟、职业道德和师德水平，具有创新能力、专业研究能力、教学研究能力和理论思维能力。教师必须具备高效学习能力和可持续发展能力。应用型教师必须具备较强的社会活动能力。

所以，"双师型"是对应用型教师的基本要求。

除了与专业相关的能力之外，应用型教师还必须具备在任何专业、职业岗位都必须具备的"职业核心能力"。按照我国的标准，这种核心能力大体上有8项：与人交流、与人合作、解决问题、信息处理、革新创新、外语应用、数字应用、自我学习(参见附录E)。

作为职教教师，要能以身作则，不但在专业知识和能力上堪为人师，而且在做事和做人两个方面都为学生做出表率。

应用型教育岗位对教师的能力水平也有较高要求。

教师的能力水平在教师教学能力培训与测评的过程中得到充分表现，比在日常的教学和研究工作中表现得更加集中。下面列出几种不同能力的具体表现，可供教师们对照参考，从中找出自己改进的方向。

(1) 对课程改革工作不感兴趣，觉得多此一举，觉得与己无关。听教改讲座时睡觉或做别的事。不知道这项工作的紧迫性，不知道"早做是成绩，晚做是任务，不做是错误"的道理。工作中缺乏目标、缺乏理想和责任感。更有甚者，以个人利益为标准来评价培训测评工作，感到对自己不利时，会找其他借口极力反对。

(2) 不会举一反三。在培训中不关心别人的课程和经验，对听"别人的课"不感兴趣，希望讲座最好能直接讲"自己的课"。听别人的课不会联想到自己的课。测评作A课程勉强过关了，教学时再换作B课程就不会了。上课时要学生"举一反三"，自己却不会。

(3) 只学具体的做法、技巧。能从别人的课改经验中体会"技巧和方法"，并用于自己的课。但只能照搬照套。喜欢打听"我的课哪里有好的改革样板?"希望直接学习现成经验和做法，不愿独立思考、不会独立思考。不能根据理念原则来设计课程和改造自己的教学行为。

(4) 能从新观念、新原则的介绍中联系自己，看到自己课程的改革方向和做法。不但能学习别人的具体经验，而且能从方法层次学到新东西。能根据别人的课程改革，举一反三，联想到自己课程的改革。

(5) 时刻不忘考虑和联想到自己的教学工作。能根据别人的新观念，在实践中创造自己的模式、方法和技巧。

(6) 能根据别人的经验和自己的实践效果，提出新的观念，并创造相应的模式、方法和技巧。

(7) 能根据自己和别人的实践经验，对照现有理论融会贯通，掌握系统的观念和理论体系。

(8) 能在实践中观察、思考，能提出新的观念、理论体系，并能宣传新的观念和理论。能组织新观念、新理论的实施，并能战胜错误的观念和错误理论的阻力，在实践中开辟新路。

希望教师都能在课程教改的实践中努力转变观念，努力提高自己的能力水平，不断做出新的成绩。

15.8 课程设计演示、研讨、点评工作的实施

根据以往的教改经验，做好课程设计的演示、研讨和点评工作需要抓住以下要点。

1. 明确目标

无论是骨干队伍培训还是全校铺开，教师培训工作的目标都是转变观念和提高能力。为达到这个目标，需要全体参与者明确方向、端正态度，积极主动投入这项工作中，并遵守相应的规则。

对于校内骨干队伍成员，每人要求具备四个能力：课程设计能力、演示能力、课程点评能力和课程实施能力。点评是交流成长的关键。不但课程设计、课程演示是能力，课程点评也是一种能力，能力只能练出来，不能听出来。懂道理未必会点评。点评能力的获得也需要边做(点评)边学(课程点评的知识理论要点)。必须在点评的过程中学会点评，掌握点评要点，积极练习，才能学会点评。这就要求所有教师积极参与，认真记录，主动发言。

点评能力的培训步骤：先练整体设计点评，以后再练单元设计点评。鉴于多数学校过去经常开展的都是成果汇报或说课比赛之类的活动，从来没有开展过这样的点评研讨工作，所以，对于初次参与点评培训的教师，首先要调整自己的心态。

2. 调整心态

比赛或向领导汇报时，总是希望多听优点以取得好成绩。研究讨论时则希望多听缺点，找到问题以便改进。研讨时发现问题越多，收获就越大。首先要明确，真正的比赛是对外(市、省、国赛)。现在是内部研讨，不是向领导汇报成果或对外的比赛。其次要明确，本次演示并不代表个人或单位的最终水平。

必须反复强调，培训的目的是转变传统观念、提高教学能力。所有参与培训的教师必须带着研讨的心态，在先进观念指导下，学会设计、学会演示、学会点评。帮助别人改进的同时，提高自己的教学水平。

3. 端正态度

点评的目的首先是帮助演示的教师备课，指出他的课程设计的优点、缺点，积极提出改进的建议。所有的参与者没有“领导”与“被领导”之分，大家平等参与研讨。任何人都不能以“领导”或“权威”自居，不能居高临下指导别人。大家都要积极参与，这里有演示者、有点评者，没有“听课者或指导者”，所有的人都要主动提出问题、意见和建议。

4. 遵守规则

为实现上述设想，大家在参与点评培训的过程中必须遵守以下规则。

(1) 全面点评，根据下述的“点评要点”发言，不是抛开点评要点“谈几点个人感想”。

点评能力就是按照现代职教理念评价和改造现有课程的能力。会点评别人，同时也要会点评自己。

(2) 观点明确，演示内容的对错、好差、优缺点、评价、特点都要观点明确，不要含含糊糊，不要怕得罪人，也不要不懂装懂。

(3) 要尽量给出改进的建议，不要仅仅给出评价结论。不要按照“点评要点”的文本把每个问题读一遍，但拿不出自己的意见态度判断，让别人不知所云。如果该演示确有问题，而点评者没有点评出来，这就是点评者的责任了，是点评能力不足的表现。

(4) 对事不对人，评事不评人。按照创新技法中的头脑风暴原则，在点评研讨的过程中，任何人都有权表达任何意见。但只能针对事情评论事情，不能针对别人批评别人，更不能批判贬损谩骂攻击别人。严禁给别人贴标签，严禁给别人扣帽子。如“你怎么就这水平啊？!”“你这是什么态度？”“你这是逻辑混乱！”“你这是偷换概念！”“没法和你这样的人探讨问题”。一旦从研讨转为攻击，情绪立刻激动，理性立刻消失，所有的培训目标都无从谈起。

(5) 跟上进度。大家一起参与研讨，参与点评，不要只听完对自己的点评就走，不要离开全场主题与附近几个人开小会，进入自己感兴趣的领域。听演示的教师，不要抱“看热闹”心态，要联系自己的课程设计、想自己会如何做、如何改；点评者要提出积极的改进建议，不要满足于评价。不要人在会场，心在自己的作业上；应不看书、不看手机，不做与培训无关的事情。要集中精力听演示，对照“点评要点”，随时做好记录，形成自己的点评意见。争取达到演示过后立即点评。培训会后每个人再去完成自己的课程整体设计和单元设计Word和PPT。

(6) 努力提高效率。今天某人出现的错误，明天大家就都不要再出现；上午某人出现的错误，下午大家都不要再出现。下一个演示的教师，如果也犯有同样错误但来不及改进，至少要自己点评：这个地方我知道应当改，我打算这样改，晚上回去修改。不要每个人上来都犯相同的错误，不要使点评在低水平上不断重复。

(7) 可以采用台上示范点评、台下相互点评的模式。每人都准备好计算机、笔记本、纸笔。台上的教师示范点评。下面两人一组，相互看对方的设计(这样才能看出问题)。现场记录修改要点，但不能在培训现场修改(这样会影响听课)。有问题现场提出讨论。要求每个人集中听讲，跟上现场进度，会后再修改自己的设计。

(8) 练习步骤。课程的演示和点评从整体设计开始，待整体设计基本达标了，再进行课程单元设计的演示和点评。每种点评先做初步(重点)点评，再做全面点评。

演示结束后，第一个发言的人先练习全面点评，其他人做重点补充。参与点评培训的人一边听演示，一边参照下面的“点评要点”做记录，把随时想到的问题关键词马上记录下来。台上演示一停，这边就能立刻形成点评意见。

15.9 课程整体设计点评要点

刚刚设计完成进行演示的课程往往有许多缺陷。为了集中精力先解决主要问题，开始时不要做“全面点评”，而要从初步的“重点点评”开始。待集中精力解决了最重要的问题

(目标、项目、内容、引导、进度图等)之后，再进行全面点评，解决其他细节和深入的问题。下面分别给出重点点评和全面点评的要点，供大家参考。关于课程整体设计点评工作的要求，请参见第4.3节、第4.5节和第8.10节图8.1中的内容。

1. 课程整体设计中的重点点评要点(6项)

(1) 对演示形式与PPT的要求

封面(首张PPT)应具备以下内容：课程名称、校名、单位、姓名、校标志。

从目录上看，内容是否具备指定的七个部分？每个部分的标题是否生动、个性化、有创新？有些不具备条件的内容是否取消了？是否增加了有自己特色的内容？

PPT是否有导航条，以便听众随时把握进度？每张片子是否有编号，以便讨论时引用？

文字是否清晰？内容是否以图为主？色彩是否协调、看得清楚并赏心悦目？色彩是否有确定的含义？语言是否生动？逻辑是否严密？课程进度图中是否文字太多，让人看不清楚？

时间把握，演示总长15分钟，不延长也不要过多提前。“课程实施”内容是否占一半左右(7分钟)？是否有虎头蛇尾现象？

展示的内容是否具体、直观、生动？是否有丰富的图片、照片、视频(动画)、表格等直观手段？文字是否以关键词为主？是否有太多大段完整句子？

(2) 课程目标及表述

课程目标是全课内容的出发点和落脚点。教师要把学生的兴趣、兴奋点逐步引导到这里。所以，在演示时，课程目标必须准确表述，以便讨论。

课程目标所表达的是上完课后“实际能做到的事”，还是表达了一个“愿望”(如“培养学生的成本意识、培养学生的安全意识”等)？还是“名称的列表”(如“要培养与人交流的能力”)？

目标表述时是否有编号，以便交流时引用？

目标表述是否规范？是否“具体、可操作、可判定”？所谓“可判定”指的是“达标还是不达标”在表述中不用解释就可以界定。

目标表述是全面、准确、具体表述，还是“例如”“等等”？目标表述是否具体、是否“一一罗列”、是否有具体的“数字”？还是概括笼统(“能运用常用工具，解决常见基本问题”)？是否表达出“本课程中”实际做的事情？还是凭空罗列、越多越好？

是否注意区分了课程目标与项目目标？课程目标应是一般、通用、概括的，例如“能设计合格的商品包装盒”。项目目标是具体到本项目的，例如“能设计合格的月饼包装盒”。

课程目标是否覆盖了本课程所有主要能力点、知识点？

目标的要求与项目内容是否对应？与考核内容是否对应？

知识目标表述方式是否规范？关键词的使用是否合理？常用的关键词：知道(打钩选择题)、了解(表述定义、内容)、理解(是什么、为什么)、掌握(回答相关问题，并能发现现有知识理论的缺陷)。

知识目标是否与能力目标混淆了？

知识目标是否覆盖本课程所有主要内容？是否覆盖工作岗位所需的基本内容？是否覆盖学科专业的基本要求？是否有重要遗漏？

知识目标中是否列出了课程背后的理论支撑？是否混淆了"理论"与"知识"的界限？

教师上课时是直接讲述理论，还是把这些理论渗透到课程和操作中，做到深入浅出？

知识目标中是否列入国家、行业、企业标准，规范、法律、法规？是否有编号、全称列入并附全文(例如电子资料)？

知识目标中是否列入了本课程使用的数学工具(特别是工科)？工作过程中是否为学生的理论提升留出"接口"？

德育(素质)目标的表述是否规范(一个具体行为，应当怎样做，不应当怎样做)？是否将职业道德、职业素质、工作态度等落实在本课程具体操作环节中？还是泛泛列出适合所有课程的通用标题(例如诚信、规范、合作、交流)？

所有的目标是否可以分层次表述？是否为优秀生准备了合适的提升目标？

(3) 课程进度图

是否有一张不用移动，就能让人一目了然的、完整的全图？图中的文字是否太多？详略是否合适？

图中五个要素(时间、所有项目、考核时间点、能力、知识)是否齐全？时间轴刻度是否均匀？时间线对齐是否正确？其他相关内容(调研、顶岗、首课、尾课、考试)是否在图上反映出来了？

课程进度图是课程实施过程的真实、全面、完整的描述，还是有所裁剪拼凑？或是简单填表？

课程的考核设计，是否按照能力考核、知识理论计算考核等要求设计，还是仅按照其他要求设计(例如课内、课外)？

(4) 项目与情境设计

是否准确表述全课项目的数量、名称、性质(是否为项目)、关系(串并联)？其性质是一件综合、典型、完整、复杂的具体工作，还是"单一学科练习"或是"环节、单项能力训练"？

项目名称是不是知识模块(章节)的名称？项目数量是否列入课内、课外、学习、考核的所有项目？

项目实施过程是否有不必要的"角色扮演"？是否应改为"身份转换"？

项目内容是不是章节的说明例、课本知识的附属品、课文的例证和解释？

项目的工作是尽可能实施，还是只有"策划书"？

项目是否课程内容的主线？工作是否尽可能完整？

知识理论在项目工作的一开始可能是不完整的，但到最后，经过总结是否是完整、直观的？

项目、子项目和任务是否有适当的情境设计？

同样的具体工作，是在实验室、实训室环境中完成，还是在模拟职业岗位现场环境中完成？是按照教师要求完成作业，还是按照企业要求完成任务？是否把企业要素，即企业意识(安全、成本、质量、管理、环保)、企业氛围、企业管理、企业文化引进了课堂？

情境设计是否包括技术工作中的5类主要情境(正常、出错、意外、紧急、违规)？是否包括技术情境、工作情境和管理情境？情境中是否融入了经济、社会、文化等内容？

项目实施过程是否按照"情境引出任务、任务引出问题、问题驱动学习、在规定情境中完成具体工作”的要求进行？

用图形展示项目的实施过程：实训室设备仪器工位照片、环境—系统图、系统结构图、系统运作图、操作流程图、方框图、电路图、动作示意图以及它们之间的对应关系图。网络手段、网络资源。

项目内容设计是否考虑到初级岗位工作类、高级岗位工作类、师生个人素质提升类（与工作无直接关系）三个类型？

项目内容是否综合、典型、完整、复杂、具体？还是按照学科设计的（数学、物理）习题？

项目内容是文理综合，打破学科界限，还是某个环节（或单项能力，如射击、画线、焊接、题海）的训练？

项目内容是随意选取的特例、个例，还是精心设计的有代表性、覆盖性的具体工作？

项目是学“一类”事情（扩音机制作）的通用规则（知识模块），还是做具体的一件事？反过来看，是只做这件具体事，还是注意引导学生从做这件具体事出发，做更多的事情，通过对比，学会一般方法？

项目的设计是否考虑到示范用、学练用、考核用三种类型。

项目实施时，身份、环境、事件、数据、要求、结果（成果）、成败标准、检验过程是否具体？还是仅有一个名称（如朝阳公司，小张）或是仅有一个形式？

项目实施前，教师是否事先提供了详尽的背景资料？资料中的细节、数据是否完整？是否要求学生学会根据情境、确定问题、查阅资料、解决问题？

是否明确了项目的成果形式，是否有成文的验收标准和详细的验收过程？是否按照上述内容对项目的效果进行验收？

学习用的项目与考核用的项目是否分离？学习过程中学生犯的错误，考核时是否要扣分？

课程考核中，“项目成果”的技术指标的比重是否足够大？是否以项目成果的专业技术水平为主要考核依据？还是“出勤”“态度”等人际关系内容占据主要部分？

项目中是否注意解决真实问题、训练真实能力？项目中学生遇到的问题（困境），是否尽可能接近实际工作中的问题？如完成一个新的“综合、典型、完整、复杂的具体事情”时，会遇到的问题；需要学生尽全力去学习、实践、犯错、对比、优化，才能解决的问题；还是简单背结论、套公式、模仿别人、按照“工作单”操作，就能解决的问题？

项目是否按照“情境—问题（兴趣动力）—查资料—定任务—学习求助、克服困难、解决问题—总结反思对比提升—诀窍方法知识技能—理论—本层上层深层创新（工作、理论）”的路线图实施？

在项目实施中，应用型专科层次是否也强调了项目设计和工艺的创新？本科层次是否还强调了知识理论的创新？

项目是否覆盖了课程的“目标”（岗位需要和学科需要）？课程目标中的内容都体现在项目中了吗？例如，物流配送包括五金、生鲜、矿产、精密、燃爆毒蚀，陆海空，意外损失赔偿，不同结算方式，这些内容都覆盖了吗？岗位工作的全局、学科知识理论的全局都覆盖了吗？

设计了多个项目吗？每个项目有多层要求吗？学生有选择的余地吗？学生有兴趣吗？

有挑战、提升、决策、创新和自学的空间吗？

学习型项目的展开方式是“单一循环”直到最后才见全局，还是多重循环，每次都是相对完整的工作？多重循环是简单重复还是难度递进？

是否注意区分课程整体结构的第三种模式与第六种模式？能否设计从“最小系统”开始，根据功能提升的要求，逐步成长的第六种模式？可否设计出了同一项目的若干个成长阶段？每个阶段都是一个具体的有成果的项目？

是否注意“个别到一般”的上升过程？还是仅仅学会做“这个具体事情”就够了呢？是否注意让学生学会一般规律、通用方法、相关理论？是否通过“正误、成败、优劣、异同”的对比进行学习？是否把知识理论渗透到了操作中或工作过程中？教师是否介绍理论、使用结论，是否课上留有知识理论的“接口”、课外留有知识理论的学习任务？教师在工作的每个阶段是否对知识理论进行总结？

做、学的关系。与项目同步进行的知识、理论、计算的学习是如何进行的？是否在一段工作之后都有知识理论的总结内容？是边做边学，还是“只做不学”，还是“只学不做”？还是把单纯的“知识、理论”学习讲解列为一个项目（或子项目）？

项目成果的处理，是否注意了出路？师生是否具备经济头脑，把专业经营起来？

(5) 首尾课

第一次课（或其第一部分）。其目标不是能力、知识、理论，而是让学生了解课程全局，喜欢这个课。重点在于学生兴趣、动机的激发和引导。

第一次课是否面向全课？还是展开技术细节？是尽可能让学生动手、动脑参与操作，还是仅仅听和看？所设计的内容是否概括全局、简单、有趣？让学生参与的工作内容是否具体？还是只有一个标题？

以下是可借鉴的经验。

- 直接对比。例如，通过计算机制图与手工制图的比较，得出计算机制图的必要性。
- 缺位对比。例如，设计一件事情，让“主题”缺位，然后通过“对比”得出该主题的重要性和必要性。一个没有“种子质量控制部门”的种子公司出了许多问题，怎么解决？必须设立质量检验部门。该部门的工作内容……这就是本课的内容，也就是该内容存在和发展的历史缩影。
- 首尾对比。粗略动手，保存结果。与最后一次课的同一内容对比，例如插花课。
- 比赛式。计算机辅助制图，人机比赛。
- 设计式。物流企业设计图。
- 游戏式。企业运营，表格作业。

最后一次课。要求：①必须面向全课。不能只是最后一个环节。②教师给出高水平总结。用图形表示知识、理论、计算等内容的逻辑关系。不是课本目录。总结可有多个图，不仅一个。总结内容包括工作步骤图、知识逻辑图、知识应用图、知识表述图、常见问题图、产品效果图等。关于用图形方式进行知识总结的要点，请参见图 8.1 的说明。③介绍专业内容的未来发展趋势。④送给学生的礼物。如应用程序包等。⑤演示时必须展示“结果、结论、答案、案例内容”等具体内容，不仅是标题。

可以采用以下图示方法。

- 思维导图：知识的层次关系（树图、章节结构图）。
- 逻辑图：网状关系图。
- 方框图：概念之间的逻辑关系。
- 鱼骨图：要素的主次关系。
- 流程图：时序、顺序关系及说明图。
- 成果图：成果的全局图示及部分的解释。如C语言的总结图。
- 示意图：例如地图式水处理图。
- 时序图：例如课程进度图。

第一次课设计。是否面向全课？学生是否亲身参与、感性体验？还是立即进入技术细节？单纯讲解？单纯观看资料？

最后一次课设计。面向全课，是否有知识、能力、技巧、理论、计算的高水平总结？是否有对新专业知识（新课）的发展展望？礼物？理论接口？总结是用图，还是用语言文字？总结的内容是只有标题，还是有理论结论、技术结论和公式？

（6）结构、内容、方法可否优化

“能力本位项目课程”是对课程“教学内容”的要求，在有项目的前提下，欢迎一切优秀的“教学形式”。

① 现在的模式是什么？如何优化？

② 所有有效的教学方法都要采用。精彩案例、深入分析、生动讲解、直观图表、积极互动、有效引导。把案例转化成“准项目”。

③ 现代信息技术的采用。电子教学资源库、微课、反转课堂、网络课堂、专业内容的仿真实施。微信群管理等软件。手机可展示的立体教材。

④ 提高“渗透内容（外语、知识、通识、理论、素质）”的质量，体现必要的重复。因为必要的重复是能力形成和知识建构的必要条件。但不要简单地重复，要难度或广度递进地重复。不要“前面课程讲过了，我就不重复了”或“后面课程要学，我就不提了”。

⑤ 专业拓展提升。比如，可用的专用软件，新的技能，更深入的理论，技术单元的组合；特定环境的处理；游戏化处理，比如用武器打怪物（污水处理）。

⑥ 数学工具。现代专业计算的先进工具（专用软件）是否已掌握？如何提升？

⑦ 创新思维如何融入项目实施过程？

⑧ 外语渗透、德育（素质）要求的渗透。理论、数学、文化、社会、经济、专业历史（故事典故），专业前沿、未来发展，操作和思维方法、哲学、人文、社会和通识内容如何渗透？

⑨ 本课程与考证（上岗、资格）的关系处理是否得当？

初步（重点）点评中的主要问题得到解决之后，便可进入整体设计的完整点评。

2. 课程整体设计中的完整点评

在上述重点点评的6项内容之外，再增加以下内容。

（1）课程定位

岗位分析：本专业面向的“初始岗位、目标（二次）岗位（群），未来发展岗位；技术岗位系列，管理岗位系列”是岗位名称还是职称？

本课程面向的（代表性、典型的）实践背景岗位（群）（例如中小电子企业的产品开发工程师助理)是什么？照顾哪个岗位(工程师、高级工程师)？面向岗位的典型工作流程，其能力、知识、素质需求应达到什么程度？

本课程在课程体系中处于什么位置(图形表达)？(与本课程直接相关的前导课、后续课)

本课内容与中职、培训班、应用型高校、研究型高校相关课程的异同分别是什么？是否具有(目标层次、人才类型的)完整性？

课程名称是否合适？本课程的开设是否合理？根据工作过程的要求，在课程体系改造中，本课程是否需要整合或取消？

(2) 大单元设计

注意大单元的设计是否合格。大单元指的是大体上对应课程子项目，由多个单元组成的内容。

① 大单元设计点评

思路：

从整体到局部、从粗到细、从顶到底。

首先落实“大单元”(子项目)设计，检验其是否合格。

展示：

按照“周”的课程进度图。传统的整体设计，看课程整体。

按照“子项目”的进度图。看“大单元”结构是否合理。

按照“小单元”的进度图。给出所有单元的进度图，每格一个单元，每个单元多个步骤。

包括大单元的标题、步骤、内容、任务、能力目标、知识目标、考核的安排。

② 大单元合格标准

任务驱动，不是逻辑驱动。任务引出问题，问题驱动学习。避免单纯讲授。

边做边学，不是先学后做。通过正误、异同的比较来学习，不是单纯的灌输。

完整工作的“多重循环”。是完整工作不是局部练习，不是习题，不是单项能力训练。工作不要单一循环。

由浅入深、小步快进。浅—深，简单—复杂，示范—独立。

知识、理论、计算、外语、素质要求，要渗透到工作中。

最后教师引导做出高水平的总结。

(3) 教学方法

重点是以下三项。

① 教学步骤的设计。体现当代先进教育教学理念。

② 教学内容的取舍。满足三类目标的需求。

③ 教学过程的有效引导。课程按照项目的应用逻辑展开，需求产生目标、目标引出问题、问题驱动学习、操作改造对象、创新解决问题、实践提升理念。

这三者分别体现出什么样的教学思想、教学方法和教学理念？

课程是否引入企业参与？是否可与其他课程、其他专业合作？

课程是否继承了知识教学的优点？如丰富生动的案例，精彩的讲解，深入的分析、游戏、比赛等。第一和第二课堂教学是否有机结合？

(4) 优化创新和提高

强调以下各点。

素质目标是否落实到项目操作和教学环节？落实到工作与学习过程中的一言一行？

职业核心能力是否落实到项目和教学环节？(与人交流、与人合作、自我学习、解决问题、信息处理、创新革新、数字应用、外语应用。)

第一和第二课堂是否结合紧密？

课程与考证、竞赛的结合是否合理？(结合到课程，或单独办班过级。)

在实践能力优秀的前提下，知识、理论、计算水平是否有部分优秀学生达到普通高校水平？

本课程(专业)的历史、方法论、哲学内容如何？

校企合作是否落到实处？能否与工作过程对接，解决企业的技术问题？

课程内容是否具备国际视野？是否达到专业前沿？理论要点是否罗列出来？是否具备文化底蕴？

本课程的教学设计有何特点、亮点、创新点？

按照"工作过程要完整"的要求，本课程是否应当取消或与其他课整合？

(5) 专业内容把关

以上点评内容主要是"教学把关"，课程的"专业把关"必须在本专业与相关专业范围内进行。在教学要求基本达标之后，由分院、专业、教研室有关领导组织相关教师对课程的专业内容进行演示、研讨把关。课程中如果出现专业性、科学性错误，课程设计一票否决。

15.10 课程单元设计点评要点

单元设计演示时，现场来听的教师大多不是本专业，但都是各自领域的专家，所以，单元演示者必须让所有人对课程的技术思路(不是技术细节)都能听懂，不能只让本专业的人听懂。对于课程的专业技术(如线路图、公式等)细节，应当有展示，但不要展开(因为时间不够)。技术思路指的是："这是一件什么事情？为什么要做这件事？这里有什么问题？问题的要点在哪里？解决问题的想法要点是什么？如何比喻成常见事物，深入浅出地介绍出来？"如果大家连这些都听不清，可以肯定学生也不会听懂你的课。这就要求教师必须具有专业内容的科普能力，即能够把深奥的专业内容用比喻和图形的直观手段，通俗易懂、深入浅出地表达给初学者(外专业听课教师和自己上课的学生)，同时又不失其完整性和科学性。

与整体设计演示的要求一样，单元设计也从解决主要问题的初步(重点)点评入手。关于课程单元设计点评工作的要求，请参见第5.2节、第5.6节内容和第8.10节的图8.1。

1. 单元设计中的重点点评要点(共六项)

(1) 演示形式与PPT。

① 封面是否规范？应当以"单元名"为主，还要标明"次数、课名、时间、校名、校标志、单位名、姓名"。单元名是否全面反映本单元的工、学内容？

② 演示方式是否规范？应当以“讲”课为主、“说”课为辅，转换自然、逻辑清晰、语言流畅。

③ PPT 是否有(多级)导航条？是否有页号？

④ 是否以图形、照片、图示、表格为主，文字为辅？是否文字清晰、色彩协调？色彩是否有含义？演示内容是否丰富有趣，吸引初学者？

⑤ 演示时间(15 分钟)控制是否准确？各部分的时间分配是否合理？

(2) 本次课的目标设计与表述。

确定“课程目标”是课程设计的核心工作之一。在备课时，目标设计想不到的内容，在上课的时候也不可能做到。

注意“课程目标”与“项目目标”的区别，注意“单元目标”与“任务目标”的区别，注意“能力目标”与“知识目标”的区别。

单元目标的表述方式和内容是否达标？是否有标号？

目标是否“实际达到的”，而不是“愿望”或“标题”？

知识目标是否包括必要的标准规范和法律法规？是否说明了本次课知识、原理、理论、计算的详细内容？

德育目标是否落实到本课程的具体工作？是否可操作、可检验？

课程目标是否低于学校层次(本科、专科、中等)？特别注意防止课程专业水平的层次不达标。

(3) 本次课“做”了什么(任务工作)？学生如何做的？

① 本单元任务的数量、名称、性质、关系(串并联、多重循环)是怎样的？

- 数量。是否把课内、课外、学习、考核的所有任务都已列入？
- 名称。是一件具体事情的名称，还是一个知识模块的名称？

任务的名称是否与知识模块(章节、论文、专著等)的名称一样？

- 性质。任务的内容是否是一件具体的工作？任务是否是章节的说明例、课本的附属品、课文的例证和解释？任务是完整的工作还是某个环节的训练？
- 关系。任务的作用(示范、学练、考核)，顺序(串并、课内外)安排是否合理？

② 任务是否是本次课的主线？是否引出需要学的知识理论？

③ 是否有不必要的“角色扮演”？有没有安排“(企业)身份转换”？

④ 相对于岗位工作和知识学习，任务的类型和个数是否够用？任务是否覆盖本次课的“目标”(岗位工作的全局、知识理论的全局)？

⑤ 任务的布置是否结合预习，事先是否尽可能提供了详尽的背景资料，给出完整的细节、数据等？是否注意让学生学会根据情境、确定问题、查阅资料、解决问题？

⑥ 教师是否努力促进学生尽可能独立完成“工作”的全过程？是否注意防止用能力点的训练代替综合能力的训练？

⑦ 任务是否有明确的成果形式？是否有成文的验收标准和详细的验收过程？是否真正按此进行验收？

⑧ “学习用任务”与“考核用任务”是否分离了？

⑨ 课程的考核是否注意提升“任务技术指标”达标的比重？还是以态度、关系等定性

指标为重？

⑩ 任务是否注意解决真实问题、训练真实能力？是"灌输式"的"做"，还是"启发式"的"做"？

⑪ 任务是否有多个？每个任务是否有分层要求？学生是否感兴趣主动学习？任务是否有挑战性？学生是否有选择、创新、自学的空间？

⑫ 做、学的关系是否正确？知识、理论、计算的内容是否与任务同步进行？多个任务的展开方式是否多重循环？是边做边学，还是"只做不学"，或是"只学不做"？

(4) 本次课"学"了什么(知识理论)？学生怎样学的？

① 听众是否听清楚了本单元中学生学了"什么"(职业道德、能力训练、专业知识、理论、计算、标准、通识、外语)？教师是否能将本专业的枯燥技术内容(理论、计算)运用比喻和图形手段并深入浅出地展示给初学者(现场听讲者)？

② 单元的知识理论目标设计和表述是否合理？是否符合学校的层次要求？这些目标是否体现在本课程的任务中？

③ 知识理论是如何与任务配合"边做边学"的？

④ 教学步骤是否合理？是否体现了先进的教育教学理念？课程步骤所体现的模式是否正确？是否按照情境—问题(兴趣动力)—查资料—定任务—学习求助、克服困难、解决问题—总结反思、对比提升—诀窍、方法、知识、技能—理论—本层、上层、深层创新(工作、理论)的路线进行学习？

⑤ 教师是否给学生提供了选择、自学、创新的空间？学生学习的过程，是否按照主动学习(动力、对比)的要求来引导？

⑥ 教师的单元设计是否注意了"个别到一般"的上升过程？学生只学会做这件具体事情，还是通过对比掌握规律、学会方法，能解决一类问题？

⑦ 课程内容是否注意了通识的渗透？渗透内容包括外语、专业史、古今中外、专业前沿、经济、文化、社会、方法论、哲学、故事典故等。

⑧ 在项目课程中，教师是否注意运用一切有效的先进教学方法和手段(包括现代信息技术)，以提高教学效果？如微课、在线管理、反转课堂、电子课程资源库、丰富案例、故事、图片、动画、视频、影视资料等。

⑨ 课程的内容(案例、知识、通识)是否丰富多彩？

(5) 本次课教学步骤如何设计？教师课上如何引导？

① 教师设计的课程开头，是否合理有效？是否精彩有趣？是否能引导全课？

② 教师设计的课程的中间部分，是否合理？是否以学生的学练为主？任务是否多重循环？任务情境与工作内容是否精彩丰富？能不能覆盖实际工作的主要方面？

③ 教师设计的课程结尾，是否合理？是否有高水平的直观总结？是否提升了内容层次？是否突出了知识理论重点，强化了记忆？是否拓展引出了下次内容？

④ 教师是否注意了"课程引导方式"的设计(参见第 7.7 节)？还可以使用哪些有效的引导方式？

(6) 本次课的内容、结构、模式、步骤、引导还可以如何改进？

① 本次课大致属于哪种类型(知识、能力、多循环、双单元)？哪种档次(不合格、合格、

低水平、良好、优秀)？课程教学步骤能否改进？如何改进？

② 任务的工作环境、步骤、成果上课的时间、地点、现场、内容、详细过程、实训场地环境、仪器、设备、成品、学生的分组、工位，工具、材料等的演示是否清楚详细？是否用照片、示意图、线路图等直观展示？实训场地是否具备企业要素？工作是否进行身份转换？是否按照企业管理要求进行？

③ 课程目标的表述和内容还可以如何改进？

④ 任务设计能否改进？任务和情境的类型是否覆盖了实际工作中可能遇到的多个类型、型号、多类对象、多种情况？(不是“只举一例”。)是否搜集并提供了尽可能详尽的背景资料？对工作步骤的设计，教师是否通过示范给出提示点，引导学生思考？是否有不同难度的多个任务供学生选择？

⑤ 任务是否“真做”？学生是否独立完成整件事？是通过正误、成败的比较，进行真做，还是灌输式地按照任务单、教师示范，亦步亦趋地假做？是通过工作引出知识理论，还是单纯动手？做的内容是否够丰富？是否经历多情境，难度递进的多件事情？工作是否按照零起点、小步快进、多重循环的原则展开？工作过程中，学生是否有自学和创新的机会？只依据课本原理，还是重视根据标准、法规完成工作任务？

一般来说，学生独立完成的任务必须多于一个，才能比较。只做一件事没有比较，形不成能力。同一件事简单重复也不够。至少要教师讲 A，学生做 B，才能比较。最好能独立完成多个完整任务。

⑥ 本次课完成的任务和学习的知识理论，层次是否达标(高等教育、中等教育还是培训班)？

⑦ 本次课中的知识、理论内容清楚吗？能够图示吗？学习的重点内容(结论、公式等)在最后是否有高水平的(图示)总结和突出展示，以巩固记忆？教师必须尽可能用图形方式表达自己的想法和专业的内容。

⑧ 知识是否“真学”？学习过程是否脱离了工作过程进行知识的灌输(先讲后练，盲目的知识积累)，还是紧密结合工作的启发式教学？学生是否有内在的学习动力？是否做有趣、完整的事？是否是“情境引出任务、任务引出问题、问题驱动学习”？学生能否主动进行设计、实施、出错、改正、反思？是否有学生选择、自学和创新的机会？通过工作中的正误、成败、异同、优劣对比学习，还是通过灌输定义结论来学？对学生的疑问，是直接解答，还是先引导鼓励学生自学？教学生“只会完成这一件事”，还是通过多件事情对比，最后掌握方法和规律、掌握知识和原理，能完成一类事？是否可以组织合作学习，让学生通过交流互动或头脑风暴彼此启发？

教师必须学会在完成任务的过程中，不断用“为什么必须这样做？为什么不能那样做?”来引导学生从实践到知识理论的学习。

⑨ 教师引导课程的方式能否改进？(参见第 7.5 节，16 种基本的引导方式)研究教学法，提升教师的教学能力。

⑩ 专业内容是否丰富、先进？课程内容是否具备国内先进水平和国际视野？

⑪ 专业之外的渗透内容能否更充实？

课程是否只有技术内容？还是有企业要素、创新要求、企业意识(安全、质量、成本等)、竞争意识、协作精神？是否有专业历史文化的渗透？是否有关于社会、文化、方法论、哲学、国内外对比、行业技术的最新进展和历史故事的大量精彩精选的案例？

现代项目课程对教师的要求是很高的，所以，教师应当努力转变传统教学观念，提高自己的专业能力和教育教学能力，提升自己的专业理论与实践水平，提高自己的文化底蕴和综合素质。当前特别要重视补足自己的专业历史、社会经济文化知识理论，把自己提升为一个综合素质很高的人，这样才能把课程教学从单纯的专业技术培训上升到育人层次。

2. 单元设计中的完整点评要点

初步(重点)点评中的主要问题得到解决之后，便可进入单元设计的完整点评。

在上述六项内容的基础上，再增加以下六项内容。

(1) 单元定位。

整体设计与单元设计内容的关系：整体(项目)—大单元(子项目)—小单元(多个任务)。在整体—大单元中的位置，是否合理？在整体结构合理、大单元结构合理的前提下，才能进行单元设计。

(2) 对目标的设计和表述、任务和情境设计、教学步骤(头、中、尾)设计、考核设计、育人模式可否有更深层次和高水平的要求？

(3) 课程的知识理论、渗透内容是否可以改进？

(4) 教师引导方式可否改进？

(5) 突出单元设计的特点、亮点和创新点。

(6) 本单元“专业技术内容”把关。专业技术内容必须保证科学、正确、完整、先进，这个要求是硬性的，若不合格则一票否决。此事由教研室、专业和系部负责。

3. 单元演示中的常见问题

(1) 演示形式。PPT 缺标题，缺导航条、缺页号。时间把握不当。只讲教学观念，不讲教学过程、不见教学细节。只“说课”，不“讲课”。大家只听到你“希望”怎样上课，没有看见你“实际”怎样上课。讲课与说课的转换生硬不自然。

(2) 演示内容。听不清工作任务是什么，存在什么问题，解决问题的技术思路是什么。听不清知识理论学习的内容是什么，听不请教学步骤是什么，课程进展的随意性过强。全课各种场合、各个步骤都缺图。教师只是口说，用抽象的语言定义，导致学生无法真正理解和学会。

(3) 教学目标达不到本校层次要求。常见问题是，课程以操作为主，知识理论目标不清、水平不够，把应用型高等教育的本科课程，上成专科水平课程；把高等教育的课程上成中等职业学校甚至培训班的课程。当前的应用型课程中，大多只有专业技术内容，严重缺乏必要的知识理论、计算、社会、文化、历史、方法论、哲学等达到高等教育要求和通识教育的内容。

(4) 课程中的知识体系完整，但工作任务不完整。“任务”是附带的、举例式的、可有可无的，课程重点还是“学习课本”。事实上，项目教学中，任务应当是有趣、完整、具体的事情。事先设计一个有趣的事情(任务)，教师上课带领学生去做，先让课本知识为任务服务，然后再对知识理论进行系统总结。

(5) 灌输式教学，工学分离，缺少真做、真学内容的演示。教师把“知识”内容独立出来，先讲后做、先学后用，上课变成教师主导的先学后做、先讲后练。教师不会通过工作，引导知识学习。只会“操作归操作，学习归学习”。操作与知识学习一样，都有“启发式”与“灌输式”之分。操作中的“灌输式”表现在，仅仅按照工作单或教师示范，亦步亦趋操作，学生从不出错，只需记忆。学生没有正误成败的比较，所以并没真正学会。演示中的表现就是，只有教师单一正常情境、正面结论的示范解说，学生只有正确结论的记忆过程，缺少学生的工作成败、学习正误、思想转变过程的展示。结果还是传统的“教师讲、学生听、做练习、做作业”，没有学生出错处理、认知曲折，工学转换的真做真学的过程展示。上课变成一场“表演和记忆”，而不是学生真正认知的发展过程。对学生来说，只记忆，无出错，无对比，是学不到东西的。单一灌输，并非真正的认知。学习过程中无“矛盾、悬念”就没有学习动力，将来应用时，必定出错或根本不会做。所以，单元演示中一定要看到任务的效果，看到学习的成果，看见学生的工作(真做)过程和学习(真学)过程。

(6) 一堂课开头的“引入”内容不具体、不直观、不生动，一带而过。教师的注意力只在后面的技术细节上，缺乏对学生学习动机的激发过程。

(7) 缺少让学生主动做事的安排。教师事先没有提供完整的背景资料，一切都是临时布置，学生无法主动思考。教师没有创造条件，让学生从情境和自己的身份出发，查阅资料确定目标，从目标确定任务，从任务引出问题，用问题驱动学习。学生的工作被动、被迫。做任务的过程中，教师缺乏对自学和创新的安排和引导。

(8) 工作不是由学生独立完成，或工作不完整。教师没有先布置完整工作，全课由若干环节或细节组成，走一步，交代一步。教师只会灌输讲解，不会运用各种手段激励学生主动操作、主动学习。让学生做的事是一步步，而不是一件件。学生的工作全是片段，没有独立完成完整工作。教师不会把大事按照多任务“从简到繁”的发展方式展开(多重循环)，只会按照任务单上的“操作顺序”，或按照实际生产的顺序做事。

(9) 工作只有一件。一次课中的任务单一，信息量小，缺少对比，学习效率低。只是灌输正面内容，缺少比较。不是真做、真学。

(10) 有项目任务，但缺少其他有效手段的配合(正反案例、局部环节、深入分析)。课程中，项目任务是“必须有”，不是“只能有”。所有其他的有效教学手段都要应用。

(11) 演示中缺少具体技术内容的展示，或刻意回避技术细节。听者中的本专业人也不知道本次课到底要解决什么技术问题，不知道学生是怎样做的事情，所希望的结果到底是什么。事实上，单元演示时对技术细节的处理应当是展示，但不展开。让外行人听懂技术思路，让同专业的人看到技术细节，有更具体的收获。这样的课程设计才是真实可信的。

(12) 课程重视操作环节，但忽视了对所学内容(知识结论、理论、计算、操作等)的当堂确认。不会使用游戏、比赛、考核、总结等方式巩固、记忆。

(13) 学、考任务不分离。以“过程考核”为名，对学习任务进行考核，对学习过程中出现的错误进行扣分。导致学生在以后的学习过程中生怕出错，对学习过程充满疑虑和担忧。

(14) 课程项目任务不适合学生的现有水平，过易、过难、过繁或过简。

(15) 害怕别人说自己的课程不是“项目课程”，不敢在课堂上引导学生学知识理论，不敢介绍精彩的案例。只会单纯讲解知识理论,不会用工学结合的方式学知识理论。

(16)没有充分利用先进教学手段,如微课、网络、课本、反转课堂。教师不会把资料放入网络教材,把讲解、知识、理论、案例等内容放入“微课”,不会让学生预习、复习,把上课变成“翻转课堂”,不会边做边学的教学方式。

(17)只有技术、没有通识。没有渗透对于全面育人十分重要的外语、德育(素质)、知识理论内容。课程缺乏专业历史、文化、哲理、通识教育的内容,缺乏教学层次的提升(从应用型专科到应用型本科)意识。原因往往是,教师现有的理论素养和实践能力都不适应层次提升的要求。

第 6 篇

应用型院校的整体教改

第16章　整体教改的主要内容

学院的教学改革是学院各项改革的核心，是一项涉及全局的系统工程，是一项永无终点的工作，因此需要不断修订其长远目标和整体规划。

我们这里所说的"整体教改"有三层含义。第一层含义是教改内容的整体性和层次性。教改不能头疼医头，脚疼医脚，要在战略上树立对教学进行全面、综合、整体改革的系统目标，在全校三个层次上进行改革。这包括：①课程单元教学设计的改革、课程整体设计的改革。②专业课程体系的改革、管理工作（首先是教学管理工作）的改革、相关政策的改革（这些政策包括工作量计算、督导标准、教师与课程的评价标准等）。③学院育人模式和管理的改革。要改变过去教学改革只重视单元课程，或只重视专业技术，或只重视课堂教学的情况。

整体教改的第二层含义是教改主体的整体性。要由学院领导对全院教改进行整体运作，改变过去教学改革完全依赖基层个人主动性的情况。整体教改应当由院领导班子直接指挥，教务处、人事处、分院、系部、教研室、督导等部门具体执行，学院全体教师、全部课程无一例外，全员参与改革的实践。统一行动起来，在全院形成教学整体改革的浓厚氛围，将教改的环境压力有效地转化为每个教师的内在动力。

整体教改的第三层含义是对整体教改这个大的战役，必须找到恰当的突破口。这个突破口不是某个具体的教改环节（教材、讲座等），而是教师的观念和能力。从教师的观念改造入手，以现代应用型教学的理念为指导，改造每个教师的传统教育教学观念，改造全校的每一门课，提高教师的专业实践能力和实际教学能力。以提高应用型教育能力为目标，采用多种形式培训。以院级项目方式推进，每人有任务，效果有测评。全院由上而下对整个教改工作给予强力推动，使之以前所未有的广度和深度进行。

这就是整体教改的含义。

16.1　整体教改的三个层次与一个突破口

整体教改工作大体上可以分三个层次进行。

第一层，观念建设与课程建设。每位教师要保证自己担负的课程按照现代应用型教育理念的要求，完成课程的整体教学设计和单元教学设计（包括Word文本与PPT）。教师不但要在一定范围内进行演示、研讨、修改和测评，而且最终一定要落实到自己的课堂上，这是课改的基础层次。基础层次的工作完成之后，全院的课程教学面貌将会发生深刻变化。这个层次工作的主体是全体教师，如果课程的设计、测评、实施不达标，首先是任课教师的责任。

第二层，专业建设。其核心是专业课程体系的建设和改造。分院、系部、教研室和骨干教师要保证每个专业的课程体系符合现代应用型教育先进理念的要求。在先进课程体系的基础上，进行专业的师资队伍建设、实训条件建设、师生队伍建设、环境和文化建设等工作，这是学院中层教改的主要工作。中层教改完成之后，每个专业的面貌都会发生深刻变化。这个层次工作的主体大致上是学院中层和基层领导，如果专业建设不达标，首先是中层领导和骨干教师的责任。

第三层，院校领导要组织力量，对本校人才培养模式、校政企行关系、地区经济形势、人才需求特点、学校运行体制、学校管理机制、校风学风、校园文化、校园环境、实训条件建设等进行研究，对本校人才培养模式的特点进行分析和创新，在提高质量的基础上亮出自己的特色。

所有这些工作相互牵制、相互影响，是一项错综复杂的系统工程。我们必须为这项庞大的工作选定一个起始点，选定一个战术上的突破口。整个教改工作从这个地方启动，就可以带动全局的健康发展。根据许多院校的实践经验，学院整体教改工作的切入点或突破口应当是教师，教师工作的要点是转变观念和提高能力。为此必须实施一个将全体教师、全部课程都囊括在内的大型教改项目，这就是教师的应用型教育能力的培训与测评。这是整体教改的“第一战役”，整个教改工作应当从这里启动。

以“三个层次、一个突破口”为特点的院校整体教学改革工作，已经为许多院校所采纳实施，并取得明显成果。通过整体教学改革，一所院校不但深刻改变了自己的教学面貌，而且培训出一支活跃的教学改革骨干队伍和管理改革骨干队伍，为本校今后的持续发展奠定良好基础。

学院推进整体教学改革的目的，就是要在相对较短时间内跨越几大步，实现学院的飞跃。在这里，“相对较短的时间”也是关键因素之一，必须尽快完成所有主要的教改任务，形势不允许我们等待所有的教师在自己繁忙的日常工作中慢慢觉悟。在方向正确的前提下，必须干部引领、相互激励、全体行动、快速前进。必须充分运用全校的力量，在相对较短的时间内，解决全体教师的观念问题、能力问题和全部课程的改造问题。对任何一所应用型院校（本科、高职、中职）来说，只有这样，才能在即将到来的新的激烈竞争中赢得主动。

教学改革工作必须进行整体规划，然后分步实施。

针对当前学校存在的问题，按照先进的应用型教学观念，学院的整体教学改革可采取整体规划、分若干子项目实施的方针。根据已经实施过整体教改的院校的经验，上述全部工作预计大约3～5年时间可以完成。

16.2 应用型院校对教师的要求

对教师的培训与测评是学院整体教改的突破口，或者说是整体教改的第一个战役，整个大项目中的第一个子项目（参见第14、15章）。

全体教师、全部课程的改造大约用一年半的时间完成。工作重点是宣传和运用应用型教育教学理念，改造全体教师和干部的现有教育教学观念，提升全体教师现代项目课程的教学设计能力。将先进的教学观念落实到每一位教师的头脑中，落实到每一次课（单元设计）和每一门课（整体设计）的教学环节中。这项工作的基本目标是改造教师观念和提高教师能力。

通过培训与测评，为教师水平和综合素质的提升指明了方向。每位教师都应当瞄准优秀教师的目标，为自己制定自我提升的规划并坚持实施。

按照应用型教学和现代项目教学的要求，一个优秀教师应当具备哪些条件呢？初步总结一下，大致有以下几个方面。

第一，基本素质。

- 对学生关怀、爱护、帮助，有深厚感情。
- 对学生讲真话、平等友善待人，彼此信任融洽。
- 了解、理解、尊重学生，从学生喜欢的事（项目、任务）起步，善于启发引领。
- 人品好，以身作则，以育人为己任。
- 专业和工作能力强，成果多。
- 专业与通识的知识丰富，见闻广博，思想深刻。积极乐观、幽默风趣，有生活情趣，让学生佩服。

第二，教学能力。

- 对教学工作有热情，能乐此不疲。
- 对课改有事业心，能不断深入。
- 对课改有责任感，能克服困难。
- 对教育规律有思考研究，能不断提升。
- 对项目设计有操作体验，能落地实施。
- 对教学育人有体会感悟，能改革创新。

第三，上课能力。

- 能运用现代先进教学理念开发新课。
- 能做合格的课程整体设计与单元设计。
- 能将自己的课程设计用直观方式精彩地演示出来。
- 能对自己和他人的课程设计进行准确点评并提出建议。
- 能将自己设计的课程在课堂实施。
- 能对设计和实施的课程不断改进。
- 能联系自己的工作，不断学习和研讨新的教育教学理念。
- 对本专业及其与社会的联系能够进行整体把握，不局限在书本和几门课中。

第四，理论与实践结合。

- 必须是专业领域的实践能手，这方面要远高于学生。
- 必须有丰富的（行业、专业、企业、岗位）实践经验。
- 必须有深厚的专业与教育理论功底，这方面要远高于学生。
- 对认知规律（特别是对初学者）有深入的了解。与领域专家不同，专业教师除了在该专业领域中是理论与实践的真正专家之外，还必须在教育教学（育人）领域也是真正的专家。

• 必须会在教学(做与学)过程中熟练引导学生。

第五,定位与学创。

• 课程定位准确。熟悉社会、文化和地区经济特点,有深厚的通识教育功底。熟悉培训班、中职、应用型专科和应用型本科(将来还有应用型硕士和博士)课程教学要求的特点和它们的异同点。
• 善于学习,善于举一反三,能将一般原理运用于自己的教学。
• 不停留在简单模仿上。会研究,能创新,不怕费力,精益求精、永不停步,力争做出更好的成绩。

事实上,教学所展现出的水平,归根结底就是教师自身的水平;教学中出现的问题,归根结底就是教师自身的问题。例如,课程内容极度单一,纯技术,缺乏育人的意识;不会用深入浅出和直观的方式展现技术思路;课程内容的学与做结合不起来,这些问题都是教师自己的观念和水平问题。教师必须看清自己的优缺点,有计划地尽快提升自己(参见第 5.3 节)。

可见,在应用型院校做一个优秀教师绝非易事,其要求绝不比普通院校低。相反,许多方面的要求比一般院校要高得多。能够成为应用型院校的一名优秀教师是非常光荣的。

完成了教师的能力培训与测评工作之后,学校要及时组织新课程设计的落实工作。教师具备了新理念,并不等于能够落实到课堂上。还要组织督导和基层管理者对新课程的实施进行监督和推动。这里涉及许多管理、政策方面的具体问题,必须一一加以解决。

教师能力培训和测评并不是一项孤立的工作,它同时还为高一层的专业改革做好了思想准备和能力准备。

16.3 专业的建设与改革

整体教改的第二层工作就是专业建设,专业建设的核心是专业课程体系建设(参见第 4 篇第 10～13 章)。专业课程体系是一个专业三年全部课程的总和。课程体系确定之后,就可以以此为基础进行课程建设、教师队伍建设和实训条件建设,以及相关的管理队伍建设、学生队伍建设等,从而完成整个专业的建设工作,专业建设的成果主要体现在专业人才培养方案中。事实上,除了个别的新建专业之外,现有的专业都要在原有基础上进行改革和改造。所以,专业建设以专业课程体系的改革为龙头。

现有应用型专业的课程体系多是从传统研究型高校移植过来的,体现了以学科体系知识传授为中心的许多特点。多年来经过不断改革,面貌逐渐发生变化,现在是进行彻底改造的时候了。专业课程体系改造的要点是面向全体学生,考虑学生终生发展,以人为本;以职业活动和工作过程为教学内容的基本导向;按照市场需要、职业活动要求和专业发展的需求设置课程;吸收职业岗位规范、职业技能证书的内容到课程中。以德育(素质)为基础,突出能力目标,以现代项目教学为主要手段,整合全部课程。改革盲目传授知识、盲目积累知识的学科课程体系(如传统的“基础课、专业基础课和专业课”三段式),创造符合应用型教育目标的课程体系新结构。为此需要解决实践与理论内容相互促进问题,解决不同课程之间相互衔接问题，解决学校与企业的课程共建问题，解决用企业标准评价学生和课程教学的问题，解决大力强化实践教学（认识性实践、单项技能训练、综合技能训练、顶岗实习等）的问题，解决如何将德育、外语和职业核心能力、通识教育内容贯穿于全部课程教学中的问题。

与课程整体设计的切入点一样，专业课程体系改造的核心工作也是如何根据职业岗位需求，确定本专业的能力目标；根据专业能力目标，设计整个专业和每门课程的项目和任务。有了恰当的项目（特别是超越单一课程的大型“专业项目”），整个课程体系的框架就建立起来了。在专业课程体系中，各课程项目和任务的选择的标准，与课程教学整体设计的标准基本相同，就是实用性、综合性、典型性、趣味性、覆盖性、挑战性、可行性。但这次是在专业课程体系框架中考虑问题，所以可以选择更加综合、复杂、大型的项目任务，可以组织多名教师共同担任同一大型项目的教学，该大型项目可以带动多门传统课程。大型的综合项目可以跨学期、跨学年进行，真正实现以项目（任务）为核心的课程体系设计。

课程体系改造好了，就可以以此为依据改造实践教学条件（生产性实践条件，实践场所与教学场所一体化等），以此为依据改造师资队伍（专业能力、应用型教学能力、双师型等），以此为依据改革管理政策（工作量计算、评价标准、督导标准等），以此为依据改造课程的大纲和教材。总之，从新的专业课程体系出发，完成整个专业人才培养计划的根本改造。

专业课程体系改造之后，需要对每一门课程重新审定，按照现代先进的应用型教学理念重新进行整体设计和单元设计。经过教师应用型教学能力培训和测评之后，教师一般都具备了进行课程整体设计和单元设计的能力。但是，有能力并不等于有动力。要想在全院落实新的课程教学模式，还需要学院通过新政策的制定，进行强有力的推动工作。

根据许多已经进行过应用型教师教学能力培训与测评工作的院校的经验，全院推进新课程教学的工作，需要分院、系部的大力协助与配合。学院应当及时调整教学管理政策（督导评价标准、工作量计算方式、课程评优标准等），及时调整中层管理工作的任务和指标（将按照新标准进行课程教学的百分比，列入中层考核指标）。还可以由人事部门举办青年骨干教师研修班，对各基层选送上的教师进行系统的集中培训，直接推进基层的课程设计和新课程的实施工作。

专业是院校的基础。专业建设是学院整体教改工作中，任务十分繁重的一个子项目。学院可以选定若干个重点专业及专业群，进行课程体系建设与改造的试点，用以带动全院所有专业进行课程体系的改革。与此同时，可以开展创建先进专业、示范专业，设立课程首席教师（负责课程开发、实施、监控、联系企业、带特长生、指导第二课堂、组织竞赛），建设精品课程，开发新教材等一系列有效促进教学改革的活动。

16.4 创造中国特色应用型课程教学新模式

完成了专业课程体系改造和课程建设之后，教学改革的重点就是创造具有地区和本校特点的，科学、合理、高效、全新的应用型课程教学模式。在学院的整体教改工作中，这项工作大约放在后面两年完成。工作重点是运用现代先进应用型教学理念，从根本上改造全院现有的课程教学模式。在突出德育和能力目标的基础上，创造新的应用型课程教学模式，使之与工学结合、校企结合、产学研结合的要求全面接轨。把先进的应用型教学观念落实到新创的课程教学模式中。

新的应用型教学模式的要点是强化职业岗位活动导向，突出德育和能力目标的实践教学，组织高效的第二课堂教学，建设学生的自主实践学习（生产、研发、创业）基地，使应用型课程教学模式与工学结合的要求全面接轨。

1. 什么是第二课堂教学

这里所说的第二课堂教学，不是指课外时间的补课，不是指开展课外文体活动，不是指提高学生素质的文理科互选课程，不是单纯指开展专业的“课外兴趣小组”，也不是传统意义上的“课外活动”。按照过去的理解，课外活动相对于课内教学是可有可无的，可以没有确定的目标，无须考核，学生没有学分，教师没有工作量。所以，这里所说的第二课堂与上述各种活动都不一样，所有上述教学活动形式，可以是这里所说的“第二课堂”的一个组成部分。

这里所说的“第二课堂”是指全院所有课程（文化课、公共课、基础课、专业基础课、专业课），每一门课都应当开展的一种教学方式，是学校整体教学的重要组成部分，是与传统课内教学（第一课堂）相对应的另一条腿。第二课堂是第一课堂的重要延伸，它极大地拓展了原来的教学领域，突出了德育和能力，深化了教学内容；其内容与形式可以与兴趣结合、与竞赛结合、与社会服务结合、与就业结合、与创新结合、与创业结合、与专业建设结合、与课程建设结合、与学校建设结合。

广泛开展第二课堂活动，可以促使学生逐步将专业变成兴趣，将兴趣变成职业。第二课堂把学生从考场引向赛场，把学生从考场带到市场，这对培养全面发展的高素质、高技能人才具有重要意义。

2. 第二课堂的教学形式

在第一课堂实践教学的实验、实训、实习之外，以专业实践活动为导向的第二课堂，至少可以有以下五种教学形式。

第一种，从兴趣活动组出发，开展第二课堂教学。以第一课堂为基础，每位任课教师都可以组织自己的兴趣活动小组，开展第二课堂教学。兴趣活动组的成立与活动不必经过学院审批，直接由教研室管理，使用教研室现有的资源，在实训室或专业教室里开展活动。

兴趣组活动的项目可以与课程整体设计中的“课程项目”相结合，也可以向纵深扩展。兴趣小组数量的多少、层次的高低、活动时间的长短、内容的繁简都可以灵活处理。学生在兴趣活动组中的进出要求比较宽松。

兴趣活动组是第二课堂的群众基础，是第一和第二课堂的联系纽带。作为教学要求之一，学校可以要求每个学生必须参加两个以上的兴趣活动组，将来可逐步安排取得相应学分。每个任课教师都要指导两个以上的兴趣活动小组，将来可逐步安排计算相应的教学工作量。

第二种，技能俱乐部（专业协会、专业服务社、专业项目制作组）。按照学院的章程统一管理，并组织活动。俱乐部必须具备相应的活动场地、设备、器材、工具、资料，有教练和学生助理，有活动计划，有明确的目标和成果要求。俱乐部围绕第一、第二课堂教学内容和专业竞赛内容，以职业道德和岗位能力需求为导向，以能力训练为中心开展活动。俱乐部实行“准入制”。根据申请者的实际水平，按照不同层次，分成若干小组进行活动，不同水平的学生完成不同档次的项目，这就自然实现了分层次教学。每个学生至少参加一个技能俱乐部，并取得相应学分。由知识、技能、经验、素质合格的教师或外聘人员担任俱乐部教练，并计算相应教学工作量。学院对俱乐部活动给予政策和资金上的支持。

兴趣组和俱乐部均以学生为主体，以职业活动为导向，以德育和能力为中心，以项目为载体来组织活动。俱乐部教练(指导)必须是本专业有实践经验的、能带领学生完成复杂项目的专业教师和外聘专家。

第三种，教师工作室(工作坊)。某些技能(例如艺术设计类专业、表演、语文写作等)适合于采用“师父带徒弟”为主的方式进行教学。可以成立以知识、能力、经验、素质合格的教师为中心的专业工作室。结合该教师的第一、第二课堂教学或教师自己的研究开发工作，组织学生在工作室中与教师一起完成综合项目。

工作室的活动本身，也可以是分层次的。骨干学生完成高层次、高难度的项目，他们又可以带动一般学生完成一般项目。通过教师工作室的活动，在课程开发的同时，也培养并锻炼了教师和学生。学院对工作室将给予政策和资金上的支持。

第四种，技能竞赛队。目标瞄准特定的赛事，成立相应的竞赛队，确定明确的参赛目标，选派合格的教练和参赛队员，参加国内外、省内外、校内外的竞赛活动。参赛要循序渐进，可以从“观察员”起步，然后是参赛、取得名次、取得前几名，直至冠军。

根据竞赛性质的不同，竞赛队可以是一次性的，也可以是常设的。竞赛队中的队员要注意年级结构，保证活动的连续性和成果的持续性。

学院将对竞赛队的活动给予政策和资金等方面的支持。

第五种，学生创业园。专业与企业合作，在校内(外)设立学生创业园(项目成果孵化基地)，解决开展创业活动所需的场地、设备、工具、教练等问题。学生在教师、企业人员带领下，参与解决直接来自企业或自选的课题(任务)。学生可以带薪工作，可以参与科研或设计，可以申报专利，可以与毕业设计、就业准备等结合起来，甚至可以自己创办某些经济实体。

所有的第二课堂活动都要学生自愿报名参加，以选修形式开展教学活动。所有上述五种形式都挂靠在相应教研室、教研组，但允许全院其他专业的学生报名参加选拔。学校大力鼓励跨专业的、大型的项目和活动。例如，机械、电子、电气、光学等专业相结合的遥控机器人、自主机器人、体育比赛机器人项目等。所有的第二课堂活动均可聘请学生助理，参加所有的管理、辅导(老成员辅导新成员，高年级辅导低年级)等工作。随着活动的开展、学生水平的提高，可以逐步过渡到以学生管理为主。

随着活动的开展，师生们会创造许多新的第二课堂教学形式。但上述五种第二课堂的活动形式基本上涵盖了以学生为主、以教师为主、短时间的、常设的、以课程内容为主、以竞赛为主、以创新为主、以创业为主、以就业为主等各个方面，基本上可以满足目前应用型院校第二课堂的各种需求。各专业和教研室应当尽快着手组建自己的兴趣组、俱乐部、工作室和竞赛队。尽量缩短取得冠军的时间。学生创业园则要等条件成熟后统一考虑。

3. 第二课堂的工作内容

第二课堂有三个方面的工作：学生方面的工作、教师方面的工作和管理工作。首先是组织教师积极开展本专业项目的研究和实践活动，参加相应的选题、指导、教练、培训、展示、竞赛等活动。然后是组织学生参与学习、训练、展示、竞赛等活动。在活动过程中，行政管理部门要注意创造有利于第二课堂活动的管理工作流程，大力加强校内实训基地的现代化建设，对不适应第二课堂教学的相关管理规章制度，要做调整和改革。学校对校企合作的、跨专业甚至跨院校的项目和活动，应给予高度重视和扶持。

各教研室在第二课堂活动中，可根据实际需要创造新的活动形式，并及时总结交流经验。

4. 第二课堂的评价依据与工作前提

对第二课堂工作进行评价的主要依据，是学生的道德、能力水平和项目的成果水平。所以第二课堂的工作方针是突出德育目标和实践能力，目标瞄准成果。这是开展第二课堂教学的重要指导思想。

从学校教育的整体看，第一课堂之外的时间（包括所有自习、周末和假期）不应仅仅用来消极地完成书本作业，而应与第二课堂的教学活动密切结合。所有的第一课堂教学应当是第二课堂项目的开端和导引。所有的课余时间应当逐步成为第二课堂教学的一个有机组成部分，学生应当兴趣盎然地使用专业工具，在教师指导下完成复杂的、综合的专业项目。第二课堂真正开展起来之后，可以占有学生在校时间的一半以上。真正意义上的学生专业能力训练，只可能在第二课堂实现。

开展第二课堂教学的一个前提条件，是逐步为师生提供更充足的教学资源，包括场地、设备、器材、资料、指导教师等。没有必要的资源，没有小班教学，普遍开展第二课堂只能是空想。针对此种情况，可以从以下两个方向解决这些教学资源问题。一是新建新购；二是充分挖掘现有资源的潜力。已经提倡了多年的“分层次教学、个性化教学和真正的学分制教学”可能在第二课堂的基础上真正实现。所以，强化第二课堂教学，调动学生学习的兴趣和内在动力，大力改善实践教学条件，大力推动教学管理方式的改革，是从根本上改变教学面貌、创造学校应用型教育特色、建立中国特色的应用型课程教学模式、打造教学核心竞争力的关键环节。提倡了多年的“真正学分制”一直没有真正落实，只落实到“学年学分制”这个程度。而所谓“学年学分制”不过是将课程的“学时”换算一下，用“学分”表达而已，并没有“学生主动选课积累学分”的实质。真正学分制之所以难以落实，基本原因是教学指导思想不到位、教学资源不足，学生根本没有选择的余地，同时也没有实现这些选择的观念条件和政策条件。这就像名为“自助餐”，但实际上只提供两个菜，就餐者根本没有选择的余地。要想从当前的“学年制”过渡到真正的“学分制”，一个有效途径，就是大力开展第二课堂教学。

5. 第二课堂中的项目任务和教师

第二课堂工作是学院整体教改工作的继续和深化。按照教师应用型教育教学能力测评的要求，第二课堂要以综合的项目(事务、任务)为中心，项目完成后，必须有明确可鉴定、可展示的成果，不能只有学科知识的传授，不能只有作业、考卷或论文。第二课堂的成果必须是专业性、综合性、实用性、趣味性、覆盖性相结合的实际项目成果。学生完成这些成果后应极大地加强对专业、职业的了解，极大地加强职业能力的训练，学生具有很强的自信心和自豪感。因此，大力开展第二课堂活动是把教师的应用型教育教学能力贯穿到实际教学中的重要一步。第二课堂活动开展得好坏，既是对教研室专业教学管理的实际考验，又是对教师应用型教育教学能力的实际考验。

第二课堂不是“讲座”，不应进行单纯的讲授型教学。第二课堂绝对不能变成“教师讲、学生听”的传统课堂的简单延续。第二课堂必须以活动型的、综合的、现代项目教学为主。第二课堂的教学活动应在项目实施的场所，在专业实训室、学校实训中心、专业教室、计算机房、阅览室、图书馆、工业中心、学生创业园甚至企业现场中进行。这是以项目为中心的活动。第二课堂的教学是以职业活动为导向，突出德育和能力目标的教学。但是，这里所有的活动必须具有明确的目的，就是为完成指定的具体项目而进行。所有的活动都要以项目为中心，围绕项目来完成。

这里所说的“项目”是指职业岗位中典型的、尽可能实际的、综合的产品、实务、任务、服务等具体工作。项目完成后必须具有可供展示、交流、借鉴的成果。“真题真做”的项目最理想，“假题假做”不大好。“真题假做”和“假题真做”在精心安排设计下也是可取的。

这里所说的项目，不是教师坐在屋里仅通过读书上网就可以找到的案例，不是本学科内的抽象例子、理想例子、局部实例。项目必须是尽可能贴近岗位活动的综合、实际的具体工作。例如，数学上讲二阶线性常微分方程时，常以弹簧球为例，计算不同系数下的这个方程，仅仅在抽象的数学领域中活动，这就不能认为是我们所说的项目。但是，如果把汽车的车厢震动等效为弹簧球，解出不同弹性系数下车厢的震动情况，得到某种实际情况下如何选取弹簧的弹性系数，直接指导了实际工作，并在实践中得到验证和应用，这就变成了一个很好的项目。所以，项目要解决的，必须是职业岗位上典型的实际问题。

第二课堂中的项目还必须是一项综合的、比较复杂的任务，通常需要较长时间，大家分工协作才能完成。例如，电子专业的扩音机(机器人、设备、仪器)制作、商务专业的模拟企业运行(竞争)、艺术设计专业的作品构思设计制作销售全过程、语文教学的创作与评论文章作品专著、数学教学的运用数学能力和知识，解决某个专业的综合的实践问题(类似数学建模的思路)等。

第二课堂的活动内容(项目)，可以从课内教学内容向外延伸，可以结合课程建设、专业建设、教研室建设、学院建设进行，可以结合课程开发、教具开发、教材开发、实训室建设、软件编制、设备调试、仪器维修、教学环境建设、承担建校项目等诸多“实战内容”。这样做，既锻炼了师生队伍，锻炼了师生能力，又改善了教学条件，使实践教学活动的开展逐步走上良性循环的道路。

在第二课堂中，教师是指导、教练、参谋，学生是活动的主体。第二课堂活动是促进教师观念转变、能力提高的重要场所。第二课堂教学的工作模式，不是传统教学中的“逻辑推导”教学模式，而是“行为引导”教学模式。

6. 未来的应用型教育教学模式中，必须大力开展第二课堂教学

其依据如下所述。

(1) 众多的职业能力，仅靠有限的第一课堂时间是练不出来的。知识可以通过传统课堂形式传承，但操作能力的训练靠第一课堂的有限课时，是肯定练不出来的。“学校能培养出高级工、技师来吗?”这样的问题也是仅仅站在第一课堂角度看问题的结果。仅靠第一课堂培养高级工和技师是不可能的，这个简单的事实没有人否认，但是其逻辑结果却很少有人继续考虑下去。直接的逻辑结论就是：要实现应用型教育的目标，就必须开发第二课堂的巨大资源，在第二课堂中就有可能初步练就某些重要的职业技能，达到应用型教育的教学目标。

(2) 只有兴趣和自信才能形成学生的内在动力。当前应用型院校的学生多半具有自卑感，因为他们觉得自己在(中小学第一课堂)学业竞争中是被淘汰的“失败者”。单纯通过纪律等外部约束的压力，是无法长久推动他们前进的。其实他们并非真正的失败者，他们只是失败的传统教育的受害者。只要我们的学生对课程项目(职业活动)产生兴趣、做出成果，就会产生相应的内在动力，在社会非常需要的另外一个领域成为成功者。这件事只有在第二课堂中，才有可能全面实现。

(3) 只有完成目标明确、成果明确的综合实训项目(实用性、挑战性、综合性、覆盖性、趣味性)，才能培养兴趣、自信和成就感。如果在每堂课前，让大家齐呼口号“我是最棒的!”虽然在短时间内可以起到鼓舞信心的作用，但是真正内在的信心，还是需要通过学生实际取得的成绩(成果)，才能巩固和持续。第二课堂中的“项目教学”就可以起到这个作用。

(4) 正确安排第二课堂教学，可以使分层次、学分制、模块化教学的许多问题迎刃而解。如果我们统一安排全院第一课堂的排课时间(周一至周五的上午，全校都安排第一课堂教学时间)，于是每个学生都可以自由选上全院任何专业的第二课堂。在学生的兴趣和积极性被调动起来的前提下，课表上不必安排统一的“自习”。实际的自习时间可由每个学生自己安排，他会找出时间，完成他认为重要的事。学生的选课空间极大扩展，自然实现了“分层次”教学。这样便一举克服了目前几乎无法克服的，选修课课源少、时间冲突、无法分层次教学等一系列困难。

(5) 通过第二课堂活动，在竞争的成果展示实践中发现和培养优秀教师，推进首席教师工作的开展。通过担任教练和成立工作室(坊)，指导第二课堂活动，开发先进的精品课程，培养青年教师，推动教师积极进行本人的技能训练和教学改革工作，自然形成“首席教师”队伍。

(6) 第二课堂的教学时间之长、方式之灵活是第一课堂所无法比拟的。虽然第一课堂是传统院校教学的主体，但从全局来看，学生的“课外时间”——空堂、自习、早晚、周末、寒暑假等则占大部分时间。学生目前“课余时间”的无聊、无兴趣、无方向，反映的是单纯第一课堂教学的失败。一旦调整了教学内容，以项目和成果为目标改造所有课程，第二课堂的巨大作用就会显现出来。由于第二课堂是以学生的兴趣和主动性为支撑的，所以其活动时间可以向所有的“课余时间”(包括早晚自习、下午、周末、寒暑假)延伸。这里是兴趣活动教学的一片未开垦的广阔天地。与此同时，所有的教学资源(师资、设备、器材、时间、场地等)都会得到充分利用，与单纯的第一课堂教学相比，能发挥出几倍的效益。

7. 开展第二课堂教学的战略意义

从教学上看，应用型教学的特点是以职业活动为导向、以职业道德行为能力为中心的一体化教学。但受第一课堂条件的限制，难以训练出相应能力，该特点只有通过第二课堂教学才能体现出来。第二课堂可以把学生从考场带到市场，从考场引向赛场。这是从根本上改善教学氛围和效果的必由之路。

今天应用型教育教学改革的第一战场，就是第一课堂的教学改革。经过艰苦奋战，这个改革已经或正在理论和实践上取得决定性的胜利，但是距离职教改革的全面胜利，还有一段明显的距离。道德和能力的养成单纯靠第一课堂是不可能的。应用型院校只有大力开展第二课堂教学，才能从根本上打赢这场战争。从这个意义上说，一个应用型院校开展第二课堂教学，实施两个课堂教学的统一规划的时刻，就是开辟教学改革第二战场，实施"诺曼底登陆"的时刻，就是开始夺取自己学校整体教改全面胜利的时刻。

职教改革与打仗一样，只有知己知彼才能取得胜利。在职教的"诺曼底战役"中，我们都站在盟军一面，这是没有疑问的，但"德军"是谁呢？站在应用型教改对立面的是谁呢？就是我们头脑中的陈旧观念：旧的教学观、人才观、质量观、能力观。所以，应用型教改是我们头脑中的一场两军搏斗。当国家一再强调，职业教育必须以市场需求为导向，以提高学生就业能力为目标时，如果一个教师还在坚持为应试教育服务的知识体系教学，那就非常不合时宜。

"以第一课堂教学为主导、以第二课堂为重点、以学生自主实践学习为重要内容"的教学模式，将形成具有鲜明中国特色的应用型教育课程教学的崭新模式。

如上所述，应用型院校新教学模式的主要特点是，极大强化第二课堂教学，极大强化学生的自主实践学习。未来的第二课堂必将逐步成为应用型教育课程教学的主战场。所以目前在进行教学观念更新的同时，解决学生自主实践学习基地的教学资源、教学条件问题，就成为当务之急。

16.5 校内实训基地的建设与改造

校内实训基地是应用型院校进行能力培训、知识学习和道德养成的主战场。应用型院校学生的顶岗实习当然是必不可少的，但是必须清醒地看到顶岗实习的某些局限性：目标的局限、岗位的局限、工作的局限、时间的局限、眼界的局限等。学生在校期间的教学主要基地还是在校内，校内教学(能力培训和知识学习)的主要场所就是实训基地。

校内的实训基地不是传统的实验室。实验室主要用于理论的验证，而实训基地主要用于能力的培训。表面看都在"动手"，但目的很不相同。实训中心不是过去的校办工厂。工厂(包括校办工厂)的基本目标是利润，实训的基本目标是认知。表面看都在"生产"，但目的很不相同。

应用型院校改革的一项重要工作，是在校内全面强化企业环境和企业氛围，以企业理念、企业文化、企业管理来要求师生，以企业理念、企业文化改造课程和教学，以企业理念、企业文化改革学院管理。校内实训基地的结构方式、管理方式和运作模式都要根据上述新理念的要求进行改造。

根据现代先进职教理念，实训中心应具备以下几项主要功能。

1. 能力训练功能

实训基地要方便师生操作和演示，不仅是图片、模型和实物的展示。要使学生在这里可以体验到未来企业工作的环境、场所和内容。不仅训练专业技术能力，而且训练未来职业岗位所需的社会能力和方法能力，包括职业核心能力、经济活动能力和法律活动能力。

2. 知识学习功能

为方便“边做边学”，必须在操作现场设置必要的隔音间，防止学习过程中的外界噪声。为方便学习，实训中心在学习场地也要设置网线、投影仪以及供每个学生使用的电源插座。实训中心必须创造边做边学的条件，便于教师从操作中引出知识，进行系统知识和理论的学习，也便于教师能方便地在操作与学习之间随时转换。

对所有的展出实物增加丰富的图片和文字说明，配备丰富的技术资料手册。将来还可考虑增加触摸屏式的程序学习机，使学生来到实训中心，不用上课就可以随时学习。

学生在这里体验未来的企业工作环境、场所、内容，不仅学习专业技术知识理论，而且学习未来职业岗位所需的经济活动和法律活动的相关知识、理论，学习有关标准和规范。不仅用母语，而且还可以用外语进行学习，充分体现外语的工具职能。

3. 道德素质养成功能

只有项目才能承载职业道德和职业素质的养成功能，简单的作业、练习、机械训练都不可以。实训中心要寓教育于管理。在实训中心引进企业的规范和管理模式，尽可能创造企业氛围，学习企业文化，建立企业规范，实施企业管理。

4. 成果展示功能

沿墙建设许多展品柜。进入实训中心，可以随处看到师生的实践和学习成果，看到学校发展的水平和历史，看到本专业和相关企业以及技术的发展历史。

5. 教师备课功能

过去的实训室从来只准备学生的实训条件。教师备课却都向公务员看齐：一人一个小格子，一台计算机。电子专业教师桌上没有示波器，没有电烙铁，没有万能表，抽屉里没有晶体管和电阻电容。汽车专业备课室四壁没有任何表示汽车的东西。这样的环境也有“育人”作用，就是育出脱离专业、脱离实践的教师，然后再教出脱离专业、脱离实践的学生。所以，实训中心必须准备教师备课用的所有设备、工具、技术资料。应当与图书馆联合，在实训中心的教师备课场所建立技术资料室，以保证教师在实训中心可以看到最新的专业杂志、图书和手册。

6. 第二课堂活动场所(常设性)

第一课堂内的许多简单能力的训练，都可以移到第二课堂进行，或交给学生课外活动兴趣组。第二课堂要密切配合第一课堂项目的实施。

7. 综合性项目实施场所(临时性)

实训中心要提供学生的兴趣组(专科水平)、创新组(本科水平)和开发组(研究生水平)的临时活动场所。实训中心应当为综合型项目的临时实施创造条件,要准备许多可间隔的大房间,师生们有项目就来,来了就能干,干完就走。提高场地的利用率。

8. 产品研发功能(校企合作、产学研一体、成果孵化)

实训基地要提供产学结合、科研开发工作的场所和设备。要在实训中心建立新技术的孵化基地,建立学生的创业基地。

9. 环境育人功能

墙上展示专业技术的图片和说明,展示相关的企业知识、专业历史、企业文化、职业道德方面的资料,使实训中心成为一个不断更新的专业博物馆。应当展出学生喜闻乐见、生动活泼的内容,展出学生自己制作的专业内容。配合每件展品都要有相关的专业图片、说明。在实训中心应当随处可见各种实物(特别是易观察、可操作的实物)、挂图、资料(特别是外语资料、先进资料、现代资料)、模型(特别是可操作的模型)、触摸屏、DVD 等,所有的工具、设备上都标注外语名称,学生可以随时进行参与式学习。所有的展示内容都应当及时更新。可以将实训场地的建设和维持工作,委托有关系部班级作为常规项目完成。

形象地说,应用型院校未来的实训中心应当兼具"实训室、图书资料室、阅览室、自习室、成果展览馆、专业历史展览馆、上课教室、第二课堂活动室、教师备课室、校企合作的产学研成果研发和孵化基地"等众多功能。但目前,许多实训中心仅仅具备其中的某几项功能。这首先是因为对实训中心功能的认识不够全面,观念不够先进。而现在的实训基地往往只强调第一项功能。工作场所缺乏学生用的 220V 电源,没有网络信号覆盖,缺少隔绝噪声的学习条件,没有学生的主动学习氛围条件,墙上墙边一律空白或只有几年都没有人看一眼的"管理规则",教师备课场地向公务员看齐,严重脱离专业实践,教师的备课环境没有专业特色,没有教师备课和科研开发的空间。

应用型院校的实训基地应根据从"产"到"学"的工作类型,区分若干必要的层次。从以理论验证为目的的实验,到挂图、标本、模型、实物的展示,到技术资料、音视频资料的查询,到局部工作环节的操作训练,到小型课程教学项目的实施,到大型课程教学项目的实施,到第二课堂教学,到专业新技术开发,到企业新产品的研发,到企业实际产品的生产。对这个"谱系"上的每个节点,都有不同的形式和内涵要求。

今后新建的实训基地应当以超前的先进理念为指导,建成功能齐全、实用灵活、高效节能、美观现代、新颖独特、管理先进、高质高效的新型实训基地,建成后可持续改造和发展。实训基地的场地应当进行统一规划。设计许多灵活可变的大小房间,以便根据日后的需要随时进行调整。每个房间都要设计必要的水管、电源、通信电缆和网络入口。可将太阳能利用、自然光照明等环保理念引入实训基地的设计。

现有实训基地的改造,一直是应用型院校的重要工作。经过多年的持续建设,当前不少应用型院校的实训设备已经具备相当规模,质量也大幅提高。目前的主要问题是如何发挥这些先进设备的作用。例如,许多机电专业已经配备了先进的数字机床,但是设备的潜力并没有充分发挥。许多非常先进的机床，只用来制作一些极其简单的小零件。在电子技术实训室中，许多高价购进的示波器仅用来进行工频或音频测量。因此，校内实训基地建设与改造的当务之急是转变教师观念，提高教师能力，配合现有设备设计出足够数量的、先进的、综合的、实用的、有趣的、复杂的、有挑战性的教学项目，率领学生共同完成。教师的一项重要工作就是，考虑如何充分发挥现有大型设备的潜力，为现有的大型设备设计它专用的系列项目。

(1) 改造现有实训基地时要注意的问题。

① 从数量上加大操作型设备的比例，上课时力争让更多的学生能同时操作。不仅要有展示型的图片、模型，更要有可操作的、能训练操作能力的设备。必要时，可以校内立项，作为实训室建设工作，由师生共同完成。而且，这本身就可以成为相应课程中的实训项目。

② 设计"项目式实训设备"。不仅要有验证理论用的通用实验设备，更要有为综合项目配备的专用设备。现有的实训设备很多都是按照知识系统学习和实验的要求配置的，按照知识的环节配备相应的设备。师生共同开发"项目式专用设备"是当前的重要任务。

③ 对现有的大型设备、通用设备，要组织专人开发系列项目，写出项目工作文件，组织课程实施。责成实训基地的教师，必须开出与自己设备水平相应的大型综合项目。大型高精尖设备干粗话、小活的现象必须限期改正。

④ 实训基地开出的项目分两类。一类是学生用的课程项目，另一类是教师用的提高项目。后者的专业技术水平应当明显高于前者。持续学习、持续实践，努力提升教师的专业水准，努力保持教师处在专业前沿，这件工作必须落实。

⑤ 实训场所展示内容的更新，应组织所有课程教学的参与者(师生)分工负责。

⑥ "开门办学"，不但要打开学校的大门，更要打开分院、系部、专业之间的"二门"。学院可以出面组织本院各系部领导和骨干教师，有条件的院校可以请艺术设计专业的师生共同参与，将实训场所的功能区用彩色加以区分。至于现代化的照明设计、展示设计等可以委托艺术设计系的师生作为课程项目完成。

(2) 实训基地改造的实施方式。

新实训条件的建设与旧实训条件的改造应当以上述情况为依据。校内实训基地的改造工作应当在新观念指导下进行，可行的实施方式如下。

① 开门办学(大门和二门都要开)与企业合作。专业与企业合作，专业与专业合作，教师与学生合作。实训基地改造工作按照项目方式管理，经费以项目方式划拨，成果按项目方式验收。例如，工科专业与"会展(视觉表达)"专业协作，共同设计实训基地的结构、色调、照明等，将使实训基地的档次明显提升。

② 自我武装。通过实训基地的改造，师生共同制造必要的仪器设备。电子专业师生可以共同设计制作简易示波器、毫伏表、机电玩具、安保设备等，这些工作本身就是极好的课程教学"项目"。将课程改革与实训中心改造密切结合，可以有力地推动实训基地的改造工作。

③ 成立教改沙龙。所谓"教改沙龙"，就是不同专业中层领导的联谊会、研讨班。各专业的领导与实训中心的管理者应当定期见面，研究实训中心的结构、运行问题，研究不同专业合作开发问题。大家共同重建规章制度，逐步实现开放式管理，促进实训中心的高效率

运作。

④ 把专业和实训中心“经营”起来。所有项目的成果、“产品”都需要考虑“出路”问题，不能仅仅报废处理。我们看到，美国许多大学赠送宾客的礼品都是学生作品。好莱坞环球影城，把所有可以利用的资源利用起来，把影片的拍摄布景变成可与观众互动的展品，以增加利润。这些都是“经营起来”的实例。有了经营思想，就有了主动精神，许多过去难以解决的问题(如项目问题、经费问题等)都可以解决。

无论眼前有多少困难，实训基地建设都应当努力朝这个方向前进。

16.6 创造本校特色的校园文化和团队

现代大学的五项基本功能是人才培养、科学研究、社会服务、文化传承和国际交流。在此基础上，根据应用型教育的特点，我们可以建设应用型高等院校的校园文化，其中包括教风、学风、校风的树立和学院的形象设计等。除了坚持文化多元化，弘扬人文精神、科学精神、创造精神，守护人类良知之外，作为高等院校，应当更多地从当代先进企业文化中吸取营养。也就是说，我们的校园文化中应当具有普通高校所没有的企业文化元素。可以请本校有关部门(职教所、组宣部、基础学院、有关教研室等)将此作为专题，进行研究。成熟后，在全院组织推广贯彻实施。

团队建设是应用型院校创新改革的基本保障。

按照传统的“党政工青妇”的分类，运用传统的“学习、讨论、总结”的知识学习型培训方法进行学院的团队建设，早已不能满足今天的要求。团队建设的目标应当从单纯的“知识学习型”为主的团队，转变成“在学习的基础上，更强调能力训练型、执行型、行动型和创新型”为主的团队。对全院主要的团队进行系统分析，得到的结论就是我们应当对下列七支队伍进行有计划地建设。

1. 学生干部团队

这支队伍以团委、学生会干部为骨干，直到所有的第二课堂组织中的学生干部。分析各个团队的工作任务，设定各级岗位的能力目标、知识目标和德育(素质)目标，结合具体岗位活动，举办“成功大学”类型的培训活动，组织团队干部学习有关资料，完成指定项目(任务)，进行有计划的战略培训。改变团队干部和成员的观念，提高学生干部的工作能力，增长才干。提高学生自我管理、自我约束能力，推动学生各项工作稳步前进。应当把学生干部团队的建设从传统的“学生管理”工作中突出出来，纳入学院队伍建设的整体规划中，而不仅作为“学生工作”的一部分。

2. 学生管理团队

这支队伍以学生辅导员、班主任和导师为骨干，包括与学生德育工作和教学有关的部门、心理咨询、军训、职业拓展训练、专业就业培训、教学辅助、后勤管理等有关人员。分析各个团队的工作任务，设定各级岗位的能力目标、知识目标和德育(素质)目标，结合具体活动，配合德育课程，学习有关资料，完成指定项目(任务)，进行有计划的战略培训。改变团队干部和成员的观念，提高学生管理工作的能力，增长才干，提高学生管理工作的动力和质量。

学生管理团队建设的一个“前沿问题”，是如何有效克服传统专业教学与德育工作两张皮现象，将育人与专业教学紧密融合在一起。以项目为主要载体的课程具有这个能力，可将思想品德、职业道德、职业素质教育有效融入专业教学中。为此必须强化和改造学生管理队伍，并与教学团队建设紧密配合。到目前为止，多数应用型院校还没有能成功实现上述目标，这里又是一个教育改革的制高点，需要我们去占领。

3. 教学育人团队

这支队伍以专业、文化授课和实训辅导教师为骨干，包括行政兼课、外聘教师及所有参与教学的人员。根据每人承担的教学工作，在完成指定任务(课程教学设计)的过程中学习有关资料、接受培训，最后对培训结果进行考核，以此改变教师的观念，提高课程教学能力，这就是教师应用型教学能力的培训与测评(参见第 15 章)。今后在巩固现有成果的基础上，将对培训与测评的内容进行深化扩充，使之不断发展，反映形势变化的新要求。例如，宁波职业技术学院在全院教师完成测评之后，又组织“青年骨干教师培训班”，帮助基层广大青年教师把教改成果落实到自己的教学实践中。许多院校将教师培训工作常规化，所有新调入的青年教师都要经过培训，测评合格之后才能上岗。

专业教师团队建设的一个新内容，就是如何在所有的专业教学课程中，有效地实现德育教学，如何将专业教育与育人工作紧密结合起来。这里又是一个所有类型的教育都十分关注的新问题，需要我们去研究解决。

4. 科研教研团队

这支队伍以各专业的研究人员、产品技术开发人员和教学研究人员、学院职业教育研究所为骨干，包括所有承担科研、教研任务的人员和全体教师。分析各个科研团队的工作任务，设定各级岗位的能力目标、知识目标和德育(素质)目标，结合具体活动，学习有关资料，完成指定项目(任务)，进行有计划的战略培训。改变科研团队干部和成员的观念，提高专业科研、开发能力，提高教学研究的能力。提高学院整体科研、教研工作的质量和水平。

5. 行政管理团队

这支队伍首先是教学管理团队，是以各科室的行政管理人员为骨干，其中包括所有承担学院各级管理工作的人员。团队建设的内容包括，分析各个管理团队的工作任务，设定各级岗位的能力目标、知识目标和德育(素质)目标，结合学院各项改革的具体活动，学习有关资料，完成指定项目(任务)，进行有计划的战略培训，探索学院持续发展的模式和机制。这支队伍建设的目的是改变管理者的观念，提高管理人员的素质和管理能力，直接促进学院整体管理工作质量和水平的提高。

6. 后勤服务团队

这支队伍以后勤管理为骨干，包括所有承担学院各级后勤服务工作的人员。团队建设的工作内容包括，分析各个后勤团队的工作任务，设定各级岗位的能力目标、知识目标和德育(素质)目标，结合学院各项改革的具体活动，学习有关资料，完成指定项目(任务)，进行有计划的战略培训，探索学院后勤工作为教学科研管理服务，以及自身持续发展的模式和机制。团队建设的目标是，转变后勤工作者的传统观念，牢固树立以教学为中心的服务观念，提高后勤工作人员的素质和服务能力，直接促进学院各项后勤工作质量和水平的提高。

7. 领导决策团队

这支队伍的主要成员是总院和分院的核心领导人员。团队建设的内容包括，分析各个领导岗位的工作职责，设定各级岗位的能力目标(例如形势分析能力、政策理解能力、德育工作能力、系统思维能力、辩证思维能力、决策能力、学习能力、研究能力、用人能力、组织宣传能力等)、知识目标和德育(素质)目标，结合学院各项改革的具体活动，学习有关资料，完成指定项目(任务)，进行有计划的战略性培训、研究型培训，探索学院自身持续发展的模式和机制。改变领导工作者的观念，提高领导工作人员的素质和领导能力。对于从专业工作转到领导岗位上的人员，更要补上领导能力这一课。学院领导团队的培训，与现代企业中的“经理培训”相对应，直接促进学院各级领导工作质量和水平的提高。应用型院校领导团队的培训更应当注意吸取企业经理培训的先进经验。学院领导团队，尤其是高层领导观念与能力的变化，将极大地影响整个学院的发展水平和发展速度。

团队建设的内容很多，例如完善组织架构、引进重要人才等，其中非常重要的一项内容就是培训。

上述七个团队中，除了第一个(学生干部团队)之外，其余六个都由教师和干部组成。教师和干部是教育者，教育者必须先受教育，率先接受培训。这里所说的“培训”，不是像过去那样，读文件、听报告、讨论、写总结就算完成的传统“知识学习型培训”。根据本院现有队伍的水平，应当开展的主要是能力本位的“行动型培训”“研究型培训”和“创新型培训”。

行动型培训、研究型培训与创新型培训必须遵循以下原则。

原则一：培训要以岗位活动为导向。

当前在人文社科领域中，“质的研究”相当活跃，可以作为团队培训的重要内容之一。“质的研究”是当前受到国内外广泛关注的一种实践研究方式，特别适用于涉及“人”的状态和管理的社科类研究课题(参见第7.8节和本书参考资料4)。所有的培训内容必须密切结合被培训者的工作岗位，所有的学习活动和文件资料都为他的岗位活动服务，防止脱离自己工作实际的泛泛的理论或知识学习。所有的培训都与个人职业生涯规划相结合。将自己工作岗位上的问题作为研究、讨论的主题，采用“质的研究”方式开展较高水平的研究工作，让研究的结果直接促进自己的本职工作。

原则二：培训要突出能力目标。

通过认真分析之后，慎重确定每个团队(以及岗位)的能力目标、知识目标和职业素养目标。特别要突出其中的能力目标，就是该岗位上的人“能根据××，运用××，做××”。

原则三：培训要以项目(任务)作为主要载体。

研究型培训、创新型培训要紧紧围绕选定的项目(任务)进行，不是围绕文件资料中的知识进行。每个学员必须根据培训意图，自己选定并完成指定项目(任务)。这个项目(任务)最好是自己岗位上的实际任务或与此密切相关，这样，研究的成果可以直接解决工作中的实际问题。所有的学习资料都紧紧围绕项目(任务)。项目和任务应当精心设计，力争使之具备实用性、综合性、复杂性、覆盖性和挑战性。培训要完成的项目(任务)必须有可展示的、有实际成效的成果(结果),成果力争直接用在自己的工作岗位上,不能只是一份学习总结或思想总结。学员要完成的项目(任务)是各不相同的,避免彼此抄袭,避免使培训流于形式走过场。培训的成败,在很大程度上取决于项目(任务)的设计和实施水平。

原则四:培训以实训操练为主。

培训不是只读文件,只听讲座,只动脑筋,还必须动手实践。培训的重点放在对学员研究项目(任务)的一对一辅导上,培训重点不是报告、讲座或文件阅读。对于能用在实际工作岗位上,并取得实质性成果的项目给予重点表扬、奖励和扶持。

原则五:培训最后要有严格、科学的考核(测评)。

在公正、公平的原则下对学员的培训成果进行严格考核。考核内容以项目(任务)的结果水平为依据,以反映学员实际能力的操作结果为准,不以文件知识的重述水平为准。考核结果记入个人业务档案,作为评价、任用、晋升等的重要资料。

显然,上述"行动型培训、研究型培训、创新型培训"的设计,吸收了"教师应用型教学能力培训与测评"中的主要元素。事实上,教师培训测评的成功经验所反映的,正是现代应用型教育的核心内容,这些原则对所有的培训都是卓有成效的。

以团队建设和整体教学改革为核心的学院内涵建设,将为学院所有其他各项工作打下坚实的基础,使学院教工队伍和学生队伍成为一个具有强大内在动力的学习型团队、实践型团队、研究型团队、创新型团队。一支具有强大学习能力、实践能力、执行能力、研究能力和创新能力的师生团队,可以从根本上保证学院的可持续发展,从而保证学院在应用型院校中的持续领先地位。

16.7 应用型院校内涵层次的提升

经过近三十年的建设,部分应用型院校从小到大、从弱到强,快速发展,已经具备了国内领先的实力,可以向应用型高等教育的本科层次(甚至硕博研究生层次)发起挑战。部分应用型院校已经提出从专科升为本科院校的要求,其中一些院校也具备了升为本科层次的大部分内在条件,但是多年来一直没有实现这个愿望。在外部条件尚不具备的情况下,最好的办法就是加强学院自身的内涵建设,使自己的教学和管理在客观上真正达到应用型本科的层次,使自己的毕业生真正达到应用型本科的层次,简单来说,就是"内涵升本"。

应用型教育是一种"类型"(与研究型教育、基础教育不同的类型),不是一个"层次"(专科层次)(参见第3.1节),所以,建设本科层次的高职院校原本应是高职教育发展的自然要求。但由于客观与主观上的种种原因,一提"升本",就让人想到"脱离应用型教育,转向传统研究型教育"。20世纪90年代末期,也确有几所当时很先进的高职院校走上了"脱离职业教育领域,转向传统理工科类型"之路。这导致今天一些具备条件的高职专科院校暂时还没有晋升为本科的机会,甚至一些先进的高职院校也不知道自己进一步的发展方向是什么。

为此,具备条件的高职院校可以率先提出"高职内涵升本"的工作目标,和大家一起研究、实践、探讨。如果能拿出成熟的理论和实践的成果,那么未来全国的高职升本工作就会更加顺利。这是别人无法完成，先进示范院校责无旁贷的工作。

首先要明确，高职升本是在"应用型教育类型"内的层次提升，不是教育类型的转变，不是脱离了应用型教育，升到"工程设计类高校"（如清华大学），也不是升到"科学研究类高校"（如北京大学）。应用型的本科生与研究类本科生、工程设计类本科生在工作领域、人才类型、能力目标、知识目标等方面存在很大的差异（参见第 1.1 节、第 3.1 节和第 17.2 节）。

本科层次的应用型（高职）院校，仍然"以培养生产、建设、管理、服务第一线高素质技能型专门人才"为自己的根本任务，只是人才的层次从专科提升为本科。培养本科层次的应用型人才仍然必须坚持"以服务为宗旨、以就业为导向的校企合作、工学结合、产学研结合的发展道路"。

目前在没有行政管理部门从形式上加以认可的情况下，先进的高职专科院校可以自己按照应用型本科的层次要求进行内涵建设。提高对师生的能力目标、知识目标和德育（素质）目标的层次要求；提高教学质量和效率，提高管理水平，确保学院的教学和管理的平均水平和毕业生的实际水平，能够达到应用型本科层次的要求。

为此可动员学院职教研究所和有关部门人员，对应用型专科与应用型本科（进一步为应用型硕士层次，名称可以考虑叫作"技术应用硕士"或"工程硕士"）的教学目标和管理水平的差异进行专题研究。根据研究的成果，动员全体任课教师按照应用型本科层次的要求（或应用型硕士生层次的要求），改造自己承担的课程，进行高层次的课程整体设计和单元设计，并在条件较好的专业进行试点。同时动员教学管理人员和其他管理部门，按照应用型本科的要求，对自己的管理工作进行改革，力争使自己部门的管理水平达到应用型本科的要求。

教育行政部门近年来反复强调，"高职院校在定位上要明确以培养生产、建设、管理、服务第一线专科层次的高素质技能型专门人才为根本任务"，这是正确的。因为全国大多数的高职院校现在都还不具备晋升本科的条件。如果贸然开口，会形成大家不顾条件，一股脑拼命申报晋升本科的局面。结果徒然浪费精力走形式，反而冲击了真正的内涵建设。但少数先进高职院校应不属此列。在全国众多高职院校中，极少数高职院校已经具备了在高职类型内部升本的基本条件，它们有条件、有能力在国内率先进行高职专升本的实质性探索，这正是这些院校展示核心竞争力的重要方面。为避免误解，也可以将"内涵升本"的提法改为"把学院内涵建设提升到一个新层次"。

要实现内涵层次的提升，必须解决学院内涵上的工学结合问题。其核心是，在学校创造企业环境和企业氛围，以企业理念、企业文化要求师生，以企业理念、企业文化改造课程和教学，以企业理念、企业文化改革学院管理和教学管理。

以为学院开门办学，教师带领学生走出校门进入企业，在企业中参观学习、顶岗实习，就是"工学结合"了，这种认识是表面的、肤浅的。近年来，在应用型院校课程改革的实践中，大家逐步认识到"内涵上工学结合"的必要性。走进企业当然重要，但是校内的课程毕竟占据大部分教学时间，校内课程的教学同样有个"工学结合"的问题。所谓"内涵上的工学结合"，就是学院和教师从思想上转变自己的观念，用企业的眼光看待教学工作，按照企业的要求改造所有的教学。将企业文化、企业规范作为全部教学和管理的指导背景，用来改造我们在校内的所有教学。例如，在校内教学中同样强调师生的企业身份，同样强调项目的质量意识、安全意识和成本意识，同样按照企业的方式进行管理和奖罚。所有的课程项目都要强调企业要求、企业规范和企业氛围，使学生不出校门同样体验（而不仅仅是“知道”）企业的要求，积累尽可能真实的企业经验。这就是为什么我们在项目设计时非常强调项目的情境设计和项目中的“企业要素”（参见第8章）。

根据“内涵上工学结合”的要求，课程教学必须满足以下要求。

首先，课程要有两条线索——工作线索和学习线索，而不是只有一条知识理论学习线索。当然，我们的课程教学也不能仅有一条工作线索，两条线索要在项目实施的过程中统一起来。其关键是设计恰当的项目情境、项目的实施过程和课程的教学步骤，有教师现场的有力引导。在项目的实施过程中，教师要善于运用情境（事先设计的情境和当时的具体情境），引导学生在两条线索中不断转换，使工作过程与学习过程相互配合、相互促进。

其次，课程项目应当承载六项功能，而不是只有一两项简单功能。课程教学项目应当承载的内容包括以下几个方面。

(1) 训练做这件具体事情的技能。

(2) 感受、积累做这件事情的经验，学会做这件具体事情的知识。

(3) 训练做这一类事情的技能。

(4) 学会做这一类事情的一般知识。

(5) 从训练专业技能到训练一般的做事能力。其中包括职业核心能力中的社会能力和方法能力。

(6) 在做事的过程中学习做人。在做事的过程中做出正确的选择，建立正确的价值观、世界观、人生观。

16.8 应用型高等（高职）院校整体教改实施步骤

要建设一所现代化、高水平的高职院校，工作千头万绪，应当从哪里入手呢？表面上看，全院整体教改工作当然是从全院动员开始。但此后一系列完整的工作，参考以往先进院校的成功经验，大致由下述15项相互配合的具体工作组成，现分述如下。

1. 成立领导小组，统一策划组织全院整体教学改革工作

成立学院整体教改工作领导小组（简称“领导小组”）。领导小组对院领导直接负责，统一协调全院各方面力量，调动全院资源，在充分考虑所有可能的问题和阻力并做好相应预案的基础上，做好学院整体教改的顶层设计；在院班子的授权下，正式启动全院整体教学改革工作。领导小组由院领导挂帅，在领导小组的统一指挥下，教务处（教学业务改革与管理）、人事处（干部教师的考察任用与政策制定）、督导（将来落实到课堂时，质量监督的保证）和各分院（系、部）领导积极参与具体工作。整体教改领导小组是学院内涵建设（整体教改）的总指挥部和总参谋部。必须充分重视领导小组的自身建设，要重视教学改革的理论研究，不断进行学习，不断总结新经验，不断听取新情况、研究新问题，不断推动全院的整体教改工作。

2. 课程教学改革骨干队伍的封闭、集中、强化培训

这里所说的骨干队伍，是指未来院级评委候选人全体，以及系、部级评委候选人，还有重点骨干专业和准备率先启动整体教改的专业（群）精选的骨干力量。学院整体教改工作领导小组负责研究确定这支骨干队伍名单，名单的确定应当考虑成员的动力、能力、威信、影响、将来推广时能起的作用等。这些骨干应当率先进行课程设计、课程演示和课程点评能力的培训。

根据其他学院的成功经验，组织这些骨干进行集中、封闭的"三项能力（课程设计能力、演示能力和点评能力）"强化培训，效果很好。即每次培训都集中两三天，将队伍拉到校外的合适地点集中。在这里，参与者所有的校内工作一律暂停，每天上午、下午、晚间工作三个单元，全身心投入进行强化培训。事先准备不同专业、不同类型的一批有代表性（好的、差的、难的）的课程设计（整体和单元），一个个进行演示，然后大家一个个按照规定步骤和内容，逐条试着点评。如果人数较多，演示和点评也可以考虑先分组、后集中，有分有合。未来的院级评委和系部骨干中的每个人，都应具备较强的课程设计能力、演示能力和点评能力，并具有一定的权威性，以便完成未来的全院推进工作。院级评委工作繁重、责任重大，所以要由有时间、有精力参与实际工作的人员组成。学院的领导小组和各级评委要承担繁重的具体工作，均不设挂名委员。

3. 院级骨干正式测评

在上述集中培训反复演示、点评、修改的基础上，待院级评委候选人条件成熟、三个能力（设计、演示、点评）基本达到标准之后，才能组织正式测评。院级骨干，即院级评委候选人，他们未来的工作任务是，对系、部级评委候选人和率先进行培训的重点专业的骨干，进行培训和正式测评。

第一次的正式测评只限于院级评委候选人，人数不多，同时这也是"测评方式和过程"的培训。每人一个小时，半天大约可进行 3 人。正式测评要文件存档，全程录像，事先做好充分准备工作。正式测评不设观摩和点评。测评通过者，由学院正式发文，成立院级评委会。院级评委会在学院整体教改领导小组的领导下工作。参与正式测评的候选人，人数不宜多。否则将有许多人落选，效果不好。如果院级评委会预计 7 人，则最多 9 人参与正式测评。如果所有的候选人水平都很好，就将评委会设定为 9 人。也可以先确定较少人数，待以后出现更好的人选时再酌情增补。

4. 系、部级骨干的培训与正式测评

由院级评委分工负责系、部级评委候选人（和优先启动的重点专业骨干）的培训（反复进行课程设计的演示、研讨、修改），基本达标后由院级评委会负责进行正式测评。正式测评之前，每个人都必须进行足够次数的演示、点评和修改。条件具备的系、部，率先进行正式测评，正式测评的方式与上述院级评委的测评方式相同，通过的人由学院发文正式成立该系、部的评委会。各系、部之间不必强求时间统一，成熟一个测评一个。

这里需要说明的是，有的学校不设系部级评委，但扩大院级评委的人数（或分两三个组），以保证全院测评标准的一致性。这个经验也可以参考。

5. 全院教师逐步展开培训测评

测评委员会分工负责各单位(系、部、教研室)从骨干教师到全体教师的层层培训测评。率先启动重点专业的培训与测评。每位参加培训的教师,都要进行足够次数的"演示、点评和修改"循环,因为这才是"培训"的主要内容。教师培训的组织者一定要确立"培训为主,测评为辅"的思路,将主要精力放在"培训",而不是放在"测评"上。不要提"人人过关"的口号。基层正式测评时,至少要有一名院级评委成员参与观察把关、协助处理临时出现的问题,但不参与打分。

全院基层教师的培训测评工作有两种推进方式:一是全院平推,即各系、部、专业同时启动;二是分批推进自愿报名,成熟一批测评一批。

6. 成绩汇总、公布和后续工作

全院各部门的成绩汇总到院级评委会(注意保密),由院级评委会与学院整体教改工作领导小组一起商定,划出各系、部不相同的合格线与优秀线。

成绩最终由学院统一公布。一般只公布合格人员名单,不公布分数。名单公布后,院级评委准备接受和处理可能的"投诉"。

教师培训工作不仅仅是个技术性工作。整个教师培训与测评工作,从个人的角度讲,重点在转变观念和提高能力;从学院的角度看,还是一个发现并培养教学(改革、管理)骨干力量的过程。学院人事部门应当积极参与并密切关注"整体教改(特别是培训和测评)"的工作全过程,从中发现先进分子,对其中有能力的优秀分子不拘一格委以重任,重新组织教师骨干队伍和教学管理队伍。同时注意学院督导队伍的培训、更新、改组和建设工作。

制定相应的测评结果的奖惩政策。平时培训没有"加班费"、不计工作量,正式测评通过者予以一次性奖励。测评不通过者,给予补测机会。指定次数仍然不能通过者,原则上调离教学岗位,待重新培训再次测评通过之后才调回。

7. 教学管理改革

学校的所有工作,都以教学(育人)为中心。管理工作必须为教学工作服务。

在课程改革的同时,遇到急需要改进的政策和规定,能改就及时修改。当课程设计、演示工作进行到一定阶段,大家对新的课程教学有了比较具体的思路之后,组织院级和系、部级的教学管理人员,结合当前正在进行和未来将要进行的教改内容,对历来的教学管理的政策、方针、办法、规定等进行全面系统梳理和修改;结合当前教学改革的需要,制订新的政策、规定和管理方案。此事每个阶段都要重新进行一次。

管理为教学服务,这是管理改革的基本原则。在教学管理的改革过程中,许多条件不具备,各种困难摆在面前,但只要教学改革需要,管理部门应当千方百计创造条件来实现。

8. 专业(群)建设与课程体系改造

随着课程改革的深入发展,大家会发现越来越多的课程设置本身就存在问题。例如,有些课程根本就不该开,有些课程应当合并、整合成一门新课,有些课程该开还没有开。这些问题,任课教师自己无法解决,必须在专业课程体系的改革过程中解决。

专业建设是学院教学改革、教学建设的核心工作。确定学院重点建设的专业(群)名单，制定明确可行的专业发展目标，优化各专业课程体系结构，在此基础上建设各专业的师资队伍，改造各专业的实践教学条件。

上述第三步完成之后(即系、部级评委产生之后)，骨干(重点)专业以及所有正式成立了系、部级评委的专业，就可以分期分批展开课程体系改造工作。课程体系改造工作不涉及全体教师，只有系、部、专业的负责人和骨干教师参加，所以此项工作可以与基层教师的培训测评工作并行推进。

专业课程体系的改造又是专业教学改革、专业建设的第一个关键步骤，工作十分重要，内容十分丰富。本书对此有多章内容进行详细论述，可以在正式启动此项工作之前，组织有关中层领导和骨干教师进行学习研讨。

9. 课程教改成果的催化

在前期扎实的课程改革和建设工作的基础上，适时展开大规模的教学、教研成果的促进工作。基层教师培训测评的后期，开始有计划地组织各级精品课、优秀课、公开课、参赛课的建设和申报；组织优秀教师的培训和申报、优秀教学团队的培养和申报；组织先进教材的建设、申报、出版和应用。鼓励有条件的教师积极进行与企业结合的、产学研结合的专业科研和新产品研发，引领企业的技术发展，为企业进步做出自己的贡献。鼓励教师积极进行课程改革的教学研究，发表论文和专著。鼓励师生积极参与校内外、市、省、行业、地区、国家(甚至国际)的各类教学(技能)竞赛，逐步夺取好成绩。对优秀成绩予以重奖。

人事部门注意观察全院整体教改的全过程，发现其中涌现出的优秀教师和管理干部，特别是优秀的青年教师和干部，予以认可和表彰，给予奖励并调整其工作岗位，担负更重要的管理责任，推进教师队伍和管理队伍的建设。

管理部门将改革过程中效果良好的政策规定及时固定下来，引入先进的质量管理体系，不断推进整体教改。

10. 将教改成果落实到课堂

先进的课程设计必须落实到课堂，改革只有落实到课堂才能造福学生，才能真正产生效益。教师具有了先进观念，具有了课程设计的知识和能力，但不等于具了有实施的动力。成果的落实需要学院做大量的艰苦工作。学院必须责成人事、宣传、管理、督导等有关部门，及时研究本院的“动力激励机制”和“压力传递机制”，并及时落实到位。要让全体教师清楚地看到：改和不改，教学效果大大不同，所以教师的待遇和地位就很不一样。要让全体教师与学院领导一起承担学院发展的重任，上上下下方向一致，心往一处想，劲往一处使。

学院教改领导小组要找到阻碍教师将先进理念落实到课堂的主要问题，全力解决。

在落实到课堂这个环节中，领导的责任是解决政策(奖惩)问题。督导的责任是与教学部门合作，解决新课落实到课堂的“效果质量认定”问题。管理部门(人事)的责任是制定并实施有力度的课程质量奖惩措施(课酬的质量系数)。教师的责任是落实备课问题、解决教材问题。应用型课程的教材与传统的知识传授课程教材有重要差异。

在“课程设计”环节，教师可以采用自己的结构＋别人的课本(可以多册)的模式。但在课堂实施过程中，就必须写出自己的讲义，进一步开发自己的校本教材。应用型课程的教材大体上由以下四个部分组成。

(1) 能力训练手册(课内项目,学材,操作要求,标准,知识的索引和片段、引导词、工作单)。

(2) 知识案例手册(学材,原则上不讲,供查阅和学生自学)。

(3) 能力发展手册(课外项目的指导和记录)。

(4) 电子技术资料(海量背景资料、微课、视频、图示、动画、示范、案例、历史、文化典故、方法、思路等)。

从教材的形式上讲,近年来出现的许多新技术,比如"立体教材"值得教师重视和采用。所谓立体教材,就是在普通纸质教材中适当位置加入二维码,学生读到这里,用手机扫描该二维码,就可以马上从网络上下载动态小视频、动画等,看到直观动态的演示。对于许多课程而言,这种新技术把微课、视频示范等环节植入普通的纸质书中,便于学生随时自学,极大地提高了课程教学的质量。

11. 全面提高教师的专业实践能力

这是当前各专业进行师资队伍建设要解决的首要问题。这项工作应当从整体教改一开始,就组织各部门逐步进行。

改变传统的"教师去企业"的管理办法,从"重过程"转向"重效果"。人事部门与教学管理部门合作制订新的教师下企业的管理方案,从企业盖章认定变成完成教学部门指定的"作业"(组织系统图、工作过程图、项目和情境设计、企业朋友联络方式)。

与教师去企业并行,大力督促各系、部、专业、教研室,立即组织专业教师到校内实训室做项目。制定明确的工作目标和要求,实训基地必须开出与自己设备水平相应的大型综合项目。实训基地开出的项目有两类:一类是针对学生课程学习的;另一类是针对教师水平提升的。两类项目缺一不可。教师提升项目的技术水平必须明显高于学生学习用的项目。对师生校内实践的成果进行展示和奖励。鼓励教师多做本专业的实际项目。要求所有的课程项目(包括毕业设计项目)都必须有具体成果,不能仅有一张"试卷"、一纸"论文"或文字"说明"。此项工作要限时完成。

12. 实训基地的建设与改造

实训基地是校内对师、生进行专业能力训练的主要阵地。对实训基地建设要进行系统的理论研究,重新认识实训基地在教学中的地位和作用,规范实训基地的主要功能(边做边学),确定实训基地建设的新原则。对新建实训基地的设计进行重新审核。对原有实训基地,按照新原则进行改造。对实训基地的研究、建设、改造工作,需要组织专门的实训管理队伍(教学、基建等),持续不断进行。

及时更新、改造和建设确有实效的校外实训基地。

关于实训基地的建设和改造问题,本书中有详细论述,可供参考。

13. 将教师培训的成功经验拓展到其他队伍建设中

坚持能力为重的项目课程,不仅是课程教学的指导原则,而且是学院各类干部队伍进行有效培训的指导思想。

有了先进的理念，有了正确的目标，有了合适的政策之后，干部队伍就成为决定因素。学院各种队伍的培训工作，很快将成为内涵建设的中心工作之一。

除教师队伍之外，学院工作还有各类干部队伍，其中包括德育工作队伍、行政管理队伍、学生工作队伍、学生干部队伍、后勤管理队伍和领导决策队伍。这七支队伍应当分别进行高效的培训。除教师队伍的教学能力培训之外，其他六支队伍的培训都可以借鉴教师能力培训与测评的做法：确定培训目标（特别是能力目标）、设计工作项目任务，参与培训者每人进行反复的设计、实施、演示和点评。然后进行严格公正的测评，并将新的观念和改革成果落实到日常工作中。

此项工作应当在教师队伍全员培训测评工作基本完成之后，总结相关经验，对其余六支队伍的领导干部进行系统培训，在充分准备的基础上，由学院领导责成组织和人事部门分类型和部门逐步展开。

为此，需要组织各部门、各单位（教务、系、部、人事、宣传、督导、实训教学与管理、学生、德育、科研、教研、图书馆、电教、教学辅助、行政、后勤等）根据学院的整体教改部署，在学院整体教改领导小组的具体指导下，与上述各部门有关领导和骨干力量一起，分期分批进行各部门的工作规划，按照整体教改的实施步骤，一步步落实本部门应当做些什么工作，充分研讨并写成文字材料，完成本部门的整体教改顶层设计，并带领本部门、本单位成员，根据学院的整体部署，将本部门的规划逐步落实。

14. 探索本院特色，勇攀应用型教育（职教）高峰

立足本校，瞄准本市、本省、本地区、相关行业和国内急需解决的应用型教育（职教院校）前沿问题，组织研究与落实的攻坚队伍，拿下顽固堡垒，创造先进经验，发表论文，出版专著，解决重大实际和理论问题。鼓励并组织师生积极参与国内外各项赛事，逐步提高成绩。在实践和理论两方面创造崭新成果，有计划地开展对外交流，在行业内、地区内、国内、国外产生影响，将学院建成高水平、高质量，国内先进、国际知名的现代化高水平应用型院校。

15. 加强国内示范，拓展国际视野

我们现在所进行的“整体教学改革”（第一步就是教师的培训与测评）的有效性是经过许多院校实践证明的，具有极高的可移植性和示范潜力。当本院教改初具成效时，应及时组织队伍在本行业、本地区直至全国进行交流示范，并做好对上、对外的宣传报道工作，特别是网上的宣传工作。对外交流示范还可以和支援国内同行业学院、支援西部后发展地区相结合。我们在教师培训测评工作中重点培养出来的“课程设计队伍、演示队伍和点评队伍”（讲师团）将成为学院对外交流的主力。对外交流是建立学院品牌、扩大学校影响的重要举措。

对全体教师的外语水平提出明确要求，委托外语教研室组织全院教师所承担课程的外语培训和考核，促进教师在所担负课程中的外语渗透，有效提高教师的外语应用水平。优先为有条件的教师提供出国、出境学习、培训的机会。促进本院与国外同行的专业技术交流。试行专业和课程的国际接轨，与国外同行学院建立联系，派出、引进教师和留学生，拓展本院管理者和师生的国际视野，提高学院在国际同行中的知名度。

以上 15 项工作，就是进行应用型院校改革的主要内容。它们全都是“学院整体改革”的有机组成部分。它们以课程改革、教学改革为中心，相互支撑、相互制约。每项工作都有自己单独的目标和合适的“启动时间”；同时，每项工作在实施时，必须考虑照顾其他相关工作。前面启动的工作要为后面将要启动的工作埋好伏笔，做好铺垫；后面将要启动的工作要与“前面已经启动的工作”做好连接和继承。上述 15 项工作的顺序仅是个粗略的描述，各项工作的实际推出，并非严格按照上面的顺序，学院整体教改领导小组应根据当时情况和学院的整体目标，审时度势，精心策划并适时推出每项工作。上述 15 项工作有些必须集中进行（例如教师培训与测评），有些仅是个“线索”，可能需要多次提出，多次进行。例如，第 12 项工作：实训基地建设，为配合其基建进度，先进行一次集中研讨，确定先进的设计指导思想，一年后再组织全院性的大规模集中改造，这也是可能的。

学院整体教改领导小组根据学院各方面工作的内容和工作量，仔细考虑各项工作的步骤和时间，向院领导提出建议。

上述各项工作就是学院内涵建设的根本，整个实施一遍，大约需要 3～5 年的时间。然后根据上级部署和当时的新要求、新发展，重新修订新的改革计划，进入新的改革周期。对教学和教学改革的认识永远不会停止，永远不会停留在一个水平上，没有最高，只有更高。停滞必然落后，停滞必然被超越。对于一个学校而言，教学改革工作永远“在路上”。

经过这样脱胎换骨的改造，学院以教学为中心的各方面工作必将成果累累，以崭新的面貌出现在本地区、出现在中国并在国际上崭露头角；学院将在中国的应用型教育领域成为实力雄厚、具有强大竞争力和引领作用的学院，成为名副其实的国内领先、国外知名的示范性院校。

上述这些工作也是任何应用型（职业）院校从合格到良好、到优秀、到示范的必经过程。很显然，任何院校想要进行认真的改革，必定要经历上述过程、完成上述步骤。任何后来的院校，要想赶超先进院校，也必然要经历所有这些步骤和过程。率先启动的学院就具有时间上的相对优势，所以这些工作越早启动越好。

16.9 应用型本科院校转型的实施步骤

在普通“研究型本科”高校向“应用型本科”高校的转型过程中，核心的工作内容，就是以学生为中心的整体教学改革。以学生为中心，就要求所有的工作都要着眼于学生未来的实际需求和终生发展。所以，原来教学中凡不符合这一要求的所有理念和做法，都必须改革。

应用型本科毕业生未来的岗位要求是，不但要有合格的专业知识理论，还必须有较高的智商情商；有较强的操作能力、设计策划能力，必要地与人交流合作和组织管理能力；有较强的解决岗位实际问题的能力；有较强的思维能力、自学能力、持续发展能力和在知识理论及其应用领域中研究创新的能力。这与社会对学术研究型人才的要求有很大的差异。任何实际问题都是综合的、复杂的、整体的，不是单一学科可以解决的。所以传统的按照学科体系设置的课程，其内容和教法都必须做根本性的改变。同样，专业课程体系、师资队伍建设、学校图书馆和实训条件的建设、学校的管理、学校育人的内容和模式也必须做根本性的改变。于是引出“以学生为中心的整体教学改革”这一重大课题。

下面就从实战(操作)的角度来探讨应用型本科院校的教学和管理为什么要改革,需要改什么,应当怎样改。归纳起来,总共有八个重要的改革内容与大家探讨。

社会上有三类工作、三类人才和三类院校(参见第3.1节)。这是三种“类型”,不是三个“层次”。三类院校需要达到三类不同的目标,因而需要三类不同的课程、内容、方法、模式和教材。

许多研究型院校为什么要转型改造?因为社会无法提供那么多的研究型工作岗位,但大量基层岗位又极缺高技能人才。传统的教育方法无法培养社会急需的高技能人才。岗位看重能力,学校却只提供知识。

应用型本科应当培养本科层次的,面向社会职业岗位一线的高技能、高技术人才。学校的专业设置、课程体系、课程内容、课本、教学模式和评价标准都要改革。现有的以通识教育和研究型教育为主的课程(内容、方法、模式)与专业课程体系,培养不出这样的人。

从非应用型转为应用型首先是一场观念的改革,在新观念的指导下,必须进行学校的整体教学改革。

转型工作有三件大事,需要领导和教师一起完成。①转变观念——教学观念和管理观念。②提升能力——新教育教学观念指导下的思维能力、实践能力、教学能力和管理能力。③完成8项具体的改造工作。

普通研究型本科高校转型为应用型本科的8项改造(即整体教改)内容如下。

(1) 课程评价标准与观念的改造。

(2) 课程单元教学模式的改造。

(3) 教师评价标准的改造。

(4) 课程整体教学模式的改造。

(5) 专业课程体系的改造。

(6) 专业设置与人才培养模式的改造。

(7) 院校上层管理的模式和内容的改造。

(8) 教师队伍的改造:转变观念、提高能力。

以下对这8项改造的内容展开讨论。

1. 课程评价标准与观念的改造

传统标准的问题在哪里呢?(参见第2.1节和第2.2节)

评价对象(教师)、评价目标(知识)、评价内容(知识传授,没有学生的能力),这三方面都与现代应用型教学的要求不符。由此引入应用型院校课程合格的三项新标准。

(1) 任何课程都有三类目标(能力、知识、德育)。三者的关系是,在努力实现德育(素质)目标的基础上突出能力目标。

(2) 课程内容的载体:主要是“项目”和“任务”。

(3) 课程教学的主体是学生,主导是教师,两者缺一不可。

从评价标准出发,还有以下重要的转型工作。把“理论型”为主的课转成“应用型”为主的课,把“传授型”为主的课转成“项目为主”的课,把知识传授型的课转变为坚持德育与能力为重的项目课程。

为此要树立以下几个新的教学观念。

第一，能力有两种：单项能力和综合能力。只有单项能力还不能完成实际工作。课程的能力目标首先要强调综合能力。

第二，课程目标有三类。知识目标要以应用知识为主，知识的获得方式以边做边学为主，大量通识内容要通过渗透到项目的方式进行学习。能力目标要突出综合能力的训练。素质目标对工作态度、道德、精神、动力、价值观、世界观和人生观的要求，一定要落实到实际工作和生活的行为上。当前课程极缺的，就是“渗透到实际工作中的道德教育”和“综合能力”的养成。

第三，教学过程强调“边做边学、真做真学”，改变传统的先学后做方式。

必须改变教师常见的观念误区。

- 有知识，就有一切。所有的教学都是知识的传授。
- 能力可以像知识一样传授。
- 在校能解习题，将来就能解决实际问题。
- 研究就是学科的理论研究或发表论文专著。
- 搞科研只要有大量知识就可以了。
- 应用比研究简单，只要操作，不用创新。
- 理论复杂高级，“应用”简单低级。
- 专科以能力为主，本科以知识为主。

事实上，做习题和练习，只能应对考试，并不能解决任何实际问题。即使学校不转型，那种只强调知识，不重视（解决实际问题、认知与研究创新）能力、不提升学生道德（素质）水平的课程，在研究型院校中同样是不合格课程。即使不转型，教学也必须改革——任何院校都必须坚持德育为先、能力为重的先进教育理念。

所有的教师和学校管理者，都必须能正确回答关于“能力”的几个常见的重要问题：什么是“能力”？什么是教学的“能力目标”？什么是“坚持德育与能力为重的现代项目课程”？当前要强调什么能力？“能力”真的有这么重要吗？

2. 课程单元教学模式的改造

寻找自己或身边的“不合格课”，按照上述“课改原则”进行改造。第一步就是写出本次课的“能力目标”。围绕能力目标，重新组织教学。最后对知识（理论）进行系统总结（参见第 5 章）。

应用型本科的转型应从以下方面着手。

- 教学重点：从知识转向能力。
- 教学内容：从理论转向应用。
- 教学方法：从先学后做转向边做边学。
- 教学目标：从面向知识转向面向岗位。

在转型过程中，注意发挥应用型本科的原有优势，即通识教育、系统的知识和理论，不要走到另外一个错误的极端。

常见的错误教学方法：只围绕知识不断讲解、提问、讨论，就是不做任务。“上课讲，下课练"先学后做：讲一半、练一半，缺乏有效引导。只做一两件简单事，缺乏系统的能力训练。"以讲为主，以练为辅。"师讲生做，害怕出错，不善示范。课程中只有技术内容，缺企业要素、缺外语、素质渗透。只教书，不育人。

3. 教师评价标准的改造

教师要完成观念和行为的转变。

(1) 研究(创新)重点：从理论研究转向应用研究。

(2) 成果形式：从单纯论文转向论文、专利、设计、工艺。

(3) 工作方式：从个人研究转向团队合作。

(4) 从面向象牙塔式的研究环境，转向开放式的社会协作。

(5) 从闭门读书转向开门办学、校企合作，工学结合、产学研结合。

(6) 教师从只关心知识理论，转向首先关心育人(学生)。

(7) 教学工作重心，从科研为先转向教学为先。

由此得出对应用型院校优秀教师的基本要求(参见第16.2节)。

教师要在转型后的院校生存和发展，必须完成自身的以下转变。

- 必须转变传统的教育观、教学观、学生观。
- 必须提高专业实践能力、应用研究能力。
- 必须提高教学实践能力、教学研究能力。

4. 课程整体教学模式的改造

教师必须运用先进的应用型教学理念，完成课程的整体教学设计。课程的整体教学设计就是站在一门课的高度，运用现代项目教学理念，对课程的内容、方法、模式进行整体优化(参见第4章)。

5. 专业课程体系的改造

参见第四篇中的第10～13章。

6. 学校育人模式的改造

(1) 专业(群)设置，从面向学科发展，到面向地方经济。

(2) 学科(群)设置，从面向学科理论发展，到为专业企业改革提供理论支撑和方向引导。

(3) 专业课程体系，从面向学科体系，到面向行业和企业的发展。

(4) 课程教学，从面向学科体系的知识、理论传授课，到突出德育目标、坚持能力为重的项目课程。

(5) 办学方式，从关门办学到校企合作、工学结合到四位一体(校政企行)四方联动为地方经济服务。

(6) 道德(素质)教育，从仅仅单独开课、传授知识，到把要求落实到所有课程，渗透到学生学习、生活和管理的全局。

7. 学校管理工作的改造

学校整体教改按照以下三个层次进行分工。

第一层，教师负责自己的课程：一次课、一门课。

第二层，系部负责专业(群)建设、学科(群)建设、专业课程体系改造。

第三层，学院负责育人模式(素质教育、校园文化、体制创新、管理创新)设计，以及整体教改的规划。

整体教改工作的第一步：教师转变观念，提高能力——在全校实施应用型教学能力的培训与测评。

作为整体教改的规划者和领导者，校级领导应当做好以下工作。

(1) 了解先进应用型院校的经验。

(2) 把握应用型本科的三个基本属性。

(3) 把握学校建设的目标和发展方向。

(4) 把握现代应用型教育的理念：课程、教师的评价标准。

(5) 改革教学管理和学院管理。

(6) 建立“核心—管理—基层三级团队”。

(7) 建设先进的运行机制：动力激励机制和压力传递机制。

(8) 创新应用型院校育人新模式(德育、校园文化、体制创新、管理创新)。

(9) 规划设计学院的整体教改：内涵建设、顶层设计。

(10) 第一步的抓手：教师转变观念，提高能力——职教能力培训与测评。

教改绝不仅是教师的事情，若没有管理改革配合，课程改革走不远。管理要为教学服务。只要教改需要，再困难，也要创造条件。

学校要想生存发展，必先满足社会需求。

“转变观念、提升能力、改造管理、转变教学与育人模式、改革课程、改造队伍”——院校转型的任务极其繁重。

学校要想快速改变面貌，必须实施转型的整体教改。

8. 教师队伍的改造

用现代先进教育理念武装全体教师，建设合格的教师队伍，这是全校整体教改成功的基本保证。为此必须针对全体教师，进行以转变观念和提高能力为主的培训与测评。

每位教师参加培训工作，主要有以下六个步骤。

(1) 选定一门代表自己最高水平的课。

(2) 根据参考模板，完成整体、单元设计文本(Word)。

(3) 整体设计演示 PPT(15 分钟)、演示、点评、研讨、修改。

(4) 单元设计演示 PPT(15 分钟)、演示、点评、研讨、修改。

(5) 正式测评演练(两个 30 分钟)、试评分。

(6) 正式测评(整体 30/单元 30)、评分。

重点是培训，不是测评。培训的目的是转变观念，提升能力。

详情请参见第 15 章。

16.10 整体教改领导工作经验谈

许多已经开展过整体教改的院校，在工作过程中遇到的问题带有普遍性，他们解决这些问题的办法也可供后来开展整体教改的院校，特别是其组织者和领导者借鉴。

1. 全院开展整体教改会遇到哪些阻力

在全校开展任何一件大型工作，必定涉及每个人的利益，大家的观念、水平不同，对改革的反应自然会不一样。所以群众会分层，积极、一般、消极、抵触、反对的都会有，只是不同的学校比例不一样而已。

整体教改的组织者和领导者特别关心的是，今后全院开展起来，若要求人人参与，会遇到什么阻力？如何解决？常见的情形大致如下。

(1) 观念不认可。例如“本专业情况特殊，我们的课程不能这样改。”“我教了一辈子书，从来没有这样上过课。”

(2) 厌倦、疲惫。学院已经开展了几次国家级示范院校、骨干院校、评估、评优之类的活动，还没有消除疲劳，又要开展新的改革，太累了。有人称为示范工作后遗症。参与示范院校工作之初，大家兴奋、激动，目标明确。但是完成示范之后，教师们就倦怠、冷漠了。在大力宣传的真正的成功之外，还看到许多隐蔽的造假、不公正，或者看到自己的利益受损等。

(3) 改革太难、费劲，还是按照传统习惯上课比较简单。

(4) 不领先、不出头、随大流，实在不行再动。甚至准备抄袭。

(5) 工作量大，忙，上课压力大，生多师少。没有精力干。

(6) 不同层次反应不一。有的是上层积极，基层不积极。领导催，教师等。有的是群众主动，领导不着急。不同课程反应不一。工科积极，文化基础理论课迷惘，不知怎样改。

(7) 管理制度不支持课改，没有鼓励，没有制约。

(8) 年轻教师没有实践经验，没有方向，不会做。老教师离退休不远了，没有改革动力，不愿做。

(9) 学校硬件条件不足，政策不配合，学生不配合。无法满足项目课程的需要。

所有这些因素交织在一起，总起来如下。

- 不愿。观念不认可，太累或利益受影响，所以动力不足。
- 不会。不习惯，能力不足，方法不会。不知道怎样做。
- 不能。客观条件“不具备”。没有实训条件(场所、设备、资料、人)。

新的工作需要新的理念、新的前景、新的利益分配方式、新的底层跃升机会。

2. 整体教改的工作内容

(1) 确定工作推进的指导方针

作为一项系统工程自上而下推动，项目化管理。校领导挂帅，教务、人事、督导联合实施，分层负责。成立院级领导小组(教学院长挂帅)和院级评委会，整合调动全院资源。

(2) 明确工作推进的步骤

把握全局才能做到心中有数。整体教改的组织领导者应当对开展这项重大活动的内容、步骤了如指掌(参见第16.8节和第16.9节)。

① 领导推进——开始启动，组织全院听讲座并讨论。

② 骨干率先培训。成立院级评委会。

③ 全员(分批)培训、测评，巩固培训的成果。

④ 课程体系改造——重新设置课程。

⑤ 重新进行课程(教材)开发、课程设计——落实到课堂。

⑥ 政策保障。奖惩政策，强化督导队伍，建立新标准。

⑦ 管理制度改革(如实训室运行、项目课程组等)。

⑧ 各级队伍建设。

⑨ 落实学院新育人模式(素质教育的创新)。

(3) 建立"教学(学术)研讨环境"

从基层至上层不只是行政布置任务，不只是比赛、汇报。在全校所有各个阶层(特别是最基层的教研室)定时开展教学改革的平等研讨，讨论内容对事不对人，在学校从上到下各级组织中创造良好的学术氛围。

(4) 建立"政策保障环境"

可供参考的政策包括以下内容。

① 通过者才有机会职称晋升，在人员任用、评优、出国出境进修等方面测评通过者优先。多次不通过者原则上调离教学岗位。

② 逐步扩大工资的增量部分，以测评通过奖金、课酬系数等方式发放。以奖励结果为主，奖励过程为辅。测评通过者有奖励，但不同批次通过者，奖金不同。

③ 落实到课堂。设计合理、可行的课程质量认定制度。个人申报"全部公开课"，自愿报名，全学期通过督导和外来听课审查合格者，课时费系数乘2。"优秀"或"名师"不是自封的，也不是领导封的，而是在竞争中公认确立的。

④ 本单位培训测评效果(进度、通过率)记入中层领导考核指标。

⑤ 老教师多的学校，50(55)岁以上自愿参加。

⑥ 建立本校的动力激励机制和压力传递机制。完善制度设计，让大家切实感到"做与不做很不一样"。

(5) 高度重视所有专业教师的实践环境

现在的课程设计、课程项目大多是为学生上课使用的。其实，教师的实践条件、项目设计更加重要。教师备课地点是否远离实训条件？可否搬进实训室？如何改造现有的备课条件？

所有专业都要考虑如何为教师提供做项目的仪器、工具、设备、耗材、资料、新报刊。

规划教师自身提高用的项目。把实训室中的设备(特别是大型贵重设备)使用起来。大型设备必须开出众多高水平的、与设备水平相应的项目，所有专业教师的头脑中永远要有做不完的项目，限时提升教师的"专业实践水平"的重要渠道就是设计和完成校内项目。

在此基础上，引导教师到企业工作，引进企业的真实项目，帮助企业解决真实的问题，这是改变校企合作环境的根本环节。当前许多学校反映，校企合作是一头热，企业认为是负担。学校方面只有真正解决了企业最关心的实际问题，才能得到企业的真心帮助。学校方面只有在技术上能够引领企业、帮助企业创造利润，才能得到企业的热心合作。专业师生应走出校门到社会中，努力找到与自己水平相应的企业，积极参与“产学研合作”，锻炼队伍、创造财富、实现深层次的校企合作，推进学院的整体教改工作。

(6) 建设开放、交流的校内管理工作环境

加强校内交流。现在许多学校开门办学，大门开了，但二门还没开。校领导与中层之间的交流以及各系部专业之间的交流都要打开大门。建立新的校内外交流机制，例如每周固定时间的全院中层办公会，每月一次的中层交流会等。这种交流常能爆出跨专业项目合作的火花。

文科、工科教师交叉培训。宁波职业技术学院举办了暑假文科教师在机电实训室进行钳工和电工的一周实训，工科教师在文科(经济等)实训室中的一周实训，这对于教师基本文化素养的提升具有直接的促进作用。

组织课程设计的校内外交流、示范(周边、省内、同行、西部)、研讨，可以培训、检验并提升本校教改骨干队伍的水平，通识起到宣传教改成果的作用。

(7) 创造本校德育(素质教育)的新模式

改造德育课。德育教师不仅在课堂上讲课，而且要深入学生生活，成为学生的知心朋友，把宿舍、教室作为“实训室”，把学生的生活、学习活动作为“实训项目”，在日常生活和学习中引导学生学习理论、端正行为、养成良好的行为习惯、提高素质，逐步建立正确的价值观、人生观、世界观。

建立以德育教师为骨干的新的学生德育工作队伍。整合现有的团委、学生会、学生社团、学生德育课、学生生活管理、心理咨询、学生干部培训、专业教育、军训、毕业教育、职业拓展训练工作队伍。

落实所有课程的德育(素质)目标。组织德育队伍对专业教师进行育人培训。对学生班级工作进行项目化管理。大力解决德育与专业教育的两张皮问题。德育课除理论的讲解之外，要大力组织改造客观世界的活动，其中的大型活动可以以项目的形式实施。

(8) 全院测评之后，继续组织骨干教师研修班

例如，宁波职业技术学院在完成全院教师测评之后，组织了每年一次的青年骨干教师研修班，总共组织了六期，青年教师基本轮训一遍。许多教师主动二次参加培训。除了班上个别辅导课程设计之外，还组织去我国香港、台湾地区进行学习交流研讨。骨干班毕业是青年教师提职评优的必要条件。在对外交流演示、示范工作中，骨干班的教师起了很大作用。

(9) 改进教师下企业的管理方式

从“限时、交企业评语”的过程监控转变为“主动、交作业”的结果监控。自己安排去企业的时间，回来向本专业上交作业。作业内容如下。

① 企业的管理架构图(标示出就业岗位)。

② 生产组织架构图(标示出就业岗位)。

③ 典型岗位工作流程图。

④ 选三个典型工作设计自己课程的项目。

⑤ 收集相关的五种情境(正常、出错、紧急、意外、违规),用于自己课程的项目设计。

⑥ 企业亟待解决的专业技术问题。回来组织校企结合攻关。

⑦ 朋友的号码,便于随时联系,解决项目教学中的问题。下企业的时间、内容由教师自己安排,申请获批后执行。

教师在校外的企业实践,目的不仅是技术,更重要的是学习、观察、了解企业规范、意识、管理中的问题等。

(10)"建校工作实训做"

这是宁波职业技术学院创造的一个重要经验。原来的学生实训项目,都是花钱从市场上购买原材料、元件设备等。实训的成果(例如机械加工的零件)少数用于展览,多数报废。在全院进行整体教改的过程中,大家的思路敞开了。学校内部的许多实际(日常)工作,其实就是师生进行实训的绝好项目。

每年一次的校庆活动被分解为50个项目,每个专业自己来学校"领"项目。各专业建立自己的"产品与服务大棚",在校庆期间对师生和来客开放。校庆一年前的礼仪课负责培训校庆大会的礼仪小姐,把课程与实战结合起来,效果非常好。

把每年一度的新生和家长的接待工作,变成旅游专业师生的实训项目,师生一起规划迎新活动的全过程。从火车站的迎接工作开始,前往校园的路途变成了城市旅游过程。一进校门就开始了"校园半日游","导游"带领新生和家长参观校园教室和宿舍。新生缴费现场就是会计系学生的实训场所。

专业实训设备的自我武装。电子专业的示波器、万能表等易损设备的维修工作可以委托该专业的师生完成,汽车展示设备的配套资料和展示工作可以委托该专业师生以实训项目的方式完成,课程专用项目设备、模拟方针设备,也可以委托师生以实训方式完成其设计与制作。

注意解决实训产品的出路问题。可否把加工产品变成学院的礼品?可否"把专业经营起来"?

后勤管理的许多工作,完全可以让相关专业的师生"实训做"。例如校园绿化、亭台设计、安保设备、新年晚会的玩具等。于是,学院的后勤管理部门走上了整体教改的第一线,为许多专业的师生提供了大量真实的训练项目。

(11) 学生骨干的培训与使用

除了学生活动之外,还有专业课程的教学。学生中的专业学习骨干可以协助教师辅导低年级的实训,以弥补教师力量的不足。

(12) 经费的"项目化"管理

不是按照比例,而是按照项目拨发经费。根据项目的实效大小,决定项目经费的多少。把项目的成果经营起来。

(13) 深入开展专业科研

大力鼓励师生申请专利,以此促进专业的学习和研究。从"下企业学技术"到找问题、找项目、找课题,从向企业学习到专业技术上引领合作企业。

(14) 深入开展教研

把课程设计落实到课堂，师生都受益。按照新教学观念开发新教材，出论文，出专著。从教育思想、理念、方法、哲学的高度对教改成果进行总结提升。

示范辐射。向行业、地方、西部、全国同类院校介绍自己课改和教学改革的理念、成果和经验。组织教改讲师团主动出击，开讲座，介绍成功的课例，帮助兄弟院校共同前进。

(15) 教学层次提升

全院上下齐心协力，明确前进方向，将现有的教学层次向上提升。专科升本科，本科升研究生。不是只争取帽子头衔，而是首先争取提升教学水平。

(16) 重新组织教师、管理、学生干部队伍

通过整体教改，涌现出一批优秀教师、优秀干部。人事和行政部门应当注意将改革中成绩显著者补充到管理干部队伍，以推动更多的人前进。

3. 启动工作的规划

(1) 研究本校启动培训测评工作的条件。

(2) 班子协调本校当前各项工作，下决心，将整体教改作为中心工作，加以策划、领导、组织并推进。

(3) 建立一支骨干队伍。确定院、系部评委候选人。

(4) 封闭集中强化培训。提高以下三个能力：设计、演示、点评。

(5) 面上动员。全体教师，所有课程参与教改、管理(规章制度)、实训(条件)、教辅(图书等)。

(6) 教改的规划。分为1、3、5、10年。

(7) 促进教师专业实践能力的提高。提供相应的环境、条件、规划以及政策。

(8) 督导队伍建设。明确其重要性。人员补充及时更新。明确新标准，新观念。按照公认标准督，按照改革方向导。积极推进成熟的设计落实到课堂。

(9) 可以实施的，立即实施。

① 教师的备课条件改善(工具、场地、资料)。

② 教师的实践经验积累(项目要求立即动手)。

③ 教师的外语发音(责成外语教研室，半年内解决)。

④ 学院资金分配的项目化方式。

⑤ 实训室改造。

第7篇

高职教改经验的普遍意义

第 17 章　中国应用型(职业)教育的社会定位

中国的应用型教育随着社会主义市场经济的兴起而兴起。以就业为导向的应用型教育是从职业培训发展起来的新型大众教育。在未来可预见的年代中,只要社会上还存在着就业竞争问题,应用型教育就不会消失,而只会不断丰富发展,并随着社会需求的变化而不断改变自己的形态。

由于中国的应用型教育,尤其是应用型高等教育发展的时间还不长,而应用型院校从业人员都是从普通高校走出来的,所以对这种新类型院校的性质、任务、特点进行持续、充分的研究是非常必要的。要很好地完成应用型教育的历史使命,必须首先认清应用型教育的社会定位。

17.1　职业链与应用型教育的位置

显然,“职业教育”这个词不应仅从字面上去理解。难道只有高职和中职院校所面对的“生产、建设、管理和服务”类岗位是“职业”,普通(研究型)高校和其他学校面向的岗位就不是“职业”吗?科学家、高级工程设计人员、行政和企业高管、医生、律师、演员、画家、高校教师等统统不在高职的专业目录中,难道这些都不是“职业”吗?当然不是这样。本书第 3 章(参见第 3.1 节)曾对应用型教育进行了一个宏观的社会定位。这里我们再从社会“科学—技术—经济”链条的角度回顾一下“应用型教育”的位置。

仿照生物学中“食物链”的概念,我们不妨提出一个“职业链”的概念。在社会上五花八门的各种职业中,我们可以整理出这样一个职业的链条。

职业链的高端是科研类职业,其任务是通过观察、调研、分析和实验,认识自然规律和社会规律,从事高水平的基础研究,创建新的学科体系。这类职业从事的基础研究工作与直接的工程应用和经济效益之间,有相当距离。基础研究的成果,例如牛顿定律和爱因斯坦的相对论,更多地体现为社会的文化与精神财富,而不是物质财富。基础研究的成果,表面上似乎纯粹出于科学家个人的兴趣,“并没有实际用途”,实际上未来应用的潜力是无穷的,创造社会经济效益的潜力是无穷的。例如今天影响所有社会领域、影响全球所有人生存状态的移动通信、卫星通信与定位、广播电视、计算机和互联网技术等,都是 19 世纪电动力学理论(麦克斯韦方程组)的具体应用。基础研究并不直接创造社会物质财富,其工作成果也不直接为社会广大公众所理解(想想现代的量子力学和微观粒子),而所需的研究条件和研究工具(例如高能粒子加速器、巨型高速计算机等)却耗资巨大,所以这类工作必须由政府出面提供保障、组织实施。从事基础研究的直接动力,除了社会需求之外,更多地是研究者对知识、学科的浓厚兴趣和个人敏锐的直觉。科研理论工作更多地属于个人性质。

除了基础研究之外的一般科研和技术开发工作，通常在现有学科领域的边缘处（交叉学科）更容易产生新的突破。这些领域的研发工作很难用“社会协作和大兵团作战”的方式解决问题。我国当前对这类职业的需求越来越迫切，因为这是中华民族复兴，全面赶超世界先进水平的重要基础。这类职业对从业人员的素质要求极高。对科研工作者来说，他们要有很强的社会责任感，要有很强的理论思维能力、逻辑推理能力和数学能力，要有强烈的好奇心和很强的想象能力、学习能力和创新能力，对系统知识和学科体系的构成与建构方式了如指掌。这类职业的从业者要有很高的“智能和智商”。但从全社会的角度看，这类职业从业者的数量是很少的，培养这类人才是传统理科高校的主要任务，科学院和研究院是他们的主要工作场所。以上是从“职业”角度来说的，如果从“能力”角度说，科研工作者首先要具备“研究和创新能力”。这种能力当然不应仅限于科研职业，这种能力应当是所有职业的从业者都必须具备的“职业核心能力”之一。

职业链的中段是工程设计和管理类职业，其任务是学习、研究、运用现有学科体系的结论，根据社会的需要，进行大型工程的设计，完成这些工程的图纸方案。对这类职业的从业者，要求他们具有很高的数学—逻辑智能，工程院、设计院和企业的高端研发部门、企业高级管理部门是他们的主要工作场所，社会对这类人才的需求数量比科研人才要大得多，培养这类人才是传统工科高校的主要任务。

职业链的低端是“技术应用类”职业，其任务是学习、研究、运用图纸方案，把它们实现出来，生产产品或提供服务，最终创造出商品和财富（主要是物质财富）。行业和企业的生产、建设、服务类工作岗位及其基层、中层技术和管理岗位是他们的主要工作场所，市场经济对这类人才的需求量极大。这类职业要求从业者除了具有本职业岗位的技能和知识之外，还要有很高的“利商”和“情商”（参见第 17.2 节），善于成事，善于与人交流、与人合作，善于处理协作与竞争的关系，善于处理信息，善于解决问题，善于革新创造，善于管理、策划、组织和宣传。

处于职业链低端的这些从业者，他们虽然主要不是从事科学研究工作，但他们必须具备一定的理论思维和创新的能力；他们虽然主要不是从事大型工程设计工作，但他们必须熟知岗位工作规范，具备一定的工程策划和设计能力，至少能从自己基层工作的角度，发现现有图纸方案的缺陷和错误，知道解决这类技术问题的细节和要点。现代技术岗位中，许多操作本身并不复杂，例如大型化工企业第一线的操作工，好像就是“拧拧阀门，扳扳开关”而已。其实，在这些简单操作的背后，是复杂深奥的专业技术原理。重要的不是“拧”这个操作本身，而是“知道往哪个方向拧，什么时候拧，拧多少”的问题。这就是受过应用型教育与只经过简单培训就上岗的从业者之间的重要区别。尤其是近年来由于信息技术、计算机技术和人工智能的迅猛发展，许多传统职业岗位面临巨大威胁，甚至面临淘汰。如果就业者不具备较高的自学和创新能力，仅凭在校期间学到的那些知识就想在一个岗位上用一辈子，这件事已经基本上没有可能了。

位于职业链高端和中端的职业都有悠久的历史，所以都有相应的高等教育支撑。只有第三类职业是在市场经济充分发展之后才成为社会的紧迫需要的。20 世纪 90 年代之前，在中国，这类职业一直还没有大规模、高质量教育机构的支撑。社会上特别缺乏对这类技术应用型、技能型、操作型高技能人才的培养机制。只有市场经济充分发展之后，对这类人才的需求才越来越紧迫。由此在我国催生了大规模的应用型教育体系，尤其是应用型高等教育的蓬勃发展。于是，就将职业链低端岗位统统纳入了“应用型教育”的体系，这就是我们不能单纯从字面上来理解“职业”教育的历史原因。政府大力推动职业教育的另外一个直接目的，是解决就业问题。大量毕业生无法就业会酿成社会问题。发展职业教育可以为企业培养所需的高技能人才，同时又解决了普通学校出来与职业岗位无法衔接的就业问题。所以这类新院校的名字就被冠以“职业”两字。

职业链的概念给了我们一个从宏观层面观察“职业”的角度。从社会的宏观面上看，如果能在上述不同职业类及其培养机构中，引入相互认可、相互交流、相互促进的机制，将会大大加快我国人才培养的步伐和科学、技术、经济的繁荣发展。

17.2 应用型高等教育的基本属性与未来

应用型高等教育应当具备以下三个基本属性。

1. 它是“教育”

教育以育人为本。有人说，“高职院校的任务是培养能当工程师的工人”。此话固然不错，但是作为中国高等教育的一部分，高职院校的任务首先是“育人”——为未来社会培育合格公民。

从社会层面讲，育人就是要培养高素质的合格公民。这样的公民能够很好地适应社会并改造社会，能够自觉地高举科学理性和社会民主大旗，反对愚昧贫困和专制压迫，能够对社会的科学进步和民主发展做出自己的积极贡献，能够与周围的人和谐相处，能够与自然环境和谐相处，能够正确处理社会上，特别是未来职业岗位上的协作与竞争关系，具有强大的创新能力、持续发展动力和终身学习能力。一个掌握先进科学技术的现代社会公民，不但能控制自己的行动，而且能控制自然力、生产力和社会力，能够把科学知识系统地应用于具体的工作，从而有效地改造客观世界和主观世界。所以，应用型高等院校的首要任务是培养学员的公民基本素质、公民的社会责任感、公民道德、职业道德、职业素养、职业规范，使学生具有正确的价值观、世界观和人生观。

从个人层面讲，育人就是要培养全面发展的人，要使每个人的潜质，即天赋、才能、爱好和特点，都得以全面充分地发挥出来，在与社会和谐相处并为社会做出贡献的同时，使人成为他自己。人一出生，从遗传获得基本的体能（生理）和智能（心理）。人的体能大体上相当于计算机的硬件功能，人的智能大体上相当于计算机的软件功能。与计算机一样，人的“软件”与“硬件”也是不可分离的。智能是在体能支持之下的智能，体能是在智能指挥之下的体能。人的体能在各种动物中并不突出，但智能却独一无二、遥遥领先。出生后的漫长一生中，人通过与环境的积极交互作用，各项能力和知识在原有的体能和智能基础上不断发展，形成所说的“多元智能”。

学校教育的任务，就是从人生的初期开始，培养学生逐步具备正确的三观（世界观、人生观、价值观）；培养学生强大的生存发展动力；培养学生高水平的思维能力、实践能力、做事能力（成事能力，即把事情做得更好的能力，其中包括社会能力、方法能力和技术能力，还包括知识的应用能力与创新能力)；培养较强的智能(多元智能——言语/语言智能、逻辑/数理智能、视觉/空间智能、肢体/运觉智能、音乐/节奏智能、人际交流/交往智能、自知/自省智能)；具有系统的知识(包括专业知识理论、广博的通识，全面的文化修养，较高的文明程度)；具有健康的身体和心理；具有较高的"利商"，能够正确辨别和处理(个人与他人、局部与整体、当前与长远)相关的利益问题；具有较高的情商，善于与人交流与人合作；具有较强的欣赏和审美能力和创造美好事物的能力。

未来的社会不仅是学习型社会，而且是以人为本的实践型社会、创新型社会以及研究型社会；是个人促进社会发展，社会提供公平的竞争机会、帮助每个人充分发展的社会。单纯提"学习型组织""学习型社会"有可能引起误解，以为我们"只要多多学习(间接)知识就自然有能力了，就自然能处理各种实践问题了，就自然能创造革新了，就自然有正确的世界观了"。其实这是极大的误解。有了知识并不能"自然产生"能力，也不能自然产生正确的价值观和人生观。能力要靠在做事的过程中训练；正确的价值观和人生观要靠在做事的过程中，在与人交往中学习、碰撞、思辨和感悟(参见第1.2节，知识与能力的关系)。我们的教育应当使所有的学生能够在未来的先进社会中生活得主动自由、游刃有余，从而全面发展自己，并能有效推动社会前进。为此，在以人为本的教育目标上，必须"坚持德育和能力为重"。

从个人方面来讲，育人的要点就是"德、能、知、体、利、情、美"这七个要素。

其中的"德育"要素是应用型高等教育(以及一切类型教育)的首要任务，是个体的人构成整体社会的关键要素，是社会对个体的基本要求。教育以育人为本，育人以德育为先，然后才是专业技术能力和专业技术知识。育人的上述七要素的内涵当然会随着社会的变化和认识的深入而不断充实发展。道德主要体现在涉及各方利益时，在价值观指导下对自己言行态度的"选择"具有"方向"的性质。缺乏道德的人必然对社会(最终对自己)造成危害。德育这一维度的两端是"有德"与"无(缺)德"。

七要素中的"能力"要素，是个人通向社会实践与自然实践、通向改造客观世界与改造主观世界的最重要环节，是近年来大家越来越重视的要素。人的能力就是他"做事成事的本领，也就是解决问题的本领"。这里所说的"解决问题"重点指解决生活和工作中的实际问题，不是"解练习题"。人的体力和脑力是所有其他能力的基础。加德纳在1983年提出，人在体力和脑力支撑之下的"智能"具有多元性。多元智能并不仅是"动脑"的思维能力(系统思维、抽象思维、逻辑思维、形象思维、批判思维、横向思维、辩证思维、发散思维、创新思维等)，而且包括在体力和脑力支持下的"语言智能、逻辑(数学)智能、空间智能、运动(肢体运作)智能、音乐智能、人际交往智能、内省智能、自然探索智能、存在智能"等。可以看出，它们实际上是人的体能和思维能力的综合表现，也就是一个人的所有能力的基础。每个人由此出发，发展出越来越复杂的其他高层能力。可见，"能力"具有明显的层次结构。底层是"身体能力和思维能力"，中层是"多元智能"，高层是生活能力和工作能力(例如专业技能)等。需要强调的是，"智能"并不是"知识"，而是"能力"。从实际应用的角度看，就是"做人的能力"和"做事的能力"。看一个人的能力强弱，就看他做人的能力达到哪个层次，做事的能力达到哪个层次。不同的职业岗位必然强调某种特定的能力组合。一个人某种能力的组合特别强，必然成为某个领域的强者；某种能力组合特别弱，必然成为该领域的弱者。

所以，每个人都可以在自己独特的领域中成功，不应该对一切人都只强调语言智能（语文）和逻辑智能（数学），传统的"智商"测量就有这个缺陷。能力这一维度的两端是能力的"强（有）"与"弱（无）"。

七要素中的"知识"要素，与过去常说的"智育"内容大致对应。传统的智育通常被简单地理解为"知识教育"，也就是传授（后来被异化为"灌输"和"盲目积累"）系统的理论和间接知识。当前的知识教育首先要强调科学和理性。社会的所有成员都应当学习人类积累的自然科学知识，树立"自然规律是不以人们意志为转移的客观规律"的观念。以此对抗各种迷信、主观主义、唯意志论，面对各种冠冕堂皇的谣言和怪论能够心中不惑。除了自然科学知识之外，还有人文、历史、文艺、哲学等通识和生活中的常识，也是所有受教育者必须学习的内容。缺少某类正确的知识，必然造成行动的错误或观念的偏颇，影响自己的发展。传统的"智商"内容经过改造和扩充，可以用来衡量不同年龄段人的知识水平，叫作"知商"。知识这一维度的两端是知识的"多少（有无）"与"真假"。

七要素中的"体"泛指人的身体与心理健康。缺少了身心健康，就缺少了人生幸福和成功最重要的基础。应当开发出系列指标来测量人一生不同时期的身心发展水平，就是"健商"。这一维度的两端是"健康"与"残疾"。

七要素中的"利益"（或"利害"）要素，通常都被排除（或遗忘）在传统的人才培养目标之外，或被认为是"当然的"，或是在生活和工作中"自然形成"的，或被简单地归结为"德育"或"价值观"。事实上，虽然从理论上看，"利害观"是"价值观"的组成部分，但"利益"（利害关系）却是现实生活中最重要的一个因素。趋利避害是人的本能之一。利害观的基本内容是认识并正确处理个人利益与他人利益，正确处理个人利益与社会利益，正确处理局部利益与整体利益，正确处理当前利益与长远利益的关系。利害观念与价值观、道德观、世界观密切相连，但不能简单包括在三观之中，应当让它从抽象的价值观中落地，与个人生活中的一言一行、工作中的一事一物紧密结合起来。

正确的利害观念并不是每个人与生俱来的。在复杂的当代社会，盲目跟风、不能正确认识并处理社会利益和个人根本利益的人到处都有。至今许多学校中，教师（特别是许多青年教师）还需要用"不签到则扣分"的纪律约束方式才来参加教改培训。培训明明是为自己提升能力，却被看作"为学校出工"，就是一例。从这个角度看，鲁迅笔下的阿 Q 就是一个"利商"极低的人。阿 Q 靠给地主打短工谋生。阿 Q 的"职业技能"还不错，因为有一次，一个老头说"阿 Q 真能做"。阿 Q 相信所有的社会"常识"和圣贤礼教，一直以别人的评论作为自己言行的评价标准，但从来不明白围绕自己与他人利害关系方面究竟发生了什么事。明明自己很遵守"男女大防"之礼教，却娶不上媳妇。明明自己赌赢了，钱却在一片混乱中莫名其妙地不见了。明明是别人抢了大户，自己却被抓去杀头。临死前画押时不可惜自己的性命，却最可惜自己的"圈"没有画圆。临刑游街时不遗憾自己的生命即将结束，却遗憾没有给群狼一样的围观者唱上一句戏文。不认识自己的利益所在，虽生犹死。虽然阿 Q 把自己看得极高，永远胜利、永远得意，实际上却一直游走在社会和人群的边缘；别人只要他"做"，只拿他开玩笑，却从来没有一个人关心他的"行状"、尊严和死活。相反，阿 Q 周边的"上层人"在利益面前却"猴精"。知道阿 Q 手里有些城里来的"好货"，明知道是"贼赃"也不顾"公正"和"法律"，降下平时身段觍脸相求。

所以应当有意识地在道德教育的同时，将“利益(或利害)”要素列入教育的基本目标之中，而且在德、能、知、体之外要突出出来，排在相当重要的位置。还有必要引进“利商”(不仅是“财商”即“理财水平”)的概念，来衡量一个人在不同年龄段“正确辨别和处理(个人与他人、个人与社会、局部与整体、眼前与长远)相关的利益问题”的水平。这一维度的两端是“利”与“害”。

关于情感教育(情商)和美育，涉及“爱”与“恨”，“美”与“丑”。这些内容有众多的文章论及，这里就不赘述了。

综合考虑“社会发展需求”和“个人发展需求”两个层面的人才培养目标，才是完整的教育育人目标。不同的社会、不同的时代根据自己的环境和条件，曾经在教育方针中强调过不同的层面。有时认为社会层面的需求压倒一切，有时将个人发展层面的需求列为主要需求。现在，我们终于能根据社会的现实发展阶段，综合照顾两种需求，正确处理并不断调整两种需求的关系，使之相互支撑、相互促进。“教育”和人们对它的认识，正是在这种不断的变化中发展前进的。

作为个体的人，一生的发展就是在这七个方面不断前进、不断上升的过程。我们希望按照七要素的正面形象培养我们的学生，使他们成为道德高尚、能力强大、知识丰富、身心健康等状态的人。七要素的负面形象在日常生活中也有鲜明表现，如缺德、低能、弱智、无知、偏见、成见、(身心)残疾、“缺心眼儿”、麻木、冷漠、残酷、野蛮、美丑不分、以丑为美等。不同的人在不同的年龄段，在上述各方面分别达到不同的水平。仿照经典的“智商”和“情商”的定义，可以发展出相应的“德商”“体商”“利商”等相应概念，以衡量不同生理年龄的个体，七个方面发展的相对水平。关于“缺德”的种种表现参见第8.9节。社会的不同领域强调不同的要素，例如政治和经济领域强调“德”和“利”，科教文领域强调“知”，艺术领域强调“情”和“美”。而“能”和“体”两个要素则是所有领域的个人都必须具备的。对于一个人来说，这七个要素中的任何一个或几个，若有明显的缺失，就造成广义的“残疾”。环顾四周，这样的“残疾人”还少吗？而教育的目的正是要培养广义的“健康”公民。

2. 它是“应用型”教育

应用型院校毕业生从事的岗位，在职业链中处于低端。应用型教育是面向全民的大众教育。从学生人数、毕业生从事的职业岗位数量看，都与传统的精英教育、科研教育、工程教育有明显区别。当然，这里所说的是“教育类型”，不是对个别受教育者而言的。随着基础教育水平的不断提升，从应用型院校出来的毕业生，日后发展成科学家，这不但可能，而且是我们非常希望的好事。例如爱因斯坦本人就不是从著名的研究型院校毕业的。但这仅是个案，不是应用型教育的普遍情况。在培养目标这一点上，要把研究型的理科教育、工科教育与“应用型教育”区分开。不能以传统高校中的理科和工科院校的教学目标、课程内容和教学模式作为应用型教育的标杆。另外，作为一种“类型”，应用型高等教育应当有自己的“专科、本科和研究生层次”。所以不要一提“高职升本”，就立刻想到“他们想脱离职业教育，要排进普通(研究型)高校理工科的队伍里去了”。

与应用型院校不同，“培训班”的任务，主要是(相对短期的)知识学习和技能训练。对培训班而言，“育人”并非其主要目标。在这一点上，我们要把“教育”与“培训”区分开。在大力提倡“职业能力训练”的今天，指出这一点尤其具有现实意义，不要把应用型院校仅仅办成职业技能培训班。

关于应用型教育，必须注意克服传统观念的两个误区。

误区一，大家通常把应用型教育理解为学生毕业后毕生从事的职业，终生也不会变化。其实这有悖于教育的根本目标(人的全面发展)。应用型教育不是要把青年人培训成社会机器上固定位置的齿轮和螺丝钉，更不是要把青年人培养成驯服的工具。一个先进社会应当为其所有成员提供尽可能公平的上升和发展通道，一个人的价值和社会地位只应看他的素质、能力和贡献，不应当根据性别、信仰、种族、贫富、出身等因素把某些人限制在固定的职业领域或社会阶层。以人为本的教育着眼于人的主体发展和全面发展。所以，应用型教育不但要注意培养学生的一次就业的竞争力，而且应当使他们将来有能力在各种专业、各种行业中流动，同时永远保持自我学习、自我前进的强烈欲望和动力。毕业时的就业岗位只是学生一生发展中的第一个岗位。如果没有毕业时的就业竞争力，学生就没有在社会上的立身之地，他无法生存，也就谈不到未来的发展。但绝不应当把学生一生的活动局限在一次就业的这个具体岗位上。所以，应用型院校的教育在“保证当前”的前提下，必须立足长远。

误区二，认为应用型教育主要就是训练学生的岗位操作能力。这种观点指导下的应用型教育，课堂上充斥着烦琐枯燥的重复性操作训练，没有积极的思考和主动的创新，整个课堂教学了无生趣。事实上，学校教育一个十分重要的内容，就是要尊重学生的主动性和首创精神，要努力激发学生的学习兴趣，使学生的学习具有强烈的内在动力。湖南岳麓书院有一副对联：“合安利勉而为学，通天地人之谓才。”上联说的就是关于学习动力问题。一个人学习的动力一般来自三个方面：兴趣(安)、利益(利)、压力(勉)。请参阅第18.9节。我们不能只看到后面两个因素，忘记了最重要的内在因素——“兴趣”。兴趣是来自个人内部的强大动力。要求“理解、认识和发现”的愿望，也就是“好奇心”，是人类本性中最强大的驱动力之一，是人类求知的最自然的驱动力。一切学校(包括应用型院校)的最重要任务，就是有效激发每个学生的这种内在驱动力。这也是本书不断强调“激发学生兴趣”的原因。

3. 它是“高等”应用型教育

应用型高等教育是高中后教育，是中国高等教育的一部分。因此，它的毕业生所从事的工作的技术含量、未来可持续发展能力、知识和能力的层次都要高于中等职业学校的毕业生。在这一点上，要把高职与中职区分开。

对应用型高等教育的准确定位不仅是各级领导的任务，也是所有基层任课教师的任务。教师有对自己工作的宏观了解，有了工作目标的准确定位，才知道自己课程的内容如何选取、教法如何创新。所以，明确应用型教育的社会定位，这是所有应用型教育从业人员——无论是管理者、领导者、研究者，还是教师——做好本职工作最重要的基本前提。

近三十年来，中国的应用型(高等职业)教育走过了曲折的道路。先是解决课程内容的“职业活动导向”问题，然后是防止“单纯技术”倾向、克服“取消知识理论”倾向的问题。在这个过程中，应用型教育逐步确立了自己“坚持德育和能力为重的项目课程”教学的特色，创造出一系列适合应用型教育的课程模式和教学方法，发现并正在逐步解决学生直接经验、直接知识与间接知识相互衔接、相互促进的问题。

近几十年来，中国的高等应用型教育得到迅猛发展，极大地促进了国家经济和社会的发展。被社会需求的大潮裹胁着,许多研究型高校或主动或被动地转为应用型。当前,这个变革正在进行中,并且一定会继续进行下去。只要社会上的就业岗位有竞争,应用型教育就有存在的必要;只要就业竞争激烈,应用型教育就有发展的必要。

但今后是否将永远按照这个方向发展下去,直至所有的院校都变成“应用型”呢？不是的。在可预见的未来,高等应用型教育与研究型教育的地位应该也一定会发生新的逆转。

关于高等教育的“研究型”还是“应用型”之争,由来已久,今后还会继续争论下去。对于社会而言,显然两种类型的教育都不可少。但是处于不同发展阶段的社会,对两者有不同程度的要求。经济腾飞的初期,对应用型人才的需求非常迫切,而应用型高等教育在我国几乎空白,所以大力发展应用型教育就成为当务之急。数十年后,当我国的经济有了一定的技术基础,基础科学理论的研究又会成为“当务之急”,届时便会产生“大力发展基础科学理论研究,努力提升中国研究型高校质量数量”的急迫要求。届时会有许多理论家起来论证“实用性”并非判断教育类型重要性的根本,“正是那些所谓无用的知识和理论,才最终产生了人类历史上最重要的实用价值”。从层次系统论的角度看(参见第 18.14 节。第 9 点：矛盾对立双方,向反方向转化。第 10 点：从高层看下层),应用型教育与研究型教育处于同一底层(教育)位置,并无“谁重要、谁不重要”的绝对分别。站在高层(人类社会发展)来看,两者都不可或缺,只不过在不同发展阶段,两者重要性不同,必须强调不同内容、掌握适当的比例而已。这也可以看成“事物对立面发展会转向自己反面”的又一个例证。所以,今天当我们正在大力发展应用型教育的同时,必须看到未来研究型教育的必然复兴,并为这个趋势做好准备。事实上,“基础理论研究”的动力与“认知、学习”的动力是一样的,也是来自“安、利、勉”。也就是说,个人的兴趣和好奇心(安)是理论研究的基本动力,与此同时,社会规模的需求(利)、国家对基础科研的推动(勉)也是推进认知和科研的巨大动力。但是,无论应用型还是研究型院校,都要让学生知道,科学精神就是质疑和批判的精神,一定要尊重客观事实。事先规定好结论,然后才去找根据,那就不是科学研究。要让所有的学生熟悉并掌握科研的基本理念、基本路径和基本规律,形成理性的科学态度。即使对于今天应用型院校的所有学生,这些也是基本和必需的。

17.3 高职本科展望

今后,应用型高等教育的发展方向如何？具体来说,高职院校应不应当有自己的本科层次的教育？这个问题从应用型教育的社会定位中已经有了答案。应用型教育是一个类型的教育,不是一个层次的教育。事实上,理科教育有自己的多个层次,工科教育有自己的多个层次,那么,应用型教育当然也应当有自己的多个层次,不应当局限在单一的“专科”层次上。那么,应用型本科应当是什么样的学校？它和应用型专科的差异在哪里呢？从应用型教育的定位我们知道,专科高职与本科高职的培养目标方向、人才类型和就业岗位类型是一致的,对人才的能力结构、知识结构的类型要求是一致的,只是在深度、广度的层次上有差异。

应用型本科的毕业生是高技能型人才，仍然工作在“分析图纸方案，高效创造商品财富服务”的生产、建设、基层管理和服务工作领域。与应用型专科相比，应用型本科毕业生的工作领域不变、人才类型不变，但是层次提高了。所以，中职、高职专科与高职本科是在同一个工作领域、同一个人才序列中的三个层次。作为未来社会合格的建设者和接班人，应用型本科毕业生的“德、能、知、体、利、情、美”（参见第 17.2 节）更加全面发展，专业实践与社会实践的面更广，专业能力更强、更全面，专业知识理论更系统深入，外语和数学水平更高，通识教育更强化，作为公民的主体意识更加自觉，公民道德、职业道德水平更高，未来持续发展的能力更强。

应用型本科毕业生的技术、技能、技巧都应当比专科生有明显提高，普通知识更广博全面，专业知识更系统深入，理论分析、数字计算的能力更强，外语应用的水平更高。他们了解自己未来就职的工作的专业、行业、企业特点，了解未来工作的典型过程和方法。他们熟悉自己专业的历史和现状，对专业未来发展趋势有准确的方向性了解。他们在自己的工作岗位上更善于完成高层的策划、组织、宣传、领导方面的任务。他们不但能胜任生产和工艺性质的工作，也善于完成研究、设计和创新性质的工作。他们在本专业之外，有更宽广的知识面，文理兼通。他们具有强烈的好奇心、学习兴趣和学习动力，具有更有效的学习方法，具有更强的理性思维能力、逻辑思维能力、创新思维能力、抽象思维能力、系统思维能力、哲学思维能力，具有更强的数学应用能力和外语应用能力。他们具有更丰富的社会与专业实践经验和直接知识，同时具有更丰富、系统、全面、高层的间接知识，具有很强的策划、设计、组织、宣传能力，能够做事、成事，具有更强的解决问题能力。在做事的过程中，他们能够自觉改造自己，提高自己的德育和美育素质，提高自己的文化修养和整体素质，成为本专业领域里的优秀职业人，成为社会上的优秀公民。

至于高职的硕士层次教育，可以在上述目标的基础上，更加突出研究能力和创新能力，特别是在理论应用方面的研究和创新。

一般来说，应用型高等教育的专科生在毕业设计中，能够克服各种困难，全面完成教师指定的具体工作任务。应用型本科生在毕业设计中，能够选择应用性课题，完成具有一定应用价值和理论水平的工作。应用型硕士生在毕业设计中，能够找到本专业或行业企业应用领域的前沿课题，系统解决该问题，并具有一定的理论高度，完成高质量的应用型研究任务和论文。

当然，目前的高职院校中还没有广泛开展正式的应用型本科与硕士层次的教育，但将来一定会向这个方向发展。未来的“高职本科”或“高职硕士”的称谓也许会发生改变（应用本科？应用硕士？工程硕士？），但其实质（工作领域、人才类型等）不会变化。所以，这里暂时还用这个名称。

总体来说，中职、应用型（高职）专科、应用型（高职）本科、应用型（高职）硕士，这四者处在社会科学——技术——经济链条上的相同位置（参见第 3.1 节），都在“技术应用”领域工作，培养的人才类型相同，都是应用型高技能人才。但它们是同一领域中的四个层次，在工作性质、岗位胜任、工作类型等方面，有明显的层次差异（见表 17.1）。

表 17.1 毕业生工作上的层次差异

层次 工作	中职	应用专科	应用本科	应用硕士
工作类型	操作型为主	技术技能型	技术型为主	技术创新型
工作胜任	生产熟练操作	完成指定任务	完成综合项目	选题策划实施研究
工作性质	基层生产为主	技术检验维修	生产与中层管理	生产管理研发
岗位胜任	生产操作岗	操作与基层管理	中层岗位群	带研发岗位群
管理类型	被管理	基层管理	中层管理	中高技术管理

从表 17.1 中看出，随着层次的提高，能胜任的工作水平和价值越来越高，对毕业生的要求也越来越高。工作岗位上的技术含量越来越高，管理岗位上的社会能力要求越来越高。

从社会工作需求出发，可以继续深入探讨四者在知识结构、能力结构、个人素质（七要素）、职业道德、职业素质、职业核心能力等方面的异同。进一步深入研究这个课题，将能更好地突出应用型教育这种类型的特色，更好地为社会技术经济发展服务。

高职本科、高职硕士的教学是不是又要回到传统理工科教学的知识本位轨道上去呢？是不是又要回到强化课堂上以教师为主体的间接知识传授的轨道上去呢？当然不是的。近三十年来高职教学改革的丰富经验为我们指出了另外一条到达上述目标的有效途径，这就是强调德育和能力的现代项目教学。这种新的教学方式为其他各类学校的课程教学改革展现了新的可能性。

第18章　教学改革中的认识论问题

近年来，我国应用型教育领域（职教界）的广大教师、教育管理者和教育研究工作者对应用型教育特色进行了持续不断的探索，提出了不少精彩的新见解、新理念和新观点，积累了相当丰富的改革经验。在应用型教育发展过程中形成的这些基本理念，对过去精英教育、知识本位教育的传统理念产生了巨大的冲击。其中不少新经验和新观念已经远远超出了职业教育的范畴，能够直接影响所有类型的教育实践，并推进教育教学理论的研究和发展。同时，应用型教育发展过程中形成的许多重要概念、原理、原则和方法，为一般教育理念提供了崭新的借鉴。从这一点上看，中国应用型教育的大发展不仅为社会的就业问题提供了一个重要的解决途径，而且还为中国所有其他类型教育的发展提供了新鲜经验。所以，从理论角度对应用型（高职）领域这些新经验、新观点、新理念、新原则进行归纳总结提升，应当是当前教育科学和理论战线的重要工作。下面就对与教学改革有关的认识论中的几个问题进行简单讨论。

18.1　直接知识与间接知识

从不同角度可以对知识进行不同的分类。从学习和教学的角度，我们可以把知识区分为“直接知识”和“间接知识”两大类。人在解决生存和发展问题的一次次实践过程中，取得了解决一个个具体问题的经验，同时训练出运用这些经验解决该问题的具体能力。把这些直接经验用语言、文字等方式表达出来，就是直接知识。经验是多维的，转化成直接知识之后，会失去某些要素，所以，直接知识并不等同于经验。随着实践范围的扩大，解决问题的数量和类型多了，就可以对相关的能力和知识以及工作的效果进行比较，归纳出抽象概念和系统知识，从感性认识发展到理性认识并形成理论，同时能够将这些知识和理论运用到更加广泛的领域。这些从直接经验转化来的知识，就是“直接知识”。直接知识的优点：它是学习者自己从实践中得来的，学习者知道应用的条件、细节、效果和成败，知道应用的技巧。这些知识经受过学习者自己实践效果的检验，所以可以直接应用。直接知识与应用能力密切相关。直接知识的缺点：它是具体实践的产物，受到个人实践条件和实践深度、广度的限制，直接知识和具体能力的可迁移范围也会受到限制。与间接知识、理论相比，直接知识归纳的范围有限，深度、系统性和一般性不足。

那些不是通过自己的亲身实践，而是由别人的实践得来或通过转述得来的知识，那些用语言、文字、图形、公式（广义地说，都是“语言”：口语、书面语言、数学语言、图形语言）的方式进行传授的知识，对接受者来说就是“间接知识”。间接知识的表现形式一般是以文字、图形、公式为主的“书本知识”，或以语言传授为主的课堂知识。间接知识的优点：它综合了许多别人和前人实践的结果(知识的系统化、理论化和人类文化传承),系统性强、层次高、潜在可迁移的范围广,传授和学习的速度快。间接知识的缺点是,它不是学习者自己实践的结果,未经自己实践的检验,尚未与自己的直接经验对接,对实际应用时的条件和灵活应用细节不清楚,学习者直接拿来应用会有困难(纸上谈兵)。经验、直接知识和间接知识三者的比较见表 18.1。

表 18.1　经验、直接知识和间接知识的比较

类别 比较点	经　　验	直接知识	间接知识
由来	本人的实践(包括思维)	自己用广义语言表达的本人经验	通过广义语言传达的所有知识,对接受者来说,都是间接知识
性质	一般是多维的,本人操作有效,但无法交流	可以用一维或二维语言表达和交流,但与原来的经验有了区别	人类文化的重要组成部分。在社会上可以广泛快速地传播和交流
优点	经实践检验,自己可用于解决具体问题。基本上决定了个人全部知识的“质量”	有机会进入同种语言范围内的表达和交流,有机会进入社会文化	可以在众多直接、间接知识的基础上进行比较、创造,形成系统、抽象的知识、理论。层次高,潜在的迁移范围广。便于快速广泛传播和学习。基本上决定了个人知识的“数量”
缺点	受具体问题局限,实际迁移范围小	用语言表达出来之后,可能遗漏经验中的一些要素	不能直接形成接受者的经验和能力。接受者必须经过实践检验,这些知识才能形成自己的经验和能力

注意:这里所说的“语言”是广义的,包括口头语言、书面语言(文字)、公式语言(代数式、化学反应式等)和图形语言(包括静态和动态图形、图像,如机械图、电路图、影视图像等)。自然语言主要在时间轴上顺序展开,是一维语言。静态的图形(图像)在二维(几何)平面上展开,是二维语言。动态的图形和图像在二(三)维几何平面(空间)上展开,同时在时间轴上展开。

目前大多数学校课堂中进行的教学活动多为间接知识的传授,所以,学校课程教学中的一个非常重要的任务,就是如何处理好直接经验与间接知识的关系。当前课程教学中许多重要问题,都与这个关系处理不当有关。传统课程教学的主要问题就是高度重视间接知识的传授,但严重缺乏直接经验的获得,严重缺乏间接知识与直接经验的对接训练。这直接导致了学生的学习质量严重下降。

18.2　“砧木”与“接穗”

一个人通过自己的实践可以获得直接而具体的经验,从中可以总结出直接知识,同时可以获得做相应事情的能力。通过实践得到的直接经验,其形态一般不是“语言”(一维)的,很可能是多维的,往往是可以应用,但是无法表达的(能做不能说)。如果将这些经验转化成语言(文字、图形、公式)表达出来,就成了"直接知识"。直接知识可以表达出来,可以传授给别人。但对没有亲自实践过的人来说,这些都是"间接知识"。一个人通过语言文字的传授,可以学到间接知识,但他并不能同时具备运用该间接知识"做事"的能力,间接知识不能直接形成"能力"。这就是我们前面说的,能力不是"听"出来的,不是"看"出来的,也不是"讲"出来的,能力是(学习者在完成实际项目过程中动手动脑)"练"出来的。学习者要想建立起能够灵活运用的完整的知识体系,要想具备解决实际问题的能力,就必须通过自己的实践,在实践中边做边学,即"在做中学"。在实践中一边学,一边补充知识传授过程中缺失的许多要素,一边检验"做"的成败。

然而,在"做"中"学"什么呢?表面上看,在"做"中只能学到直接经验和直接知识。其实不然,在实践过程中,我们不但能学具体知识、直接经验,而且配合实践操作,也可以有效地学习间接知识,特别是可以学习系统的、抽象的理论知识和定量计算,这就是在校学习的主要优点。与传统的"师父带徒弟"不同的是,应用型院校的课程教学不但要吸取师徒教学的优点,更要发挥学校教育的优越性,将两者的优点有机地融合起来,这就是"现代学徒制"。对于教师而言,就是必须为教学过程找到这些间接知识(还包括理论和计算)与学生直接经验的"结合点"。以课程为主要形式的学校教学,必须解决一个困扰教师和教学研究者多年的重大问题:学生的直接经验与间接知识应当如何紧密配合、相互促进?

这里用一个比喻来说明这个问题。我们知道,许多果树都要通过嫁接才能长出好吃的果实。在土壤中生根的部分叫作"砧木",接在上面长果实的部分叫作"接穗"。没有接穗的砧木,空长了一棵植株,不结果实或只结出低品质的果实;没有砧木的接穗,尽管有生长出好果实的潜力,但却根本不能成活,这种潜力无法成为现实。只有将好的接穗嫁接到一棵好的砧木上,它才能"接上地气",把接穗的潜能变成现实,长出健壮植株,结出优良果实。这里,直接经验(直接知识)和具体能力来自实践土壤,好比砧木;间接知识(系统的理论)来自别人的实践,具有结出优良果实的潜力,好比接穗。只有将两者有效结合,才能使学习者的直接知识和具体能力得到有效扩展。

从课程教学的角度看,学校和教师的主要任务就是创造条件,使来自别人(或前人)实践的间接知识(书本知识、理论知识)能与学生自己的实践经验和直接知识相结合,在学习者头脑中建构出既是系统的、高层的、全面的,又是生动、具体、可应用的知识体系。怎样有效地进行"间接知识"与"直接知识"之间的"嫁接",是一切"教学法"必须解决的重大问题。

间接知识的主要载体是"语言文字",语言文字的表现形态主要是"(在时间上)串行"的;解决问题的能力却主要基于对工作情境的认知、理解、分析、判断、决策和实施,而工作情境的表现形态主要是"并行"的。因此,将间接知识的原始形态和结构进行转换(例如从符号串到图形,从静态描述到动态过程),从文字描述到工作程序,将间接知识的理论系统转变为应用系统,进而在实践过程中,对新知识的应用效果进行评价,对新知识的结构进行调整,这是有效学习间接知识最重要的步骤。常说的知识学习要"消化、理解",其实根本上就应当做这件事。但知识本位的教学将它转变成局限在知识体系之内的"消化理解记忆",与实践隔绝了。于是我们看到,今天的学校里,大量的学习都是将间接知识按照它的理论体系原封不动地进行传授,学生将这些知识按照其原有的字符串形态进行记忆。有的学生(尤其是高考备考生)竟以"能够记住所有知识点在课本上的位置"为荣。然后又把知识的应用和案例当作另外的新内容，与原有知识并行记忆。这样的学习过程就与教学的初衷(应用知识解决实际问题)完全背道而驰了。

从学习者的角度看，为了丰富自己的实践经验，在完成具体任务的过程中，训练具体能力，获取直接经验，在"做"的同时，适时大量吸收相关的间接知识，有计划地将别人的间接知识在自己头脑中转变形态，通过自己的实践对其进行直接或间接的检验，这样才能最有效地完成直接经验与间接知识的对接过程；才能在头脑中建构起系统、全面、深层、生动、具体、可应用的系统知识结构。在完成具体项目和任务的过程中，建立自己的直接经验、训练实践能力，同时学习、理解和检验间接知识(一般理论和系统知识)，然后在一般理论和系统知识指导下，完成当前和另外的具体项目和任务，以检验间接知识的可迁移性，这就是"在做中学"的具体过程和目标。教师的任务就是在项目教学过程中采用多重循环，引导学生从一到二，再从二到多，从个别到一般；再将一般原理反过来应用到具体项目，改造与提升自己的工作，使之通过实践检验。关于这个问题，请参见第 7.7 节(教师的启发式引导)和第 18.3 节。

当然，所有的比喻都有缺陷，接穗与砧木的比喻也不例外，我们只取其有效、有启发的部分即可。

18.3 直接知识与间接知识的衔接与促进

获得直接经验(直接知识)和具体能力的实践过程很艰苦，而获得间接知识则要方便得多；相同的时间内，获取间接知识的数量也要多得多。所以许多人将自己一生的大部分精力用在间接知识的获取、传播和加工上，忽视了直接经验的获取和能力的训练。如果这仅仅是个人行为，影响还不大，但现在这种轻视直接经验、轻视能力训练的倾向成为一种教育的主流思想，所有的教学目标均据此制定，所有的重要考核均据此进行，以做题代替解决实际问题，其危害就太大了。我国的基础教育就深受其害。

应用型课程改革的实践对直接经验与间接知识的衔接和促进，进行了广泛的研究和实践，得出一系列有理论价值和应用价值的结论。例如，对每个学习者来说，直接经验决定了一个人整个知识体系的"质"，而间接知识则大体上决定了一个人整个知识体系的"量"。一个人的实际水平是其知识的质和量的乘积，不是求和。只有两者都丰富，且恰当地结合在一起，学生的整个知识体系才是丰富完整而有效的。考核学生的学习质量，只考核间接知识的数量是不够的，还要将间接知识的数量乘以一个"质量系数"——就是"直接经验"。一个人直接经验(直接知识)的数量和质量以及直接经验(直接知识)与间接知识结合的好坏，就决定了他整体知识结构的"品质"，决定了他整个知识体系的应用效果，也就是决定了他的综合能力水平。

如果一个学生头脑中的实际知识系统基本上都是间接知识，缺乏实践经验、缺乏与实践经验的结合训练，那么他最终的学习效果和工作能力肯定不会很好。主要问题在于，这些间接知识未与自己的直接经验相结合，未经学生自己的实践检验，他没有直观感受，所以一定不会应用，或经常会用错。当前学校教学的一个重要误区，就是把"直接经验的获得，间接知识的实践检验”这两个极其重要的环节，统统推到毕业以后的工作岗位上，以为“学生在学校中的学习目的，就是多多学习间接知识，至于这些知识的应用和工作能力的获得，都是将来到工作岗位之后的事情”。这个观念上的误区导致以基础教育为代表的多种类型的教育质量受到严重影响。

当然，如果要求“所有的知识都要学生自己从实践中摸索”，那就没有必要开办学校，只要每个人都在工作中自己摸索就是了。但每个人在职业岗位上自己摸索学习的范围有限、效率太低，速度太慢。在校学习的特点，就是能够高效率地学到前人积累的丰富的间接的系统知识和理论知识。所以，课程教学必须解决的问题就是，如何将前人积累的丰富系统的间接知识（理论），与学生在完成项目任务过程中，自己亲历的生动活泼的直接经验有机结合起来的问题。我们的结论是，以直接经验提高学习的“质”，以间接知识增大学习的“量”。必须用实践经验给间接知识提供实践基础，使间接知识生动活泼起来，使之真正能够应用、创新和发展。同时，必须用间接知识给直接经验以引导，使直接经验能够进行广泛有效的迁移和应用。教师引导学生通过比较“真做真学”就是一个有效途径（参见第 7.7 节，关于“启发引导”）。

所以，能力本位的现代项目课程必须解决一个重要问题，就是在项目教学中如何创造新的教学法，将“系统的间接知识”和“一般原理”与操作获得的“直接经验”最有效地结合起来。

为此，课程教学目标中，教师除了强调能力的训练之外，还要写出系统的知识和必要的理论要点。教师要在“做”的过程中，有意识地渗透有关的知识、理论和计算，让学生积极主动地实现知识的“迁移”，而不是局限在具体操作上。教师在率领学生完成项目操作的同时，还应当精心设计间接知识的学习过程、设计必要的理论和数字计算的学习过程，最终还要用一般理论指导具体工作，使之改进和提高，这才是完整的课程教学设计。

这些间接知识如何在做中学、在做中用呢？让我们看看以下的课程教学模式。

从“具体任务”出发，学习“一般的间接知识（直到抽象的理论知识）”的关键就在“从一到二，再到多”。没有这个具体的、从实践出发的“一”（直接经验），直接去学习间接知识这个“多”（一般规律），就没有实践基础。传统的知识体系教学，就是只学抽象的一般知识，只学“普适的”知识结论和公式，不进行具体的实践操作，以为这样就可以一步到“多”，结果是欲速则不达。无论是个人还是人类整体，知识的产生都是从具体到一般。所以，学习任何新知，从具体的一项工作出发，是最自然、最有效的途径。

有了这个具体实践操作的“一”之后，如何学一般原理呢？这需要教师设计一个有效的过渡。这个过渡就是“二”。也就是说，有了一个具体任务（或项目）的实践基础，还要有第二个（稍有不同的）具体任务（或项目）过渡。对两个具体任务中的“相同”与“不同”要素进行比较，就将学生的思路从具体引向一般。仿此，再从二到三，从三到一般，然后学生就具备了从具体到抽象的认知基础。这就是“一生二，二生三，三生万物”的认识论含义。

为此引入下述两种以实践为基础的能力本位的课程教学模式。

第一种模式：情境—规范操作—效果 1—变化操作—效果 2—不同效果对比—学习原理。

由此可以进一步发展成下面的课程教学模式。

情境—目标任务—规范操作—效果 1—变化结构或变化操作—效果 2—效果对比—学习一般性原理、理论、计算—新的设计或新的操作—再操作，进行效果对比……

这两种模式都可以用于课程单元教学，或用于课程整体教学，或用于课程整体中一部分的教学(参见第 4 章、第 5 章和第 7.7 节中的“启发引导”)。

我们看到，这样的课程教学过程可以大致分成以下几个部分。

第一部分：情境引入与规范操作。

第二部分：变化的结构或操作。这个“变化”过程可以是真实的，可以是想象的，也可以是用模型进行仿真的。

第三部分：通过效果对比，学习一般原理。这个部分可以吸收传统教学中的所有有效成分，包括教师的精彩分析讲解、实验等。

第四部分：通过设计或创新，应用和发展所学的一般原理。到第三部分为止，还是单纯的学习。到了第四部分，就把一般原理的应用与实践中的创新有效结合起来，把认识世界与改造世界有效结合起来。

第一部分是从具体对象入手，通过操作积累感性认识、积累直接经验。第二部分则是从具体转向一般，从一到多，改变对象的结构、改变对象的运作方式、改变自己的操作方式。第三部分是通过效果对比，进行一般原理(间接知识)的学习。于是，我们的学习内容已经从具体转向一般，从操作转向学习。第四部分则又从一般回到具体从操作转向设计，从学习转向创新。

要设计和创新，一般性原理就成为必不可少的工具。学生通过真实或模拟的设计过程、创新过程，运用一般原理这个工具，完成各种实用项目任务的原理设计，同时，也就熟练地掌握了原本抽象难懂的一般原理本身。这里的新设计或新操作如果能够实施，就更加理想。当然也可以把相关的实践内容移到第二课堂进行。

这里所说的“变化”不仅限一次，可以有多次的变化，由此得到多个不同结果。这些变化不仅展示了实际操作中的“正常”内容，更应当覆盖实际岗位中所有主要可能的“错误”和“意外”，让学生从操作中积累“经验”。这些变化还应当覆盖一般原理所涉及的所有主要领域，用这些“变化”展示原理的应用范围和应用要点。通过变化，通过不同“操作效果”的对比，学生可以学到相关的一般原理。再将知识归纳成系统，这样，书本上的间接知识就有了一定的“操作经验基础”“设计应用基础”和“创新应用基础”，对于这样的系统知识，学生会应用、可创新。

这样就实现了课程教学(无论是能力训练还是知识学习)由过去的“实验导向型”向现在的“项目导向型”的转变。

以往在实验室中进行的教学，目的是验证理论是否正确，忽视了技能的训练。现在在实训室中进行的项目，有时又多强调技能的训练而忽视了职业岗位工作的情境；强调了教师的示范和学生的模仿而忽视了学生的主观能动性的发挥；强调了技能的训练却又忽视了系统知识理论的学习；强调了能力的训练和系统知识的学习，又忽视了在实践中的应用和创新。上述课程教学模式将若干最重要的教学要素有机地统一到先进的现代项目课程教学步骤中。

这样既重能力训练、重系统知识学习、重一般知识的应用，又重工作中的设计和创新的课程教学模式，在实施过程中，如果能有实训环境建设与改造的配合，效果会更好。例如，全部课程都在实训室上，开课前，要将实训室事先进行改造。首先根据课程将要涉及的内容，在墙上悬挂有关实物的结构和原理挂图，参照岗位情况，在工作台上和周围布置所有各种实物和模型，并配以详尽资料和说明。学生只要进到实训室，不用教师开口，就可以学习。无论是否本次课程的内容，学生随意翻看、讨论、研究。鼓励学生超前、鼓励学生想象、鼓励学生创新，教师提出的所有问题，学生都能从墙上、桌上、图上、模型上得到启发，这样的环境才是比较理想的知识学习环境。这也是学校教学与现场顶岗的重要区别之一。注意不要把学校的实训室建成学校和企业现场两者缺点的集合体。

正确应用行动引导型教学理论，首先要求师生双方都要转变"教"与"学"的观念，端正自己的位置，明确其任务和目标，成功实现教学由传统的"逻辑导向型""实验导向型"向现代的"项目导向型"转变。

应用型课程改革所创造的上述先进教学模式，把职教的优势（针对岗位、面向工作过程、能力本位的项目课程）与传统高校的优势（系统知识、一般原理、定量计算、思维训练、通识教育）有机地结合起来了。普通高校和基础教育都可以在自己的课程教学改革中借鉴上述经验，这个事实也凸显了这些创新的现代项目课程教学模式的普适性。

能力本位的现代项目课程需要应用行动导向教学法，同时应当开发丰富的、适合自己教学目标的课程教学模式。根据近年来许多应用型院校的丰富实践，本书对课程的整体设计模式（参见第7.2节）、单元设计模式（参见第7.3节）和课程体系的改造模式（参见第13章）分别进行了初步探索。所有这些模式，都与当代先进的学习理论和教学理论相一致。

知识灌输式的教学观认为，学习就是A＋B＋C…这样对知识点进行简单记忆、线性叠加的过程。但建构主义的学习观认为，每个人原有的知识结构是自己多年来积累的结果，每个人的知识结构都不一样。新的知识信息到来之后，可能被忽略或暂时记忆，但未必启动学习过程。只有出现"问题"（解决不了的任务，出错的做法）时，才会启动学习过程。学习的第一步，如果新信息就是原有知识体系中的内容，就用原有的经验（或稍加变形）将问题解决，这就是"同化"过程，将这些信息纳入原有的知识体系，最多是数量上的增加。学习的第二步，如果新信息与原有的知识系统有矛盾，不能被吸收到原有体系中，那么就要设法改造原有的知识体系，改变知识体系的结构，建设一个新的、能包容新信息的体系，这就是"顺应"过程。这是一个顿悟、豁然开朗的过程，是"心智模式转变"的过程。例如天文学上的"哥白尼革命"，自古以来大家仰望天空，一直以为是太阳东升西落，原来却是地球自己在旋转。

从上述对建构主义学习观的简单描述可以看出，我们所推行的现代项目教学法、行动导向教学法首先要求学生不要在抽象的知识学习上耽搁过多时间，要尽快进入实践操作，通过出错找到自己不会的地方，其实这就是摸索和确认每个学生原有知识体系的过程。所有"不会"或"出错"的地方，都是学生原有知识体系与新信息出现矛盾的地方。接下来通过教师示范或间接知识的学习，试着把握新信息，直到在实践中成功，证实自己已经掌握了新的知识和理论。于是将新的信息有效地纳入了自己原有的知识体系，这才是真正高效的学习过程。

这个例子也说明教师学习现代先进理论的必要性。教学改革内容错综复杂，单靠各人经验的积累是走不远的。教师必须积极地学习关于知识、行动、理论、实践以及教与学的现代理论，主动用这些知识理论武装自己。

18.4 课程教学中的常见问题

从基础教育到高等教育在教学内容上常见的主要问题之一，就是直接经验与间接知识比例的严重失衡。从小学到大学，学生主要学习的内容都是通过语言文字传授的间接知识，与之相关的直接经验和实践能力则极度匮乏。许多教育者和家长在观念上一直认为，上学的任务就是"学习"(间接知识的线性累加、记忆、再现)，实践是就业以后的事情，把"实践"环节从当前推到遥远的将来。他们以为，取消实践或大力压缩了实践时间，学生就可以腾出更多的精力学习更多的间接知识，就能提高教学效果。结果恰恰相反。学生在校期间缺乏足够的生活实践、生产实践和社会实践，一直在家庭和学校之间往返，一直在狭窄的小范围中生活，眼界窄、层次低、能力差。学生缺乏广泛的社会实践，不懂什么是经济、政治、军事；缺乏高层的社会实践，不懂什么是组织、领导、宣传；缺乏深层次思考的能力，不懂什么是整体思维、哲学思维、逻辑思维；缺乏抽象思考的能力，不懂什么是理论思维、全局思维、系统思维和定量思维。这类问题在文化基础类课程(如数学)、思想政治类课程和抽象理论类课程中的表现尤为突出。这导致学生学到的大量间接知识都是生吞活剥、死记硬背，未经充分理解的，大部分是基本上不会应用的死知识。连正确应用都不会，更谈何创新？我们的考试体系更加重了这个倾向。当前，以高考为代表的考试，基本上都是面向间接知识的层层选拔式考核。特别是用试卷进行的考试，基本上都是考核系统的理论知识和把抽象理论应用于抽象情境的做题能力。这种导向极其有力地强化了间接知识在基础教学中的地位，同时又极其有力地削弱了直接经验的习得，使之成为"课外活动"，成为可有可无的"举例"或"先学后用"。于是大家纷纷在小学和中学课堂上，对间接知识学习的深度、广度和技巧上进行攀比(各种课外培训班和奥赛)，却不肯在直接经验的获得、能力的获得、知识的应用、孩子情感性格的成长上下功夫。用上面的比喻说，就是大家纷纷炫耀自己的"接穗"(参见第18.2节)，想要把一棵更加巨大的接穗(想想中小学生越来越大的书包)，接在一棵柔弱的"砧木"上(想想学生们的做事能力、知识应用能力和创新能力)。对多数学生而言，他们的实践基础太弱，不堪此重负，巨量的间接知识完全无法发挥实际作用，这就是造成我国学生实践能力低下、创造能力不足的重要原因。所以，在各级各类学校中，全面强化课程教学的实践基础，具有极其重要的现实意义。

从机器智能的角度看，今天所有的冯·诺依曼结构计算机中的程序，都是它(指计算机，这里将计算机看作信息处理的"主体")的"间接知识"，计算机将这些来自程序员的"间接知识"直接加以忠实执行。所以，今天的计算机还不能说是真正的信息处理主体，还不具有真正的智能。用飞机做比喻，现在的冯·诺依曼计算机已经"能飞"了，但还不能主动飞翔，是一架滑翔机。当前人工智能的主要任务之一，就是设计出能够进行主动信息处理(有目的、自定目标、自学习、决策、操作、检验、创新)的、"有动力"的"飞行器"。这是一个很有讽刺意味的对比，一方面，人们努力提高机器（指计算机）的智能，使它的信息处理方式更加主动，不停留在“机械执行死程序”的水平上；另一方面，在基础教育和高等教育中却把原本具有最强大智能的人训练成死记硬背、死磨硬练的机器。

从基础教育到高等教育第二个常见的问题，是直接经验与间接知识的关系处理不当。从知识和能力的获得过程看，怎样学习是最有效的学习呢？一个学生先学习大量的间接（书本）知识，然后进行集中实践，补充直接经验，这是正确的学习方式吗？常见的“先学后用”或“先讲后练”是正确的教学（或学习）模式吗？实践证明，这样学习的效果很不理想。因为前面教师讲解间接知识时，学生不知道这些知识的用处，没有内在的学习兴趣和学习动力，并没有真正学进去；等到后面要动手操作了，前面讲的东西早已忘记了。所以，这种学习方式的效率很低。

陈旧落后的教育教学观念、方法和模式严重影响了我国的整个教育体系的质量和效果。国人极少数有条件者，纷纷送子女赴国外受教育，而且教育起点和年龄越来越低。众多的人只能默默承受错误教学理念和教学模式的严重恶果。这对中华民族巨大的智力资源造成极大的浪费，严重拖累了我国赶超世界先进水平的进程，想起来真让人痛心疾首。

真正有效的学习是“在做中学”“边做边学”“真做真学”。教师应当对课程进行精心设计，选择学生非常感兴趣的项目任务，随着项目的进展，配合精心挑选的间接知识、案例和辅助项目、单项项目，对学生的单项能力进行训练。使学生从具体项目出发，在训练具体能力、学习具体知识的同时，学到相关的系统的间接知识，包括定量计算和理论体系。然后，还要学习如何用这些一般理论指导改进自己的实际工作，实现创新和飞跃。

应用型课程改革在实践中找到了一条直接经验与间接知识有效连接、相互促进的途径，这就是职业活动导向、工作过程导向、强调德育和能力为重的现代项目教学。

18.5 强调德育和能力为重的项目教学原则的普适性

在课程改革领域中，我们把“能力”定义为“做事成事的本领”（参见附录 E）。所谓“做事”，首先是完成自己职业岗位的工作任务。这种能力本位的教学原则，是不是只适用于应用型教育呢？对于那些传统的职业——科学家、工程师、教师、演员、医生、律师等人才的培养，应用型课程改革的上述种种结论还适用吗？对于幼儿教育、基础教育而言，应用型教育改革的上述种种结论还适用吗？

有人说，能力本位、突出能力目标仅仅对于应用型教育是对的，但科学家、工程师所需要的首先是系统的理论知识和思维训练，基础教育（小学和中学）的首要任务也是传承人类已有的系统的理论知识。实际上，这是一个认识上的误区。

在职业链的高端（参见第 17.1 节），以科研为职业的“科学家”或科研人员，特别是基础理论研究者，他们就仅需要系统的理论知识，不需要职业能力吗？显然不是。科学家的职业是科学研究，他所需要的能力是“科学研究能力”。科研能力仅靠学习大量“学科体系”的死知识是无法获得的，任何科研能力（以及与此相关的观察能力、实验能力、想象能力、假设能力、验证能力、理论建构能力等）都需要通过科研的实践，进行反复训练才能得到。科学家首先需要的是认识客观事物和建构学科体系的能力。科学家要对学科体系的结构有深刻理解，对自然规律、社会规律有敏锐的直觉，对人类已有的学科体系，特别是对其中的知识逻辑结构了如指掌，还要在实践中多次尝试进行新学科体系的建构，只有这样才能训练出其职业所需的科学研究能力。

对于职业链中端的"工程设计"类职业，情况也是一样。培养大型工程设计者的院校，学生在校期间就必须让他们对各种真实或仿真的工程项目进行设计，以训练"工程设计能力"。可见，任何职业都需要对自己职业的能力进行有效训练，否则无法完成职业岗位工作。只是这些人的工作领域不同、能力目标各异而已，并非这些职业就不用突出德育和能力目标。在科学研究领域和工程设计领域中，死读书而不具备相应能力，只具有大量间接知识的人，同样是该领域中的失败者。

从课程教学的角度看，训练能力的载体就是"项目和任务"。近年来，许多理工科高校都开始重视"能力的训练"，特别是"应用型本科"院校，已经在主动吸取职业教育课程改革的经验，用来改造自己的课程教学，并取得良好效果。如果我们的科研教育、工程教育都能以自己未来职业岗位的项目为载体，在校期间对这些能力进行反复训练，使学生在积累直接经验的同时学到大量间接知识，那么，我们的理科、工科高校的教学水平将有显著提升。

突出德育和能力目标的现代项目教学，配合以恰当的间接知识理论的学习，这是所有类型学校——从幼儿教育、基础教育一直到高等教育——提高教学质量的最有效手段之一。无论学生未来从事什么职业，情况都如此。这也是"国家中长期教育改革和发展规划纲要"中提出"坚持能力为重"这个战略主题的目的。作为国家教育的改革发展规划，这个战略主题并没有局限在职业教育范围内。

"能力本位""突出能力目标"就是"坚持以能力为重"这个主题的具体表述。应用型课程改革对教育理论的贡献之一，就是强调了突出德育和能力目标的项目教学的普适性。

《国家中长期教育改革和发展规划纲要 2010—2020》关于"坚持能力为重"这个问题，文件中是这样叙述的："坚持能力为重。优化知识结构，丰富社会实践，强化能力培养。着力提高学生的学习能力、实践能力、创新能力，教育学生学会知识技能，学会动手动脑，学会生存生活，学会做事做人，促进学生主动适应社会，开创美好未来。"

这是一个发人深省的提法。坚持能力为重，这个重要的原则作为国家教育发展的战略主题，它就不仅针对"应用型教育"。这清楚地说明了"能力本位"课程在整个教育系统（幼教、基础教育、高等教育、应用型教育、成人教育、终身教育）中的重要地位。

"坚持能力为重"为我们解决教育系统当前许多实际问题开启了崭新思路。例如，全民关注的"千军万马过独木桥"的"高考"问题。曾有舆论强烈要求取消高考，但是，当优质教育资源供不应求时（实际上，优质教育资源永远供不应求），严格公平的考试是唯一可行的选拔方案。如果取消高考，这个资源将如何分配？"推荐入学"吗？事实证明，这样做的弊病更多。所以，问题并不在于"取消考试"，而在于"考什么"和"怎么考"。当前高考的弊病主要有两个：一是考试内容以间接知识、系统的理论知识或抽象的理论体系为主；二是考试形式以文字答卷为主，总之是缺乏对"能力"（首先是"运用相关知识做事"的能力）和"平时表现与工作成果"的有效考核。这种考试背后的理念是一个传统的认识误区："有了知识，就有能力。"或"在校学知识，将来工作时才训练能力"。这些错误理念已经导致严重后果。一卷定终身的结果是，这样选拔上来的相当数量的学生是靠背诵间接知识的结论(再加上完成抽象习题)得到高分的，并不具备解决实际问题的能力，即所谓“高分低能”的学生。由此衍生出我们的大学生“不会应用”，缺乏实践能力、缺乏创造力等一系列问题。换一个视角看，如果我们建立起一套有效的“能力考核”标准，探索出一套能力考核的方法，以能力考核的成绩(例如学生在中学阶段完成的项目或参赛成果，在考试过程中完成的任务成果，口试的结果等)为主，配合知识的平时考核与高考成绩进行高校录取。这样选拔出来的学生整体素质将会有显著提高。例如，由招生院校负责报考者能力的考核，用项目任务的完成效果与口试结果作为能力考核的主要评价标准，就可以从根本上解决目前高考面临的大量问题。而关于能力的训练和考核，应用型课程教学改革(还有国外、境外优秀高校的录取方式)已经取得了丰富的经验，可供借鉴。

所以，从学前教育到中小学教育，如果能够全面强化实践教学内容，坚持能力为重，使学生从自己的能力训练和直接经验入手，配合学习相应的间接知识、系统知识和理论知识，学生的学习效果、实践能力、知识的应用能力和创新能力都将得到大幅度提高。如果能充分发挥现代项目教学的巨大潜力，基础教育中的智育、德育和美育效果同样会得到相应提高。

应用型课程改革的实践证明，能力不能传授，能力要靠项目和任务来训练。在项目实施的过程中，学生训练了能力，同时习得了直接经验、检验了间接知识。而大量的间接知识，也可以在项目的实施过程中，与直接知识的学习有效配合与对接。所以，项目既是德育和能力训练的主要载体，又是能力考核的主要载体。

既然从幼教到基础教育到高教和职教，大家都要重视德育、能力的训练和素质的养成，那么，通过项目进行教学，就是大家都要研究的课题。也就是说，项目教学原则的普适性，是能力本位原则普适性的直接推论。近三十年来高职教改探索的能力本位的项目教学模式，对于所有类型的教育都具有重要的启示和借鉴意义。

18.6 建构学习的内容和手段

现在我们从“实践基础上的学习”这个角度来看“建构主义学习观”。关于建构主义学习观的要点，我们在本书第 18.3 节有过简单的描述。进一步的探讨集中在以下几个方面。

建构的内容：是单纯的“间接知识”的建构，还是“能力、直接经验与间接知识”的建构？

建构的手段：是间接知识的传授，还是把知识作为改造客观世界的手段和工具，在“知识的运用”过程中学习？

目前，国内外流行的建构主义的学习观认为，学生知识的建构过程是由“同化”和“顺应”两个过程组成的。但是，学生的学习过程，是单纯间接知识体系的建构，还是能应用的直接经验与间接知识共同组成的体系的建构呢？

显然，现代项目课程中的建构过程，应当是正确世界观的养成、直接经验建构、间接知识建构与能力的训练，这四者统一的过程。不应当把“建构主义的学习观”仅仅局限在“间接知识建构”的狭窄领域。需要将教学过程中的“知识建构”扩充为“活动建构”和“项目建构”，将间接知识的建构与直接经验的建构与能力的训练有机结合起来。更进一步，充分发挥“项目”的巨大承载能力，在教学中把经验、知识、能力的建构与“人的建构”结合起来，把职业道德、职业素质、世界观、价值观、人生观的建构与专业学习紧密结合起来，统一在课程的教学实践(首先是项目)中。

这应当成为应用型教育课程改革，以及所有类型教育课程改革的最重要的依据之一。

18.7 教学的基本规律

如果说，处理好直接经验与间接知识的关系、突出德育和能力目标，这些都是有效学习的重要条件，那么，本书中提出的课程整体设计的“6＋2”原则(参见第 4.2 节)就是现代课程教学基本规律的描述，是现代先进应用型课程的结构、教学目标和教学过程的原则性描述。

清远职业技术学院赵鹏飞(原)院长认为，作为教学基本规律的“6＋2”原则，大体上相当于理论物理中的基本方程组。若给出本校或本人的“边界条件”，就可以根据该方程组解出“具体解”。这当然是一个比喻，但却是一个很有启发性的比喻。在我们运用“6＋2”原则，反复对照、修改自己的课程设计时，就是在按照现代先进职教基本规律，改造自己的课程教学。

对传统教学的改造，指的是转变课程教学的内容导向(从知识逻辑导向转变为职业活动导向)，转变课程教学的主体(从教师主体转变为学生主体)，转变课程教学内容的主要载体(从语言文字转变为项目任务)，转变课程教学的主要目标(从突出知识目标转变为突出德育和能力目标)。

建立新的教学原则，指的是以学生为主体的学与教，以教师为主导的学与教，以实践为中心的学与教，以育人为中心的学与教。

“6＋2”原则中的两个渗透特别强调，要根据教学内容自身特点，设计合理的教学方式。对于德育、世界观、人生观、价值观类的内容，应当在单独开课的同时，注意渗透到所有专业课程中，落实到具体的操作环节中。防止思想政治类课程与专业类课程的两张皮现象，防止将这类课程当作单纯的知识课程进行传授。对于工具类课程(外语、数学)除了单独开课之外，还应注意需渗透到所有需要的专业课程中，防止将工具类课程当作单纯的学科类课程进行单纯的知识传授教学。对于职业核心能力类内容，除了开出单独课程之外，还应注意需渗透到所有专业、文化、基础和德育类课程中，防止将这类课程当作单纯知识传授类课程进行教学。

“6＋2”原则主要针对课程教学。从上面一层的课程体系的高度看问题，“以人为本”的育人原则就凸显出来了。因此，将课程体系改造的原则与课程改革的“6＋2”原则结合起来，就更加完整了。

18.8 新型学习模式与实践的认识论

现代项目教学的巨大成功给我们很大启发。跳出原来的间接知识传授的学习和教学模式之后，我们是否可以开发出更多、更新、更有效的学习和教学模式呢？下面我们清点一下现有的学习和教学模式，由此出发看看我们是否能设计出新模式。

1. 被动型间接知识的学与教

这是指以间接知识的传授为目标，以灌输、记忆、习题为主要手段的教学。学习的对象是抽象的、理论的、定性定量的知识体系。这类知识体系对世界进行分割和简化，抽取单一要素，寻找因果关系。优点：效高量大，视野广、类型多，潜在地有利于知识的迁移。缺点：缺乏认知冲突、缺乏学习主动性（内在的动力和兴趣）、缺乏思维能力、自学能力和直接经验的习得、缺乏知识的迁移能力和知识的应用能力的训练，不会处理前沿知识中多种不同知识理论体系共存的情况。主要的教学步骤是：学习—验证；学习—练习（消化、理解、记忆）。

2. 主动（兴趣）型间接知识的学习

以间接知识的传授和主动学习为主要内容。将“认识世界”（及其“效果”：考试分数）作为教与学的目标，以应试教育为代表，将学生的主观能动性引导到间接知识和分数。过去流行的许多知识本位的教学法，大多具有上述特征。例如，快乐教学、反馈教学、问题引领教学、引探教学、探究式教学等。优点是有一定的内在动力，缺点是着眼点在间接知识的传授，缺乏应用和解决实际问题的能力和强烈的内在学习动力。

3. “观察引入”型间接知识的学习

以观察、总结、综合为手段（案例引入或情境引入），最后达到（落实到）已有的（课本的）间接知识体系。主要目的在于知识的体系，不在于知识的应用，不在于改造世界。优点：接近个人的实际认知过程，但往往前面虚晃一枪，后面又回到间接知识的灌输。主要的教学步骤是：看—学—验；看—学—练。

灌输式学习的特点是力图将“客观、绝对正确”的间接知识结论（学科知识的理论体系），直接安装到学生头脑中，不管学生原有的知识系统什么样。无论是“陈述性知识”还是“程序性知识”，都采用灌输方式进行教学。

初步的经验式学习的特点是：从观察入手，思考、系统化。

“先学后练”式学习的特点是先讲后练、先讲后做。对知识进行详细传授，然后让学生通过操作进行验证。所学的知识有了一些直接应用。

以上是“间接（知识）学习”的主要类型。间接学习都是知识本位的，都是以知识理论的学习为主要内容的。谈到“能力”多半指的也是“推理能力、表达能力、思维能力、计算能力”等思维能力和方法能力，不是指专业技术实践能力和职业岗位上做事的能力。过去的教学法大都局限在这个范畴内讨论问题。

4. 探索、研究型学习

按照科学研究(知识创新)的行为模式进行学习。确定课题、寻找资料、提出假设、辩论研讨、实验验证、体系建立。将复杂的研究对象进行分割,将复杂的因果关系进行分离,用实验的方式找到单一变量之间的简单因果关系,从定性研究开始,寻找变量之间的定量(确定性或概率性)关系,构建公理型知识逻辑体系。运用理论思维模式,追求知识的正确性、确定性、完全性、唯一性,注重"对还是错"。这类学习过程是以认识世界为目标的学习,很像是瞄准未来科学研究工作(创建学科知识体系)的小型预演。事实上,这种学习模式可以成为理科院校的重要学习模式和教学模式。

5. 设计开发型学习

按照工程设计的行为模式进行学习。按照社会要求,运用已有的知识,完成指定对象的设计工作,产生出图纸和方案,进一步产生出样品、成品和产品。设计型学习的思维方式不是科研思维,而是工程思维。工程思维追求可行性和相对优化:没有最佳,只有更佳。注重多方案、实用性、经济考虑。注重"优还是劣"。

工程教育中的 CDIO[①],应用型教育中的第二课堂都以这种方式为主进行教学和学习。这类学习过程是以"创意开发设计"为手段的学习,很像是瞄准未来工程设计工作的小型预演。事实上,这种学习模式可以成为工科院校的重要学习模式和教学模式。

6. 生产型学习

按照生产(建设、服务)岗位工作的行为模式进行学习,这是高职及中职院校中的重点教学模式,项目教学是其中的主要内容。事实上,研发型课程、创业型课程和顶岗实习类课程都是生产型学习。这是以改造世界(生产)为手段的认识世界(学习)过程。

将"工作(生产)过程"进行认识论改造,克服原有工作过程在"学习过程"中的局限(安全问题、保密问题、岗位的局限、时间的限制、降低生产效率和利润等),达到比较理想的认知目的。

以上第 4~6 种模式是"直接学习"。直接学习不仅是"知识学习",更潜在地具有"工作经验积累""职业道德养成"和"职业能力培养"的效果。它们都具有"情境性",不是从抽象的定义出发,而是从职业岗位的实际情境要求出发;它们都具有"实践性",基本保留现实工作环境的所有复杂联系及其综合效果。不仅对"思维能力",而且对"行为能力"有高的要求;它们都具有"参与性和体验性",学习者参与到尽可能实际的工作中,可以积累直接经验,建立直接知识;它们都具有"创新性",在实际工作中,总有间接知识之外的未知元素存在,不是间接知识可以完全概括的;它们都具有"综合性",能力、知识和德育(素质)等教学任务,全可以用项目承载。总之,它们全都具有"改造世界"的性质,学员用自己的行为改造世界,在改造的过程中学习,即在做中学;在改造客观世界(学会做事)的同时,改造自己的主观世界(学会做人、提高思维能力)。

传统课堂中"间接知识的学习"一般没有改造世界的明确目标,学习的直接目的仅仅是

① CDIO 代表构思(Conceive)、设计(Design)、实现(Implement)和运作(Operate),它以产品研发到产品运行的生命周期为载体,让学生以主动的、实践的、课程之间有机联系的方式学习工程。

在头脑中(有时是盲目的)积累(专业技术)知识。学生经常会问一个影响学习动力和质量的关键问题:"学这个有什么用?"教师总是回答:"将来你就知道了!"结果多数学生缺乏内在动力,只能盲目积累。

但在"改造世界"过程中的"直接学习"就不一样了,改造世界总有明确的目标,有对"外界改变效果"的强烈期待,这个目标可以激发学生强大的学习兴趣和动力,指引明确的学习方向。教师在课前设计出研究型项目、生产型项目、任务、课题,然后按照认识规律的要求进行改造,使之成为"学习性的项目、任务、课题"。所以它们都是"参与性"(实践性)的学习,都在做中学;都需要将前人、别人的间接知识与自己的直接经验有效地融合起来,都能有效提高认知质量和效率。

应用型教育的任务就是按照未来职业活动的要求和岗位工作情境进行高效学习,同时克服直接顶岗干活固有的缺陷。这种"直接学习"方式能够最有效地解决学生的主动性问题,能够最有效地训练学生的"解决问题能力、思维能力、知识应用的方法与程序、自主学习能力、与人合作能力(开放互动)、与人交流能力"等。这种学习方式的主要载体是项目和任务。作为学习内容的载体,项目和任务不仅可以承载专业技术内容,更可以承载职业道德、职业素质和职业核心能力等诸多内容,使这些内容的教学工作真正落到实处,从根本上解决传统的知识本位教学中,技术教育与思想道德教育"两张皮"的问题。

从间接学习发展到直接学习,从看和听发展到参与和体验,从单纯的"接受"到"应用、设计、改造、创新",沿着这条思路可以设想并开拓出许多新的高效的学习(教学)模式。

例如,"生活型"学习模式,就是一种可能的新型教学模式。我们的道德课程(家庭美德部分)采用的是间接知识(包括案例)理论传授、讨论为主的方式。而国外的"婚姻家庭培训班",则是生活领域中,参与型、体验型学与教的例子。参与培训班的男孩与女孩一对一先体验恋爱过程,同时学习相关知识、案例、注意事项和问题处理技巧,然后筹划"婚礼"并组成"家庭"。按照教师设计的种种"情境",学生"经历"生活中的种种磨炼,处理生活中的经济问题、亲属问题、子女问题、交往问题、社会问题等。最后,所有的"家庭"都要实际演习"离婚"过程。可以想象,学生对参与这样的培训班学习的积极性会很高,经过这样参与、体验式的培训和学习之后,青少年对恋爱、婚姻和家庭的认识要比过去实际并深入得多。这种"参与式"的培训比传统的"知识传授"式(家庭知识、婚姻知识、法律知识)或"案例分析"式的间接学习要有效得多。

这样,我们就从间接知识的传授式学习,进到从观察出发的学习,进到体验式学习,再进到以改造世界为目的的学习。

以实践为基础的学习和教学,是以改造世界为手段,以认识世界为目的的学习和教学。在"改造世界"(研究、创意、开发、设计、生产、服务)的过程中,同时"认识世界"(学习)并"改造主观世界",是"在做中学"("在战争中学习战争"),不是先在学校"认识世界",毕业后到工作岗位"改造世界";也不是先在教室里"认识世界",后到实训室或职业现场去"改造世界"。这种认识的完成过程包括以下三个重要节点。

(1) 从生存发展需要的工作(项目)需求出发,确定项目工作的目标和内容,在项目实施的同时,进行工作能力的训练与知识理论的学习;同时按照职业道德和职业素质的要求,改造自己的三观,改造自己的认知和行为习惯。这个阶段中教师的有效引导内容主要是,如何从具体的工作,引导到一般的抽象理论。这就要求教师掌握从一到二、从二到多(引入多个案例或小项目)的程序及方法,让学生通过比较、思辨,形成概念、定义和规律。缺少了这个引导环节,课程就局限在具体简单的单一工作的狭隘经验上,认识就无法上升到一般原理。

(2) 在学习的基础上,在理论的指导下,对工作(项目)的提升、改造和创新。这是体现认识过程主动性的重要阶段,不但要认识和解释世界,更重要的是还要改造世界。设计、发明、创造、革新是这个阶段的主要工作。

(3) 在项目实践的启发下,对现有的认知(知识理论、三观、主观世界的改造)结论的重组、改造和创新以及思维能力的提升。

以上三个节点结合起来,就是"在改造客观世界的同时进行认知,并改造自己的主观世界"的过程。

在实践认知的过程中,还有一个"假做、假学"还是"真做、真学"的问题。灌输式、背诵式、表演式的做和学是假的做学;启发式、比较式、质疑式、辩论式、独立完成工作,经实践检验正确并内化于心的做和学,是真的做和学。毫无疑问,现代项目教学必须是真做、真学。

这种认知过程通常都是从具体到抽象,从简单到复杂,从初级到高级,从"接受"到"比较",再以"检验"到"内化",从改造客观世界到改造主观世界的循环递进的过程。在认知过程中不断与人交流互动,可以极大地提高学习的质量和效率。在人的一生中,这个认知过程永不停止。

这就是以实践为基础的认识论,就是"在做中学"的理论依据。关于这个内容,参见第 8.10 节中现代项目教学和第 7.8 节中质的研究。

个人的实践领域包括以下三个方面。

(1) 个人社会生活实践。以社会政治、经济(生产)、文化领域的工作和人际关系的认知、适应与改造(创新)为主,法制与德育是其核心内容。

(2) 个人自然生活实践。以对自然(天、地、生,物质、信息、能量等)的认知为核心内容。

(3) 个人精神生活实践。以对自己全部生活和观念的反思、感悟、顿悟为主要内容。所有的上述社会生活、自然生活的内容最终全都转化(建构)为自己的精神生活,变成自己的经验、知识、观念、能力、习惯、个性、心理和性格,形成了一个独一无二的组合模式,理论上表现为自己的世界观、人生观和价值观,就是个人的"灵魂"。它决定了人的个人精神面貌特征和生存动力与方向。精神生活实践就是在上述社会生活与自然生活实践过程中,通过观察、学习、感悟,建构形成并反思改造自己的主观世界。

在所有这些领域中,一边实践一边学习;一边改造客观世界,一边改造主观世界。在认知和适应世界的过程中改造它,把世界变得更理想。无论是在家庭、在学校还是在职业岗位,实践基础上的认知过程都是最自然、最基本的认知过程。在校教育和教学是人的整个认知过程中的一个重要方面,传统的知识理论传授式教学反倒是认知过程的一个局部,是一个需要改进的特例。

这就是实践的认识论。它比传统的知识传授式教学要全面、丰富、正确和有效得多。

在个人实践的基础上，还有更高一个层次的“社会实践”，就是以社会群体（社团、民族、国家等）为实践和认知主体的实践和认知过程。由此形成社会群体的记忆、文化和历史。

所有类型的教育：基础教育、高等教育、成人教育、学前教育等同样可以从这种实践基础上的教和学的方式中受益。特别是基础教育，应当积极开发上述所有类型的课程，而不只是知识传授类的课程；应当把德育和能力目标提升到应有的位置，而不是强调单一的知识目标。在传统的教学过程中，认识世界与改造世界被人为分离。现在我们意识到，可以在人生青少年的学习阶段，把未来的改造世界的所有主要元素有机地设计到在校学习过程中，开发游戏式、项目式、参与式、体验式的课程，并成为教学的主要内容。这将极大地调动学习者的内在积极性，有效积累实际工作经验，极大地提高实际的学习质量，极大地改善课程教学效果。国外在这方面的新探索和新经验，参见第 18.13 节中介绍的美国高技术高中。

18.9 能力、动力与价值选择的向量模型

在人文社科领域引入自然科学的思路和手段，是提高研究水平的有力武器。最著名的例子就是，在经济学领域引入数学，形成“数理经济学”学科，对经济学研究起到巨大推动作用。将系统论与控制论相结合而形成的“系统动力学”，极大地促进了人类对巨大的社会系统、环境系统等的内在动力结构的认识和把握。所以，在教育、教学和心理领域，我们也可以试着这样做。

一个人做一件事的动力与他的能力有关，但两者并不等同。人的动力与人对要做的事情的“价值判断”直接相关。于是，人的能力、动力与价值观组成一个（类似于物理学中的“力”那样的）“向量”关系。价值观是关于“方向”的要素，“能力”是一个只有“大小”，没有“方向”的量。于是我们可以构造一个“向量”，它以平面原点为一端，另外一端能在空间旋转，在价值选择的方向上，它在平面上的投影，就是“动力”。向量与平面的夹角，就是个人对该方向的“认可度”。夹角 0°时，认可度为 1。夹角 90°时，认可度为 0。这就是人的“价值观、能力、动力”的数学模型。根据该模型，对教学要素进行调整，应能改善教学和学习效果。

下面用图 18.1 说明这个模型的用法。

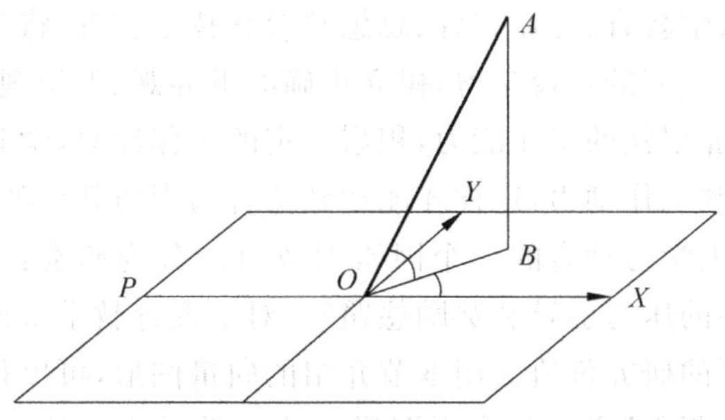

图 18.1 能力、动力与价值观的向量关系图

在二维平面 P 上建立 XY 直角坐标系。向量 OA 一端固定在坐标系的原点，另一端可在平面 P 上面的三维空间运动。A 点在平面 P 上的投影点为 B。

坐标轴 X 和 Y 代表了不同的（或对立的）两种基本价值。OA 的长度代表人的能力的大小。OA 投影在平面 P 上的方向（$\angle BOX$ 或 $\angle BOY$）代表了价值方向的选择。$\angle BOA$ 的余弦值代表个人对该方向的"认可度"。OB 的长度（特别是 B 点分别在 X 轴和 Y 轴上的投影）代表"人在该方向上做事的动力大小"。方向确定之后，个人对此方向的认可度越高（$\angle AOB$ 越小），动力越足。

下面我们用上述向量图研究人的学习能力、学习动力与该人对学习环境认可度的关系。

湖南岳麓书院中有一副对联："合安利勉而为学""通天地人之谓才"。上联说的就是，人的学习动力一般有三种：兴趣、功利、压力。请参见第 17.2 节。

"兴趣动力"是学习者内在的认知动力。对不同的人，"兴趣"有不同内容和不同的强度。以"兴趣"为动力的学习是最有效的学习之一，因为内在的兴趣指向学习对象本身。学习者对所学的内容本身有强烈兴趣，能抗拒一切外来干扰，专注于自己的兴趣所在。对于学习者来说，兴趣这个动力是内在的、强有力的。以兴趣为动力的学习往往能够有效地转化为对工作的高要求和不断创新。真正推进事业发展的人，多数都是以这种动力进行学习和工作的人。所有的外在压力，只有最终真正转化成内在的动力时，才是真正有效的。

"功利动力"就是为了实现一个确定的功利目标而进行的学习。例如，为了职称晋升而学外语，为了进入高工资行列而学专业等。这种人对所学的内容本身未必感兴趣，只把所学内容作为获得工资养家糊口或获取利益和社会地位的手段。他在短时间内可能产生一定的学习动力，而一旦功利目标达到，所学内容就成了"敲门砖"，会被扔掉了。这种人对事业本身的发展不负任何责任。

"压力动力"就是迫于外界压力进行学习的动力。例如，学生单纯为了报答家长、教师，或为完成社会责任而进行的学习。这样的学生对所学内容没有内在兴趣，看不到学习的用处，也看不到学习的效果。整个学习过程十分被动，学习效果往往很不理想。

三种动力可以相互转化。例如，通过教育和环境影响，把压力转换为兴趣。再比如，原来是个人兴趣的事情，现在有利可图，于是变成为了追求功利而学习，等等。当然，如果一件事情既有个人兴趣，又有社会需求，还能给自己带来实际利益，那么学习的动力就更为充足。

希望通过我们的入学教育、专业教育、思想教育和技术教育，将学生的个人兴趣与社会需要有效结合。通过高效率的在校学习，树立正确的世界观、人生观和价值观，建立正确的理想和坚定的信念，培养很强的工作能力，积累一定的工作经验，学到系统的能应用的专业知识，具有巨大的学习和工作动力，这样才能达到德育与素质教育的基本目标。

总体来说，影响个人学习动力的三个因素大致可以分为两类：内在因素（个人的兴趣好恶）和外在因素（外在的压力引导和奖励惩罚）。对于教育教学来说，"学习能力"与"学习动力"的关系，具有重要的研究价值。用本节介绍的向量图形，可以得到"学习能力、学习动力与学习者对环境价值判断"之间的直观图形表达。学习能力是个没有方向、只有大小的量，用向量 OA 的长度表示。学习动力是向量 OA 在平面 P 上的投影 OB。X 轴是"外界的奖罚"(压力和功利)。Y 轴是"自己的好恶"(兴趣)。每个学生对"学习平面"上不同的"方向"有不同的"认可度"($\angle BOA$ 的余弦值)。

从图 18.2 中我们看到学生 1 的表现是,对教师、家长和社会提倡的内容给予高度认可,自己有些内在兴趣但不强烈。这样的学生就是我们传统教育训练出来的"好学生"和"乖孩子"。特别是许多女生被调教成这样。

从图 18.3 中可以看到学生 2 是个有强烈个性爱好的学生。他的学习兴趣很强烈,同时对社会环境提倡的内容也有强烈的学习动力。他还是个有点冒险精神的孩子,对环境反对的内容,尽管可能给自己带来一定的惩罚,也敢于尝试。

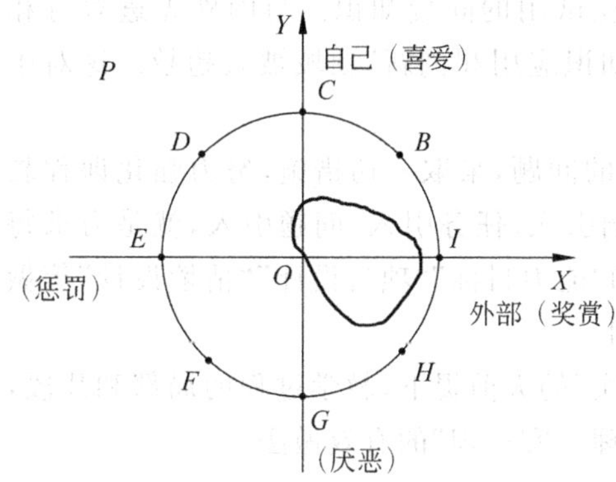

图 18.2 学生 1 的学习认可度图

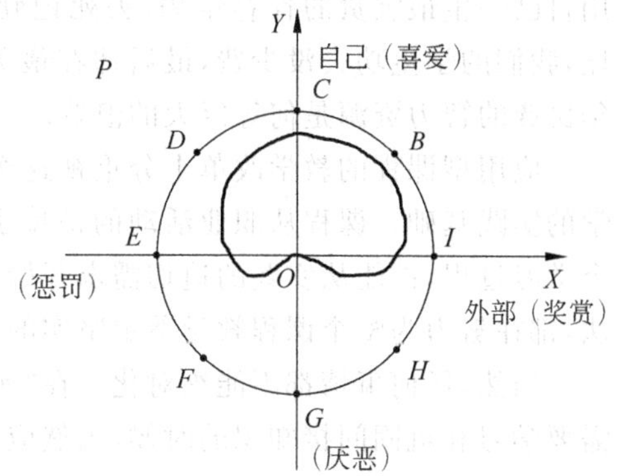

图 18.3 学生 2 的学习认可度图

关于这个向量图在德育方面的应用,请参考本书附录 C。

18.10 "实—理—实"与"理—实—理"

实践—理论—实践—理论……人的认知过程本来是一个循环往复,不断提高的无穷过程。从这个链条里面可以截取不同的段落,进行分析研究和实际操作。

(1) 两节点情况。"理—实"是从理论到实践,"先学后用",是我们教育系统一直应用的方式,也是一种低效率的学习方式。而"实—理"则是从实践出发"边做边学",是一种高效率的学习方式。现代项目课程一直在使用这种认知方式。

(2) 三节点情况。表面来看,"实—理—实"还是"理—实—理"好像差不多,都是上升运动的一个环节。实际上差别很大。"实—理—实"是从实践出发,从实践中出现的问题开始学习,这就是学习过程起点的自然选择。学习过程的结尾落实到解决实践问题,这是学习目的的自然选择。"理—实—理"是从间接知识开始学习,学习的起点是前人的系统知识。学习过程的结尾落实到间接知识和理论系统的传承,这是学习目的的选择。对于未来从事"技术应用"工作的人,应用型院校主要采用的教学方案应当是"实—理—实",而对于未来从事"理论研究"工作的人,主要采用的教学方案应当是"理—实—理"。

能力本位的现代项目课程,本质上是"实践为本"的。无论从人类整体、个人一生还是从一个具体问题的学习过程看,学习的根本动机都来自实践,学习过程的本质都是"实—

理—实”的。所有有效的学习都应当从直接经验出发,应当有来自实践的明确动机、兴趣和目标。实践中的问题产生学习的动力,学习的成功效果导致更强的能力和有效的认知。”

但是我们现在的基础教育把这个基本动机扭曲了。学校和家长急功近利,把教育的目标从追求真知、学会生存,转向追求分数、面向升学。为生存实践服务的教育,逐渐演变成以传授间接知识为主、面向考场的教育,甚至成为排斥直接经验、排斥课程中的实践内容的教育。结果课程教学渐入歧途,导致今天基础教育、高等教育课程教学的巨大偏差。我们的基础教育不是能力本位,而是知识本位的;不是从实践出发,而是从间接知识出发的。以高考为代表的应试教育更加强化了这种从间接知识出发的学习过程。一代一代的青少年用自己一生最宝贵的青春年华,去死记硬背那些应试用的间接知识。与国外先进教育相比,我们的学生功夫没少费,最后却在最关键的“知识应用和创新”领域被人超越。这对中华民族的智力资源是何等巨大的浪费。

应用型课程的教学改革十分重视这个根本性的问题,采取一切措施,努力强化课程教学的实践基础。课程从职业活动的情境引入、案例引入、任务引入、问题引入,就是力求每个学习过程,都能从实践的迫切需求开始。此后的“能力目标”“项目设计”“情境设计”等做法,都在努力为整个课程教学奠定坚实的实践基础。

当然,任何事情都不能绝对化。在“实—理—实”的大前提下,教学过程的局部和片段,需要学习和巩固间接知识的时候,当然应当吸收“理—实—理”的有效做法。

18.11 不同内容的教学手段

(1) 间接知识可以传授。包括“授课、灌输、宣传、洗脑”都是传授间接知识。知识传授的逻辑是推理。知识传授的基本方法是逻辑推导法。知识传授的规律是感性到理性、定性到定量、低级到高级、具体到抽象。知识表达、传授的载体是语言、文字、公式、图形。所有以传授方式教学的知识,都是间接知识。间接知识可以是“应用性”的知识,也可以不是“应用性”的知识(例如关于知识体系的抽象的理论知识)。间接知识决定了一个人知识的“数量”。即使传授的是“应用性”知识,学生也仍然不会真正灵活应用,更不会创造性应用。

(2) 直接经验靠体验。实际参与、转变身份(以学生的身份“下企业”,参观、学习还不够)。把体验到的内容用语言文字等手段表达出来,就是直接知识,直接知识是应用性的知识,是在应用过程中习得的知识。直接经验和直接知识决定了一个人全部知识的“品质”。直接经验和直接知识将自己所有的“间接知识”乘以一个“质量系数”。

(3) 做事能力靠训练。能力训练的载体是项目任务。在尽可能实际的项目和任务中训练。训练的逻辑:工作逻辑与行动引导。通过多次、正误的反复比较,尽可能遍历所有可能的工作情境,对成败进行总结反思,就能训练出做事的能力。能力训练的载体是项目和任务,它同时也是道德(素质)教育的有效载体。

(4) 价值观、真知、创新、创造靠感悟、顿悟。道德、理想、价值观、对全局的真正了解、哲学层次的真知、书本上没有的规律,生活中的潜规则等,这些内容单有知识不够,单有体验不够,单有能力也不够,要靠自己在复杂的实际情境中努力领悟、觉悟、感悟、顿悟,要内化为自己的“灵魂”。

18.12 刻意练习——高级能力的获得

在“最强大脑”一类电视技能比赛节目中，参赛者往往表现出让人匪夷所思的强大能力，例如在令人眼花缭乱的巨量图片中，迅速找到指定模式的一张图，或现场记住几十、几百位的随机数字。观众往往惊叹：“这么强大的记忆和识别能力是哪里来的？我能练出这样的能力吗？这种能力有极限吗？”这类电视节目引起大家对“超常专业技能”来源的热议。教育工作者，特别是应用型院校的教师更是高度关注这个重要问题。

要达到课程的能力目标，就必须用项目任务进行训练，因为能力不能像知识那样通过传授获得。但是，只要动手动脑去做，就一定能获得能力吗？为什么有的学生按照工作单干完好几个项目，仍然没有获得想要的能力呢？能力的获得，特别是那些专业领域的高级能力，到底是怎样获得的呢？近年来，国际上对此问题的研究有了许多新成果。

安德斯·艾利克森博士是美国佛罗里达州立大学的心理学教授，他写的《刻意练习——如何从新手到大师》(以下简称《刻意练习》)一书，近来引起国内各界关注。艾利克森在“专业特长科学”领域潜心研究了几十年，他发现运动员、棋手、器乐家、医生、记忆高手等领域中的专家级人物，不管在哪个领域，他们提高技能的方法全都遵循一系列普遍原则。他将这种通用的原则方法命名为“刻意练习”(Deliberate Practice)。刻意练习的原则被认为是迄今为止被发现的最强大的学习方法之一。

下面根据应用型课程改革的需要，我对艾利克森所写《刻意练习》一书的主要内容进行简单评述。

作者首先通过大量的案例指出，领域专家那些看似惊人的超常技能(盲棋取胜、体育的高难动作、演奏高难乐曲、背诵几百位随机数字、熟练记忆大量复杂的地图信息快速找到最短通路等)，并不是只有“该项天才基因”的人才能办到，正常人只要对此有兴趣，运用正确的方法，通过持续训练，通常都可以做到。这里，正确的方法是关键因素。无论在哪个专业领域，为了获得超常的技能，仅具有真诚的愿望、勤奋刻苦的努力、坚强的毅力、进行反复的磨炼，还是不够的，还要有正确的方法，这个正确的方法就是“刻意练习”。

普通人完成一项工作、解决一个问题时，通常是在大脑的“短时记忆区”中处理相关信息。人的短时记忆容量有限，例如记忆无规则的随机数字，通常不超过 7 个。要成为随机数字串记忆或国际象棋领域的专家能手，必须极大地扩充这个数量，也就是说，必须在大脑的“长期记忆区”中，建立起这个专业工作的“数据库”。例如国际象棋高手要在大脑的长时记忆区中储存大约 5 万个数据区块，同时建立起一个高效的快速检索系统，而不仅是记住棋子位置那么简单。面对千变万化的复杂棋局，棋手能运用自己大脑长时记忆中的巨量数据，按照自己平时训练时悟出的规律和建立的快速检索系统，高速识别局势，给出制胜对策。问题是，怎样才能从一个下棋生手逐步变成熟手，再从熟手变成高手呢？怎样把大脑短时记忆区中的数据按照特定的模式逐步转移到长时记忆区中呢？

一个人学会一项新的技能，从“生手”变成“熟手”的过程，通常任何人都能掌握，似乎不用什么特定的方法。例如，一个人对打网球产生兴趣，他找来相关书籍，请了教练，每天临场指导。通过大量练习，逐步就掌握了有关的知识和技能。在同一般人的比赛中，可能互有输赢，应付日常生活绰绰有余。在这个看似“自然而然”的过程中，看不到特定“方法”的重要性。但是，要想从“熟手”变成“高手”(专家)，就不是一般做法能够奏效的。

艾利克森在多个专业领域通过多年研究，获得了几个极为重要的结论，对这个关系到教育培训领域的重要内容做出了杰出贡献。

该书指出，要想成为领域专家，获得超常技能(能力)，必须遵循以下要求。

1. 要有强烈的兴趣和强大的动力

要刻意追求更高水平，全力以赴专注训练，肯付出大量时间和精力，在艰苦的训练和学习过程中努力保持强大的内在动力。

2. 要有具体、可达的目标

目标要具体，把大目标分解为可以逐步实现的渐进的小目标，逐步实现。当你把“超越别人”的目标逐渐变成“超越自己”时，你就有了持续前进永不衰竭的动力。

3. 要有正误优劣的判断标准

训练内容要有可测量的成果，有具体的测量步骤、优劣标准和具体的判定步骤。

4. 要有及时全面的反馈和调整

必须有及时的全面的(正误优劣)反馈和根据反馈进行的随时调整，整个训练过程都是如此。

5. 要制订可行的计划并坚持下去

艰苦、枯燥的训练过程需要浓厚的兴趣和强大的动力支撑。随时用大小成果的正反馈来激励自己。

以上五项都是大家熟知的内容。但下面的内容就是艾利克森的新贡献了。

6. 要走出舒适区

研究表明，每天从事自己可以轻松应对的事情，重复30年也不会有进步，往往还会有些退步。要想提升自己的能力，必须逼自己，迫使自己走出舒适区，进入自己还不太擅长的相对陌生的领域。例如给自己设定全新的任务，或者过去一直完不成的任务，或者对熟悉的任务设定更短的时限等。当然不能超出舒适区太远，进入“倦怠区”，那样会使自己无从下手，或者不断失败锐气尽挫。使自己处于舒适区与倦怠区之间的“甜蜜点”进行训练和学习，可以达到最高效率。走出舒适区之后的训练，会多次遇到“瓶颈”，觉得“再也不能提升了”。其实，这些往往都是自己心理上的障碍。书中列举了大量案例，说明原来以为不可能打破的纪录，在运用刻意练习的方法之后，都被打破了。

7. 要建立自己的心理表征

高手下棋并不是简单记住棋子的位置。高手在无数次的训练中，在大脑的长时记忆区中建立了几万个数据区块，棋子的位置被整合成有意义的局势和制胜的策略，还有一套高效的检索系统。高手的头脑中建立起了一套特定的“心理表征”，他可以不用看棋盘，自己在头脑中直观再现棋子的位置(下盲棋)，完成棋局的局势判断、策略建立，然后给出当前具体的棋步。

做任何工作都一样，心理表征就是通过反复训练，把完成任务时的零散随机数据整理连接成一个有意义的结构以及一套高效率的检索系统，在大脑的长时记忆区中把它建立起来。即使不在训练或工作的现场，高手也能在心里进行有效的“思维操作”，在心里“看到”工作各要素和工作进行的“具体情况”。[①] 面对同一个工作，谁的心理表征更大更全、检索机构更快更高效，谁就在技能比赛中胜出。

心理表征有两类。一类是通过反复训练，人的身体内部自然形成的。例如，高难的体操动作。在训练过程中不断反馈、改进，大脑和肌肉逐步改变了原有的指挥和连接方式，建立起了新的快速准确连接，这就是“经验”的具体内容。这些经验往往是个人的一些感受、一些“内知觉”，难以用语言文字传达给别人，但在自己的内心可以形成清晰的心理画面。[②]

第二类心理表征往往涉及大脑。在涉及脑力活动或脑体结合活动时，在大脑中建立的心理表征可以不是自然形成，而是自己创造的。例如，记忆大量的随机数字。心理学的研究表明，人的短时记忆区对随机数字的记忆一般不超过 7 个。但是在记忆比赛中我们看到，选手居然能够短时间一次记住几十、几百个没有意义的随机数字。他们是怎样做到的呢？作者的研究表明，他们创造了一套独特的心理表征，这就是把随机数字分组，然后对每一组数字赋予意义，人脑能记住大量有意义的事物。例如，把零散的单词组织成语句，把语句组织成故事，人的大脑可以记住很复杂的故事。汽车司机通过艰苦训练，把城市地图数据和路径查找工作在自己的长时记忆区建立起直观的“心理表征”，可以快速找到指定路线。

建立心理表征的过程是个能力训练的过程，不是知识传授的过程。想要提升自己能力的人必须主动走出舒适区，在各种可能的情境中进行反复的操作练习，通过操作—失败—反馈—调整——再做，直到成功；成功之后要走出舒适区，再改进，再提高效率。这样逐渐形成大脑长时记忆区中的心理表征。遇到具体问题时，高手调动自己的心理表征，迅速从局部看到全局，从静态看到动态，从现状看到趋势，快速预测未来，制定策略，展开行动并取得成功。心理表征的数量、规模和质量决定了人的能力高低。在舒适区内的操作，无论重复多少次，都对心理表征的建设和改进没有贡献，所以也不会从根本上提升自己的能力，只能提高原已掌握的操作的熟练程度，这就是低效或无效的训练。所谓“重复训练，内化于心”指的就是建立起了自己有效的心理表征。

身体通过训练可以增长肌肉，这是大家可以看到的事实。大脑通过训练会如何呢？虽然表面上看不到大脑整体的体积变化，但是解剖生理研究表明，对智力工作领域的强化训练之后，大脑的对应区域的体积确实有明显的增加。所以，对于从事智力工作的人来说，有效的训练对大脑特定部位的生长和大脑内神经元的重新连接，都起到重要作用。正是因为人的身体和大脑都有巨大的适应能力和巨大的变化潜力，所以刻意练习方法才能在实践中

① 心理表征其实就是大脑长时记忆区中建立的心理模型。爱因斯坦据此进行关于相对论的“思想实验”。(戴士弘)

② 这样训练所形成的能力也难以用语言描述，所以“经验”和“能力”无法被完全归结为“知识”。(戴士弘)

奏效。

该书详述了几个在工作中运用刻意练习取得巨大成功的案例(例如飞行员和医生的刻意练习),对我们很有启发。作者提出,掌握了刻意练习的方法之后,可以把它运用到每个人的工作和日常生活中。例如,在职业工作中加入训练成分,边做边练,可以在不脱产的情况下有效提高能力水平。例如,把公司的常规会议开成角色扮演型的边做边练的会议,既解决了问题,又提升了能力。个人可以把自己生活中的每一件事都看作训练能力的场所,于是时时事事都有所长进。对于每个有梦想的人,只要坚信自己的愿望是可以实现的,按照刻意练习的原则和方法坚持进行训练,就能成为自己想要成为的人,学会自己想要学会的(几乎各种)技能。

在该书的最后一章,作者特别指出刻意练习思想能够改变当前的教育与学习。虽然刻意练习的原则和方法主要是从高度专业化和极具竞争性的那些行业和领域(运动员、音乐家、棋手等)中总结出来的,但是这些人在世界上仅是少数,还有一些领域的从业人员数量更多、影响更大,例如教育和培训。如果刻意练习的思想能够有效改进教育和培训领域的工作,那么这个影响就更加深远。教育触动全社会每一个人,而刻意练习能够以无数种方式革命性地改变人们的学习方式。教师确定课程目标,设计能力训练任务,设计课堂教学步骤,组织引导课堂教学,所有这些教学环节,都可以借鉴刻意练习的原则和方法。例如,设计的训练任务必须能帮助学生走出舒适区,能帮助学生建立自己的心理表征。

在本书的最后,作者说"智人"(Homo Sapiens)作为一个物种,在古代叫作"能人"(Homo Habilis)或"巧手人"(Handy Man),现代我们称人类为"知识人"(Knowing Man)。未来的世界要求我们成为"练习人"(Practicing Man)(我想也可以译为"操作人"或"实践人"——戴士弘注)。以刻意练习为基础,着眼于创建更有效的心理表征,从而在提升当前职业技能的同时发展新的技能。这些思想的受益者首先是我们的后代子孙(学生),在一个技术快速进步、环境迅速变迁的世界里,让他们能够掌控自己的潜力,从而掌控未来。

最后看一看《刻意练习》书中随手拈来的几段原话,这些思想是不是对我们应用型课程和现代项目教学改革极具启发作用呢?

关于课程的能力目标与知识目标之间的关系,作者写道:

"……在学习上,刻意练习的方法与传统方法之间的重要差别是对技能与知识的着重点不同,也就是说,一个强调你可以做什么,另一个强调你知道什么。刻意练习全部是关于技能的。你选择学习必要的知识,是为了培育技能;知识本身绝不是学习的目的。尽管如此,刻意练习可促使学生在练习的过程中'重拾,许多知识。"

"……在准备课程计划时,确定某位学生应当能够做什么,远比确定该学生应当知道些什么有效得多。因为确定了前者,后者也就随之而来。"

关于能力训练的同时如何获得知识,作者写道:

"……你在思考某件事情的时候,不会创建心理表征;只有通过去做某件事情,失败了之后调整方法,接着再去做,如此循环往复,才能创建心理表征。等你做完了,不仅为学习技能创建了心理表征,而且吸收了大量与那项技能相联系的信息。"

关于课程任务和问题的设计,作者写道:

"课堂问题与学习任务的设计还有一个目的:将学生推出舒适区,但又不是推得太远,以至于他们根本不知道怎么来回答。也就是说，对学生来讲，那些问题并不是能够轻松回答的，但也不至于完全不知道回答，而是要花费一番工夫来思考。”

必须强调指出，刻意练习的原则不仅对于超常技能的训练有用，它为所有各类教育、教学和培训工作中，能力的训练过程给出了心理学的依据。所以书中许多精彩的案例和创新的结论，值得从事教育培训工作的所有人仔细研读并应用到自己的工作中。

18.13 美国 HTH 的项目教学经验

1. 让学生做项目

美国加州圣迭戈有一所高技术高中叫 High Tech High，简称 HTH。这所学校不是我国的高职、中职、技校或培训学校，而是相当于我国“基础教育”的高级中学。该高中的毕业生要参加全美的“高考”升大学继续学习。与我国的“普通高中”不一样的是，该校最大的特点是全面实施 PBL (Project-based Learning，基于项目的学习)。

这个提法比我们习惯的“做中学、边做边学”更准确。我们只强调了“做”，但是做什么呢？PBL 明确指出，不是做习题，不是做游戏，不是做练习，不是做试卷，而是做项目。

HTH 的校园环境完全为它的项目教学服务。教学大楼就是项目成果的展厅，教学楼也是博物馆、美术馆、工厂车间、创业公司、新产品孵化器。整个学校看上去更像工厂的车间。

师生的工作环境是开放的。许多隔墙是透明的，彼此可以看到别人在做什么。工作场所就是学习场所，使边做边学、做学合一的理念有了恰当的实施环境。

每个年级分 4 个班，每 4 个教室一组，教室之间用玻璃隔断，被称为 Fish Bowl(鱼缸)。隔断可以根据需要随时打开。中间一个公用空间，备有计算机。高年级学生经教师同意，可以自己来这里独自工作或讨论。

教室即车间，教室即工作室，工作室也是教室。学生的项目作品也是商品。学生设计制作的印花 T 恤就在工作室橱窗中边展示、边出售，所得款项用于新项目。所以学生的学习环境也就是真实的生存环境。完成项目的过程中师生密切合作、互动互助、关系亲密，大家都有强烈的归属感。校园户外环境优雅，好天气时，大家在户外餐桌上一起吃饭，学习与生活都生动活泼。

所有各年级学生都做基于项目的学习，不按州政府的大纲上课，不按学科设课，不按传统课堂方式讲课，不按传统方式留作业，不按传统方式考试。学校和教师为学生提供适合他的项目建议，学生自主选择项目去完成，教师积极参与引导把关。工作和学习过程是连续的，没有下课铃。所有的项目都是跨学科的，特别是跨越我们习惯的“文、理”界限。只要是项目需要的，用到即学、学完即用、文理交融。在完成项目的过程中，教师大力鼓励学生自学、创新、创造。所有的项目成果都要有公开展示。

对学生的考核也适应项目教学的需要，11 年级之前(12 年级学完后高中毕业，升大学)没有传统的标准化考试。平时每天对完成项目的经历进行讨论反思记录，完成 Learning Portfolio(追踪性学习档案、作品集)。最重要的考核是每年一度的对社会开放的大型项目成果展览。学生平时的工作就是围绕这个展览去做项目、学知识。

所以校内到处都是学生成果的展示，学生在实际的工作环境中学习，学校提供“能做能学”的环境和条件，教学楼中到处有工具设备、技术资料、计算机、桌椅和展示设备。墙上到处张贴着学生制作的关于工作学习指导思想的大标语和警句，例如其中一条写道：“要去提问，不要假定。”这里没有买来的装饰品，所有的装饰都由学生制作，到处是学生的项目作品，配以轻柔悠扬的音乐，到处都有强烈的艺术氛围。让学生通过完成一个个项目，获得他们这个年纪该学且实用的知识和技能。

在这个学校里，学生跟随真专家，做真工作，学真本事，出真成果，真正调动了学生的积极主动性。所以，见不到我们常见的厌学、消极、应付、被动、无奈的纪律管束等现象。教学场所只见学生匆匆来去，或手执工具动手操作，或面对资料凝神思考，或面对计算机想象设计，或三两师生交流讨论。在完成项目的过程中，学校强调师生和学生之间的团结协作、沟通交流和竞赛激励。

学校和教师的任务就是对学生多年在校学习的全过程进行详细的顶层设计，把学生毕业时必须掌握的知识和必须具备的能力，分解到每个年级，体现到推荐给学生的大量备选项目和学习资料中。学校必须与周边社区密切合作，为学生的项目创造条件。项目的作用是全方位的，不仅是训练技能。学生在做项目的过程中，必定会遇到许多问题，会做错许多事情，这就是内在的学习动力。项目引出问题，问题驱动学习。教师认为，一个学生，当他历尽艰辛，终于完成了一个“一直认为不可能完成的项目”时，他就经历了一个特殊的转变时刻。不仅学到了技能和知识，还有动力和方法、兴趣和自信、做事和做人，他的一生将因此而改变。

HTH 的经验告诉我们，教师必须设计合格的项目并具备用项目引导教学的能力。对于教师而言，首先必须知道“什么不是项目”？（参阅本书第 8.1 节）在常规课程中师生围绕“知识、原理、原则的记忆”和片段应用所采取的教学环节和活动，如案例、习题、复习、背诵、练习、问答、游戏、讨论、作业、章节、实验等，这些都是面向知识理论学习，帮助学生理解、记忆、掌握知识本身的教学活动。在完成课程的“知识目标”时，这些活动是必需的、重要的，但它们不是能力训练的项目。

这里所说的项目是指为达到课程能力目标而设计的一件具体工作。在 HTH 中，项目是真实、有价值、综合、完整、有成果、可验收的一件具体工作。最好是由社会需求出发，按照下列步骤完成的工作：社会需求→问题驱动→边做边学→成果展示→总结反思。

这样的项目同时具有经济价值、社会价值和认知价值。在项目的实施过程中锻炼了学生的做事能力、交往能力、思维能力、（自学）认知能力和创新能力。尤其有效的是在真环境中真做，并由社会实践检验的工作。

实际上，所有的真实项目都是“综合”的，都是文理交融的、都是知识与能力相结合的。类似数学习题那样单一领域的知识，并不能解决整个实际问题。所以以项目为内容的学习，可以有能力目标、知识目标和德育（素质）目标，可以在着眼于做事的同时着眼于做人。

2. 项目的特点

作为教学内容的主要载体——项目，都做些什么事情呢？

高技术高中 HTH 的项目有大有小、有难有易，但项目学习没有年龄限制。例如，四年级学生年龄小，可以选择每人给自己做一个滑板，从中学习关于设备制造和加工的内容。

高年级学生可以选择更复杂更实际的项目，例如“圣地亚哥海湾生态环境改善”。要求学生走向社会、走向自然，进行深入细致的调查研究，围绕海湾生态环境问题展开跨学科的学习和研究。作为一项待完成的工作，它包括自然科学(生物、化学、物理、数学等)内容，也包括社会科学(经济、历史、文化、社会等方面)内容。所得的结论可以直接提交政府有关部门参考。

“圣地亚哥血库工作研究”项目。目标是提升人们的献血意识。学生广泛搜集了与血液有关的各种素材，包括白血病、艾滋病等疾病的信息，还在与这一话题有关的电影、绘画、海报中寻找灵感，最后各个小组的学生运用多媒体技术，从各组独特的视角出发，在木板上制作了有关血液重要性的展板，使艺术性和科学性融为一体，并在圣地亚哥当地的JETT艺术博物馆展出。

“通过艺术展关怀老兵”项目。这是个具有很多原创性的研究，包括设计问卷调查，然后根据观众的需求去设计展览，锻炼了学生的观察能力、研究能力、创造能力、创造作品的能力、修改作品的能力以及最终展示的能力，这些技能在学生生活以及未来的工作中会非常有价值。

“直观展示牛顿力学原理”项目。要求学生画出一本书来，使抽象原理“可视化”。其实创作一本书并不是最终的目的，而是要在这个项目的过程中让学生思考，为什么我们的生活中需要物理？物理是以何种形式存在的？如何存在的？学生们在写(画)书的过程中可以进行颠覆性的思考。

这里，我们看到该校项目的主要特点如下。

所有的项目都是大型、完整、综合的一件具体工作，其可展示的成果通常由画、书、剧、机械装置、模型、网页、展览等组合而成。项目内容文理交融，涵盖学生做事做人诸方面，项目内容针对社会上的特定事件，针对特定群体，解决特定问题。项目尽可能真做，在真环境中做，并按照真实环境要求进行检验。项目不仅书面设计，更要尽可能实际完成。实在有困难、条件不具备，项目也可以仿真完成。

3. HTH 的管理

与项目教学紧密配合，HTH 的管理工作也独具特色。

首先是大量聘请社会上该领域的真专家做教师。教师与学校每年签约。学校教师的一半以上是非职业教师(我们所说的“外聘专家”或“双师”)。社会上的任何人都可以申请聘任。获准后先培训一周，签约一年，考核后续签。

教师的工作很辛苦。学校认为教师的作用不是讲书，而是让学生的学习过程自然发生，具体过程如下：教师设计(多个)项目(让学生自主选择)→学校和教师创造环境→引导协作→引导思考→启发答问→完成任务→展示成果→总结反思→改进思维。

学校对教师的考核，以学生最终的学习成果为主，以学生完成的项目成果的社会价值为主。考核主要不看教学过程中的枝节内容，比如讲课的教态如何、逻辑是否严密、板书是否美观、PPT 制作水平高低等。教师当然要让学生学会知识和理论，知识内容当然非常重要，但主要不是用来应付考试，而是用于解决项目中的实际问题。

学校教学管理的规章制度也为项目教学服务。不按照常规分学科，从低年级到高年级全部采用项目学习方式。绝大多数采用小班上课，边做边学，师生和学生之间充分互动，大家都高度融入项目工作中。项目本身具备趣味性，实用性、综合性和挑战性，学生对项目工作和这样的学习方式从内心喜欢。学校认为学习的内容远比上课的形式重要。学生学习过程高度自觉自主，不用教师和学校灌和逼，对多数人都用不到点名考勤和纪律约束。

这样的教学让学生实现了如下真实的学习过程，达到以下目的：

任务清晰→问题明确→自主学习→教师指导→设计规划→动手动脑→交流协作→正误成败→借鉴对比→总结反思→观念内化→德能提升→自然记忆→熟练应用→创造革新。

学校教学的核心理念是信任(Trust)、自治(Autonomy)和沟通(Communication)。

这种教育的一个特点是让教育回归生活。打破学校与外部世界的隔离。师生为完成项目而学。学生跟真专家学真本事；探索真实世界，解决真实问题，取得真实成果，获得真实体验，得到真实认可，获得真实成长。我国高职院校的"产学研"结合的教学方式与此相似。但 HTH 是在基础(小学、中学)教育中实施。

这种教育的另一个特点是让教育回归生命。

计算机和人工智能(AI)的发展，让初级脑力劳动(记忆、背诵、答题)迅速贬值。流水线上生产出的标准化的"成功"人生已经越来越没有价值。教育不应当像工厂的流水线，教育更应当像园艺，让师生一起体验生命每个阶段的波澜，让学生长成具有自己特点的，各不相同的花朵，并以自己独特的方式绽放。自主学习、主动学习，无须外力的强迫、鞭策和约束，实现从内而外的，真正意义上的成长。其实，这就是素质教育的本义。

能够实施这样的 PBL 教学，HTH 的体制机制起到决定作用。学校是特许公办的，用我们的说法大概是特许的、试验的、国有民营的。政府按照人头拨款，家长参与组建公司，学校实行企业化运营，学生就近入学。由于学校越办越好、名声远扬，报名的学生越来越踊跃，所以采用申报者抽签入学的方式，所有学生免费就学。抽签入学的方式保证了富豪、官员与贫民的子女一律平等，谁也没有特权。这样的运营机制保证了学校可以不按州政府统一大纲上课，不进行统一的标准化考试，而是按照自己的理念(PBL)组织教学。

4. HTH 的经验和理念

今天这种教师在教室里分科目讲授专业知识的教学模式，在美国是 100 多年前开始的。

PBL 的出现，展示了一种全新的教育教学理念。学生不是盲目积累知识理论，不是面对试卷考场，而是面对实际生活中的真实工作，面向学生的真实能力。校长兼 CEO Larry Rosenstock 说，学校充分重视学习过程中"失败"的重要性。学校想要教会聪明人如何学习。大家着眼于学会生存技能，不是应付考试。因此，学生主动工作、主动学习，主动查阅、主动尝试、主动体验、主动协作、主动反思。

做一件具体的事不是最终目的，而是力求用项目引出一般性问题。学生不仅完成这个项目本身，还要学会方法、程序、思路、知识和理论，学会解决同类问题或需要创新的问题。在项目工作中的成功，建立了学生真正的自主自信。学校充分尊重每个学生的自由、权利和个性。学生在项目工作中学到真本领。教师边做边教，学生边做边学。

那么，基于项目的学习(PBL)教学效果怎么样呢？

由于该校的生源需要抽签录取，所以这个学校并不是择优录取的"特殊学校"或贵族学校。生源水平与一般学校一样，用体制外的 PBL 方式教学，还要参加体制内的大学入学考试 SAT(美国高考)。结果，最终的平均成绩高于本州 10%，学校毕业生的大学录取率高达 98%。学习并不为应付考试，但考试成绩却得到明显提高。这样的成绩是很有说服力的。

这样的教学成绩当然得到了社会的广泛认可，学校规模迅速扩张。2000 年建立第一所 HTH，到 2017 年，全美已经有 13 所连锁学校。学生年龄也从高中拓展到初中、小学和幼儿园，甚至还建了一所师范学院。这是头一所建在中小学里的师范学院。

HTH 给我们的启示为：①PBL 没有年龄的限制；②PBL 没有专业的限制；③PBL 顺应了人类的认知规律。

世界许多国家的教育专家教师，包括中国的专家、教师都纷纷前往学习，许多名人来访，并称这是"每一个美国孩子都为之向往的创新学校"。

从以上的介绍可以看出，高技术高中 HTH 成功的秘诀在于：①坚持能力为重，不是知识为重；②坚持基于项目的学习，不是基于讲授的学习。

回过头来看我国的教育教学改革。教改怎样才能获得成功呢？首先看我们的教改难在哪里，为什么教改的许多措施(减负、全面考核、素质教育等)难以落实。

谁都知道，现在的教育模式(千军万马挤独木桥、知识第一、分数第一、应试教育、灌输式教学、题海战术等)不符合人性发展的要求，也不符合社会需要，但谁都不肯贸然尝试新模式。100 年来认识上的巨大惯性——知识本位，牢牢地束缚了所有人的头脑。更重要的是 100 年来这样的教育形成的利益格局，社会人才选拔的模式就是这样。更没有人敢于让自己的孩子改用新教育模式，去以个人前途豪赌。家长和学生没人敢拿一生最重要的一次机会去冒险。怎么办？高技术高中 HTH 为我们提供了有益的启示。

HTH 成功因素之一：观念突破。

理论认识提升：坚持能力为重，开发多元智能。能力，不是"程序性知识、隐性知识、应用性知识"，"能力"是与"知识"不同的概念，是"做事的本领"。做事的能力只能通过完成"项目"得到。事实证明，在完成项目任务的同时，也显著提升了知识学习的效果。

HTH 成功因素之二：利益兼容。

学校要用最先进的教育理念培养面向未来的学生和年轻的领袖人物。教学以项目为主要载体，不设按照学科划分的课程，没有教师冗长的讲解，11 年级以前甚至都没有传统意义上的课程考试。但是参加全国统一的高校入学考试，平均成绩却明显高于普通高中。这样的学习成绩是最有说服力的，不但证明了学校教育理念的超前和正确，而且获得社会的广泛认可，大家争相报名，周边地区的学生需要抽签才能取得入学资格。

不为应付考试，但在能力提升的同时，知识学习效果(考试成绩)却提升显著。在体制内生长，采用体制外的模式，取得体制内的成功。于是家长从开始的疑惑、紧张、焦虑变成感动和惊喜。这样的教学改革对学生的高考不但无风险，还有助益。形成了社会、学校、学生、家长多赢的局面，这是学校教改取得成功最重要的因素。

介绍该校的一部纪录片名字是《最可能成功》*Most Likely to Succeed*。这个教改方向引起世界瞩目，中国教育(各级、各类)改革当然也可以借鉴。

5. 国内项目教学的情况

国内采用现代项目教学的改革早已启动。20 世纪 90 年代初，高等职业院校领跑了这一重要的改革。例如，深圳职业技术学院、宁波职业技术学院、深圳技师学院、常州工程职业技术学院、吉利大学、聊城职业技术学院、鄂州职业大学、辽宁林业职业技术学院等大量应用型高、中职院校，率先尝试了现代项目教学，获得多项国家级、省市级教学成果奖励。

辽宁林业职业技术学院坚持多年实施现代项目教学改革，获得国家级教学成果奖后，院领导总结说：这是学院历史上参与教师人数最多、历时最长、影响最为强烈深广的一次教学整体改革活动，在广大教师中引起了一次心灵的震荡，带来了一场思想的革命。教师在“做”的过程中，改变了旧观念、理解了新观念、掌握了新方法。全体教师参加课改的热情极高，收获颇丰，是一次全面提高职教能力的教改活动。

“项目教学适用于非应用型院校吗?”让我们看看普通高校的项目课程。清华大学一直提倡的 CDIO 教学，就是典型的应用型本科工科课程的教学模式，与项目教学倡导的方向完全一致。CDIO 是指针对一个具体的设备，学生按照 Conceive(创意)—Design(设计)—Implement(实施)—Operate(操作)的顺序，完成操作。这就是应用型课程改革中所说的典型的“项目课程”。

小学的“项目课程”。南方都市报登载了(2015 年 12 月 28 日)广州农林下路小学的“项目式学习”课堂教学改革，该改革已经经历了 4 年的实验，取得明显的好效果。

教师把教材内容归并，设计成学生感兴趣的“主题”，用问题驱动学习。例如，四年级学“长城”课时，教师设计的项目是“灿烂的中国世界遗产”。学生用图片、视频、微电影等方式展示自己搜集的资料，学生自己展示、点评、打分。五年级学习“四大名著”课文时，教师设计的项目是，讨论“改编是忠于原著好，还是戏说好?”中山大学教授辅导学生学习“三国演义”，对学生熟悉作品的程度感到震惊。教授上面刚讲完，下面学生的思维导图已经画完。

这种项目引领的课程教学，集读书、知识重构、演示、辩论、画思维导图的过程于一体。平时周末无作业，假期无作业。(指知识本位的机械式重复抄写类的作业。)

把项目教学用于“数学”“英语”“语文”等课程，都取得明显好成绩。实验班学生能力显著提升，升入中学后非常受欢迎。

校长说，目前最大的问题是，教师如何进行项目设计，如何打破学科、班级界限组织教学。教师的观念亟待转变，教师的应用型教学能力亟待提升。这所小学所有的做法、效果及难点与我们在应用型院校推行项目教学遇到的情况几乎一模一样。

国内外的这些案例充分说明，项目教学(PBL)适用于各类学校和各类课程。特别是传统的项目教学已经发展到“现代项目教学”(参见第 8.10 节)，从形式到内容都有了长足的进步。现代项目教学已经演变为一个全面开放的体系，吸收融合了各类先进教育教学手段(案例、启发、扮演、引探、网络、微课、慕课、反转课堂、设计、创新)，用于全面实现教育教学目标。

18.14 层次系统论

20 世纪后半期，系统论、控制论和信息论被称为科学方法的“三论”。这三论成为十分普及的科学方法，被各领域多数研究人员重视和应用。其中，信息是系统中的一个要素，控制(正负反馈)则是系统要素相互影响的一种组成方式，所以三论的核心是“系统论”。系统思维也被众多学者推崇，成为科学思维的利器。从自然科学领域到社会科学、人文艺术领域，越来越多的人在研究和使用这个武器，极大地促进了各领域研究和实践的进展。

系统思维的基本内容大致如下。

在客观规律的基础上，研究者根据自己的研究目的，将研究对象分为“系统(物质、信息、能量)”(内)和“环境(时、空、其他系统)”(外)两部分。系统内诸要素按照一定的规则相互作用，组织成系统。在环境的作用下，要素及其组织规律，就是系统静态研究的核心内容。在环境的制约下，各要素按照一定的规律相互作用，形成系统的运动。运动的动力和阻力及其运动规律，就是系统动态研究的核心内容。系统的组织结构、系统的运动演化、系统的运动动力、系统的内外控制，这些内容构成系统理论的核心。

学习、研究系统理论是为了运作、管理、改造和创建实际的系统(包括物质的与观念的系统)。系统理论为所有领域的研究者提供了一个统一的认知、操作、研究框架。所以，系统理论的任何进展，都会对整个社会甚至人类思维产生很大影响。

对“系统”的界定(划分)和研究总是在客观基础上进行，同时带有很强的主观因素。例如，自古以来用于导航的“星座”系统，是在地球的角度用肉眼观察时，由(几万年内看上去)相对位置不变的若干星星组成。实际上这些星星之间并没有物理上的联系。

许多常见和重要的系统都呈现出明显的层次性。近年来，很少提到“辩证法”。其中一个原因就是，传统的辩证法表述往往忽视了系统的层次特性，因而得出令人费解的结论(一件事“既是这样，同时又不是这样”)。从一般逻辑角度看很费解，什么叫“既是这样，同时它又不是这样”？辩证法的核心是“矛盾”。关于“矛盾”的说明是：“任何事物都由对立的两个要素组成，矛盾的双方相互依存在一个统一体中，它们既统一，又斗争。斗争的结果是，对立双方都向自己的对立面转化。”其实，按照层次系统论的观点，这是从两个不同层次看问题的结论。在下面层次看，两个要素在进行激烈斗争，甚至你死我活。但从上面层次看下去，这两个要素一直处在同一个统一体里面，这就很自然了。古语说的“和而不同”也是这个意思。“战略藐视，战术重视”“既是真老虎，又是纸老虎”等，都是从不同层次观察得到的结论。运用矛盾辩证法研究事物，得出的许多貌似矛盾的玄妙结论，在层次系统的框架中就得到很好的解释。事实上，无论是研究还是实践，思维都无法违背逻辑。如果这个事物“既是 A，同时又不是 A”，那么推理就无法进行下去，这个理论也就无法为实际行动提供指导。

随着各领域研究的深入，系统理论自身也在不断深入。近年来，对层次系统的研究越来越受到重视。实际存在的大量系统都是分层的。例如，从下层到上层描述的下列系统。

【例 1】 天体系统的七个层次，形成嵌套式层次系统，即基本粒子、原子、分子、生物、星球、星系、总星系(宇宙)。

【例2】 计算机网络系统OSI七层协议,形成嵌套式层次结构:物理层、(数据)链路层、网络层、传输层、会话层、表示层、应用层。

【例3】 人类社会从个体到基层到顶层,形成嵌套式层次结构。

【例4】 马斯洛的人类心理需求的五个层次,即生理、安全、社交、尊重、自我实现。

【例5】 应用型院校教改工作的三个层次,即教师、专业、学院(参见第12.1节)形成嵌套式层次系统。

【例6】 认知和实践的两个层次。个人的认知与实践,社会(集体)的认知与实践,形成嵌套式层次系统。例如近年来,重大的"科研实践"已经从传统的个人行为逐步发展为社会行为,科研项目本身(材料、航天、核聚变等)开始比参与研究的人更重要了。根据层次系统的发展规律(否定之否定),再下一步还会回归到强调个人作用的阶段,但却是在发展的更高层面上。

【例7】 学校教学形式的四个层次。一次课(单元)、一门课(整体)、专业课程体系、学校育人模式,形成嵌套式层次系统。教改工作就是在学校这样的层次系统中实施的,必须遵守层次系统的规律。

【例8】 语文课目标的三个层次。详见下面第(15)项的说明。

【例9】 个人"能力"的三层结构。详见第17.2节。

传统简单陈述的系统理论,并没有说明分层系统的重要性质及其对研究活动的影响。层次系统的研究重点放在嵌套的层次系统上。

下面以教学改革过程中涉及的一些"层次系统"为主要案例,对层次系统进行更细致的一般研究。

(1) 各层次之间存在"嵌套"关系的系统,称为"嵌套的层次系统"或"嵌套系统",有时也被简称为"层次系统"。嵌套系统的下层被上层包含。下层要素以(可能是巨量)组合的形态参与上层的结构和运行。下层形成上层的结构基础,上层形成下层的生存(控制)环境。下层以"参与"的方式影响上层,上层以环境和控制的方式影响下层。当下层要素数量很大时,其能量的集中释放,在上层会形成极其巨大的效应,例如,核爆炸、激光、群众运动。

(2) 同一系统的不同层有很不相同的"景观",即很不相同的结构、很不相同的变量和很不相同的运行规律。层次之间可以有紧密关联,但对系统的全面认知不能统统"归结"到最低一层或最高一层。不同层次的处理方法必须针对本层的变量和特点,不能"混淆"。例如"对系统的认知",认为"既然宇宙由7个层次组成,那么只要把基层的要素(基本粒子)规律研究清楚了,上层(星系)的规律就都可以推导出来了",这个观念其实是不对的。再如,对系统上层某要素(例如,社会层面的"阶级")的"消灭",不等于直接消灭其组成的底层要素(阶级成员个人)。研究一个层次系统必须分别研究它的每个层次,研究各层次之间的关系。

"不同层的系统"与"子系统"不同,各子系统通常在同一层上。系统通常不等于其各子系统的简单总和。每个子系统"都好"的系统,整体未必好。将系统分割进行研究的方法的局限性就在这里。所以,认识和研究一个系统,"局部与整体的关系"和"层次关系"是两个基本的方面。

(3) 对系统的研究通常从以下几个方面进行。①静态结构(特别是嵌套结构)。要素的关联与反馈。②层内的运动规律,两层之间参数的对应关系与运动规律。例如,统计物理与热力学中,同层内气体的宏观压力与温度、体积的关系;两层间,底层气体分子运动速度与上层压力与温度的统计关系。③层内和层间的动力规律(压力、助力、动力、阻力、能量、因果、发展方向)。树形图和方框图都是嵌套系统的直观表达工具(参见附录 D)。

(4) 要彻底改造一个层次系统,该系统的所有层次必须一起行动。每个层次按照自己的参数和指标行动。不能自上而下层层归结,最后只有最底层行动。例如,现代项目教学中,一次课、一门课、专业课程体系和学校育人模式,是从小到大的四层嵌套关系。每一层次都有自己不同于另外层次的参数和具体要求。要搞好全校的教改,必须四个层次一起行动,各层完成各层自己的任务,不能从上往下"归结"。把教改归结为只是教师的事情,把教师上课归结为每个单元教学,最后的结论就是只要教师把每次课优化了,整个学校的教学就"好了",这是完全不符合事实的。详情请参见第 12.1 节。

(5) 如果希望整个层次的要素都动起来,对于自上而下的控制系统而言,就必须由每个相邻的上层创造环境条件。个人层面上的行为动力是由"内"和"外"两部分组成。内部来自个人好恶(兴趣)的选择,外部来自环境的奖罚(动力和压力)。例如,希望全体教师都行动起来,必须由上层(院级、系部级)指明方向,制定目标和奖罚政策,组织活动,形成氛围,形成动力和压力,即顶层设计。只靠讲座号召和基层教师自愿是远远不够的。

(6) 所有的系统都随时间变化。巨量的瞬间组成时段,大量的时段组成时期。时间自身是简单嵌套起来的层次系统。一般而言,系统的层次越低,时间的变化越快。天上方七日,地上几千年,不同层次的时间流逝速度具有相对性。系统各层的变化有(慢速的)"量变"和(快速的)"质变"两种方式。从短时间看,系统中矛盾双方都向相反(否定)方向转化。从大时间跨度看,系统演化经常表现出"否定之否定"的现象。第二次的否定不是简单否定,而是在一个新的层面上的否定。

(7) 系统的时空关系中,"节点"很重要。节点即空间性质转换的时间标度。例如要把握一段历史概貌,就要抓住节点。

(8) 和谐(稳定)系统的相邻上下层之间,必须相互反映并尽可能满足对方要求。上层在观念或控制结构上反映(满足)下层的要求(创造生存环境),下层在"观念"或"本能"上反映上层需求(如细胞的 DNA)。

(9) 对系统的研究应当同传统的矛盾辩证法结合起来。系统同一层内两个对立要素始终处于相互支持配合与相互矛盾斗争并行的状态。这种配合与斗争推动了系统的演化,对立的双方分别向自己的对立方向转化,或者说,事物走向反面,异化。要素向对立面的演化有两种结果:一是该要素的下层组成发生变化,但本层的结构关系不变,则系统性质不变。对于有些系统而言,两个要素都重要,例如"研究型教育"与"应用型教育",两者在什么时候都是必需的,只是比例和数量随条件不同而异(参见第 17.2 节)。二是本层的结构关系变了,系统性质就变了,这是系统的"革命"(或质变),是上层要素的扬弃。例如,推翻帝制走向共和。谈到"对立面的转化"时,应当强调区分这两种情况。

(10) 同一件事,从不同层次看,结论不同。例如,在同层看,两个相互矛盾的要素可能是"互争资源""相互对立",甚至是"有你无我""你死我活"的关系。但从上层往下看,这两要素却“处在一个统一体里”，如果一个完全消失，另外一个也不能存在，结果导致整体系统解体。矛盾辩证法说“矛盾双方既是对立的又是统一的”，站在固定的“基层”单一层次看，这个表述往往令人很费解。其实，“对立”是站在下层看自身，“统一”是站在上层看下层。又“对立”又“统一”其实说的是不同层次上的不同关系，这样就不矛盾，就很容易理解了。把握层次系统思维，就能正确处理这种“对立统一”关系。这种对立因素的处理思路，就是在考虑其下层“对立”方面的同时，必须以上层的“统一”方面为背景；在考虑上层利益时，必须以下层要素的对立统一关系为背景；在考虑局部利益时，必须以全局利益为背景；在考虑短时利益的时候，必须以长远利益为背景。领导处理问题时通常要求“两条腿走路”或“两手抓”，就是要在上层“统一”的背景下，处理下层的“对立”关系。根据具体情况，把握好下层两个对立要素的“度”和“比例”，不能仅以下层眼光(自己是对立两要素中的一个)要求领导“取消对方，只保留自己”。对立的两要素如果处理好了，两者相互促进，如果处理不好就相互冲突或相互干扰，甚至两败俱伤。例如，“专业教学”与“通识教学”在基层的“教学”层次看，两者在时间上相互矛盾，课时给了这个，另外一个的课时就减少了。但要从上层“育人”层次看，两者是统一的，都是育人的一个侧面。所以，正确的处理方式就是：在“育人”的大背景下，在“教学层次”把握好两个对立要素之间的“度”和“比例”，随着条件的变化(时间)显现为不同的主要矛盾，为解决不同的矛盾不断调整这些比例和时序。同时要大力挖掘两者相互促进的因素，在下层大力宣传“顾全大局”的思想。反过来，上层领导也不能单纯强调“整体的统一性”而忽视了基层不同要素的“利益冲突”。另外两个例子是“应用型高等教育”与“研究型高等教育”的关系，以及“教育的社会需求”与“教育的个人需求”的关系。详情参见第17.2节，还可参见附录A，问题15。

(11) 层内各要素之间的关系。可以是孤立的、相关的、和谐的、互补的、斗争的、对立的、控制与被控制的等许多不同性质的关系，于是形成不同性质的系统。对不同的系统要有不同的管理和运行策略。

(12) 层间具有控制关系的系统，其稳定性取决于该系统的结构。维纳的控制论就研究这个问题。把零散的个人组织成社会系统，就要应用组织原理，形成一个上层对下层有效控制的系统结构。若要一个多层嵌套的控制系统稳定，各层之间也必须有正确的关系。例如，一个多层系统，从上到下都是强有力的控制关系，那么最后一个环节必须是最下层对最上层的控制。根据进化原理，物竞天择。根据社会组织原理，人竞官择；根据集权原理，官竞帝择；根据民主原理，帝竞民择。于是形成闭环，系统就稳定了。

(13) 对系统进行认知或研究时，通常分为一层、两层或三层来进行。即一个层次内的研究，两个层次(上层与下层)之内和之间的研究，或三个层次(上中下层，或宏观、中观、微观)之内和之间的研究。从而就有了“层内研究”和“跨层次研究”的区分。所有的研究结论，都应当注意适用和使用的场合(哪层？层内？层间?)，避免造成逻辑上的混乱。

(14) 系统的发展过程中，新系统要战胜并取代旧系统，必须注意“向上兼容”。计算机硬件和软件的发展中，新一代器件要想取得大家的认可，必须对旧的系统“向上兼容”。例如，硬件更新了，但旧软件在新硬件上还可以运行很长一段时间。否则对旧软件一刀切地淘汰，就会造成很大的经济损失，为大家所难以接受。这就是所谓“新版本的向上兼容”。再比如，第18.13节的美国HTH学校，采用全新的“PBL教学法”，以能力为重，却要参加传统的高校入学考试。如果没有教学效果(能力、知识)的向上兼容,如果没有(高考)利益的向上兼容,就没有家长或学生敢于冒险入学。我国教改应当特别注意研究这个成功经验。

(15) 课程能力目标的层次结构。以语文课与外语课为例,能力目标通常表述为"听说读写(译)"。其实这是不够的,因为这仅是最底层的能力。从实际工作的角度看,其上面还有高一层次的能力,而且十分重要。例如,针对指定题材的选材、编辑、仿写、朗读、吟唱、表演、展示、评论、评价、创作能力,这些能力构成了秘书、编辑、作家等岗位必需的中层基本能力。而所有的语文、外语能力都是为了实现"与人交流"的目的,都是与人交流能力的一部分。与人交流的目的是"与人合作",与人合作的目的又是"解决问题"。这些目标的最高层,就是为了解决生存发展过程中的所有问题。于是,所有的这些目标就形成了一个多层的嵌套结构。如果把"与人交流、与人合作、解决问题"归为一个层次,上述能力目标就形成一个三层结构。如果缺乏上层目标的方向引导,下层能力的训练就会迷失方向,成为"盲目积累",从而使学习者失去动力;如果缺乏下层能力的支撑,上层能力目标就会架空。高层的能力当然都要以"听说读写"为基础的,但却不能仅仅归结为"听说读写",仅练习"听说读写"是不可能具备上层能力的。这就是层次系统的特点。所以,专业(不仅是语文、外语,而是所有的专业)教师都要具备超出自己课程和专业范围的开阔视野,要能正确定义自己课程的下层、中层与上层目标及其连接关系,正确设计自己的课程教学目标。

"能力"这个要素本身也具有层次结构。在个人的能力结构中,多元智能占有重要地位。详情请参阅第 17.2 节中的"能力"要素和附录 E 中的"能力"条款。

(16) 位置层次的提升。优秀教师都具有强烈的"升层"意愿。把课程从专科层次提升为本科层次,把自己的关注重点从课程层次提升为专业层次、育人模式层次等。任何岗位的人都应当从自己所在的层次往上(往下)多看几层。多看几层,特别是站在高层才能看清自己所在层的大环境,才能真正处理好底层的工作关系。据说"不想当将军的士兵不是好士兵"。其实,士兵与将军之间还隔着好几个层次,从士兵到将军,形成一个多层的目标系统。"当将军"只应当是士兵的战略目标,士兵应当先选更接近自己当前层次的目标来实施。战略上瞄准最高层目标,战术上从眼前最近目标做起。教师在规划自己的职业生涯时,应当注意自己目标的层次结构特点。

(17) 认知层次的提升。人认识世界的规律是从具体到抽象,先有大量的具体认识,然后从中抽象(归纳)出一般规律。具体认知是生动丰富复杂、可应用的,在认知的底层;抽象认知则是抽象简洁的,具有推广到众多对象的潜在可能,在认知的高层。要实现个人知识结构从底层到高层的转化,必须注意层次系统的"层间关系"。底层对上层的"支持"作用是十分重要的,认知系统的发展必须打好底层基础。缺少底层支持的上层,没有稳固的认知基础,不会应用;缺少上层指导的底层,没有认知的迁移提升,不会推广。希望"直接学习间接知识,跨越底层的认知阶段,让认知一步到位"的想法,效果往往适得其反。这种看似绕远,实则必需的"弯路"往往是一定要走的。在辩证法中,这件事被总结为"欲速则不达"或"要做先生必须先做学生"或"欲取之,必先予之"或"前途光明,道路曲折"。

(18) "教学有法,教无定法"的提法往往让人迷惑。其实,第一个"法"更多指的是高层次的"原则、原理和规律",而第二个"法"更多指的是下面层次的"方法",两个"法"不在同一个层次上。所以,这句话其实是说“教学基本规律不能违背,但具体方法则是丰富多样的,不应限制教师只能用某一种具体的模式或方法”。

(19) 社会系统从组织角度看,上层指导与本层独立性的关系。下层独立主动领会上层意图,在保质保量完成上级布置的任务的同时,必须有自己的独立思考,独立的长远设计、顶层设计。将上级布置的任务吸收进来,成为自我发展的有机环节。每个基层院校都不应当仅仅是被动地贯彻(国、省、市)上级指示的一个部门,更应当是在符合上级规定的大方向之下,独立的、有自己确定目标和规划的主动行动单位。每个院校都应当成为一个自组织系统、自学习系统,成为社会大系统中的一个主动环节。没有基层自己的顶层设计和规划,只是机械执行上级规定,其实并不能真正实现上级意图。任何学校的中心工作都是“教学”,目标都是“育人”。所以,无论哪一级院校,都应当有自己整体教改的设计和规划,并坚持实施。整体教改是真正实现上级意图的主动之举,是真正提升工作质量和效益的主动之举,是真正提升学校领导、教师能力和水平的必要之举,绝非自找麻烦(参见附录 A,问题 23)。

(20) 思维层次的提升。教师如何把握“层次系统”的性质和规律,如何找到“提升层次”的方法途径;如何开阔视野,处理矛盾;如何跳出当前、局部、低层的限制,跃升到长远、全局、高层,这是每个教师都要思考的问题。手里做低层的事,同时眼里看高层的目标。优秀教师应当把自己的“教学任务”(底层目标)当作“育人工作”(高层目标)的研究课题,深入广泛地学习新理念,采用“系统研究方法”和“质的研究”方法(参见第 7.8 节),把课堂当成“教学实验室”,对自己的教学进行实验性研究,并把自己的研究成果从具体教学层次提升到方法论和哲学层次,在系统理论和系统方法层面做出自己的贡献。

(21)“统计物理与热力学”是物理学中研究“嵌套的层次系统”非常成功的经典案例。从分子层面看,巨量分子在激烈运动碰撞,每个分子都有自己的“速度、动能”等物理量。从宏观层面看,人感觉到的是气体的“温度”和对容器壁的“压力”。用“统计数学”这个工具,可以把低层巨量分子的碰撞效果定量转化为上层的宏观物理量:压强和温度,这是个令人印象深刻的成功案例。所以,如果我们对传统矛盾论和辩证法的基本原理(对立统一、斗争转化、量变质变、否定之否定、抓主要矛盾、抓矛盾的主要方面等),从层次系统的角度重新审视,就会有新的理解和发现。还应当关注层次系统研究的现有成果,例如层次分析法(AHP)、解决国际问题的跨层次分析法等。

(22) 研究系统的一般规律是为了“认知、表述、运作、管理、控制、创建”一个系统。其中,“创建”一个新系统,是个要求很高的工作。军事中的“计谋”,政治斗争中的“设局”,生产中的新产品“研发”,学校中的“整体教改设计与运作”等都属于这个范畴。只有充分认识并非常熟悉某类系统的结构和运动规律,高度发挥人的主观能动性和想象力,才能成功创建一个新系统。能够成功地创建一个新系统,是对人的能力的很高要求。

(23) 人的认知结果组成自己的观念世界。观念世界是由不同领域的许多“系统”组成的。所谓认识世界,就是要在头脑中建构各种“观念系统”。对一个“系统”的认知,有其自身规律。

① 必须全面认识组成系统的对立要素。没有对立要素的比较,没有认知者的真正认同,就没有有效的认知。有比较才能鉴别,有鉴别有斗争才能发展。单纯“正面”知识的灌

输不是有效认知。

② 对层次系统的认知，必须区分结论适用的层次，不能将不同层次的结论简单罗列。否则就会出现逻辑上的矛盾（它既是A，同时它又不是A）。

③ 对系统的全面深刻认知（学习、教学），应当分成三个阶段。第一步，粗略的整体认知；第二步，细致的每个局部认知；第三步，在上述基础上细致的整体认知。不应当只有第二步（在细节水平上分多个局部来认知）。这就是“多重循环”的认识论依据。详情请参见第7.2节和第7.4节。

④ 系统各要素之间必须有一定的结构，不是要素的简单堆积。人的认知（学习）结果，就是人的“知识结构”，也具备确定的结构，这个结构是要素之间网状的联系，而不是简单堆积，不是线性累加。人的认知（学习）过程是个知识的建构过程，不是知识要素（定义、原理等正面结果）的简单积累（堆积）过程。所以，建构主义的（启发式）学习观是正确有效的，简单积累知识要素（定义、原理）的教学方式（灌输式）是错误和无效的。这就是我们不断强调“不能简单用章节目录总结”而必须要用“图形方式总结”的根据。

参考文献

[1] 戴士弘.职教院校整体教改[M].北京：清华大学出版社，2012.
[2] 戴士弘.职业教育课程教学改革[M].北京：清华大学出版社，2007.
[3] 戴士弘，毕蓉.高职教改课程教学设计案例集[M].北京：清华大学出版社，2007.
[4] 安德斯·艾利克森，等.刻意练习：如何从新手到大师[M].王正林，译.北京：机械工业出版社，2017.
[5] 温希东，等.成为高职院校优秀教师[M].北京：高等教育出版社，2013.
[6] 张建伟，孙燕青.建构性学习——学习科学的整合性探索[M].上海：上海教育出版社，2005.
[7] 侯文顺，陈炳和.高分子材料分析、选择与改性课程项目化教学实施案例[M].北京：化学工业出版社，2009.
[8] 陈卫和.在实践中反思：美术教育质的研究案例[M].北京：光明日报出版社，2010.
[9] 马树超，郭扬，等.中国高等职业教育——历史的选择[M].北京：高等教育出版社，2009.
[10] 石伟平，徐国庆.职业教育课程开发技术[M].上海：上海教育出版社，2006.
[11] 姜大源.职业教育学研究新论[M].北京：教育科学出版社，2007.
[12] 赵志群.职业教育工学结合一体化课程开发指南[M].北京：清华大学出版社，2009.
[13] 陈解放.合作教育的理论及其在中国的实践——学习与工作相结合教育模式的研究[M].上海：上海交通大学出版社，2006.
[14] 邓泽民，王宽.现代四大职教模式[M].北京：中国铁道出版社，2006.
[15] 查建中，何永汕.中国工程教育改革三大战略[M].北京：北京理工大学出版社，2009.
[16] 姚红，张建.聚焦高职[M].北京：红旗出版社，2009.
[17] 齐健，李秀伟，王钢城.活动建构：创新教育的教学革新[M].济南：山东教育出版社，2005.
[18] 王宏甲.中国新教育风暴[M].北京：北京出版社，2004.
[19] H.加登纳.智能的结构[M].兰金仁，译.北京：光明日报出版社，1990.
[20] 坎贝尔，等.多元智能教与学的策略[M].王成全，译.北京：中国轻工业出版社，2001.
[21] 联合国教科文组织国际教育发展委员会.学会生存——教育世界的今天和明天[M].北京：教育科学出版社，1996.
[22] 中央教育科学研究所比较教育研究室.简明国际教育百科全书：人的发展[M].北京：教育科学出版社，1989.

附录A 教学改革常见问题解答

院校各级领导和教师们在初次进行整体教改和课程的“工作过程导向、职业活动导向、坚持德育和能力为重的项目化改造”过程中，会遇见一些大致相同的公共问题。下面对讲座和课程点评过程中大家经常问到的24个问题统一解答，供参考。

问题1 我觉得我的课一直就这样上，上得好好的，为什么要搞这么费时费力的课程教学改革呢？即使是搞课程改革，为什么要按照你说的那些原则改？我按照我认为好的原则改，不行吗？

回答1 搞课程改革是因为我们对现在课程教学的效果不满意，或者说“很不满意”。如果我们的课程学生非常喜欢、非常有兴趣，能积极主动学习，上完课之后学生的道德和能力水平有明显提高，能胜任未来职业岗位需求，那么继续这样上就可以了。问题是，今天我们的课堂教学效果距离上述理想情况相差甚远。我们的学生对课程内容缺乏兴趣，上课之后的道德与能力提升很少，不能胜任职业岗位工作，不能满足社会需求。而教师却认为当前的课“上得好好的，一直就是这样上的”，正说明教师自己头脑中的陈旧教学观念和习惯力量十分强大，不知道真正的应用型教育课程应当是什么样的。所以教师的观念亟须转变，能力亟待提高。这正是我们要开展课程教学改革的根本原因所在。

至于课程改革的理论、原则、模式和方法，我们从来就没有要求“必须按照某种确定的、一成不变的方式去做”。所有的理论、原则、模式和方法都是第二位的，第一位的是实践的效果。课程改革的理论、原则、模式和方法的优劣，基本上不是个理论问题，而是个实践问题。这就是“科学”的态度，承认客观检验。如果你的课程教学效果很好(学生对课程有极大的兴趣，有强烈的内在学习动力，学完之后，道德水平和工作能力有明显提高)，那么你的理论、原则、模式和方法就一定有可取之处，大家都很愿意学习。我们推荐“能力本位的现代项目课程”实在是出于无奈——其他方法都试过，效果不如这个，所以才提出并坚持它。但我们仍然本着“开放”的态度搞教改，一旦有更好的方式出现，一定愿意学习和推广。也希望大家一起来创新我们的教学理论、原则、模式和方法，并在实践中对它们进行比较和检验。

问题2 有人说：“要求每次课都有能力目标，是不是太极端了？我的课，每一章有一个能力目标就不错了！”

回答2 如果你这一章内容总共上五次课，前三次都没有能力目标，只有知识目标，那就从第四次开始上课好了。把前三次的知识内容印成小册子，发给学生阅读，这样，所有的课就都有能力目标了。有的教师担心发的材料学生不看，其实，当学生对你想要传授的知识不感兴趣时，你上课“讲”，他也不会听的。重要的事情是调动学生的学习积极性，教师不必把课本上所有的知识都“讲”完整。我们的学时极其宝贵，知识细节的传授可以用阅读、看录像、听讲座的方式解决，不必占用宝贵的上课课时。

有的教师说,不要说每次课没有能力目标,我的一门课整个都没有能力目标,怎么办?如果大家确实找不到能力目标,这个课大概就可以取消了。实际上这样取消的课还少吗?1978年前后,中国的大学开始开设计算机系。数学系一部分教师来搞软件,物理系、无线电系一部分教师来搞硬件。上的课必有"计算机系统结构"(设计计算机硬件)、"操作系统"(设计操作系统)、"编译原理"(设计高级语言)、"数据结构""离散数学"。试问,今天的应用型(高职)计算机专业还有这些课吗?没有了,都取消了。为什么取消了?就因为这些课在应用型院校找不到能力目标。操作系统课研究"进程的死锁"问题,目的是"设计"操作系统。我们的绝大多数学生将来会去"设计"操作系统吗?显然不是。我们学生的任务是熟练应用现有的操作系统。原来的"操作系统"课取消了,但所有有关操作系统使用与操作的应用知识,都被吸收到应用型(高职)现有的其他课程中。其他专业的课程,情况类似。

问题3 我也想用项目和任务训练学生的能力,但是我设计了三个任务,学生都不感兴趣,不肯主动参与,不配合我,怎么办?

回答3 同样的问题:一个企业开发了一个新产品,但大家不买,怎么办?一个导演,花了1亿元拍了一部大片,观众不买票,怎么办?一个相声小品演员,演完之后观众不笑,怎么办?一句话,只能自己负责。教师必须了解专业的实践,了解学生的特点,了解学生的兴奋点;必须寻找或设计出学生感兴趣的、综合的、实用的、覆盖课程主要内容的、有挑战性的、可行的项目进行教学。这是教师的责任,也是教改的难点。课程教学项目的设计是对教师能力和水平的考验。

市场经济要求企业生产"适销对路"的产品,否则后果自负。教师设计的"项目和任务"也是这样。教师必须有能力开发出学生喜欢的项目,这是教师的责任。

教师的专业能力、专业实践经验就成了课程改革成败的关键。如果电子专业的教师自己没有做过扩音机,能想起让学生做吗?如果教师自己没有做过十个八个各种类型的扩音机(甲类、推挽、变压器耦合、OTL、OCL、BTL等),能给学生提供出四个电路吗?过去知识传授教学时,大家说,教师有一桶水,才能教给学生一杯水。现在,在能力本位项目课程的实践中,一桶水和一杯水的关系照样成立。所以,建议应用型(高职)院校电子专业的教师组织起来,除了下企业外,还要在校内实训室中,大家分工协作,一年内完成100个各种项目(实用设备、家用电器、电子仪器、电子玩具、车库的计数器、校内的监视器、实训室的仪器、示波器等)。把建校与备课、上课结合起来,把社会服务与上课结合起来。所有的教师都从创意开始,设计、制作、调试、测量、应用、写说明书、演示、营销等。教师有了专业实践经验,有了专业操作能力,才能搞好课程教学,才能教出有能力的学生。实施真正的项目教学,才能进行真正的素质教育。

问题4 "这种教学改革模式——工作过程导向、职业活动导向、能力本位的项目课程——对工科、有产品的课程比较适用,我的课是文科(商贸、会计、管理、物流、医疗、药物检测、艺术、两课、数学、体育、基础英语、语文、应用文书写作等),从哪里找项目?"

回答4 许多工作都没有"有形的物质产品",但这些工作都有典型的任务,有服务,有岗位的(典型的)工作过程。项目的本质并不是最后那个产品,而是"工作过程",有工作过程、有成果,就可以构成"项目课程"。项目课程不仅仅是面对产品,它首先是面向所有的服务过程、工作过程、生产过程。只要有产品、有服务、有典型工作过程、有工作成果,就有能力目标，就可以设计相应的教学项目。

我们的所有课程：文科、商贸、会计、管理、物流、医疗、药物检测、艺术、两课、数学、体育、基础英语、语文等，都是为职业岗位需要服务的。这些职业岗位都有产品或工作过程，所以，我们的课程就可以选择这些职业工作过程为载体，进行项目课程改造。将该课程的能力目标反映在“完成指定项目”的过程中。课程的“知识理论本身”没有“项目”，但“将知识应用于行业企业职业岗位工作”就有项目了。

例如，“法律”课曾经是讲解条文，很枯燥。但电视台的法律节目生动活泼。主持人展示一个切身的、有趣的、一般人难以分辨的、容易出错的案例，嘉宾争论，听众参与研讨，最后由专家根据法律给出权威解释。将法律枯燥条文的讲解，转变成“应用法律条文判案”的活生生的工作，转变成观众的有趣的认知过程。这些经验我们可以学习、吸收到应用型课程教学中。应用型院校的法律课，用典型案例贯穿全课，组织“模拟法庭”，训练“法律的应用能力”，学生反映很好。根据学生的岗位需求，许多课程的内容、名称、教学法都要做相应调整。

例如“外贸业务流程”(外语系课程)。传统课程中主要讲解外贸流程(13 个步骤或环节)知识。现在则首先要确定能力目标(外贸能力、英语能力、计算机能力)，设计项目：外贸公司经营三个具体业务(外商委托出口、自己采购出口、国内委托出口)。在外语环境中完成外贸业务。能力的训练：由浅入深的业务流程、英语内容和计算机操作内容。设计相应的“故事”(即“项目及其情境”，整体和单元课程的核心内容)，让学生参与进来体验操作。关于非工科课程的改革问题，请参见第 6 章。

问题 5 现在提倡“教考结合”“双证书”。可是本课程社会考证的内容并不是“能力本位”的，仍然是“知识本位、死记硬背”的内容。我的课还能“突出德育和能力目标，以项目任务为主要载体”吗？

回答 5 现在社会上的许多“证书”并不是按照现代应用型教育先进理念设计的，不是能力本位的。考试不是从社会需要出发，而是把考试变成某些人的牟利工具。例如“计算机基础”课。为了拿“等级证”，要求学生必须死记硬背概念、考题。到了 2008 年的下半年，Vista 已经出来了，Windows XP 已经停产了，这里还在考 Windows 2000。(幸亏没有考 Windows 98 和 DOS) 这样的证书，学生即使拿到了，又有什么意义呢？有头脑的企业老板从不看重这样的证书。所以，任课教师应当引导学生去考另外的含金量更高的证书。如果由于某种原因，必须考这样的证书，那么任课教师不如把考证与上课分离。自己的课程坚持训练有用的能力，考证前专门组织针对考证(过级)的培训班。在具备一定操作经验和能力的基础上，即使是背诵结论，也比没有这些经验的效果要好得多，这样基本上可以做到能力与考证兼顾。

问题 6 我们学校也想这样改革，但是缺少外部条件的支持：实训没有企业支持，难以安排顶岗实习。项目课程我们没有实训条件(实训基地)。外语我们这里没有高交会、没有外国人，没有语言环境，外语氛围没法创造。所以，我校的课程无法改革。

回答 6 所有的外部条件都是一种限制，但不是决定因素。在努力改变外部条件的同时，至少校内课程教学的改造是可以进行的。外部条件不会限制校内的课程改革，不会阻碍现代项目课程的实施，不会阻碍我们观念的更新，不能阻碍教师能力的提高。其实，只要有强烈的内心愿望，外部条件在很大程度上是可以改变的。例如，充分利用外语影视资料和外文读物，可以组织许多生动精彩的基础外语教学活动，例如动画片外语配音、外语片现场口译等。

电子专业的项目不一定要天天下企业，在实训室里师生也可以完成许多实际项目。许多专业都可以组织专业教师在实训室做项目，为建校服务、为学生服务、为教工服务、为社会服务。宁波职业技术学院提倡的“建校工作实训做”，就是一个很好、很成功的经验。把学院当前的大型工作进行分解，变成师生实训的项目。例如学院将校庆50周年的活动分解成50个项目，由相关教师认领，边上课边准备。其中，校庆大会的接待工作就由“公关礼仪”课的师生进行准备。结合课程的进行，准备好了大会的接待。实际的会场就是学生的课程实训场所。这种真刀真枪的操作可以极大地提高教学质量，解决了实训经费和场所等问题，同时又解决了学院建设和工作中的实际问题。观念转变之后，教师反映，过去一直发愁实训问题，现在来看，到处都是实训条件。所以，学校应全面分析自己的建校工作，从中可以选出大量实际项目，供课程教学选用。

课程改革的效果在很大程度上取决于学校领导和教师内在动力的大小。

问题 7 学校没有实训条件(场地、设备、材料)、没有充足资金，不能把所有需要的教师都排在实训室上课，怎么办？我们班有200人上课，无法训练能力，怎么办？

回答 7 只要学校当前还可以运行，就说明这里有起码的实训条件。问题是，当前的实训室运行效率是多少？每天开放几小时？每年开放多少小时？当前的普通教室经过怎样的改造，就可以成为能够边做边学的实训室了？

例如“建筑测量”课，需要场地和半成品楼房，怎么办？场地可以解决，平面测量没有问题，标高测量可以在平地上安放支架(自己设计制作教具)。

例如“电子技术”课，需要仪器和实训室。只要在普通教室安装220V交流电源，把仪器提来，就可以边做边学了。有些实训条件是可以自己动手，或率领学生一起创造的。示波器不够用，可不可以师生在第二课堂上自己制作一批简易示波器？更何况，这本身就是很好的课程教学项目。

至于大班改小班的问题，这是必须逐步改革的重要问题。大班课可以进行知识传授，但却无法进行能力训练的教学。单纯着眼于降低教学成本，不顾教学质量，这是不可取的。

问题 8 学生基本功差，主动性差，偷懒，课前从不预习。学生上课不愿意回答我的问题，学生不支持这样的项目教学。所以我的课现在不能改革。

回答 8 课程教学的主导是教师。经验证明，教师的积极引导可以使学生很快改变态度。问题是，教师自己愿不愿意改革？教师是否有能力进行这样的改革？教改过程，教师占据主导地位。教师的责任就是设计出学生感兴趣的项目和任务。你的改革项目学生感不感兴趣，责任最终还在你。关于教师的有效引导方式，请参见第7.7节。

问题 9 我想这样改革，但学校不支持，领导不支持，怎样改？

回答 9 那就在自己力所能及的范围内改革。对学生负责，对学校负责，对自己负责。教师不要把希望寄托在外面，希望改革从上面开始：校长、教务处长、系主任、专业主任先改完，为我创造了所有条件，我没有阻力了，再动手改。事实上，所有的改革都是在条件不完全成熟的条件下进行的。如果条件完全具备了，那就是个“执行”的问题，不是改革的问题了。教学不但是教师的责任、教师的职业，而且是教师的事业。课程改革是教师的基本职责。

问题 10 英语(还有某些专业课)有证书考试过级率的要求，过级的考核与能力训练有矛盾，怎样改革?

回答 10 这个问题与前面的问题 5 一样。如果该考试是能力本位的，那么就将该考试的内容吸收到课程教学中。如果考试是知识本位的，从本质上讲是落后于我们的应用型教育理念的，就将能力训练和过级考试分开。课程内容必须以能力为基础。为了过级，可以在课外开办相应的“培训班”。

问题 11 希望在教改讲座中直接讲“我的课”，不要讲别人的课(我不会举一反三)，然后给我“课程设计表格”来填写，再给我一本合格的教材，我按照这本教材上课就可以了。我们太忙，没有时间搞课程改革、搞课程设计，没有时间这样备课。

回答 11 要求学生能“举一反三”，教师应当首先具备这样的能力。应用型课程改革没有现成的格式可以填表实现。教师必须成为课程的开发者、设计者、改革者。即使使用的是自己写的教材，每次上课前也必须根据当时的具体情况进行课程教学设计。事实上，观念、内容、模式变化之后，课程思路理顺之后，备课时间会逐渐减少。课程改革必须在开始时越过这个坎儿，这种教改的惰性和阻力是普遍存在的事实。为此，学校组织全校性的“教师应用型教学能力的培训与测评”，在全校形成人人参与的氛围，就是解决这个问题的有效方法。

问题 12 课程改革以后，没有合适的教材如何上课?

回答 12 没有人按照先进的职教理念，为我们事先写好新教材。我们可以先选用目前最适用的教材，作为课程教学的主要参考资料。教师要事先进行课程的整体设计和单元设计，在课程的实施过程中写讲义。看到教改的良好效果后，将讲义扩充为课本。关于现代项目课程的教材问题，请参见第 9.2 节。

问题 13 教师问：这样改革，备课工作量是原来的 5～10 倍。如果工作量奖金跟不上，我就先不动，先看看别人，实在不行再动手可不可以? 学校的领导问：课程改革的工作量很大，学院没有这么多的经费发奖金，这种高成本的改革怎样进行?

回答 13 领导和教师都要树立正确的“奖金观”。奖金是用来奖励“成绩和效果”(功劳)的，不是用来奖励“工作量”(苦劳)的。去商店买鞋，你是按照鞋的质量和效果付钱，还是按照工作量付钱? 课程设计合格、课程实施效果好，学生学习效果好，兴趣高涨、能力明显提高，这样的课理应获得奖励。如果仅仅完成了课程教学步骤，但教学效果很差，学生普遍没有兴趣，能力没有提高，这样的课单凭“工作量”就应当拿奖金吗? 实际上，单凭工作量，不考虑教学效果的“奖金”，是对优秀教师的极大不公平。提高课程教学质量，提高课程教学效果，这原是教师的本职工作。进行课程改革时所花费的工作量，不论多少，都是必要的成本和支出，没有领取奖金的道理。学校应当建立公正公平的、科学合理的动力激励机制和压力传递机制。只有这样，才能保证院校教学改革的正常进行。

问题 14 课程这样改革之后，有的教师“没有课上”了，怎么办?

回答 14 你上的课学生不感兴趣，学生需要的课、学生感兴趣的课你又不会上，怎么办? 这就是当年国企经济体制改革面临过的问题：企业的产品市场不感兴趣，市场感兴趣的产品企业又不会生产,怎么办?今天在教育领域也遇到同样的问题。难道只有别人应当改革、应当下岗,自己就没有这个问题吗?

是因人设课,还是按照课程体系要求(职业岗位能力需求)设课?是对学生负责,还是以自己方便为准?按照社会需求改造自己,还是抵抗社会前进,要求社会按照自己的特长和需求运行?这是当前院校进行教学改革面临的实际问题。学校和教师一样,只有仔细研究企业、社会、市场的需求,开出学生满意、企业满意、社会满意的精品课程来,才是唯一出路。

问题 15 应用型高等(职业)教育的课程教学目标到底应当是什么?应当强调"能力本位"还是应当强调"通识教育"?两者的关系是什么?

回答 15 "能力本位教育"与"通识教育"在课程教学目标上,表面看是两个极端。

能力本位课程强调职业(岗位)能力的训练;知识和理论"够用为度",让学生的在校学习首先解决就业上岗的基本能力问题,然后考虑未来晋升、转岗和发展的需求,提出"按照职业能力的三层结构进行课程设计"的理念。这是符合目前学生实际情况的,即先解决生存问题,然后照顾发展问题。试想,学生学了一肚子"通用知识",但不具备上岗的能力,哪个企业愿意要?学生连"第一次就业"都没有着落,连生存都成问题,今后还怎么发展?但是如果过分强调能力本位,绝对化之后,就会产生另一个弊端。那就是把人作为工具进行训练,排斥系统的间接知识理论的学习,不顾及未来的全面发展,结果是失去了教育的知识目标和人文目标,阻碍了学生的全面成长和未来发展。

通识教育强调宽广的知识面,强调学识的基础和通用性,有学校提出"宽基础、活模块"的课程设计理念,让学员在校期间为未来的转岗和全面发展打好广博的知识文化基础。在"就业不成问题"的精英教育时期,这样做当然有充分的理由。但在今天高等教育普及的情况下,就业竞争成为不争的严酷事实,如果我们不能正视现实,不考虑学生的现实水平,还是过分强调通用的间接知识学习,就会产生明显的弊端。那就是把知识本位的课程放在第一位,学生盲目积累了许多间接知识,但并不会应用,没有明确的岗位目标,没有就业的能力,一出校门就败在就业市场激烈竞争中,结果连生存的机会都降低了,还谈什么发展?

那么,"强调能力"与"通识教育"两者的正确关系是什么呢?

第一,强调能力与通识教育在时间上有先后。对高职学生而言,具备职业岗位就业能力(首先不是岗位知识)是其生存的必要条件,是第一位的需求。在就业(生存)的基础上,才谈得上未来岗位的晋升、换岗和发展。通识教育有助于学员的未来发展,有助于造就全面发展的人。但从时间上看,这种"对通识的需求"要建立在坚实的生存保障基础上。当学生不具备求职的能力和自信时,通识教育课程占据的教学时间越多,学生心里越没底。

第二,强调能力与通识教育在重要性上有先后。当两者时间安排上有冲突时,应根据不同学生的特点和需求分别处理。一般来说,在职业能力比较欠缺时(比如低年级),应优先训练职业能力,而不是优先学习通识知识。然而,我们现在的做法刚好相反,越是低年级,越是强调文化基础通识课程。通识课程的教法,通常强调间接知识的传授(甚至灌输)法,效果显然不好。所以,除了改革专业课程体系之外,教师还应当学会"行动导向教学法",会在具体的项目任务基础上进行拓展,及时而自然地将系统的通识内容与项目内容紧密结合、互相促进。

第三，两者处理不当时，会相互干扰。如果低年级用大量时间进行通识（基础、文化知识）教育，没有对职业能力的高强度反复训练，缺乏对行业企业岗位工作的实际直接经验，学生对大量间接知识的理解就会非常肤浅（参见第 18 章），而对就业（生存）就会没有把握，会感到通识教育的内容成为累赘。反过来，如果全部在校时间都进行枯燥乏味的操作训练，没有及时将具体知识上升为通用知识、系统知识，学生未来的发展能力将会大打折扣。

第四，两者关系处理好了，可以相互促进。低年级优先训练职业能力，为就业打下坚实基础，同时积累直接经验，积累与通识学习相关的间接知识。学生对就业（生存）有了信心，就可以腾出更多的时间，以更主动的态度进行通识学习。通识教育应当在很强的职业能力的基础上，在学生自觉自愿有兴趣有动力的前提下进行。从认识论的角度看，当前学生学习过程中最欠缺的，还不是书本上的间接知识，而是岗位上的实践经验和直接知识。先夯好经验基础，后学习抽象的间接知识，实际上有助于学生更好地把握"通识教育"中的内容。

表面上看，两个目标互不相容。按照"直接经验与能力"的要求，应当安排以能力实训为主的课程设置和教法；按照"间接知识"的要求，则应主要进行广泛的文化知识教育，其课程设置和教法与前者有很大的不同。但从长远看，这两者是相互联系、密切相关的，一个是生存需求，一个是发展需求。两者在高层次上是统一的，缺一不可的，都是为学生的终生发展服务的。两者关系处理不好固然会相互干扰，但处理好了就会相互促进。关于这个问题，还请参见第 18.14 节第 10 点，关于矛盾对立双方关系的处理。

问题 16　我们的专业（煤炭、化工、医药、机车驾驶等）操作设备极其贵重，开动一次要几百万元，成本太高，难以进行实操训练。怎么办？

回答 16　教学用的项目不等于工作领域工作的照搬。现场顶岗实习不能代替学校的实践教学。财会、医疗、建筑、重化工等专业都有类似问题。我们的课程教学项目应当源于企业，高于企业。可以在学校条件下设计制造规模较小，但实质相同的"缩尺"设备进行实操。例如在自动控制课程中使用柔性生产线的缩尺模型。还可以制造仿真设备，供学生进行操作能力的训练。仿真设备通常以计算机为核心，所有"与操作者接触"的部分（数据与结果显示、参数调节等）尽可能真实；操作者接触不到的部分，其动作由计算机仿真完成。从操作者角度看，这样的操作与真实操作一般无二。这类实操设备的设计，对专业教师是个实际考验，考验教师对自己专业的理解水平和专业动手能力。事实上，这类实操设备的设计、生产已经形成了一个巨大的产业，并在应用型教育领域发挥着越来越大的作用。我们的专业教师在这个领域中可以发挥巨大的作用。

问题 17　按照现代教学原则把课程改造后，低年级就把高年级的内容学完了。高年级的课程怎么办？

回答 17　大幅度增加课程的信息量是应用型课程改革的目的之一。学生从一入学开始，就应当学到尽可能多的、有用的东西。课程改革后低年级的课程把原来属于后来课程的东西提前完成了，说明课程的效率得到明显提高，这是很好的事情。这就促使我们的教师重新审视整个课程体系。这就要求我们大幅度增加课程的有效负载，高年级的课程必须增添新的更有趣、更有效、更有用、更先进、更深入的内容。绝不能为了迁就原有课程内容，阻挡课程体系和课程的改革。

问题 18　我们人文社科（语文、思想政治、德育、法制）类的课程与工科课程不一样，我们从来都是以教师讲授为主，学生不但学习知识，还受到文化的熏陶、情绪的感染，体验对哲理的感悟。我讲的课程中，除了有丰富的知识之外，还有大量学生身边的生动案例，有强烈的情绪感染和深刻的哲理剖析，学生反映强烈，非常受欢迎。难道学生的"感悟"还要用"操作"来代替吗？这样的课还要进行"能力本位、项目课程"的改造吗？

回答 18 能够把人文社科类课程讲到这样的程度，当然是很好的。应用型课程改革从来没有要求教师舍弃那些效果好的教法，从来没有要求只用一种教法统一所有的课程，更不能降低教学效果。教师当然应当把原有课程中的所有优秀传统发扬光大，把原有课程中所有的好效果保留并提高。

强调德育和能力为重的项目课程改革仅仅要求教师在原有基础上"更上一层楼"。具体做法就是，在原有的知识目标基础上增加德育和能力目标，在原有讲课基础上增加"课程项目"，让学生除了在听的过程中感悟，还在自己亲身实践中体验、感悟。

例如，H 教师上的"就业教育"课。原来的课程讲解就非常精彩。在课程改革的培训过程中，H 教师体会到，自己过去的讲法和精彩效果都应当保留，同时增加一个课程的贯穿项目——"打工"。让学生到学校附近寻找一个打工机会去实际体验，然后将打工过程中的问题、困惑、体会告诉教师，教师及时在课上，结合这些实际问题，结合原来的课文进行精彩分析和讲解。结果取得更好的效果。

单纯在讲解中"感悟"，与在参与社会实践中"体验"，同时感悟，哪个效果好？当然是后者效果好。但如果能在实践中体验感悟的同时，辅之以精彩的讲解分析，效果当然就更好了。

应当弄清"应用型课程"与"讲座"的差别，课程必须有能力目标，讲座可以没有。不要把应用型"课程"开成了"讲座"。如果你的课程讲解很优秀，但暂时设计不出课程项目，暂时无法让学生进行实践操作体验，那么可以先开一个讲座，将你的讲授优势保留下来。避免新的教法还没有学会，原有的优良传统又丢失了。结果是课程改革之后，自己反而"不会上课了"。将来学生的整体素质有了本质性的提高，学生实训条件有了根本性的改善，可以考虑逐步增加讲座和选修课的数量，为学生提供更丰富的学习选择机会。然而至少在当前，我们必须在应用型院校中大力提倡强调德育和能力为重的项目课程，突出课程的德育目标和能力目标。

问题 19 现在每个教师的教学负担都非常重：每周在 20 学时以上，个别人甚至达到 25 学时以上。哪里有时间进行课程改革，哪里有时间搞什么课程的整体设计、单元设计？

回答 19 在巨大教学工作量的背后，通常都隐藏着"低质量、低效率"的问题。我们的课时量不断增大，教师负担不断加重，其中一个重要原因，就是课程体系的设计不合理。按照现代先进职教理念，对课程体系和其中的每门课程进行改革之后，课程的门数减少了，课时减少了，但效率提高了。我们可以用更高的效率、更少的课时完成更多的教学任务。应当看到，当前教师们不断要求增加课时的背后，还有"用工作量增加课酬"的动机。个别教师在巨大课时量的压力下，已经把课程教学从创造性的脑力劳动，变成一种单纯的体力劳动，从早到晚从一间教室赶往另一间教室去上课，状似蹬三轮车，根本顾不上教学研究和提高课程教学效果，每天只是机械性地进行枯燥、呆板的重复"讲课"，只为增加一点课酬。这样做，受害的不仅是学生，还有教师自己。要想解决课程教学的效果和效率问题，在现有课程体系和课程教学模式的基础上，无论增加多少课时，也无济于事。

我们所进行的教学改革，正是从根本上解决课程教学的效果和效率问题的最佳途径。改革的第一步是教师转变观念、提高能力，进行课程的整体设计和单元设计，这需要每位教师的积极参与，并付出艰苦努力。一旦翻过这个坎儿，前面就是平坦大道：课程教学效率大幅提高，总的课时量得以明显减少，教师备课时间明显减少，教学效果明显改善。所以，课程教学改革和院校的整体教学改革势在必行，一定要做。学校组织的"教师应用型教学能力的培训与测评"工作，就是帮助大家转变观念提高能力的有效途径。从这个角度看，目前正在各校进行的课程改革，不但解放了学生，而且是解放教师的有力手段。

问题 20 这里有三个具体问题：①教师引导学生操作训练要耽误大量时间，上课课时有限，项目和任务完不成怎么办？②许多项目工作量很大，需要占用课外时间，如果所有的课程都争第二课堂的课时，第二课堂的时间又不够用了，怎么办？③我上课的班人数很多，课堂上无法进行操作训练，怎么办？

回答 20 第一个问题。能力的训练确实需要大量时间，单靠课内是肯定完不成的。因此教师的课程设计必须考虑课内外结合问题。教师要重新设计第一课堂的内容，把项目任务中，学生可以独立完成的部分剔除，将项目各要点"开个头"，重复性的工作由学生课外完成。这样就能大幅度提高课堂效率。不能把所有的操作都安排在第一课堂。

第二个问题。当多数课程都有大量课外任务时，学生就会选择自己感兴趣的课程，投入更多精力，形成竞争态势。真正解决这个问题，要靠课程体系改革：摆脱课程之间的无序竞争，真正按照职业工作需要设置课程，对专业所有课程进行整体优化，减少课程数量，提高课程质量和效率。

第三个问题。班级人数太多，无法进行能力训练的问题，只有根据现有条件，逐步调整减少班级人数这一个办法。办学不但要考虑效益，更要优先考虑质量。在这个问题上应当考虑逐步向国际水平靠拢。

问题 21 教无定法。在教师培训过程中，我要求教师们从"项目教学法、合作教学法、反转课堂法和问题教学法"四种方法中任选几种，组织自己的课堂教学。这有什么不对吗？

回答 21 教学方法可以根据自己的特点选择，这没有问题。但有些基本原则是不能违背的。如果教师在上述四种教学法中选择了"合作教学法"和"反转课堂法"来组织自己的课程教学，就会产生一个严重问题。应用型院校教改的最基本原则就是"坚持能力为重"。如果课程中没有项目和任务，学生就只学到知识理论，没有能力（参见本书第1.2节），课程的能力目标就无从实现。这样做就伤及了应用型教改的根本。

这里的问题出在上述四种教学法并不是并列的关系。其中，项目教学法和问题教学法限定了教学"内容"，合作教学法和反转课堂限定了教学"方式"。例如，我选择项目教学法之后，还可以选择合作教学法，两者搭配组织课堂教学。但我也可以选择项目教学法（课程内容必须有项目或任务）之后，选择个人自学（非合作）的方式进行教学。或者，选择项目教学法之后，再选择反转课堂（学生先上台讲解）搭配组织课堂教学。但我也可以选择项目法之后再选择教师直接讲解（非反转）的方式组织课堂教学。四种教学法中的"问题教学法"是在"知识理论学习"范畴中的教学法：在学习定义概念知识理论的过程中，要学会提出问题，并回答这些问题。但只有项目和任务才是训练"能力"的载体，学习专业的知识理论并不能形成专业能力。所以，把“项目教学法”与另外三种教学法并列，这本身在逻辑上就存在问题。这里再次看到应用型课程教学中的“项目(任务)”载体的高度重要性。

问题22 我校一直是研究型本科高校，让我们转型成为“应用型院校”，与“职业教育”(专科)为伍，不是降低了我们的教育教学层次吗?

回答22 应用型院校是与基础教育学校、研究型高校相对应的另外一类院校。应用型院校是一个“类型”，不是一个“层次”(参见本书导读)。从研究型高校转为应用型本科高校，教育教学层次上并没有降低(仍然是本科，并不是转为专科)，只是转换了教育类型，在教学“内容的方向”上做了调整，教学和科研的重点从面向(基础前沿)理论的研究和创新，转为现代先进知识理论的应用；从面向学科建设转向面向专业建设；从强调知识理论为重转向坚持德育、能力为重。有人以为，应用型院校只要灌输，不要创新，这是一个严重的误解。在应用型院校中，科研同样重要，只是研究的方向是以知识理论的“应用”(用于解决岗位实际问题)为主，不是以学科体系(知识理论本身)的创新为主。职业教育是当前应用型教育的主力军。但高等职业教育并非只有“专科”(层次的)教育。现在，许多有条件的高职院校都在试办本科专业，将来还会有应用型的硕士和博士。普通高校的应用型转型不是哪个人的突发奇想，而是社会经济发展现阶段的必然趋势。

问题23 学校现在太忙，连上级(教育部、省厅、市局)布置下来的任务都忙不完，哪有时间给自己添负担找麻烦，规划自己的“整体教改”?

回答23 上级布置的任务当然要保质保量完成。但上级的任务都是面向“全局”需求的，无法照顾各个具体院校的实际情况。不同地区、不同行业的应用型院校情况千差万别，要想快速实现本校的教学改革目标、实现自己院校教学质量效益的飞跃，只能靠本校领导和教师们自己动手动脑，完成本校的顶层设计和长远规划，然后按部就班坚持实施。在实现自己的发展目标的同时，将上级布置的任务吸收进来，成为自我发展的有机环节。每个基层院校都不应当仅仅是被动地贯彻上级指示的一个部门，更应当是在符合上级规定大方向之下，独立的、有自己确定目标和规划的主动行动单位。每个院校都应当成为一个自组织系统、自学习系统，成为社会大系统中的一个主动环节。没有自己的顶层设计和规划，只是机械执行上级规定，表面上看很“听话”，其实并不能真正实现上级意图。任何学校的中心工作都是“教学”，目标都是“育人”。所以，无论哪一级院校，都应当有自己整体教改的设计和规划，并坚持实施。整体教改是真正实现上级意图的主动之举，是真正提升工作质量和效益之举，是真正提升学校领导、教师能力和水平的必要之举，绝非自找麻烦。这里又是一个处理系统不同层次之间关系的问题。详情请参见第18.14节。

问题24 什么是“项目教学”?不就是让学生搞些课外活动，做个模型什么的吗?我在课上也试过让学生做事，学生“启而不发”，他们不感兴趣，不欢迎项目教学。项目课程让学生上课只干活，取消知识传授，取消知识学习，不要理论指导，不要创新思维，不要通识教育，只学一点狭隘的专业技能，严重违反育人原则。上课做项目严重浪费课时，没有教学效果。再说，项目课程是教育史上多年前提出来的方法，早已过时了。我们必须跟上时代，现在要搞的是信息化教学，要搞微课、慕课。

回答24 现代项目教学不是课外活动，没有取消知识的传授和学习，也没有取消理论的指导。相反，现代项目教学大力强调三类目标(德育、能力和知识)，大力提倡学生主体、自学和创新。信息化教学当然要搞，但是无论是慕课还是微课，都是课程实施的具体方式，而项目则是课程的内容。无论什么形式的课程，里面如果没有项目和任务，学生就没有“能力”(参见第 1.2 节)，这是无法改变的事实。所以，项目教学是无法取代的，是永远不会过时的。事物并非“越新越好”，首先要看它是否“正确”，是否“有效”。现代项目教学比传统的项目教学有了重大的发展变化，必须重新认识。关于项目和现代项目教学的详情请参阅第 8 章，特别是第 8.10 节。

问题中谈到的这些结论都不是现代项目教学的实际情况。对项目教学没有进行过认真探索和实践，没有进行过认真学习和研究，只有道听途说、一知半解的人往往只凭印象、想象、猜测和“据说”下结论。项目教学需要冷静、客观、艰苦的研究与实践，任何无知、误解、偏见和成见都不足为据，都不能解决教育教学的实际问题。提倡项目教学在客观上也会“动了某些人的奶酪”，影响其既得利益。因为个人利益而反对对学生和社会如此有益的新事物，就更不应该了，也一定不会成功。真正的改革所代表的，是先进生产力发展的方向，是社会发展的方向，一定是在克服形形色色阻力的过程中不断胜利前进的。

附录B 课程设计测评打分方法

每位教师完成自己课程的整体设计和单元设计之后，都要经过多次的小组演示，经过大家的点评和自己的反复修改，最后进行正式测评。

平时点评与正式测评打分的基本依据，就是课程设计的"6＋2"原则(参见第5.2节)。但在实际操作中，评委感到，很难根据演示的具体内容，立即对各项抽象原则给出准确的分数。为此，作者总结多年来许多院校的现场操作经验，开发了以下"测评打分方法"，供大家实际工作参考。

方法一 小分相加法

第一步，确定评价课程设计的观察点。

这些观察点暂不考虑抽象原则，而是直接根据课程设计演示的内容制定。这就便于评委按照演示顺序，直接给出成绩。

课程整体设计的观察点一般可设定以下9个，它们分别是：课程的职业岗位分析与定位，课程目标设计，课程项目设计，项目情境设计，课程进度设计，课程考核设计，第一次、第末次课设计，课程演示效果，创新加分内容。

课程单元设计的观察点一般可设定以下9个，它们分别是：本单元与整体的关系(定位)、单元目标设计与表述、单元任务设计、任务情境设计、单元实施步骤、单元考核评价、单元首尾设计、单元演示效果、创新加分内容。

第二步，评委直接给观察点打分。

评委在听取课程(整体或单元)设计演示时，直接给每个观察点打分，不必考虑抽象的评价原则。在现场对观察点打分不宜采用百分制(因为根据不足)，也不宜采用过于粗糙的等级制(因为区分度不够)。根据多年来实际操作的经验，以采用附表B-1的"十分制"较适宜。

附表B-1 十分制打分表

分档	优秀			良好			合格			不合格
	特优	优秀	较优	很好	良好	较好	接近良好	合格	勉强合格	
	A＋	A	A－	B＋	B	B－	C＋	C	C－	D
赋值	10	9	8	7	6	5	4	3	2	1

评委根据现场情况，直接用A、B、C、D等符号打分，比较便于及时判断和临时修改。最后按照附表B-1，在电子表格中赋值。这种打分方式比较符合一般的评价思维习惯，在测评现场容易操作。

第三步，设定关系矩阵。

根据每个具体观察点的性质与“6＋2”原则的关系，制定以附表 B-2 的关系矩阵。

附表 B-2　关系矩阵

类别 指标	1. 课程目标	2. 项目设计	3. 实训设计	4. 过程导向	5. 学生主体	6. 一体化设计	7. 常规教学	加分项	重要性系数
1. 岗位分析图/与整体关系	0.1	0.1		0.1					0.3
2. 目标表达/目标表达	0.8								0.8
3. 项目设计/任务设计		0.9	0.3	0.1	0.3				1.6
4. 项目情境图/任务情境			0.7	0.8	0.2				1.7
5. 课程进度图/步骤设计					0.2	0.7			0.9
6. 考核设计/考核实施	0.1				0.1	0.3			0.5
7. 第一第末课/开头结尾					0.1		0.2		0.3
8. 演示效果/讲课效果					0.1		0.8		0.9
9. 创新(高要求)/外语等								1.0	
指标最高分	10	10	10	10	10	10	10	10	

第四步，根据关系矩阵，计算总分。

用电子表格软件，将评委的打分按照上述关系矩阵，转换成课程设计的总分。电子表格根据关系矩阵计算出的分数是根据抽象原则计算的总分。

采用上述评分方法可以显著减轻评委工作负担，显著提高评分的准确程度。当然，也可以据此开发一套软件，提高整个测评工作的效率。更进一步，如果我们能设计出新的观察点和关系矩阵，就可以对整个测评评价系统进行改造。

小分相加法是当前常用的计分法。在测评实践中发现，这种方法有两个重要的缺陷。一是被测评多个对象得分的相对关系往往不对。例如，对于 A 和 B 两个被测评人，明显感到 A 比 B 略好些，但是小分相加的结果正好相反，而且弄不清到底是哪些小分因素在起作用。二是大家的得分往往集中在几个小区间，区分度过小，不能反映实际水平的差距。因此，在实际测评中又开发了以下的“分段比较法”。这种方法改进了小分相加法的操作方式，明显提高了成绩的区分度，对于被测评对象之间的相对关系反映得比较准确。所以，这种办法逐步成为实际测评打分的主要方法。

方法二　分段比较法

分段比较法的特点是，分数值不只是根据“测评对象表现”与“标准”的比较，而主要是根据“多个测评对象表现”之间的相对比较来确定。在附表 B-3 中，从 D 到 A＋＋总共 11 个档次，其中“良好”占据四个档次，这比较符合实际情况。评委打分时不能只就个人成绩打分，还要两两比较所有参评者，先在档次上尽量拉开距离，然后再将同一档次的成绩用分数拉开距离。这样的分段比较，可以明显提高成绩的准确度与区分度，更好地反映实际情况。

测评打分必须坚持公正、公平的原则。每个评委和被测教师必须在师德方面以身作则，如发现打分结果有明显偏差或演示内容有明显抄袭现象，必须严肃处理。

附表 B-3　××学院　教师应用型教学能力测评分档—分数对照表

<table>
<tr><th>特优</th><th colspan="3">优秀</th><th colspan="4">良好</th><th colspan="2">及格</th><th>不及格</th></tr>
<tr><td>99～96</td><td colspan="3">95～85</td><td colspan="4">84～70</td><td colspan="2">69～60</td><td>59～50</td></tr>
<tr><td>A++</td><td>A+</td><td>A</td><td>A−</td><td>B+</td><td>B</td><td>B−</td><td>C+</td><td>C</td><td>C−</td><td>D</td></tr>
<tr><td>99～96</td><td>95</td><td>94～90</td><td>89～85</td><td>84～80</td><td>79～77</td><td>76～73</td><td>72～70</td><td>69～65</td><td>64～60</td><td>59～50</td></tr>
<tr><td>• 在A+基础上有重要创新。
• 演示精彩。
• 学生高度积极、主动，有创新成果</td><td colspan="3">• 项目任务工作过程完整、综合，有企业要素。
• 技术思路：解决、创新。
• 情境很丰富、吸引人。
• 演示效果很好
• 教师给出精彩总结。
• 文史哲、通识、外语、素质目标、职业核心能力落实好。
• 学生主动边做边学，有创新空间</td><td colspan="4">• 项目任务工作过程完整，2个以上任务多重循环。有技术思路分析。
• 知识理论达到高职技术水平的要求。
• 情境有正误成败。
• 演示效果较好。
• 文史、通识、外语、素质目标等有渗透。
• 边做边学，任务引出问题，问题驱动学习。知识有正误，工作有成败。
• 能引导学生进行知识理论总结，教师能给出较好的总结</td><td colspan="2">• 有几个单项的能力训练或工作环节训练。
• 只有正常（正确）情境。
• 演示效果一般。
• 工作过程与学习过程分离。
• 缺少知识理论总结，或只让学生总结</td><td>• 目标、任务、知识理论、教学步骤有重要缺失。
• 缺少有效的（综合）能力训练。
• 以知识讲授为主。
• 表述不清：工作过程、学习内容、难点重点、技术思路听不清</td></tr>
</table>

附录C　德育与专业教育关系的数学模型

在第18.9节中，我们用图18.1这个向量图描述了人的“能力、动力与价值观”之间的关系，并用这个模型讨论了人的学习能力、学习动力与该人对学习环境认可度之间的关系。

下面我们用该向量图研究学校的德育问题。这个向量图直观地表达了人们对“德育（价值观）”的认识。在这个图形中，价值观确实表现为“方向的选择”。

例如，“道德”从根本上说，就是如何处理自己与他人的利益关系。在附图C.1的“道德选择平面图”上，将X轴设定为“他人的利害”，将Y轴设定为“自己的利害”。于是平面上不同的方向，就代表了不同的价值选择。

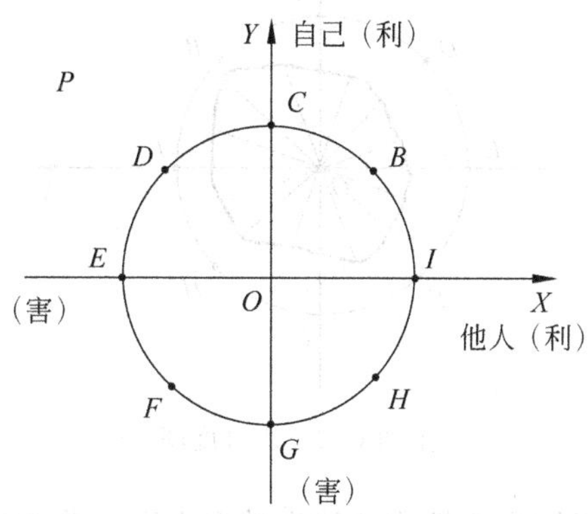

附图C.1　道德选择平面图

图中X轴和Y轴的正半边，代表“利”，负半边代表“害”。于是各方向的含义如下。

OB方向：自己与他人互利双赢。（创造社会和谐）

OC方向：毫不利人，专门利己。“拔一毛利天下而不为。”（极端自私）

OD方向：损人利己。（自私且缺德）

OE方向：损人不利己。（愚蠢的缺德者，破坏性反社会倾向）

OF方向：损人害己。“从损人始，以害己终。”

OG方向：害己而不利人。（愚蠢）

OH方向：舍己为人。20世纪六七十年代大力提倡的“一不怕苦，二不怕死”“奋不顾身”“集体的事再小也是大事，个人的事再大也是小事”等（高尚行为）。

OI方向：毫不利己，专门利人。（毛泽东评白求恩语）

于是，Y轴以右的半个平面（第一、四象限），对他人有利，代表了“利人”（良好道德）部分。Y轴以左的半个平面（第二、三象限），对他人有害，代表了“害人”（缺德）部分；X轴以上的部分（第一、二象限），对自己有利，代表了“利己”部分。X轴以下的半个平面（第三、四象限），对自己有害，就代表了“害己”部分。其中，每个象限在日常生活中都有对应的评价：

第一象限是“聪明、有亲和力”，第二象限是“自私、损人利己”，第三象限是“愚蠢、害人害己（例如具有反社会倾向者）”，第四象限是“高尚、舍己为人”。

我们看到，不同的社会制度、不同的历史时期倡导过不同的价值观，都可以在附图 C 中找到位置。该图形象地说明了“专业技术教育”与“思想品德教育”之间的关系。单纯的“专业技术教育”只能增强“能力”（OA 的长度），但是一个价值观和人生方向出错的人，能力越强，对他人和社会的危害就越大（例如在第二、三象限的，有知识和技能的恶人）。有了知识并不等于有能力，有了知识和能力也不等于有正确的价值观。学校教育以育人为本，思想品德教育（正确价值观教育）确实是第一位的，万万不可忽视。所以，学校中的单纯技术教育观点、忽视德育的观点都是不可取的。

我们可以设计问卷或游戏，或跟踪一段时间内的行为，将一个人对 0～360°范围的“认可度”绘成图（附图 C.2），这就是该人价值观的一种实测数据和直观表达。

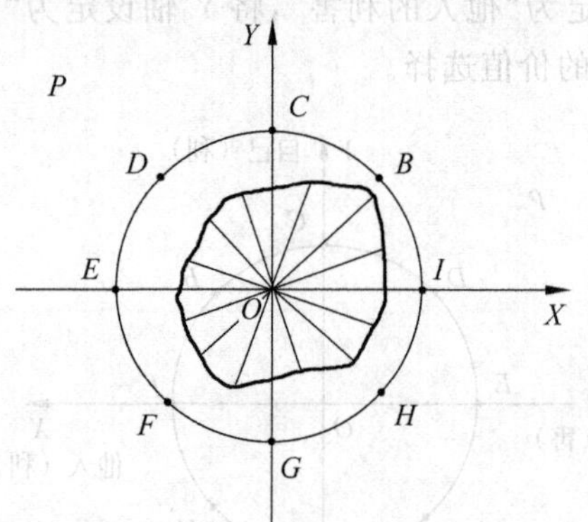

附图 C.2　认可度图

根据这个实测数据可以制定个性化的德育教育方案。若想优化德育课程，可以先从附图 C.2 上选定相应的德育方向，然后研究如何提高学生对此的“认可度”。任何价值观系统都要对附图 C.2 中所有方向给出自己独特的解读，宣布提倡什么，反对什么。

如果我们换一种方式表述，构造另外一个模型，认为 X 轴与 Y 轴的角度不固定为 90°，而是可以任意度数，并且在一根大的 X 轴（学校、教师）周围，每个学生都有自己独特方向的小 Y 轴。那么，教育的目的就是力图使每个学生的 Y 轴方向尽可能与环境的 X 轴方向一致，即让学生的好恶刚好与环境（学校）提倡的好坏方向一致。这个大的 X 轴与诸多小 Y 轴之间的夹角，就表示了学生价值观的规范程度。这里我们看到，学校和教师应当努力保证，自己所选择的价值方向，要尽可能符合社会和个人发展规律，尽可能代表社会的发展方向和学生的长远利益，否则我们的“引导”就是误人子弟。

当然，任何模型都是复杂现实的简化描述，都具有不可避免的缺陷。但仔细研究这些图形，仍可以获得许多教学方面的启示。

附录D　为复杂的“概念模型”建立“D图模型”

——“中国特色高职模式”的D图建模

研究一个复杂、抽象系统(特别是复杂的社会系统)的第一步,就是用自然语言对它进行一般的定性描述。第二步则是建立该系统的概念模型。概念模型指的是,用一组概念和命题,对被研究系统进行相对完整的界定性描述。概念模型中的概念和命题主要用来描述系统的元素组成、元素之间的关系、系统与环境的关系、系统的主要特性等。接下来的第三步就要将蕴含在抽象概念中的诸多要素具体化、形象化,并用形状、位置和距离等几何(图形)要素进行表达,就是建立与该概念模型相对应的“图模型”。将概念模型转化为图模型之后,被研究对象便以更全面、更直观、更具体的面貌出现,于是就更加便于交流、理解和深入研究了。

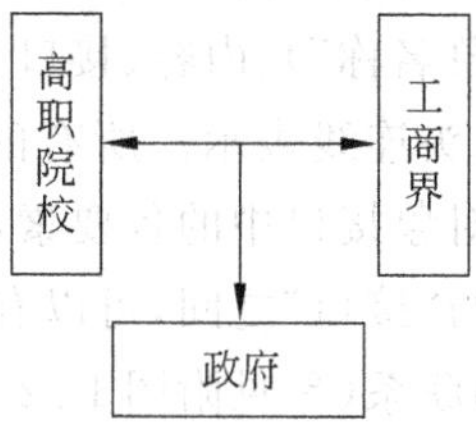

最常用的初级图模型就是“方框图”(简称框图)。在用PPT进行思路演示时,经常使用这种描述方式。在框图中,每个概念用一个方框表示,概念之间的联系则用箭头或连线表示(参见附图D.1)。

高职院校　　工商界

政府

附图D.1　高职教育运行框图

框图解决了将概念模型直观化的问题。但常用的框图随意性很大,其图形的形状、位置等要素缺乏规范,难以表达概念之间的复杂层次关系。所以,用普通框图研究复杂事物,总感到力不从心。普通框图另一个最主要的问题是,它只能对已有的认知结果进行简单的直观说明,难以启发新的认知思路。例如研究复杂的教育系统,用普通框图作为模型就难以深入。为此,笔者设计了一种新型的系统框图(简称D图)。这种图可以用来为一般系统,尤其是复杂的概念系统建立直观的图模型。D图特别适用于把已有的系统“概念模型”转化为图模型。笔者对“中国特色高职模式”这个概念模型建模和运行的结果证明,D图模型可以成为一种通用的系统建模工具,或者成为一种将系统的概念模型转变为图模型的有效工具。特别重要的是,如果“运行”这个D图模型,就可以启发我们对原有的概念模型进行有效的改造和深入的补充研究。这是单纯使用概念模型和框图模型难以做到的。

下面通过一个具体案例,看看运用D图工具,将一个复杂系统的概念模型转换为图模型,然后“运行”这个图模型,对原有概念模型进行深层次研究的全过程。

“中国特色高职模式”的概念模型,是高职学者马树超和范唯建立的一个概念模型。“概念模型是介于实体模型和数学模型之间的基本模型……其基本特点在于对于实际对象系统的抽象,体现实际对象系统中的要素,反映要素之间的关系。”该模型可以用若干概念和四个命题简要表述如下。

(1) 高职教育是高等教育发展的一个新类型。

(2) 高职教育要在高等教育框架下，融入五要素（产业、行业、企业、职业、实践），并在体系、机制和教学过程中占有较大比重。

(3) 高职教育要构建起与之相配套的政策、法规与制度环境。

(4) 高职教育要提升高素质技能型专门人才的培养质量，提高服务经济社会发展的水平。

以下试以D图为工具，先将上述“中国特色高职模式的概念模型”这个非常复杂的对象，转化为对应的图模型，然后“运行”这个图模型，得出相关的研究结论。

1. D图工具的基本结构

D图是用于为任何系统，尤其是为复杂的“概念系统”建模的一种通用工具。任何系统都可以用“元素”（或称“对象”）和“关系”（或称“联系”）加以说明。D图可用于表达复杂系统（特别是嵌套系统）的结构，并可以作图上作业（即“运行”这个模型），启发和产生各种新的思路和概念，从而充实、改进该概念模型和原系统。

在D图中，称被描述系统中的每个元素为“对象”，可用“方框”表示。每个方框由三部分组成：标题（或“对象名称”）、内容、接口。D图中各对象之间的“关系”用箭头连线表示。所有的对象都要通过“接口”对外联系，对象接口中的各要素，称为“接口要素”。对象的“内容”与“接口”之间，可以有很简单的联系，也可以有很复杂的联系（参见附图D.2）。

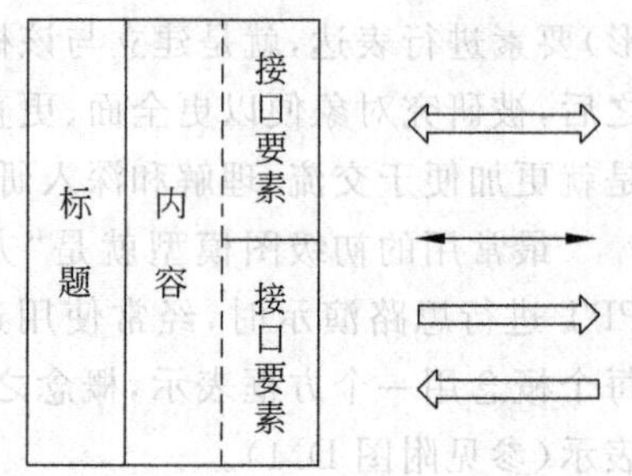

附图D.2　D图要素：对象与对象间的关系

对于简单的研究对象，可以只有“标题”或标题加上简单“内容”，这时它的“接口”（和/或）“内容”就是默认的。当D图对象中的“内容”和“接口”全部默认，只剩下“标题”时，它就转化为普通的“框图”了。换句话说，D图是对普通框图的一个重要的发展，是将普通框图中的“对象”从只有“标题”这一个部分，变为具有“标题”“内容”和“接口”三个部分。因此，在用D图构成的图模型中，可以将D图的“对象”与普通的框图混用，即普通框图对D图模型是向上兼容的。这更增加了D图作为“复杂概念系统”建模工具的灵活性。

2. “中国特色高职模式”的D图模型

附图D.3就是用D图工具为“概念模型”建立的相应的D图模型。从附图D.3中可以看出，当我们把每个对象的“内容”和“接口”两者具体化，并把各对象的诸多“接口要素”尝试进行各种可能的连接时，就有力地推进了对该模型的深入研究。

下面我们对照附图D.3，了解“中国特色高职模式”的概念模型是如何具体化为对应的D图模型的。

(1) 高职教育是高等教育发展的一个新类型。

从附图D.3中可以看出，人类社会中存在着一个从“科学”到“工程”再到“技术应用”的巨大链条。这个链条对应着三个“转化过程”，从而需要三种不同类型的人才（科学研究人

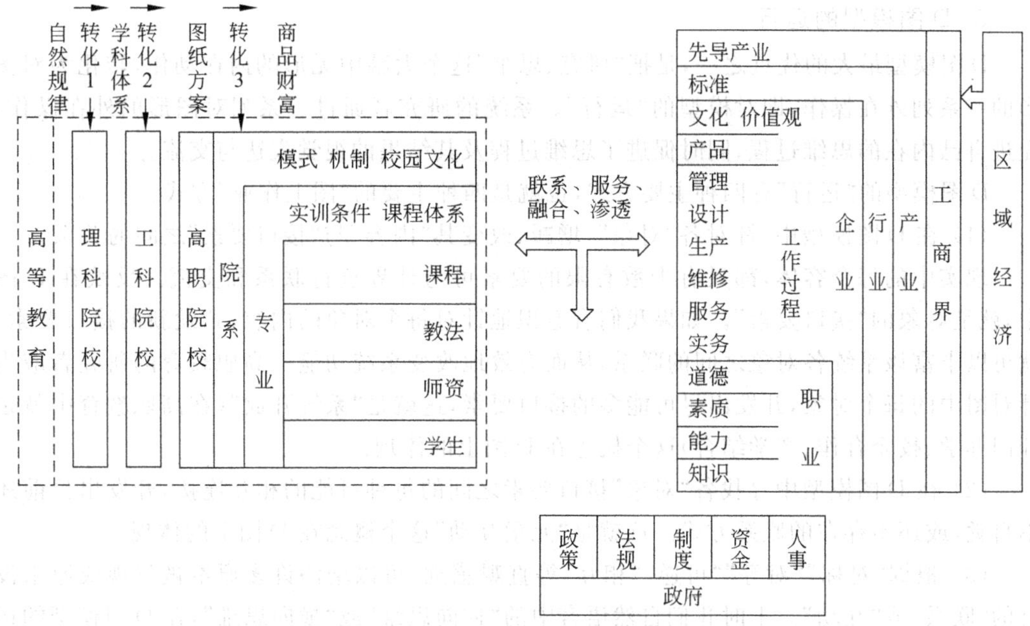

附图 D.3 基本的"中国特色高职模式"的 D 图模型

才、工程设计人才、技术应用人才)和培养这三类人才的三种高校(理科院校、工科院校、高职院校)。三种高校分别完成不同的转化工作,面向不同的社会界别(学术界、工程界、工商界)。从附图 D.3 可以清楚、直观地看出,应用型高等教育是从普通高等教育发展出来的一个新类型。由此可以推出,"应用型高等教育不应仅限于专科层次"的结论。

(2) 高职教育要在高等教育的框架下,融入五要素(产业、行业、企业、职业、实践),并在体系、机制和教学过程中逐步占有较大比重。

这个命题是该概念模型中最重要、内容最丰富的部分。原本大家概念中的"产业"是与普通高等教育(其实是理科高等教育)没有直接关系的东西。从附图 D.3 中,我们看到"产业"通过"先导产业"这个"接口要素",可以与高职进行连接。于是构成了"高职教育要为先导产业服务"的认识。对附图 D.3 的仔细研究,可以得到高职与"行业"、高职与"企业"、高职与"职业"的许多类似的结论。概念模型中的这个论断是高职课程教学改革的重要理论依据,而课程教学改革的许多重要措施,可以通过研究和运行这个图模型得到启发。

(3) 高职教育要构建起与之相配套的政策、法规与制度环境。

从附图 D.3 中可以看出,作为高职研究重要对象的"政府",通过法律、法规、制度等"接口要素"来影响与约束高职院校。学校也可以通过与政府部门的联系渠道,主动争取相应的政策,改善自己的制度环境。

(4) 高职教育要提升高素质技能型专门人才的培养质量,提高服务经济社会发展的水平。

这个命题是对"高职院校"的"运行质量"提出的要求。从附图 D.3 中可以看出,"质量"这一概念还需要具体说明和界定。而"服务"概念则可以从图上具体化为:毕业生就业成为职工、师生为企业的工作过程服务、师生为企业的产品设计创新服务等许多具体内容。

3. D图模型的运行

D图模型最大的优点之一，是把“研究、思维”这个大脑中无形的内在动作，转化为对图形的一系列外在操作，即对模型的“运行”。系统的研究者通过一系列对图形的外在操作，促进自己内在的思维过程，同时促进了思维过程及其结果的视觉表达与交流。

D图模型的“运行”有四种主要方式，也就是四种主要的“图上作业”方式。

(1) 在D图模型中，针对各“对象”，增减、改变其“内容”与“接口要素”之间的关系。

现实中的每个客体，都只有少数有限的要素可与外界进行联系和交流。反映在D图中，就是对象的“接口要素”。如果我们有意识地针对每个对象的内容，开发新的接口要素，就可以丰富该系统各对象之间的联系，从而有效地改变系统功能。高职教育的研究者应当针对图中的每个对象，开发出尽可能多的接口要素，这就是“系统开放”(在高职教育中就是开门办学、校企合作、产学结合)这个概念在D图上的体现。

(2) 在D图模型中寻找各“对象”接口要素之间的每种可能的相互连接，开发出目前还不自觉，或还不存在的联系方式。这就是“元素互动”这个概念在D图上的体现。

(3) 根据“对称”“对等”“可逆”“相互”等直观感觉，可以增添许多原本被忽视或原来没有的“联系”或“互动”。平时我们自然语言中的“逆向思维”或“横向思维”，在D图模型的运行中，都具有了明确的几何意义和对图形的操作意义。

(4) 在D图模型中增删对象，同时也就改变了系统原有的“联系”关系。这就是“系统结构改革”这个概念在D图上的体现。

4. D图模型的解释功能

【例1】 从“中国特色高职模式”的D图模型(附图D.3)中，可以清楚地看出D图对该“概念模型”中的四句话做了具体的形象描述。

【例2】 宁波职业技术学院将自己的工学结合办学经验总结为一句话：“三位合一、三方联动。”三位和三方指的是“院校、企业、政府”，这实际上就是对该D图模型的“整体形象”的描述。

许多关于高职的新概念、新观念，都可以在这个图模型中找到自己的位置。这说明了D图模型对复杂系统描述的直观性和有效性。

5. D图模型的启发功能

“启发功能”是指运行D图模型，得到新的认识。以附图D.3为例，图中有三个大的“对象”：高职院校、工商界、政府。如果对每个对象的“内容”和“接口”进行深入研究，按照D图模型“运行”的四个方式实施操作，就可以提示我们许多新的概念和新的思维方向，从而开发出新的可能性，充实原有的概念模型(参见附图D.4)。具有“启发功能”这一点，正是D图模型最有价值的地方。

(1) 将D图模型中的“校园文化”与“企业文化”相互联系。得到“校园文化要借鉴企业文化”的结论。这对当前高职校园文化建设是个重要的指导思想。

(2) 将D图“概念模型”中的“高职为企业服务”这一类“联系”反过来思考，进行逆向思维，得到“按照企业要求、企业规范、企业价值观改造高职教学”，这样就得到一类指导当前

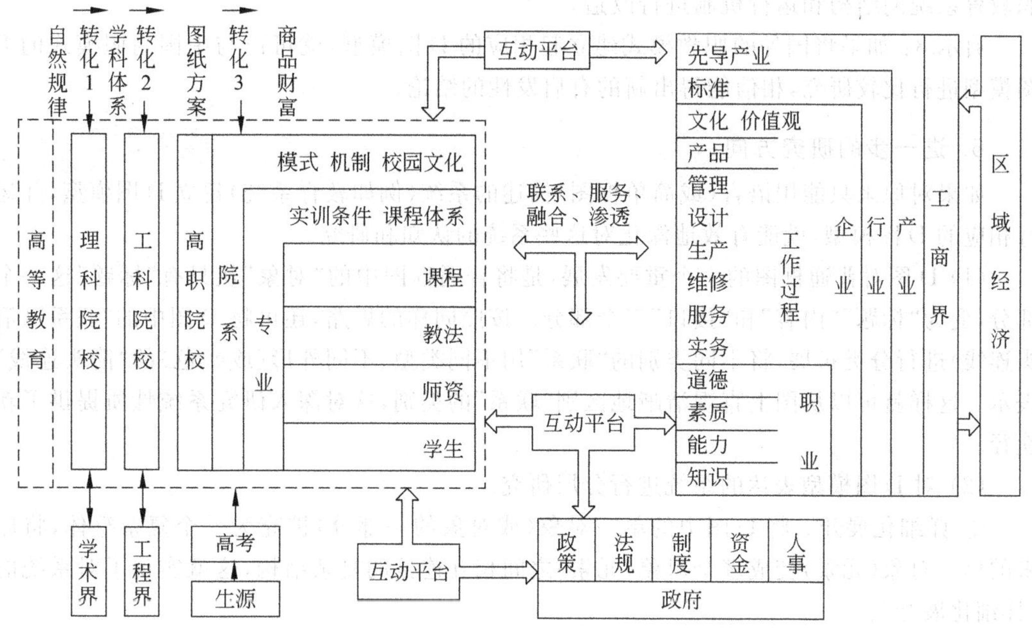

附图 D.4 扩充的“中国特色高职模式”D 图模型

高职教改的重要思路。例如，建设“生产性实训基地”，把课堂变成工作现场，教师变成工作指导，教材变成能力训练包。再例如，按照“工作过程导向、项目化”的原则改造目前高职的专业课程体系等。这是当前我国高职院校“工学结合”办学理念在内涵上的深化与发展。

(3) 高职课程教学目标应从“知识本位”转变为“能力本位”。在 D 图中，就是把课程教学目标从满足“(高考)应试需求”，转向满足“职业人做事的能力需求”的结果。

(4) 将“高职院校”对象中的所有“接口要素”与“工商界”对象中的所有“接口要素”进行逐一对接，可以启发我们高职教改的许多新思路。例如，“工作过程导向、能力本位的现代项目教学体系”等。

(5) 为加强 D 图中现有三个对象(高职院校、工商界、政府)之间的联系和互动，在 D 图模型中是否可以增加几个新的对象，即“互动平台”。也就是说，应当在图模型中建立新的“对象”和新的“接口要素”，在现实生活中就是建立新的“机构(D 图对象)”和“联系”。这就启发我们建立新的校企联系机构，开发新的校企联系的运行机制(例如，企业参与的专业管理委员会，校企协作中心、校企文体合作中心等)。

(6) 在基本 D 图模型中，增加新的对象，例如“生源”和“高考”，扩展我们的思路。高职毕业生面向的是企业和市场，不是升学。企业和市场所要求的人才，首先是职业道德、职业素质、职业能力和应用知识，不是考试分数。可是我们的高职教学仍然沿用传统的知识传授型的应试模式，这是很荒谬的行为。

(7) 如果在扩展的高职教育 D 图模型中，进一步增加新的对象，例如“家长”和“媒体”，就能更加拓宽高职教学改革的思路，将高职学生的教育工作延伸到社会和家庭，建立家长联席会议，成立“家长学校”，运用网络工具和移动通信工具建立学院与家长的实时联系渠道等。所以，根据研究目的，在 D 图中增加新的“对象”和“联系”，就可以启发我们对原有高职教育系统的结构和运行机制进行改造。

启示 8：如果将国外的职教模式建立起相应的 D 图模型，就可以与中国高职模式的 D 图模型进行比较研究，相信能得出新的有启发性的结论。

6. 进一步的研究方向

如果对原来只能用语言(或简单框图)描述的系统(例如教育系统)建立 D 图模型，并运行相应的 D 图模型，就能有效地深化对这些系统的认知和研究。

(1) D 图对普通框图的一个重要发展，是将普通框图中的"对象"从只有"标题"这一个部分，变为"标题""内容"和"接口"三个部分。按照同样的思路，还可将 D 图中的"联系"(箭头连线)进行分类扩展，将不同类别的"联系"用不同类型、不同外形(或颜色)的"箭头连线"表示。这样就可以从图上直观清晰地区别"联系"的类别，这对深入研究系统性质提供了新途径。

(2) 对 D 图模型表达的系统进行分层研究。

① 详细化展开。将 D 图中的单一对象(或对象的一部分)扩充为一个复杂整体，将原来的单一对象(元素)变成多个对象(元素)之间相互连接的复杂结构，这就实现了对系统的"详细化展开"。

② 模块化封装。将 D 图中的若干对象及其联系进行封装，作为单一的"元素"，这就实现了对系统的"模块化封装"。

这两类操作使我们可以将 D 图中的重点突出出来，进行详细分析研究。

(3) 将 D 图模型的研究范围，从定性发展到半定量、定量。例如借鉴 MASON 信号流图的表达方式。当然这一步极其困难，但却是今后研究的重要方向。

附录E 名词解释

1. 项目

课程改革中所说的“项目”是“课程教学项目”的简称。项目是应用型院校教学最重要的载体。项目有许多种，其中最重要的是综合项目，它是综合、大型、贯穿、实用、覆盖、趣味、挑战、可操作的、有可展示可检验的成果的一项具体工作。项目的综合性是指任何具体工作都是跨学科、跨课程的，不应分解简化为单一学科的问题。综合项目用于训练学员的综合能力。一个大的项目可以分解为若干子项目。单项项目则相对较小，用来训练学生的单项能力(能力点)。子项目下面是“任务”，再下面是“工作”。在课程中，项目是用来“做”的，不是用来“讲”的。把一项工作讲出来，那是案例教学，不是项目教学。关于“项目”的详细定义和描述请参见第 8.2 节。课程项目是教师根据企业工作、课程目标和新手认知规律设计出来的，不是企业实际工作的简单照搬。课程项目与企业工作的关系类似于小说与生活的关系。

2. 贯穿项目

贯穿项目一般是指贯穿全课(或整个专业)的大型综合项目，也叫课程(专业)贯穿项目。课程一开始，教师就布置该项目，并为学生提供尽可能详细的“项目背景资料”。教师用情境引导项目的进展。随着课程的进展，师生共同(或学生独立)逐步完成该项目的全部工作。期末，对项目的成果进行展示和考核。课程贯穿项目是课程整体设计中常用的一种项目类型，用于训练学生的课程综合能力。在较先进的专业课程体系中，会设计贯穿几个学期，带动几门传统课程的更大型的“专业贯穿项目”。详见第 13.4 节。

3. 任务

任务是指规模相对较小、内容较单纯的工作。用于训练更小些的综合能力或单项能力。任务可以是子项目或项目的一部分。这里所说的项目和任务，都不是传统课程中的习题、练习、问答、作业(课堂活动)等。项目和任务是指具体的专业技术工作，它们都有确定的、有实用价值的结果，不是为训练单项能力而设的工作片段。项目中各部分之间必定有内在的有机联系，许多无关任务的总和并不是项目。项目、子项目、任务和工作四者之间的关系，请参见图 7.1。

4. 情境

情境原是指“具体场合的情形或景象”。在课程教学项目中，是“项目情境”或“任务情境”的简称。“情境”是指该项目、任务或工作的“由来，环境和约束条件”。课程项目中的情境，是教师设计用来引出项目任务的手段。情境要尽可能反映企业实际工作中可能出现的各种情况。项目情境应包括“技术情境”和“管理情境”两大类，课程项目中不能只有技术情境。常见的情境应包括正常情境、出错情境、意外情境、紧急情境和违规情境等类型，课程项目中不能只有正常情境。学生按照教师提出的情境，查阅教师事先发给的“项目背景资料”，设计安排自己的行动。通过对各种情境的处理，学生可以积累相关的工作“经验”。项目任务的“情境”一般不写作“情景”，因为“情景”是个视觉概念，“情境”可以是抽象的。详细说明参见第 8.7 节。

5. 案例

案例是已成的事实，可用于分析，但案例无法“参与”，案例的属性是“知识”，可以传授，但不能用于“技能操作训练”。所以，案例教学不等于项目教学。

6. 模块

模块是内容的封装。模块中封装的东西可以是任何内容，不仅是知识。书本的章节就是知识的模块，模块是用来进行搭建组合的，模块中可以有项目，也可以没有项目，模块与项目没有直接关系。所以案例教学不是项目教学，活动教学不是项目教学，模块教学也未必是项目教学。

7. 项目课程

项目课程是相对于传统的知识传授课程而言的。传统的知识传授课程，传授的内容是系统的间接知识，知识传授的主要载体是“语言、文字、图形、公式”。项目课程的主要载体是项目和任务，其内容，一是完成专业（技术）工作，提升学生的能力水平；二是与项目相关的知识理论学习，其主要载体与传统课程一样；三是在做事的过程中进行行动引导和纠正，达到提高道德与素质水平的目的。项目课程有明确的能力目标、知识目标和德育（素质）目标，特别要突出其中的德育和能力目标。学生是项目课程教学过程的主体，学生在完成项目和任务的过程中，训练能力、学习系统的专业知识，学会做事，同时培养良好的职业道德，学会做人。教师通过自己设计的项目情境，对项目的实施过程进行引导。教师通过一体化的课程设计，引导学生边做边学。现代项目教学与传统的知识讲授式教学不是互相排斥的关系，现代项目课程中包含知识的讲授、分析和应用。因此，我们所说的项目课程是一种内涵更丰富的课程形式，称为“现代项目课程”。现代项目课程是应用型院校能力本位课程教学的最主要形式（参见第 8 章“现代项目教学”）。

8. 现代项目教学

国外提出“项目教学”至少已有百年历史。国内的项目教学从“课外活动”算起，也有几十年历史。随着应用型教育的蓬勃发展，项目教学的内涵不断丰富、形式不断演化，现代项目教学早已不是几十年前的模样。现代项目教学具有以下特点。①以项目为主要载体，具有三类目标（德、能、知）。在强调德育目标的基础上，突出能力目标，同时很重视知识的获得。兼容了传统教学的所有优点并有所发展。②项目有多种类型，做事能力与思维能力并重。注意提升多元智能。③项目的完成方式是工学紧密结合、边做边学、真做真学、工学相互促进。④注意完成完整的认知过程（实—理—实），学创结合。⑤创新发展了系列教育教学新方法、新模式。⑥现代项目教学模式完全契合了应用型教学的目标，成为当代应用型教学的首选。根据认识论中能力来源的基本规律，项目教学永远不会过时（参见第 1.2 节和第8.10节)。

9. 能力

教育教学工作中所说的“能力”不是指“教育学”或“心理学”课本中按照学科知识体系定义的能力(Ability)。中国大百科全书中,教育学对“能力”词条的解释是“指人顺利地完成某种活动的心理特性”。心理学“能力”词条的解释是“作为掌握和运用知识技能的条件并决定活动效率的一种个性心理特征”。这类“知识体系”式的定义,对于我们的教改目标并没有直接的帮助,还是《辞海》中的“能力”词条解释比较适用于我们的课程改革。《辞海》中说,能力“通常指完成一定活动的本领。包括完成一定活动的具体方式,以及顺利完成一定活动所必需的心理特征”。因此,我们为现代项目教学中的“能力”一词所下的定义是:“做事与成事的本领,解决问题的本领”,特别是手脑并用,在各种情境中独立或合作完成职业岗位工作任务的本领。每个人的个体能力的基础是“思维能力”和“做事能力”。广义的思维能力除包含系统思维、逻辑思维、情感思维、辩证思维、批判思维、研究思维、应用思维、创新思维、反思感悟思维等能力之外,还包含认知(学习、观察、理解、记忆等)能力和知识理论体系的建构(思想建模)能力。思维能力直接决定了“改造主观世界”的水平。而做事的本领则包括分析形势、明确问题、设定目标、策划、组织、宣传、操作实施等重要能力。能力是做事和成事的保障,并体现在具体的做事过程中。“做事”当然离不开“思维”,但“做事”大体上对应于“改造客观世界”的主要方面。现代项目教学为我们提供了一个“在有效改造客观世界的同时,有效改造主观世界”的可能环境。在传统的知识本位教学的框架下,多年来一直有人尝试着要把“能力”归结为某种“知识”,认为能力就是“程序性知识”“隐性知识”“应用性知识”“方法性知识”等。现在我们知道,能力是与“知识”不同的概念,不宜相互归结。多元智能是个体人在身体能力与思维能力支持下的主要能力。“能力”具有层次结构的特点(详见第17.2节),另外,“技能”指“专业技术能力”,是能力的一种。虽然技能与能力两者在教改中常常混用,但其内涵并不一样。

10. 课程的能力目标

课程的能力目标不仅是教师对学生的要求,而首先是教师对学校的承诺,即该课程完成之后,学生“能够做什么”? 对于应用型课程而言,教学效果的重点不是学生“知道了什么”,而是“能做什么”。这里所说的能力泛指本课程中的专业技术能力以及其他能力,不仅是关于知识理解、记忆、答题的能力。所以传统的知识本位课程中,用教学活动(问答、习题、讨论等)所训练的关于知识理解和记忆的能力,不是这里所说的能力目标。应用型课程必须突出能力目标,教师要围绕能力目标设计自己的课程(特别是设计项目)并努力达到这个目标。

11. 能力本位

能力本位其中的“本位”一词,是从经济领域中借用来的。经济学中的“金本位制”是指“以黄金为一般等价物的货币制度”。借用到教育教学领域中,“本位”是指诸多同类要素中最重要、最基本的那个要素,对于教学来说,所有的教学步骤、方法、手段等都应围绕该要素进行。例如,课程的教学目标中有知识目标、能力目标、德育(素质)目标、情感目标等诸多目标。不同的教育教学理念强调其中不同的目标。当教学以“知识”为基本目标，认为“有了知识，就有了能力，就有了正确的善恶观，就有了其余的一切”时，所有的教学思想、教学手段、教学方法都围绕“知识传授”运行。这就是“知识本位”的课程和教学。现在我们看到，“高分低能”现象说明，有了知识并不一定有能力；“有知识的恶人”现象说明，有了知识也不一定有正确的善恶观、道德观。应用型教育的课程教学目标应当以“正确的价值观”为核心，以“能力”为基本目标。这就是以德育为基础，“能力本位”的课程教学(关于“强调能力为重”的文件表述，请参见第 18.5 节)。能力本位的课程教学是现代应用型教育的一个显著特征。能力本位也就是“坚持能力为重”原则的具体化，能力本位原则首先来自现代市场经济对高技能人才的需求，社会的需求是一切种类教育改革的根本动力。而能力的获得不能靠“听”和“看”，只能靠“动手动脑做事”。间接知识对能力的训练有很大影响，正确的间接知识可以使学生借鉴前人的经验，找准训练的方向、减少训练的弯路、提高训练的效率。但任何间接知识都不能代替能力训练的过程。错误的或不完整的间接知识(误解、谬见、偏见、成见)则对能力的训练过程和认识事物的过程产生阻碍作用，尤其当这样的间接知识来自权威方面。

12. 训练能力的载体

训练能力的载体是项目和任务。缺乏能力、只有间接知识、只会进考场答卷的“高分低能”毕业生不受社会欢迎。企业需要能解决岗位工作问题的高技能人才，这是能力本位的项目课程日益发展的最基本的推动力。现代项目教学在应用型教育领域的巨大成功表明，能力本位、项目课程的教育思想不仅局限于应用型教育领域。实际上对于所有领域的教学，都可以借鉴这个成功经验。

13. 职业核心能力

职业核心能力是我国前劳动与社会保障部专家提出的一个概念。专家认为，人的职业能力可以分为三层。最外层是“岗位专用能力”，中间层是“行业通用能力”，最内层是“职业核心能力”。职业核心能力是我国所有行业、所有领域的职业人都应具备的能力。所有发达国家对自己的职工都有类似规定。

根据我国的特点，专家确定中国职业人应具备的职业核心能力有以下八项：与人交流能力、与人合作能力、解决问题能力、自我学习能力、信息处理能力、创造创新能力、数字应用能力、外语应用能力。

为促进我国在职员工和在校学生进行职业核心能力的培训，特组织专家制定了上述各项能力(外语除外)的国家标准，编写了相应的培训教材(外语除外，其他标准和教材均由人民出版社出版)，并在全国培训了一批职业核心能力的培训教师，在全国开展了职业核心能力的培训与测评工作。鉴于职业核心能力对所有在职人员和在校学生的未来发展和基本素质教育工作十分重要，所以建议所有应用型院校都应当在自己的教学和培训工作中予以高度重视。

14. 单项能力

单项能力是指单一的能力，例如射击能力、焊接能力等，是课程中的“能力点”。

15. 综合能力

综合能力是指完成任何一项实际工作(项目任务)时必须具备的、相互支撑的多种单项能力的综合运用能力。完成任何一种实际任务,都必须有多种单项能力相互配合,也就是需要综合能力。工作越复杂,越需要更强的综合能力。综合能力不等于各种单项能力的简单总和,因此所有的课程都必须注重综合能力的训练。详情请参见第3.3节。

16. 实践

实践是指人类有目的地改造自然、改造社会、改造自身观念的全部活动(参见第7.8节)。实践是人类生存和发展的基础,是认识产生和发展的动力和基础。实践是检验认识正确性的唯一标准。所有的知识、理论都是在实践基础上产生的,并随实践的发展而发展(参见第18.8节)。

17. 经验

经验泛指由实践得来的技能和直接知识。经验带有明显的个体性、综合性和可应用性。经验的个体性是指别人的经验对于我来说,并不是我的"经验",只是"间接知识",未必能直接应用。只有自己亲身经历并经实践检验为正确的经验,才是自己可应用的成功经验。当实践的内容对行为主体很重要时,失败的经验通常可以激发其学习的动力。经验是接纳和应用"间接知识"的基础。经验一般是综合、复杂、多维的,其中的某些内容难以用语言、文字、图形、公式的方式表达出来。把自己的经验用语言文字等载体表达出来,就是"直接知识"。

18. 知识

人们把自己在实践中积累起来的经验加以整理,用语言、文字、图形、公式表达出来,就是知识。例如关于认知对象的知识包括,它是谁(who),做了什么(what),为什么(why),时间和地点(when、where),有什么规律,一项工作应当怎样做(how)等。表达、交流、传授知识的载体就是语言、文字、图形和公式。把自己的经验表达出来,是"直接知识"。别人的经验用语言文字等表达出来,传授给我,对我来说是"间接知识"。在缺乏自己的实践经验支撑时,间接知识难以直接应用,所以间接知识(例如书本知识、教师讲授的知识)无法直接形成能力。正确的间接知识可以帮助我们减少能力训练过程中的盲目性,使训练的过程少走弯路,提高训练的效率。但间接知识永远不能代替能力的训练过程。而错误的或不完整的间接知识则会误导知识的接受者,阻碍能力的训练和正确知识的获得。格言说:偏见比无知离真理更远。从狭义上说,学习和认知的过程就是知识的获得过程;从广义上说,学习和认知过程除了知识的获得过程之外,还有能力的获得、道德与素质的提升、三观(世界观、人生观、价值观)的改造。知识和能力是两个不同的概念,它们的性质、作用与来源都不一样,不能相互归结。试图将知识区分为"陈述性知识"与"程序性知识",认为程序性知识(方法性知识)就是能力,这样的归结与事实不符,而且往往会造成概念上的混乱,对教学过程是一个误导。关于知识与能力的关系问题,还可以参见本书第1.2节。

19. 理论

理论是指概念和原理的逻辑体系。理论是系统化的理性认识。科学理论是经实践检验证实的理论。初级阶段的理论，其规律通常用自然语言表达；理论发展到高级阶段（特别是自然科学理论），其规律通常用数学语言表达。科学的理论可以预见行动的结果，从而指导人类实践。理论与实践相比，是第二位的。从总体上看，理论因实践的需要而产生，并随实践的发展而发展。

附录F　课程设计　参考模板

（本文由姒依萍执笔，戴士弘审阅并修改）

说明：本模板的前身曾在国内广为流传。根据近年来应用型院校（应用型本科、高职高专、开放大学、技师学院、中职中专等）课程设计的新经验，我们对这个模板进行了修改并依据大量实际案例，对重要的项目增写了详细的说明（加括号或用宋体斜体字表示）。大家可以参照这个新版本，根据本校经验，对该模板进行修改、补充并颁布本校自己的模板。

××××××××

（课程名称）

课程整体教学设计

（××××—××××学年第×学期）

（课程名称应以准确、唯一的中文为主，英文或缩写放在后面括号中）

所属部门（分院、系部、专业、教研室）：

制定人：

合作人：

制定时间：

××院校

课程整体教学设计

一、课程基本信息

<table>
<tr><td colspan="3">课程名称：</td></tr>
<tr><td>课程代码：</td><td>学分：</td><td>学时：</td></tr>
<tr><td>授课时间：第×学期</td><td colspan="2">授课对象：</td></tr>
<tr><td colspan="3">课程类型：(打钩，可多选)
专业必修课、专业选修课、公共必修课、公共选修课、专业主干课、基础课、文化课
其他分类：________________.</td></tr>
<tr><td>有关的先修课程：</td><td colspan="2">有关的后续课程：</td></tr>
</table>

二、课程定位

(1) 学生所在专业面向的岗位(群)。初次就业岗、二次晋升岗和未来发展岗。(写出具体的岗位名称、不是职称，不是领域)。

(2) 写出本课程项目设计时选择的(典型)背景实践岗位，画出其典型工作流程图，标示出这些工作所需的能力、知识和素质。(典型工作流程图有的以时间为准，有的以工作为准，都要画。)

(3) 本课程与中职、高职(专科、本科)、普通高校、培训班同类课程的区别(尽可能详述具体内容)。

三、课程目标

1. 总说明

(1) 课程目标是"学完本课程后，学生实际能做到的事情"，如能根据××(标准和原理)，做××(事情)，而不是表达一个"愿望"。如"培养学生的××能力"或"树立××意识"。

(2) 目标必须是具体的、可操作、可判定成败的，不是能力的列表，如具备××能力。

(3) 注意区分"课程目标"与"项目目标"。课程目标是"一般的，通用的"，而项目目标是"个别的，具体的"。如"能够设计出满足客户需求的月饼包装纸盒"是具体的项目目标，而"能够设计出满足客户需求的纸质包装盒"是通用的课程目标。

(4) 所有目标的表述必须编号，以便引用。

(5) 这里仅对目标的"教学方面"进行把关，而"专业技术方面"另由教师、教研室、系部负责把关。

(6) 课程目标的表述要求每位教师根据自己的理解，进行深入思考、独立思考，给出自己的独特表述。杜绝不动脑筋，简单抄袭别人的行为。

(7) 课程目标可以分层次表述。除了全班都要达到的低层目标之外，可以为班上水平较高的学生制定更高层次的目标(标注大约的百分比)，并体现在项目设计和知识理论考核中，使全班每个学生都能体验成功。例如能做××(20%)。

2. 能力目标

(1) 能力目标的表述方式一般为“能够做××事情”或“能够根据××(标准、原理),做××事情”,这里“要做的事情”不是“学习一项知识或表达一个概念”,而是做一件“在工作岗位中实际要处理”的事情。

(2) 这件事情的成败是可判定的,如“能根据××标准,设计并制作一台万能表”,不可以是无法判定的,如“具备设计和制作万能表的能力”“培养××能力”。

(3) 这件事情必须是具体的,不能是概括的、抽象的、笼统的表述。如“能够处理实际问题”“能使用常见工具”“能解决常见(典型、简单)问题”等都不具体,必须具体说明“哪些实际问题,哪些常见工具,哪些典型问题”。力争一一列举或指出具体数量(能熟练使用5种常用工具),并附详细表格说明。

(4) 如果有国际标准、国家标准、行业标准或企业规范的,应列入目标表述,如“能够根据‘××标准’、××原理,做××事情”。

(5) 能力目标不能仅限于模仿、重复的能力,要注重培养学生创造性、探究性地解决新问题、大问题、复杂问题的能力,尽可能培养学生策划、组织、实施大型项目的能力。

3. 知识目标(知道什么,了解什么,理解什么,掌握什么)

(1) 上述四项为递进的表述。知道:能够正确回答选择题。了解:不但知道,而且能够表述定义和主要内容。理解:不但知道和理解“是什么”,还能回答“为什么”。掌握:不但知道、了解、理解,而且能够回答其他的相关问题。

(2) 知识目标要覆盖本课程所有主要内容,包括工作岗位所需要的知识、理论和学科专业的知识、理论、计算。

(3) 教师本人要对本课程所有的知识理论“了如指掌”并“心中有数”,能够回答不同层次的所有问题,能指出具体的数量(例如,“掌握常用五种方法”)。

(4) 知识目标的表述必须具体、一一罗列或附详细表格,不能用“等”“例如”。

(5) 要写出本课程背后的理论支撑的名称和简述。不是要教师上课时直接讲述这些理论,而是要求教师本人必须具备这些理论素养,并将这些理论的结论和依据融于项目操作中,做到深入浅出。

(6) 将本课程所涉及的标准、规范和法规的编号、全称列入知识目标,并附全文(电子稿)。

(7) 应用型本科院校要发挥自己的原有优势,在强调突出能力目标的基础上,更要高度重视课程的理论支撑、定量计算、专业历史、相关方法论、哲学和通识教育的内容。

4. 德育(素质)目标

(1) 德育(素质)目标的内容是价值观、职业道德、职业素养、职业意识、职业核心能力、工作态度等在本课程具体操作环节中的体现,特别要旗帜鲜明地反对各种“以职谋私”的做法。不能仅是泛泛地列出适合于所有课程的通用标题,如“诚信、合作、交流”等。

(2) 德育(素质)目标的表述要具体,不要抽象。德育目标的表述方式通常是“(一个具体的行为)该怎么做,不该怎么做”,如酒店前台接待岗位,“要尊重顾客,爱护顾客,把顾客当亲人”,这是抽象的表述;而“无论自己或家里发生什么事,都必须保持微笑,不能与顾客对抗”,这是具体的对行为的约束。

(3) 德育(素质)目标不能只是书面列举,要注重在操作过程中的细致、具体要求和对学生的行为约束。德育(素质)目标要具有覆盖性,要贯穿、渗透于本课程操作的全过程,教师时刻以职业人的标准要求并评价学生。

(4) 德育目标应当以职业道德要求为主,不宜将“实训室(办公室)守则”一类的底层具体管理规则细节列入。

四、课程的知识和理论内容

(1) 不能把教材的目录原封不动地列在这里,而要列出根据课程目标重新选取和整合的知识理论内容。

(2) 这些重新选取和整合后的知识理论内容要根据其内在的逻辑关系划分成若干个模块,见附表F.1。

附表F.1 模块划分

序号	模块(或子模块)名称

五、能力训练项目设计

项目是具有完整工作过程,有具体成果的一件综合性的具体工作,用于学习特定教学内容。好的项目应当符合以下条件。

(1) 项目的实施要能够实现既定的课程主要教学目标,包括能力目标、知识目标和德育(素质)目标。

(2) 项目是一件来源于岗位实际工作或能提升学员水平的一件具体事情。项目的名称不是章节或知识模块的名称。项目要有明确的成果形式、要有具体的成果展示(一件具体产品的设计、制作,一项具体服务的提供或一项具体决策的完成),要有成文的项目成果验收标准(不合格、合格、良好、优秀)和详细的验收过程。

(3) 项目应当具有趣味性和挑战性,激发学生的学习动力,培养学生的责任感、主动性和管理能力、解决问题能力、创新能力、自学能力,让学生有独立进行策划、自行管理的机会。学生能够尽可能全程独立操作并自己处理项目中出现的问题,项目要具有一定的难度和挑战性,不仅是对已有知识技能的重复应用。项目不应仅是简单照方抓药,按(工作)单操作或简单模仿教师的示范。

(4) 教师要事先为学生提供尽可能详尽的项目背景资料。在项目的实施过程中,教师要创设“情境”,还原事件在企业现场发生的条件和过程,按照企业要求(企业管理、企业文化、企业意识)处理问题,从而有效地落实课程的德育(素质)目标,而不仅仅处理“技术”问题。教师要启发学生根据工作情境，自行思考，确定问题，查阅资料，收集信息，分析问题、解决问题，而不是把教师现场给出的“已知参数”简单代入“公式”解题。

（5）学习用的项目与考核用的项目必须分离。学习用的项目允许学生出错，教师可以指导修改，但不能扣分；考核用的项目学生必须独立完成，根据实际结果给分。

（6）项目的实施要遵循“边做边学、真做真学”的原则，既不能只做不学，也不能只学不做。教师要学会用任务引出问题（不是课本引出问题），问题驱动学习（不是逻辑驱动学习）。尽可能避免先冗长讲解，然后单纯操练的情况，不把单纯的知识理论学习（认知内容）作为一个项目（或子项目）。项目实施过程必须有正误、成败、优劣的对比和反思，结论尽可能是学生自己得出，而非死记硬背。

（7）项目按照其进行的时间，可以分为课内项目和课外项目，按照其功能可以分为学习项目和考核项目。所有这些项目都应列入附表 F.2。

附表 F.2　相关项目

编号	能力训练项目名称	子项目编号、名称	能力目标	知识目标	训练方式、手段及步骤	可展示的结果和验收的标准
1	××××	1—1××				
		1—2××				
		1—3××				
2						
…						

六、项目情境设计

（1）情境设计的目的是引出项目工作，并把岗位工作的企业要素引入课程项目，包括企业文化、企业氛围、企业意识、企业管理、人际关系等。情境是具体的项目技术工作的由来、环境和具体操作时的约束条件。学生在校学习不能单纯学技术，这是工学结合课程的重要要求。

（2）好的情境设计需要教师有丰富的岗位实践经验，对于缺乏岗位实践经验的教师，情境设计可暂缓或随着企业实践经验的积累，逐步增加。

（3）情境包括“技术情境”和“管理情境”。从另一个方面看，还有“正常、出错、紧急、意外、违规”等多种类型。项目情境至少要有“正常”和“出错”两种，否则无法形成真正的能力。

七、课程进度表

附表 F.3 中的“一个单元”是指学校排定时间上连续的一次课，而不是内容逻辑上的一个单元（参见第 5 章）。“学时”一栏应与教务处排定的课表一致，不能因为是同一“内容”而把几次课合起来。每次课都要结构完整，都要进行“单元设计”。整体设计中的“单元”要与单元设计中的划分完全一致。

附表 F.3 课程进度表

第×单元	周次	学时	单元标题	项目编号	能/知目标	师生活动	其他(含考核内容、方法)
1							
2							
3							
4							
…							

八、首尾单元设计

第一单元设计(第一单元或其开头部分,即进入课程技术细节之前的部分,通常所说的"引入"或"开场白"):

开场白的目标不是知识、理论、能力之类,而是让学生了解本课程的全局,激发学习本课程的兴趣。设计的原则有三条:①必须面向全课,不是学技术细节;②尽可能让学生动手动脑参与,做一件关于课程全局的简单而有趣的工作,不仅是看和听;③必须给出具体设计,不能只有标题。

最后单元设计(最后单元,或其结尾部分的设计)。

要求有以下五项:①必须面向全课,不能只是最后一个环节;②教师给出高水平总结。梳理知识、理论、计算及其应用等内容的逻辑关系,尽可能用图形表示,不仅是课程的目录;③介绍本课程内容的未来发展趋势;④送给学生的礼物,如应用程序包等;⑤要展示结果、结论、答案、案例等的具体内容,而不是只给出标题。

九、考核方案

(1) 列出综合能力、单项能力、知识理论考核的比例及考核方式,给出饼图和公式。

(2) 过程考核和结果(期末)考核相结合。全面考核、综合评价。

(3) 探索德育(素质)考核的标准、内容和方式。

十、教学资源

教学资源是指所需场地、仪器、设备、工具、材料、教材或讲义、参考资料、网络学习资源等。

十一、需要说明的其他问题

(略)

十二、本课程常用术语中英文对照表

本表要用到每次单元设计中,而不只是列在这里。

附:课程整体设计体会

××××

（单元名称，要反映本单元“工”和“学”的全部内容，
不是仅有“任务”的名称，也不是仅有“知识”的标题）

课程单元教学设计

××××课第×单元

（××××—××××学年第×学期）

所属部门（分院、系部、专业、教研室）：
制定人：
合作人：
制定时间：

××院校

××××课程单元教学设计

<table>
<tr><td colspan="3" rowspan="2">单元名称：
（不是“任务名称”，不是“章节标题”，要与整体设计进度表一致）</td><td>单元教学学时</td><td></td></tr>
<tr><td>在整体设计中的位置</td><td>第×次</td></tr>
<tr><td>授课班级</td><td>上课时间</td><td>周　月　日第　节至
周　月　日第　节</td><td>上课地点</td><td></td></tr>
<tr><td rowspan="2">教学目标</td><td colspan="2">能力目标</td><td>知识目标</td><td>德育（素质）目标</td></tr>
<tr><td colspan="2">（通过本单元的学习，学生能做的具体事情，不是“愿望”的列表）</td><td></td><td></td></tr>
<tr><td rowspan="2">单元任务</td><td colspan="2">情境描述</td><td>引出任务</td><td></td></tr>
<tr><td colspan="2">情境1：</td><td colspan="2">任务1：
（这里的“任务”是做一件专业技术工作，而不是学一项知识；是因为项目实施过程中发生了左栏中的特定情节，而需要处理的事情）</td></tr>
<tr><td colspan="5">本次课使用的外语单词</td></tr>
<tr><td colspan="5">××，××。（从整体设计的单词表中，摘录本次课用的几个单词。上课过程中贯穿使用）</td></tr>
<tr><td colspan="5">单元教学资源</td></tr>
<tr><td colspan="5">（指教材或讲义、课件、案例、参考资料、仪器、设备等）</td></tr>
</table>

单元教学进度设计(简表)(步骤要扼要完整,用于看设计的全局)

步骤	教学内容及目标	教师活动	学生活动	时间(分钟)
1(××)	×× ×××	×××		
		×××	×××	
			××	
2(××)				
3(××)				
……				
作业				
课后体会				

注:

(1) 每个步骤占用的行数,可以按照实际需要,像“步骤1”那样增减。

(2) 课程单元设计的核心是“步骤设计”。教学步骤和教学内容体现了教学观念。所以每次课都要设计出符合本次课内容特点的“教学步骤”,选用不同的精彩案例,采用不同的教学方法。在体现能力本位、项目课程主要特点的同时,要注意吸收所有先进教学思想、教学方法,如案例、分析、讨论、视频、参观、游戏、微课、翻转课堂等。

(3) 课程的步骤与实施,体现出教师的教学理念和指导思想,体现出教师的教学能力和教学艺术。要避免单调枯燥,力争每次课都有变化,都丰富多彩,都吸引学生。

(4) 下页中,课程单元设计的“详案”,要按照课程单元教学步骤设计的总想法,将所有专业技术内容补足,这就是上课用的教案。

(5) 这里所有的教学设计都是初步(理想)的设计,实际上课必然要根据实际情况改变。课后按照实际情况应对单元设计和整体设计进行不断的修订、完善。

详案：（实际上课用的教案。两种格式任选一种，将上课的具体内容和数据详细写入）

格式一：表格式

步骤	教学内容及能力/知识目标	教师活动	学生活动	时间（分钟）

格式二：文本式

步骤一　（名称）　　时间（分钟）

内容

……

步骤二　（名称）　　时间（分钟）

内容

……

后　记

自从本人拙著《职教院校整体教改》(清华大学出版社,2012 年 5 月)一书出版以来,又过去了七年。这期间,我在全国许多高职和中职院校举办了系列讲座,介绍了本书的基本理念;按照本书介绍的现代项目教学的内容、方法和模式进行了课程点评、骨干教师队伍培训和全体教师的培训与测评工作;与多所高职、中职院校的领导和教师们一起进行了教学改革的深入研讨,在错综复杂的教改实践中,遇到并解决了大量的具体问题。在《职教院校整体教改》一书的基础上补充了大量新内容,改变了某些表述方式,调整了一些章节的顺序,突出了全书两个基本主题:"现代项目教学"与"应用型院校整体教改"。

对于一所学校来说,所有的先进教学改革观念,只有落实到每一位教师,落实到每一门课程,落实到每一次课的教学实践中,才能真正发挥效用。否则,教改成果没有进课堂,那些观念还是纸上的,学生、家长、学校和社会都不能真正受益。当前的实际情况是,大家不缺理念,缺的是实际操作的方法和指导:"具体到我自己、我这门课、我这个学校,能进行这样的改革吗? 该如何进行这样的改革? 我现在这样改是正确的吗?"

事实反复证明,领导和教师们听过教改的讲座之后只能具有课程教改的"知识",并不具备相应的"能力"。刚开始动手进行课程改革设计时,总会出现这样或那样的错误和问题。这与我们的学生完全一样:能力不是听出来的、不是读出来的、不是想出来的,教师的能力也是在课程改革的实践过程中,动手动脑练出来的。许多院校的领导认识到,听讲座仅仅是教改最简单的第一步,真正艰苦的工作还在后面,即每一位教师都要进行课程设计、演示、点评、修改、测评。讲座之后的这些工作才是教师培训的主要内容。也只有后面这些步骤的支撑,才能实现教师能力的真正提高和全校教学面貌的真正改变。所以,只有那些听完讲座之后继续前进,并完成后面所有步骤(课程设计、骨干演示、队伍建设、点评培训、正式测评、落实课堂、参赛获奖、理论提升、专业课程体系改造、专业人才培养方案改造、特色育人模式的创造)的院校,才能真正看到整体教改的实际效果。

以这些来自实践的问题为基础,我对原书内容做了全面扩充,补充了近年来实践和理论探索的新内容。这样一来,"应用型院校(包括应用型本科、高职和中职)的微观教学改革"和"现代项目教学"内容就得到了更加全面的反映。在实际工作中,教学改革工作就从以任课教师为中心的课程教学改革开始,进一步扩充为全校的整体教学改革。于是,以整个学校为目标的"三个层次、一个突破口"的整体教学改革,以及"现代项目教学"就成了本书论述的两大主题(参见第 16.1 节和第 8.10 节)。

应用型教育的教学改革可以分为宏观和微观两个层面。宏观层面是指国家、省市对职业教育的总体发展战略、工作方针和整体布局的改革。微观层面指的是一所学校、一个专业、一门课程、一次课、一位教师,以及学院、专业、教研组直到教师层面的教学改革和(教学)管理改革。也有人把教师层面的改革称为"微观改革",把学校层面的改革称为"中观改革”,以区别于国家、省市的“宏观改革”。这些称谓本来也是相对的,本书对此就不做过细的区分,对学校及以下的改革统称为“微观改革”。近年来,应用型院校的教学改革重点已经从宏观层面,迅速发展到微观层面。本书所说的“院校整体教改”是指一所应用型院校(包括应用型本科、高职和中职)微观教改的全部主要内容。

近年来,我在以前专著和讲座的基础上,在多所院校尝试开展了课程设计点评和院校骨干队伍培训工作。听了我对全院的讲座之后,学院组织起一支骨干队伍,试着按照现代职教的先进理念,对自己选定的课程进行整体设计和单元设计,并按照指定的格式进行演示。我和大家一起根据每个人演示中的具体问题进行个性化的点评,并与大家进行广泛的研讨,在对这支骨干队伍进行课程设计演示培训的同时,还进行点评培训。凡是进行了这项工作的院校都感到收获极大,不但从讲座中听到先进理念,而且实际培养了一支数十人的课程改革队伍,他们每个人不但自己能进行课程设计和演示,还能点评别人。这支队伍真正成为全院下一步的课程教学改革的骨干力量。对一所学校来说,这才是真正有效的培训,对今后全校教改工作的持续深入发展起到了不可估量的作用。

正是在这一系列讲座、演示、点评、测评和骨干队伍培训的过程中,我们积累了宝贵经验,创造了一套先进的课程设计、展示和测评的方法,其中包括岗位分析图、课程进度图、项目进度图、情境设计图,课程整体设计和单元设计文本的参考模板、演示用 PPT 的标准、测评评分标准和打分办法等,形成了一套行之有效的工作步骤、方法、标准和模式。这些步骤首先包括从选课、整体设计、演示、点评开始,其次是单元设计、演示、点评,再次是按照测评要求进行的演示培训,最后进行正式测评(参见第 15 章)。在上述过程中,同时选拔并培训一支学校的课程改革骨干力量。初次接触该项工作的院校,可以直接借鉴这些经验,快速进入实质性改革工作,避免探索过程中的许多弯路。

我的讲座、点评和培训内容,主要是针对应用型院校,特别是高等职业技术院校的课程教学改革问题。听众的高度关注和热烈反应,说明了该问题的普遍性和紧迫性。当前,以高职院校为代表的应用型教育正面临新的突破性发展。目前全国的高职院校从人数和规模上看,已大致占据高等教育的半壁江山,然而课程教学的质量和效率还远远不能令人满意,这种情况不能仅仅归咎于“生源水平不高”。在相当一部分院校中,教学改革工作还局限在少数人、几次课、几门课、几本教材改革的局部初级层面,远没有达到“整体教学改革”要求的层次、深度和高度。社会(企事业用人单位、家长和学生)对提高应用型教育人才层次和质量的要求极为迫切,全国应用型院校面临着前所未有的压力。人才培养水平评估、示范院校建设、骨干院校建设、精品课程建设、师资队伍建设、实训基地建设、教材建设、教学资源库建设等工作,使教改的微观层面的问题已经成为当前应用型院校(特别是高职和中职)教改中最紧迫的问题。

书中所涉及的许多提法和案例,都是从大批应用型院校实际课程改革的实践中精选出来的。书中阐述的观点和结论也不仅仅是单纯的理论探索或凭空议论,而是从大量师生的教改实践中创造出来,并被实践证实有明显效果的。2005 年起,宁波职业技术学院(以下简称“宁职院”)在全院以极大的力度,推行了本书所说的“课程教学的单元设计和整体设计”以及“教师应用型课程教育教学能力培训与测评”工作(以下简称“培训与测评”)。宁职院苏志刚院长说:“这是宁波职业技术学院建院以来,规模最大、质量最高、影响最深、效果最明显的一次教学研究、教学改革活动。”2006 年年末，就在培训与测评工作接近尾声时，宁职院迎来了高职高专人才培养水平评估和示范性高职院校建设评选工作。这次宁职院的培训与测评两项工作都取得了优秀成绩，学院课程教学的改革方向和成果得到专家的一致肯定和高度评价。2002 年年末开始，教师应用型课程教学能力培训与测评工作和专业课程体系改革工作，在深圳技师学院（深圳高级技工学校）全面推行两年，取得了教改的明显效果。实际上早在 2000 年前后，深圳职业技术学院的教师培训与测评工作的试验就取得了很大成功。此后学院的精品课建设在国内遥遥领先，取得骄人成绩。常州工程职业技术学院从 2007 年中开始启动教师职教能力的培训与测评工作，进行了专业课程体系改革，接着进行了全面的教学改革，取得精品课程、教学团队等一批重要教学成果，并于 2009 年荣获国家级教学成果一等奖。湖南郴州职业技术学院也是 2007 年启动整体教改，并在多方面取得教改成果的高职院校之一。还有湖州职业技术学院、河源职业技术学院、清远职业技术学院、聊城职业技术学院、聊城市技师学院、北京吉利大学、鄂州职业大学、辽宁林业职业技术学院、兴安职业技术学院、皖西卫生职业技术学院、遵义职业技术学院、北京铁路电气化学校等许多职业技术院校，已经或正在开展本书所说的整体教改，并迅速取得学院各领域教改的主动权，在教学的各个方面取得了明显效果。

随着深圳职业技术学院、宁波职业技术学院、常州工程职业技术学院、辽宁林业职业技术学院等院校教改成功经验的广泛传播，他们关于应用型课程教学改革的系列观念和做法，引起越来越多同行的高度关注。许多院校按照本书介绍的内容，开展了全院性的教学改革工作，取得丰硕成果和一系列新经验。

现代项目教学是应用型院校课程改革的核心。这样的课程改革要求学生必须具备良好的职业道德与做事的能力，必须学习、思考、创新并举，必须手脑并用，成为高素质、高技能人才。这样的课程改革要求教师必须在熟悉专业知识之外还要熟悉行业、企业的职业岗位工作，具备丰富的专业实践经验。这样的课程改革要求学校必须打开校门，拓展国际视野，与政府、行业、企业、工业园区、开发区联合行动起来，必须将教学与生产、研发、社会服务、技术应用密切结合起来。这些就是现代先进职业技术院校最重要的特征，也是学校内涵建设的根本。所以，落实“坚持德育和能力为重的现代项目课程”是促进应用型院校整体改革的基本动力。

一批实施了整体教学改革的院校的成功经验表明，全面教学改革的直接受益者首先是学生。在新的课程教学模式之下，学生看到自己亲手完成的项目成果，对课程内容产生了越来越浓厚的兴趣，对自己产生了自信，增强了能力，学会了知识，同时养成了良好的职业道德和职业素质。很多教师也深有体会地说，如果当年我的老师这样教我，那我的状态将会比现在好得多。教学改革也把教师从机械重复式的“教书”状态解放出来，使教学成为高效率的创造性劳动，使教师体会到创造、革新的乐趣和激情。

最近几年，越来越多的普通（原研究型）高校的领导和教师对应用型教育产生浓厚兴趣，在自己的岗位上尝试进行应用型教学的改革。相信今后会有更多的普通高校关注和实践自己的转型（从研究型转变为应用型）工作。

本书中介绍的所有内容，都有深厚的理论基础。熟悉当代教育理论、认知心理学理论的人可以看出，书中的所有重要观点、方法和具体操作都是以层次系统理论、实践认识论、多元智能理论、建构学习理论、行动导向教学法等现代先进理论和方法为基础的。

本书从讲座、研讨和课程点评的现场生动内容整理得来，所以行文仍然保留了讲座的某些特点，这便于初次接触这项工作的教师、教学管理人员和学院领导阅读，同时又可以免去大家边听讲座边记笔记的困难。限于篇幅，本书不得不省略讲座中的许多精彩实例和课程改革的具体文本。读者可以参考相应讲座中的案例，与本书对照阅读，一定会对书中涉及而又未能深入展开的观点和具体操作有更深入全面的了解。

本书涉及的改革主题的范围很宽，无论是刚刚组建的应用型院校，还是准备从研究型转为应用型的普通高等院校，还是历史悠久、实力雄厚的资深院校，都能从本书中找到自己感兴趣的主题。同时，所有对中国教育改革感兴趣的基础教育、普通教育、高等教育的工作者、研究者和各领域教师，都会对本书中的许多观点、方法和模式感兴趣。

热烈欢迎专家、领导和教师们对本书提出批评、意见和建议。

戴士弘

2019 年 5 月于深圳

清华社官方微信号

扫 我 有 惊 喜

ISBN 978-7-302-52811-1

定价：98.00元